Robert J. Ringer

Werde Nr. 1

Robert J. Ringer

Werde Nr. 1

Du bist Dir selbst der Nächste

mvg

CIP-Kurztitelaufnahme der Deutschen Bibliothek

Ringer, Robert J.:
[Werde Nummer eins]
Werde Nr. 1: Du bist dir selbst d. Nächste / Robert J. Ringer. [Aus d. Amerikan. übers. von Evelyn Linke]. - 2. Aufl. - Landsberg am Lech: mvg, 1981.
Einheitssacht.: Looking out for number one (dt.)
ISBN 3-478-02512-5

2. Auflage 1981

Originaltitel: Looking out for No. 1
Aus dem Amerikanischen übersetzt von Evelyn Linke

Schutzumschlag: Weisbrod Werbung
Druck: Presse-Druck Augsburg
Bindearbeiten: R. Oldenbourg, Augsburg
Printed in Germany 020512/381501
ISBN 3-478-02512-5

Ich widme dieses Buch der Hoffnung, daß irgendwo in unserem Universum eine Zivilisation existiert, deren Mitglieder die uneingeschränkte Herrschaft über ihr eigenes Leben haben, in der jedes Individuum die Fähigkeit und den Mut besitzt, die Wirklichkeit zu sehen und anzuerkennen, und wo es keine Regierungen gibt, die den unseren gleichen.

Inhaltsverzeichnis

Vorwort

Jeder Leser, der mit meiner Philosophie vertraut ist, wäre enttäuscht, wenn ich nicht sagen würde, daß der einzige Grund, der mich bewogen hat, dieses Buch zu schreiben, der Wunsch war, damit soviel Geld wie möglich zu verdienen.

Vielleicht ist es Ihnen gar nicht bewußt geworden, daß Sie durch den Kauf des Buches eine Wert-für-Wert-Beziehung mit mir eingegangen sind. Ich tausche meine Ideen - von denen ich glaube, daß sie Ihr Leben angenehmer machen können - gegen Ihr Geld. Betrachtet man unsere Beziehung aus dieser Perspektive, so brauchen Sie keinen Gedanken daran zu verschwenden, daß ich Ihnen einen Gefallen erweise, indem ich meine Ideen mit Ihnen teile: Ich tue Ihnen keineswegs einen Gefallen. Das ist sozusagen Ihr Sicherheitsventil bei dieser Transaktion - die Gewißheit, daß ich Geld verdienen möchte, indem ich Ihnen in den kommenden Jahren noch mehr Bücher verkaufen will, und daß ich mir Ihre Kundschaft nur dann erhalten kann, wenn dieses Buch für Sie den Kaufpreis wert ist, weil es Ihnen hilft, die Wirklichkeit zu erkennen und sich mit den Tatsachen rational auseinanderzusetzen.

Höhere Motive sind nicht vorhanden. Ich bin nicht darauf aus, Sie zu irgendeiner Sache zu bekehren, oder mir Ihren Beistand bei der Ausmerzung eines »Übels« zu sichern, oder Ihre Unterstützung für oder gegen irgend etwas zu gewinnen. Wenn Sie begreifen, daß ich einzig und allein beabsichtige, Ihnen eine wertvolle Ware zu liefern, dann haben Sie bereits die richtige Einstellung für die Verarbeitung der Tatsachen, die auf Sie zukommen.

Machen Sie reinen Tisch

Bevor Sie den neuen Weg einschlagen, wäre es für Sie überaus vorteilhaft, wenn Sie versuchen würden, alle Ihre bisherigen Ansichten über

Freundschaft, Liebe, Geschäft oder irgendeinen anderen Aspekt des Lebens aus Ihren Gedanken zu verbannen. Ich weiß, daß das leichter gesagt als getan ist, aber machen Sie den Versuch — die Mühe wird sich bestimmt lohnen.

Befreien Sie sich auch von jedem vorgefaßten Image, daß Sie vielleicht von mir haben. Glauben Sie ja nicht, daß ich »konservativ« bin, denn das stimmt nicht. Halten Sie mich nicht für »liberal«, denn auch das bin ich nicht. Ich bin ein Individuum und habe eine entsprechend vielschichtige Persönlichkeit. Ich erkenne Sie als einen Menschen an, der einzigartig ist, der sich von allen anderen Menschen unterscheidet, und es würde zu Ihrem eigenen Vorteil sein, wenn Sie mir das Gleiche zugestehen. Das, was ich Ihnen zu sagen habe, wird Ihnen viel einleuchtender erscheinen, wenn Sie nicht versuchen, mich abzustempeln.

Da es mir nur um den einzelnen Menschen, also um das Individuum geht, ist in meiner Philosophie kein Platz für einen Unterschied zwischen männlich und weiblich. Wenn immer ein spezifisches Geschlecht genannt wird, ist es automatisch auch für das andere Geschlecht gültig (es sei denn, daß es einen offensichtlichen Grund für die Verwendung eines bestimmten Geschlechtspronomens gibt).

Klar zum Start

Machen Sie in Ihren Gedanken reinen Tisch. Vergessen Sie unbegründete Traditionen, vergessen Sie die »moralischen« Prinzipien, die andere Menschen Ihnen gewaltsam einimpfen wollten, vergessen Sie die Einschüchterungsversuche, durch die man Sie zwingen wollte, irgendwelche Ansichten als »gut« zu akzeptieren. Lassen Sie sich von Ihrem Verstand leiten, und vor allem sollen Sie sich selbst als ein einzigartiges Individuum verstehen — als Nummer Eins.

Ich habe nicht die Absicht, als Ihr Rechts- oder Eheberater zu fungieren oder Sie zu irgendeiner drastischen Aktion zu veranlassen, weil Sie fälschlicherweise glauben, daß meine Worte als eine Art Garantie ausgelegt werden sollten. Falls Sie bei Ihren Bemühungen Schiffbruch erleiden, werde ich mich keineswegs schuldig fühlen; ebenso wenig erwarte ich einen »Gewinnanteil«, falls Sie Erfolg haben — gleichgültig, ob es sich um einen Erfolg in der Liebe, auf dem finanziellen Sektor oder auf irgendeinem anderen der im vorliegenden Buch diskutierten Gebiete handelt. Die

Verantwortung für Ihren Erfolg oder Mißerfolg liegt ausschließlich bei Ihnen.

Da wir aber die einzige Art von Transaktion eingegangen sind, die ich für rational halte — eine Beziehung, die auf dem Prinzip der Gleichwertigkeit von Leistung und Gegenleistung beruht —, möchte ich hiermit sagen, daß ich Ihnen aufrichtig den besten Erfolg bei der Überwindung der Hürden wünsche, die sich Ihnen jetzt noch auf Ihrem Weg zu einem besseren und glücklicheren Leben entgegenstellen.

R. J. Ringer

1. Kapitel
Sei dir selbst der Nächste

Wie kann ich Nummer Eins werden?

Der Wunsch, Nummer Eins zu werden, ist gleichbedeutend mit dem bewußten, rationalen Bestreben, möglichst viel Zeit für all die Dinge aufzuwenden, die Ihnen am meisten Freude machen, und allem, was Ihnen Kummer und Sorgen bereitet, weniger Zeit zu widmen. Jeder Mensch strebt ganz automatisch danach, glücklich zu sein, daher ist der Begriff »rational« das Schlüsselwort.

Wenn Sie rational handeln und somit innerhalb vernünftiger Grenzen Freude erfahren und Kummer vermeiden wollen, müssen Sie sich bewußt sein, was Sie tun und warum. Andernfalls leben Sie Ihr Leben nicht, sondern Sie wandern nur hindurch. Da die Menschen stets das tun, von dem sie *glauben,* daß es ihnen die meiste Freude macht, kann hier nicht von Selbstsucht die Rede sein. Das heißt aber auch, daß sie nicht selbstlos sind, wenn sie anscheinend uneigennützig handeln, obwohl sie das oft glauben (und erwarten, daß Sie diese Ansicht teilen). Ihr Verhalten bedeutet nur, daß sie sich ihrer Handlungen nicht ausreichend bewußt sind. Entweder ist ihnen nicht völlig klar, was sie tun, oder sie sind sich nicht bewußt, warum sie es tun, oder beides. Auf jeden Fall handeln sie selbstsüchtig — aber nicht rational.

Wenn Sie bewußt und konsequent zwischen Freude und Kummer abwägen wollen, müssen Sie ein höheres Niveau des Bewußt-Seins anstreben und Ihren Verstand so schulen, daß Ihre Entscheidung mehr und mehr der Ausdruck Ihrer eigenen Wahl ist. Ohne eine rationale Grundlage für Ihre Handlungen haben Sie sich nicht unter Kontrolle, und alles, was außer Kontrolle ist, bedeutet sowohl für sich selbst als auch für die Umwelt eine Gefahr. Stellen Sie sich Ihr Bewußtsein wie ein Meßinstrument vor: Die hohen Werte werden nur durch Ihre eigenen rationalen Entscheidungen erreicht, die Tiefstwerte sind diejenigen Handlungen, zu denen Sie durch fremde Entscheidungen veranlaßt werden. Falls Sie bisher zu letzterem Verhalten neigten, trösten Sie sich mit der erfreulichen Aussicht, daß es nur aufwärts gehen kann.

Worin besteht der Gewinn?

Warum ist es wichtig, nach eigenen Entscheidungen zu handeln? Welchen Gewinn bringt das ein? Sie wissen es bereits: mehr Freude und weniger Kummer – ein besseres Leben für Nummer Eins.

Das bedeutet im einzelnen: Sie fühlen sich springlebendig statt müde. Sie verdienen so viel, daß Sie sich die materiellen Dinge leisten können, die Sie sich wünschen, statt daß Sie verbittert sind, weil Sie darauf verzichten müssen. Sie können eine erfüllte Liebesbeziehung genießen, statt daß Sie sich danach sehnen. Sie erfreuen sich an guten Freundschaften, statt daß Sie Ihre Gedanken auf Menschen konzentrieren, für die Sie negative Gefühle hegen. Sie fühlen sich gesund statt abgeschlagen. Ihr Denken ist relativ geradlinig statt verworren und voller Ballast. Sie haben mehr Freizeit, statt daß Sie abgehetzt sind.

Auf das eigene Selbst bedacht zu sein, ist wichtig, weil es Ihnen ein einfacheres, unkomplizierteres Leben ermöglicht, in dem Sie mehr Zeit auf all jene Dinge verwenden, die Ihnen am meisten Freude machen. Es ist die Entdeckung dessen, worauf es wirklich ankommt — die Erkenntnis, daß das Leben lebenswert ist, daß es erfreulich sein kann und sein sollte, statt daß es Sie mit Angst erfüllt. Die natürlichen Weiterentwicklungen, die sich aus dieser Erkenntnis ergeben, sind Selbstdisziplin und Selbstachtung, die ihrerseits noch mehr Freude in Ihr Dasein bringen.

Das Wohlbefinden

Was ist Freude? Ich kann wohl auf den Versuch einer Definition verzichten, denn jeder Mensch versteht gefühlsmäßig, was dieser Begriff bedeutet. Wenn Sie etwas Angenehmes erleben oder frei von Kummer und Sorgen sind, dann fühlen Sie sich wohl.

Im Grunde genommen streben alle Menschen dieses Ziel an – sich wohlzufühlen. Glücklich sein ist kein mysteriöser Zustand, der von Sprachgelehrten oder Psychologen sorgfältig seziert werden muß. Es drückt einfach Ihre seelische Verfassung aus, wenn Sie etwas Erfreuliches erleben, und das heißt, daß Sie sich wohlfühlen.

Manchmal verlieren wir die Tatsache aus den Augen, daß unser eigentliches Ziel darin besteht, so glücklich wie möglich zu sein, und daß all unsere anderen Ziele, ob groß oder klein, nur ein Mittel dazu sind, diesen Zustand zu erreichen. In dem Maße, in dem wir unsere untergeordneten Ziele erreichen und diese rational sind, fühlen wir uns wohl.

Die Stärke des Gefühls, glücklich oder unglücklich zu sein, unterliegt Schwankungen. Sie können heute glücklicher sein als gestern oder doppelt so glücklich wie vor einem Monat, und Sie können die Hoffnung haben, in der Zukunft viel glücklicher zu sein, als Sie es jemals waren. Der Grad Ihres Glücksempfindens hängt stets von der Rationalität Ihrer Ziele und auch davon ab, ob Sie diese Ziele mit Erfolg anstreben. Je rationaler Sie sind, desto leichter sind sie zu erreichen.

Die innere Waage für das Glücksempfinden

Freuen Sie sich: Sie besitzen einen wunderbaren Mechanismus, dessen Vorhandensein Ihnen vielleicht gar nicht bewußt ist. Es handelt sich um einen Mini-Computer innerhalb des Großcomputers, den wir das Gehirn nennen. Er hat die Fähigkeit, jederzeit alle Alternativen gegeneinander abzuwägen, die Ihnen offenstehen, und wählt diejenige aus, von der er *glaubt*, daß sie Ihnen das stärkste Glücksempfinden vermittelt. Allerdings gibt es bei dieser Waage ein kleines Problem: Gelegentlich funktioniert sie nicht richtig. Sie ermittelt die Tatsachen nicht immer genau und produziert daher nicht immer die richtigen Entscheidungen. Wie jeder Computer ist auch dieser nur so gut wie der Operator, der die Informationen eingibt. Wenn Sie ihn mit irrationalen Gedanken füttern, wird er irrationale Entscheidungen treffen.

Es liegt also an Ihnen, für die gute Funktion dieses wunderbaren Besitzes zu sorgen. Der Computer wird es niemals versäumen, für Sie eine Entscheidung zu treffen (und keine Entscheidung ist ja gewissermaßen auch eine Entscheidung – nämlich der Beschluß, nichts zu unternehmen), und diese Entscheidung wird immer so ausfallen, wie er es für Sie am besten hält. Wie oft er das Richtige wählt, hängt unmittelbar davon ab, wie hoch das Niveau Ihres Bewußt-Seins ist, und wie weit Sie Ihre Fähigkeit, vernünftig zu denken, entwickelt haben.

Auch wenn alle Menschen ihre Handlungen mit Verstand planen würden, so würde doch jeder von uns auf verschiedene Art und Weise sein

Glück suchen. Manche mögen ihr Glück finden, indem sie zu stillen Duldern werden (obwohl ich bezweifle, daß das jemals eine rationale Wahl sein könnte), andere durch Belesenheit und Wissen auf allen möglichen Gebieten, wieder andere durch die Anhäufung von Reichtum. Wie Louise Ropes Loomis in ihrer Ausdeutung des Aristoteles sagte: »Das Ziel, nach dem wir alle mehr oder weniger streben, ist das Glücklichsein. Die Verschiedenheit unseres Verhaltens liegt an unseren unterschiedlichen Ansichten darüber, was Glück ist.«

Gefährlich wird es, wenn andere Ihnen sagen wollen, was Sie glücklich macht. »Wenn jemand sagt, das Geben sei der Schlüssel zum Glücklichsein, sagt er damit nicht, daß es der Schlüssel zu *seinem* Glück ist?« fragt Harry Browne. Er warnt, daß man sich selbst täuscht, wenn man annimmt, die Ansichten eines anderen Menschen seien für einen selbst bindend.

Woran erkennen Sie, ob Ihre innere Waage für das Glücksempfinden richtig funktioniert? Die für Freude und Leid zuständigen Sektoren Ihres Gehirns werden Ihnen stets eine leicht verständliche Auswertung liefern, nach der sich Ihr Wohlbefinden richtet.

Wenn Sie sich wohlfühlen, brauchen Sie keine Fragen zu stellen, denn Ihre innere Waage funktioniert einwandfrei. Aber wenn Sie sich Sorgen machen oder bedrückt sind, müssen Sie ein paar Hürden überwinden, und das bedeutet Arbeit (meist geistiger Art).

Es bewahrheitet sich immer wieder: *Keine Leistung ohne Gegenleistung*. Je glücklicher Sie sein wollen, desto höher ist der Preis, den Sie dafür bezahlen müssen. Sie allein entscheiden darüber, welchen Preis Sie zu zahlen bereit sind, und es liegt in Ihrem Interesse, diese Entscheidung zu treffen, *bevor* Sie handeln.

Welche Alternativen haben Sie nun wirklich? Es war nicht Ihre Entscheidung, geboren zu werden, aber es ist nun mal eine Tatsache, daß Sie leben. Abgesehen von der Bezahlung des Preises für ein besseres Leben stehen Ihnen tatsächlich nur zwei Möglichkeiten offen.

Die eine ist, daß Sie sich einfach umbringen, und obwohl viele Menschen diesen Weg wählen, kann man ihn wohl kaum eine rationale Alternative nennen. Die zweite ist Inaktivität, die Dinge nehmen, wie sie sind, und all die Verworrenheiten, Frustrationen, Konflikte und anderen negativen Werte ertragen, die aus dem Leben eher eine Last als eine Freude machen.

Die meisten Menschen wählen die Inaktivität, weil das scheinbar der leichteste Weg ist. Ich glaube jedoch, daß sie sich durch dieses auf kurze Sicht abgestellte Denken selbst betrügen. Sie tauschen eine relativ kleine Anzahl von periodisch auftretenden akuten Schmerzen gegen ein ganzes Leben voll dumpfer, chronischer Schmerzen ein. Aus dieser Einstellung resultiert ein Großteil der Bitterkeit, auf die wir in unserer Umgebung immer wieder stoßen. Ein ödes Leben ist, bildlich gesprochen, ein lebender Tod. Warum sollten Sie sich Gedanken über das Leben nach dem Tod machen, wenn Sie nicht einmal in Ihrem irdischen Leben richtig lebendig sind?

Auf lange Sicht ist es bestimmt die klügste Entscheidung, den Preis zu bezahlen, den die Entwicklung Ihrer Fähigkeit, rational zu denken, kostet. Das könnte eine radikale Änderung Ihres Lebensstils, Ihres Berufs oder sogar Ihres Wohnorts erfordern. Solche Änderungen sollten Sie aber erst dann vornehmen, wenn sie Ihnen nach reiflicher Überlegung gerechtfertigt erscheinen. Vielleicht liegt vieles, das Sie zum Glücklichsein brauchen, direkt vor Ihrer Nase.

Die Insel aus Vulkanasche

Vor Jahren gab es einen Film mit dem Titel »Fanny«, an den ich mich sehr gut erinnere. Die Titelheldin liebt einen jungen Mann namens Marius, und er liebt sie. Fanny möchte seine Frau werden, aber Marius ist, wie sie sagt, »so unsicher – so zerrissen«.

Marius erzählt Fanny eine Geschichte, die er in seiner Kindheit von einem alten Seemann gehört hatte. Der Matrose hatte begeistert die »Inseln unter dem Wind, wo schwarze Bäume wachsen«, beschrieben: »Wenn man sie fällt, sind sie innen aus Gold und duften nach Kampfer und Pfeffer.« »Damals wurde diese tiefe, schmerzhafte Sehnsucht in mir geboren«, fuhr Marius fort, und seine Augen glitzerten vor Aufregung. »Sie macht mich schwindlig, als ob ich ständig vornüber fiele in Richtung auf das Meer.« Trotz seiner tiefen Liebe zu Fanny geht Marius aufs Meer, um die Wunder zu suchen, die der alte Seemann geschildert hatte.

Über ein Jahr später kommt Marius zu einem kurzen Urlaub nach Hause und besucht Fanny, die inzwischen einen anderen geheiratet hat. In einer rührenden Szene fragt Fanny ihn, ob er »die Inseln unter dem Wind« gesehen hat.

Marius bejaht.

»Wie haben sie ausgesehen?« fragt Fanny.

»Hast du jemals Fotografien von den Mondkratern gesehen? Genauso waren diese Inseln – aus Vulkanasche. O Fanny, und ich bin mit so viel Hoffnung ausgezogen!«

Das Glück ist da, wo Sie es finden. Es ist durchaus möglich, daß es nicht dort ist, wo Sie heute sind. Aber ebensogut könnte es direkt vor Ihnen sein. Ob es nun in der Nähe ist oder nicht, lassen Sie sich nicht von Illusionen verführen und von Emotionen zu dramatischen Entscheidungen hinreißen. Vielleicht stellt sich heraus, daß auch Ihre Inseln des Glücks nichts als Vulkanasche sind.

Vor allem aber sollten Sie stets daran denken, daß Glücklichsein nicht das ist, was andere dafür halten. Glücklichsein ist das, was *Ihnen* ein Wohlgefühl bereitet.

Muß man siegen, um glücklich zu sein?

Ich werde oft gefragt, ob man siegen muß, um glücklich zu sein. Die Antwort lautet aus zweierlei Gründen »ja«. Erstens: Ihr Hauptziel ist das Glücklichsein, und deshalb ist es wichtig, daß Sie »siegen« – daß Sie dieses Ziel erreichen. Zweitens: Das Glücksempfinden entsteht dadurch, daß man eine Reihe von untergeordneten Zielen erreicht hat, und deshalb ist es unumgänglich notwendig, daß man von diesen Zielen so viele wie nur möglich verwirklicht.

Das Gefühl der Frustration entwickelt sich, wenn man die falschen oder zu viele Ziele hat. Das Problem der falschen Ziele ist das Ergebnis irrationalen Denkens; das Problem, zu viele Ziele zu haben, ist die Folge des von der Gesellschaft ausgeübten Drucks in Bezug auf den generell akzeptierten Begriff des Siegens. Wenn man jemanden einen »Erfolgsmenschen« nennt, heißt das, daß er praktisch jedes Ziel erreicht, das er sich setzt. Die Bezeichnung »Wettbewerbstyp« bezieht sich auf einen Menschen, der ständig angespannt ist, sich nie Ruhe gönnt und sich immer voll einsetzt, ob er nun über eine geschäftliche Transaktion verhandelt oder Golf spielt.

Siegen bedeutet zwar, daß Sie Ihre Ziele erreichen, aber das braucht Sie nicht gierig zu machen. Sie können nicht alle Schmankerln bekommen, die es im Delikatessenladen gibt, und sei es nur aus dem Grund, daß kein Mensch so viel Zeit, Energie und Talent hat, wie er brauchen würde, um alle guten Dinge einzuheimsen. Also brechen Sie sich vor Gier nicht das

Genick. Lassen Sie auch für uns etwas übrig, denn wir bekommen unseren Anteil, ob es Ihnen paßt oder nicht, und zwar ganz einfach deshalb, weil wir auf manchen Gebieten befähigter sind als Sie und vielleicht mehr Zeit und Energie für diese Dinge aufwenden können als Sie. Insbesondere ist die Zeit eine fest umrissene Kommodität, die dem, was ein Mensch in seinem Leben vollbringen kann, Grenzen setzt.

Wenn man nur um des Siegens willen siegt, macht man daraus eine eigenständige, hochwertige Aufgabe und verweist das eigentliche Ziel – das Glücklichsein – auf einen minderen Rang. So entsteht das Dilemma des Mannes, der im Leben nichts anderes kennt als die Arbeit. Er konzentriert sich so ausschließlich auf das Geldverdienen, daß er vergißt, sich die Zeit zu nehmen, um es zu genießen.

Wenn Sie klug sind, entscheiden Sie, welche Ziele für Ihr Glücklichsein am wichtigsten sind, und setzen die Prioritäten entsprechend fest. Aber legen Sie nicht den gleichen Wert darauf, ein Tennischampion, ein Gesellschaftslöwe, der Begründer eines Finanzimperiums, ein Meisterkoch, ein berühmter Liebhaber und ein Schachgroßmeister zu werden. Ich habe Leute gekannt, die sogar noch mehr als das erreichen wollten, und wenn diese Menschen sich glücklich fühlten, dann bedeutet Glücklichsein nichts anderes als Abhetzerei, Verkrampftheit und Bluthochdruck.

Nicht alle Ihre Ziele müssen etwas mit »Siegespunkten« zu tun haben. So kann es z. B. bei einem Tennisspiel am Sonnabend nachmittag Ihr Ziel sein, sich zu entspannen und die Gesellschaft Ihres Partners zu genießen, und wenn Ihnen das gelingt, haben Sie einen Sieg errungen. Sie haben Ihr Ziel erreicht, ob Sie das Spiel nun gewonnen oder verloren haben. In diesem Fall hatte der tatsächliche Punktestand nichts mit dem Sieg zu tun.

Das heißt natürlich nicht, daß Sie keinen Versuch machen sollten, das Tennismatch zu gewinnen. Das ist eine Sache der Perspektive. Es ist keine Todsünde, nicht zu versuchen, den Gegner zu besiegen, wenn Ihr Ziel darin besteht, sich zu entspannen und Spaß zu haben. Sie selbst müssen entscheiden, wo Sie die Linie ziehen wollen. Nur Sie können bestimmen, was Ihnen im Leben am wichtigsten ist. Und wie steht es mit den zweitrangigen Dingen? Nun, wenn Sie irgendeines der weniger bedeutenden »Spiele« gewinnen, so betrachten Sie das als Geschenk. Aber es braucht keineswegs Ihr wichtigstes Ziel zu sein, bei allem, was Sie unternehmen, die höchste Punktzahl zu erreichen.

Ein Verhalten, das auf Wettbewerb abgestellt ist, kann üble Folgen haben. Es kann Energie abziehen, die für wichtigere Ziele benötigt wird. Es kann Sie lächerlich machen, wenn Sie versuchen, in einer Aktivität, für die Sie nicht die erforderliche Zeit und Mühe aufbringen können oder wollen, oder für die Sie nicht begabt sind, eine ernstzunehmende Konkurrenz zu sein. Die daraus resultierende Frustration kann so stark sein, daß Sie Ihr Verhalten gegenüber wichtigeren Herausforderungen beeinträchtigt. Und es kann Menschen zu Feinden machen, die für Sie wertvolle Kontakte wären, wenn Sie auf einer entspannten und legeren Basis mit ihnen verkehren würden.

Jeder möchte in dem Spiel um das Glücklichsein siegen, aber tun Sie nicht zuviel des Guten und glauben Sie ja nicht, daß Sie bei jeder Unternehmung einen harten Konkurrenzkampf führen müssen, um ans Ziel zu kommen. Vielleicht erreichen Sie damit nur, daß Sie sich selbst verrückt machen.

Ist es gut?

Ist es »gut«, auf den eigenen Vorteil bedacht zu sein? Bei diesem Thema muß ich immer an ein Schreckgespenst denken, das seit Jahrtausenden auf der Erde herumgeistert und sich stetig vermehrt. Ich meine den Absoluten Moralisten. Seine Lebensaufgabe besteht darin, Sie und mich auf Vordermann zu bringen. Genauso wie der Teufel kann auch er in den verschiedensten Gestalten auftreten. Einmal erscheint er als Politiker, dann als Pfarrer und noch etwas später als Ihre Schwiegermutter.

Aber wie er sich auch tarnen mag, er ist unbarmherzig. Wenn Sie es zulassen, verfolgt er Sie bis ins Grab. Sobald er spürt, daß Sie eine leichte Beute sind – daß die Grundlage für Ihr Verhalten nicht eine rationale, eigene Entscheidung ist –, wird er Sie unnachsichtig bestrafen. Er wird Ihnen als ständigen Gefährten das Schuldgefühl zuordnen, bis Sie selbst glauben, daß Sie ein schlechter Kerl sind.

Der Absolute Moralist – immer in der Gestalt eines gewöhnlichen Sterblichen – ist die Kreatur, die ihr Leben damit verbringt, daß sie entscheidet, was für *Sie* richtig ist. Wenn der Absolute Moralist einer Wohlfahrtsorganisation eine Spende gibt, wird er Sie so lange bombardieren, bis Sie sich schämen und »begreifen«, daß Sie moralisch verpflichtet sind, ebenfalls etwas zu spenden (an die von ihm bevorzugte Organisation). Falls er an Christus glaubt, sieht er es bestimmt als seine moralische Pflicht an, Sie zu »erleuchten«. Wenn er weder raucht noch trinkt, kann er mühelos die

Schlußfolgerung ziehen, daß Rauchen und Trinken schlecht für Sie sei. Kurzum, was er wirklich will, ist, Ihr Leben zu kontrollieren. Es gibt nur eine Möglichkeit, ihn dazu zu bringen, daß er Sie in Ruhe läßt, und das ist Ihre feste Entschlossenheit, niemals zu gestatten, daß er Ihnen seine Ansichten aufzwingt.

Als Vorstufe für die Entscheidung, ob es gut ist, auf den eigenen Vorteil bedacht zu sein, schlage ich vor, daß Sie alle unerbetenen Moralprinzipien anderer Leute aus Ihren Erwägungen ausschließen. Moralität – die Qualität des Charakters – ist eine sehr persönliche und private Angelegenheit. Kein Mensch hat das Recht zu entscheiden, was für Sie moralisch »gut« oder »schlecht« ist. Ferner empfehle ich, daß Sie all jene Personen aus Ihrem Leben entfernen, die durch Worte oder Taten direkt oder indirekt behaupten, ein solches Recht zu haben. Sie sollten sich nur mit der Frage beschäftigen, ob von Ihrem eigenen rationalen und kritischen Standpunkt aus der Wunsch, Nummer Eins zu werden, moralisch akzeptabel ist.

Auf den eigenen Vorteil bedacht zu sein, bedeutet, daß Sie mehr Zeit für die Dinge aufwenden, die Ihnen Freude bereiten. Es gibt Ihnen jedoch keineswegs freie Hand, das zu tun, was Ihnen in den Kram paßt. Die Philosophie des Bedachtseins auf den eigenen Vorteil ist nicht hedonistisch* angelegt, denn sie endet nicht mit der Behauptung, daß die vordringliche moralische Pflicht des Menschen im Streben nach dem Vergnügen liegt, sondern sie fügt eine rationale, zivilisierte Auslegung hinzu: Die vordringliche moralische Pflicht des Menschen liegt im Streben nach dem Vergnügen, *solange er nicht gewaltsam die Rechte anderer beeinträchtigt.* Falls Sie dieses Buch in der Hoffnung gekauft haben, daß es Ihnen sagt, wie Sie im Leben vorankommen, indem Sie auf den Rechten Ihrer Mitmenschen herumtrampeln, haben Sie die falsche Wahl getroffen. Lesen Sie statt dessen eine Hitler-Biographie, das kommunistische Manifest oder die Steuergesetze.

Es gibt einen rationalen Grund, warum gewaltsame Übergriffe keinen Platz in der Philosophie des Bedachtseins auf den eigenen Vorteil haben – weil dieses Verhalten ganz einfach nicht zu Ihrem Besten wäre. Auf die Dauer gesehen, bringt es Ihnen mehr Kummer als Freude, also das Gegenteil dessen, was Sie erreichen möchten. Es ist möglich, daß es Ihnen für eine kurze Zeit Vergnügen bereitet, die Rechte anderer zu verletzen, aber

* Hedonismus: Die Lehre, daß die Lust der höchste Wert ist.

ich versichere Ihnen, daß diese kurzlebige Freude durch die sich auf lange Sicht daraus ergebenden Verluste (z. B. Kummer) mehr als aufgewogen werden.

Warum ist das so? Weil das Syndrom »schlechte Ursache / schlechte Wirkung« zur Wirklichkeit unseres Lebens gehört. Ich betrachte es als eines der vielen universellen Naturgesetze, die immer wieder von selbst in Kraft treten. Ich kann dieses Phänomen ebensowenig erklären wie Anfang und Ende von Zeit und Raum, aber ich weiß sehr seit vielen Jahren, daß es immer und nachweislich wirkt.

Nachdem nun die absolute Moralität und der Hedonismus aus dem Weg sind, kann ich die Frage: »Ist es gut?« vielleicht am besten dadurch beantworten, daß ich Sie etwas frage: Sehen Sie irgendeinen rationalen Grund, warum Sie nicht versuchen sollten, Ihr Leben erfreulicher und erträglicher zu gestalten, solange Sie nicht gewaltsam in die Rechte anderer eingreifen?

Sie haben nur ein einziges Leben. Ist es in irgendeiner Hinsicht unvernünftig, sorgsam über dieses Leben zu wachen und alles in Ihrer Macht Stehende zu tun, um es zu einem angenehmen und erfüllten Dasein zu gestalten? Ist es falsch, sich der eigenen Handlungen und der dafür verantwortlichen Gründe bewußt zu sein? Ist es schlecht, aus eigenem Entschluß zu handeln statt nach den Entscheidungen anderer, oder alles dem blinden Zufall zu überlassen?

Erinnern Sie sich bitte daran, daß die Selbstsucht nicht der Kernpunkt ist, um den es geht. Aufopferung ist nichts weiter als eine irrational egoistische Handlung (Sie tun etwas, von dem Sie glauben, daß es Ihnen ein Wohlgefühl bereitet), die unter dem Einfluß eines niedrigen Bewußtsein-Niveaus begangen wird. In Wirklichkeit werden Sie sich deshalb nicht wohlfühlen, jedenfalls nicht auf die Dauer, nachdem die Verbitterung über das, was Sie »geopfert« haben, die Chance hatte, sich in Sie hineinzufressen. Im schlimmsten Fall kann diese Verbitterung sich zu einer schweren Form von absoluter Moralitis entwickeln. Die irrationale Entscheidung, sich aufzuopfern, kann zu einer so großen Verbitterung führen, daß man sie nur dadurch besänftigen kann, indem man anderen predigt, wie verdienstvoll es sein würde, wenn sie den gleichen Fehler begehen.

Vielleicht haben Sie die edelsten Motive, aber versuchen Sie nicht gar so hart, für andere Opfer zu bringen. Das ist ihnen gegenüber unfair und für Sie selbst eine Katastrophe. Die traurige Ironie ist, daß Ihre Opferwut denjenigen, für die Sie sich »aufopfern«, keineswegs Vorteile, sondern oft sogar Nachteile bringt. Wenn Sie statt dessen Ihre Zeit darauf verwenden, Nummer Eins zu werden, ermöglichen Sie es den Menschen, die Ihnen am nächsten stehen, von Ihrem Verhalten zu profitieren. Nur dann, wenn Sie versuchen, die Naturgesetze umzukehren, das Glück eines anderen Menschen als Ihr vornehmstes Ziel betrachten und sich selbst zur Nummer Zwei degradieren, geraten Sie in Schwierigkeiten. Das hat noch nie funktioniert, und das wird es auch in Ihrem Fall nicht tun. Hier handelt es sich nämlich um ein Naturgesetz. Die Idee, daß man die Selbstaufopferung als eine Tugend zu betrachten hat, ist ein Gesetz, das von den Menschen gemacht wurde. Falls Sie Ihre Energie für den Kampf gegen Gesetze benutzen wollen, kämpfen Sie gegen von den Menschen aufgestellte Gesetze – das wäre eine lohnende Aufgabe. Die Naturgesetze können Sie niemals verändern, auch wenn Sie sich noch soviel Mühe geben.

Daß es nicht nur Sie, die Nummer Eins, sondern auch andere glücklich macht, wenn Sie auf Ihren Vorteil bedacht sind, gehört zu den schönsten Wirklichkeiten des Lebens. Im besten Fall bringt es sowohl Ihnen als auch anderen Menschen Nutzen. Im ungünstigsten Fall nützt es nur Ihnen und stört niemand anders. Aber selbst dann ist es eigentlich für andere vorteilhaft, weil ein glücklicher Mensch für seine Umwelt keine Belastung ist.

Das genügt meiner Meinung nach, um diese Philosophie zu rechtfertigen. Wenn Sie die Prinzipien praktizieren, die Ihnen helfen, Nummer Eins zu werden, wird es Ihnen leichter fallen, gute Beziehungen zu Ihrer Umwelt zu entwickeln. Es wird Ihre Fähigkeit fördern, ein warmherziger, verständnisvoller Mensch zu sein und all das zu genießen, was das Leben zu bieten hat.

Ist es leicht?

Als erwachsener Mensch wissen Sie, daß es niemals leicht ist, etwas Erstrebenswertes zu erringen. Das führt uns zu einer weiteren allgemein gültigen Tatsache, die Millionen Menschen nicht glauben wollen oder nicht begreifen können: Der Preis muß bezahlt werden.

Die Wirklichkeit, daß alles Erfreuliche im Leben seinen Preis hat, ist schon hart genug. Aber es gibt andere Dinge, die einem das Leben noch viel mehr erschweren.

Cuncta fluunt (alles fließet)

Das einzige im Leben, das man mit absoluter Sicherheit vorhersagen kann, ist, daß die Bedingungen sich laufend verändern. Darauf können Sie sich verlassen. Was wir nicht wissen, ist, *wann* diese Veränderungen eintreten werden.

Sie können noch so sorgfältige Pläne für ein glücklicheres Leben entwerfen – wenn Sie sterben, sind diese Pläne nichts mehr wert, sobald die Veränderung – der Tod – eingetreten ist. Normalerweise sind Sie nicht in der Lage, den Zeitpunkt vorauszusagen.

Tun Sie alles, um die Freuden des Lebens zu genießen, aber bleiben Sie bei Ihren Planungen flexibel. Es ist gefährlich, sich auf die Annahme zu stützen, daß alles so bleibt, wie es ist. Nichts könnte weiter von der Wahrheit entfernt sein, und da die Bedingungen sich oft sehr plötzlich ändern, werden Sie davon überrascht.

Ich kenne eine Frau, die von der kleinsten Veränderung in ihrem Leben aus der Bahn geworfen wird, das heißt also, sie regt sich jeden Tag auf. Ein Stromausfall ist eine größere Katastrophe. Gibt es eine Veränderung in ihrem Arbeitsgebiet, bekommt sie Migräne. Als ihr Lieblingsrestaurant die Pforten schloß, machte es ihr keinen Spaß mehr, zum Essen auszugehen. Sie lebt fast ständig in einem Spannungszustand, weil sie sich nicht auf die unaufhörliche Veränderung ihrer Lebensbedingungen einstellen kann.

An einem Tag sind Sie finanziell ganz oben, am nächsten stehen Sie vor der Möglichkeit einer Pleite, weil ein neues Produkt auf dem Markt erschienen ist. Heute gehen Sie gern ins Büro, morgen haben Sie einen neuen Abteilungschef, der Ihnen nicht liegt.

Liebespartner und Verwandte sterben; gute Freunde ziehen weg; Häuser werden abgerissen und durch neue ersetzt. Ein Unterhaltungskünstler wird von einer Veränderung im Publikumsgeschmack überrascht und ist plötzlich nicht mehr gefragt; ein Sportler entdeckt, daß in den Plänen des neuen Trainers kein Platz für ihn ist. Nichts dauert ewig, und ein Mensch, der sich nicht auf die Wirklichkeit einstellt, gerät oft in die Klemme und begreift nicht, warum. Ich glaube, daß die Unsicherheit einer sich rasch verändernden Welt eine der Hauptursachen für depressive Stimmungen ist. Wenn man sich nicht an die Wirklichkeit anpassen kann, ist man nie auf der Hut und daher nicht darauf vorbereitet, die rationalen Entscheidungen zu treffen, die zum eigenen Besten sind.

Als Personifizierung all der Schwierigkeiten, die es im Leben gibt, stelle ich Ihnen hiermit Herrn Murphy vor. Vielleicht kennen Sie sein Gesetz bereits:

Nichts ist so leicht, wie es aussieht.
Alles dauert länger, als man erwartet.
Wenn etwas schiefgehen kann, dann geschieht es todsicher,
und zwar im ungeeignetsten Moment.

Sehr klug von Murphy beobachtet. Einer der Gründe für die Gültigkeit seines Gesetzes ist die Tatsache, daß nichts lange genug an einer Stelle bleibt, um es festnageln zu können. Bei dem Versuch, eine Situation den Gegebenheiten anzupassen, hat man oft das Gefühl, mit einer geölten Wassermelone zu kämpfen: Man kann sie nicht hochheben, und wenn man glaubt, es geschafft zu haben, rutscht sie einem wieder aus dem Griff.

Trotzdem: Ob Sie es glauben oder nicht, manchmal klappt es doch. Und je besser Sie die Wirklichkeit der stetigen Veränderungen und von Murphys Gesetz begreifen, desto leichter werden Sie Erfolg haben. Dabei kann Ihnen eine Theorie helfen, die ich in meinem vorigen Buch erklärt habe:

Wie man sich eine positive Einstellung bewahrt, indem man auf ein negatives Ergebnis gefaßt ist

Die alte Maxime »man kann nicht immer gewinnen« ist irreführend. Es wäre wesentlich realistischer zu sagen, daß man nicht immer *verlieren* kann. Denn verlieren werden Sie – sogar oft – im Sinne von Murphys Gesetz. Dafür sorgen die ständigen Veränderungen und andere Faktoren, die Sie nicht beeinflussen können. Und wenn Sie die Dinge nicht aus der richtigen Perspektive sehen, wird das Verlieren nicht nur Ihr Tempo bremsen, sondern es kann auch Ihr Selbstbild zerstören und Sie frustrieren.

Der Tag, an dem ich begann, kurzzeitige Verluste als Schlachten und nicht mehr als Kriege zu betrachten, war ein wichtiger Wendepunkt für mich. Inzwischen bin ich schon lange nicht mehr interessiert daran, in jeder »Schlacht« zu siegen; mir geht es nur noch darum, den »Krieg« zu gewinnen. Da ich ja von vornherein weiß, daß die meisten Pläne nicht verwirklicht werden können (auf Grund von Faktoren, die außerhalb meiner Kontrolle liegen), registriere ich sie nur als erfolglose Schlachten auf dem Weg zum höheren Ziel, den Krieg zu gewinnen. Das positive Resultat dieser realistischen Einstellung ist, daß Sie nicht am Boden vernichtet sind, wenn etwas schiefgeht. Auf diese Weise bewahren Sie sich Ihre positive Einstellung, die Sie verlieren würden, wenn jeder Rückschlag eine Überraschung für Sie wäre.

Ich bin mir bewußt, daß ich zehn, zwanzig oder sogar fünfzig Schlachten verliere, bevor ich Erfolg habe, aber das wichtigste ist, daß ich mich jedesmal darauf vorbereite, zu gewinnen. Die Anerkennung der Tatsache, daß das Leben die ärgerliche Angewohnheit hat, nicht mit meinen Plänen konform zu gehen, ist für mich ein Grund mehr, warum ich es mir nicht leisten kann, nicht bereit zu sein, falls die Mosaiksteine doch einmal auf die richtigen Plätze fallen. Obwohl ich auf das Schlimmste gefaßt bin, tue ich mehr als nur auf das Beste zu hoffen: Ich bereite mich darauf vor.

So viele Beulen und blaue Flecken Sie in der täglichen Flut der verlorenen Schlachten auch einstecken müssen – jede Situation bietet etwas Positives, und zwar in Form einer lehrreichen Erfahrung. Sie brauchen die Lektion, die Sie gelernt haben, nur von den unwichtigen Dingen zu trennen und sie dazu zu benützen, das nächste Mal besser vorbereitet zu sein. Das negative Ergebnis als solches ist bereits Vergangenheit. Vergessen Sie es. Das so erworbene Wissen kann jedoch viel wertvoller sein als eine gewonnene Schlacht. David Seabury hat in einem Buch folgendes geschrieben:

> In Südafrika gräbt man nach Diamanten. Tonnen von Erdreich werden bewegt, um einen kleinen Kiesel zu finden, der nicht einmal so groß ist wie der Nagel des kleinen Fingers. Die Grubenarbeiter achten nur auf die Diamanten, nicht auf das Erdreich. Sie sind bereit, diese Riesenmenge Erdreich zu bewegen, um die Edelsteine zu finden. Im Alltagsleben vergessen die Menschen dieses Prinzip und werden zu Pessimisten, weil es mehr Erdreich als Diamanten gibt. Wenn Schwierigkeiten auftauchen, lassen Sie sich von den negativen Werten keine Angst einjagen. Suchen Sie nach den positiven Werten und graben Sie sie aus. Sie sind so wertvoll, daß es nichts ausmacht, wenn Sie viele Tonnen Erdreich wegräumen müssen.

Das klingt paradox, aber in Wirklichkeit hilft Ihnen die Erhaltung einer positiven Einstellung, auf lange Sicht Erfolg zu haben, indem sie dafür sorgt, daß Sie geistig auf kurzzeitige Niederlagen vorbereitet sind. Sie hilft Ihnen, das Erdreich wegzuräumen, das zwischen Ihnen und *Ihren* Diamanten liegt.

Diese geistige Vorbereitung ist ebenfalls eine Form, in der man den Preis bezahlt. Sie müssen die Tatsache akzeptieren, daß einfach alles im Leben seinen Preis hat: Liebe, Freundschaft, materieller Gewinn, eine entspannte Stimmungslage, die Freiheit, nach Belieben zu kommen und zu gehen – alles, was Ihr Dasein angenehm macht.

Was immer erstrebenswert ist, muß bezahlt werden. Falls Sie sich in diesem Punkt einer Selbsttäuschung hingeben, öffnen Sie endlosen Frustrationen Tür und Tor.

Ich versuche immer bewußt, gleich zu Anfang den Preis der Sache zu analysieren, die ich haben will. Gleichgültig, ob die Bezahlung in Form von Geld, Zeit, Energie, Unbequemlichkeit oder sonstwie geleistet werden muß, ich bemühe mich stets, mir nichts vorzumachen. Und wenn ich entschieden habe, daß die Sache den Preis wert ist, möchte ich so schnell wie möglich bezahlen. Gewöhnen Sie es sich ja nicht an, die Zahlungsfrist zu verlängern. Je schneller Sie es hinter sich bringen, desto eher können Sie die Belohnung genießen, die sich Ihnen in der Form von unbelasteten Gedanken und einem glücklicheren Leben darbietet.

Im Grunde genommen handelt es sich hier um die Gegenüberstellung von Dauerlösung und kurzzeitigem Flickwerk. Hüten Sie sich vor der Überlegung, daß Sie zur Bewältigung einer rauhen Stelle auf Ihrem Weg ein Problem auf kurze Sicht lösen wollen, in der Absicht, später eine dauerhafte Lösung auszuarbeiten. Irgendwie kommt dieser Zeitpunkt nie, und das Ergebnis ist, daß das Problem weiter wächst und schwärt. Je eher Sie begreifen, daß es am klügsten ist, die Zeit, die geistige Anstrengung und den Mut aufzubringen, die eine dauerhafte Lösung erfordert, desto angenehmer wird Ihr Leben werden.

Versuchen Sie nicht, das Glück auf Raten zu kaufen. Wenn Sie schleppend bezahlen, werden Sie niemals ganz den Punkt erreichen, an dem Sie das Leben unbelastet genießen können. Denken Sie daran, daß es einen hohen Preis kostet, Nummer Eins zu werden: *bewußte* und *rationale* Bemühungen. Fangen Sie schon heute mit dem Bezahlen an, damit Sie sich möglichst bald an den Vorteilen erfreuen können.

Für den Fall, daß Sie sich nicht so verhalten, wie es vernünftig wäre, möchte ich Ihnen eines versichern: Niemand wird so gut auf Ihren Vorteil bedacht sein wie Sie selbst.

Es dauert nur noch ein paar Seiten, bis der Ball in Ihrer Hälfte des Spielfeldes ist. Ich wünschte, ich könnte Ihnen sagen, daß Sie unbegrenzt Zeit haben, den Ball zu betrachten und zu überlegen, was Sie damit tun wollen.

2. Kapitel
Die Hürde der richtigen Perspektive

Aristoteles hat gesagt, daß der erste Schritt immer der wichtigste ist. So bescheiden und unauffällig der Anfang auch sein mag, er hat einen starken Einfluß, und sobald man ihn vollbracht hat, ist es leicht, das übrige zu tun.

Mit dem letzten Teil dieser Aussage – daß es leicht ist, das übrige zu tun –, bin ich nicht ganz einverstanden, aber die Erfahrung hat mich gelehrt, daß der erste Schritt in der Tat meist der schwerste ist. Die Hürde der richtigen Perspektive ist *Ihr* erster Schritt – die erste Hürde, die Sie auf dem Weg zu einem angenehmeren Leben überwinden müssen. Sie können die anderen Hindernisse, die sich Ihnen entgegenstellen, nicht erfolgreich bewältigen, wenn Sie sie nicht in der richtigen Perspektive sehen.

Wenn Sie es zulassen, daß ein Problem größer erscheint, als es tatsächlich ist, dann mangelt es Ihnen an der richtigen geistigen Einstellung, um es rational bewältigen zu können. Ein extremes Beispiel hierfür ist ein Mensch, der auf verschütteten Kaffee und auf einen Atomkrieg mit dem gleichen Aufwand an emotionalem Stress reagiert. Einem solchen Menschen geht jedes Verständnis für die Relativität der Dinge ab.

Die Relativitätstheorie

Diese Theorie besagt, daß nur wenige Menschen sich die Mühe machen, Tatsachen im richtigen Verhältnis zueinander zu sehen. Das führt dazu, daß man keine intelligente Entscheidung über die erforderlichen Aktionen treffen kann. Mit anderen Worten: Daß Sie und ich Probleme haben, ist nichts Besonderes. Worauf es ankommt, ist das Ausmaß und der Schweregrad dieser Probleme. Welche Relation haben sie zu anderen Dingen?

Sie haben einen Nietnagel? Das tut weh, gewiß, aber wie mißt man den Schmerz? Sie sind arbeitslos? Und außerdem haben Sie einen Nietnagel? Das verschlimmert die Sache. Aber in Bezug auf einen Menschen, der in einem unterentwickelten Land lebt und ein niedriges Jahreseinkommen hat, ist es nicht so arg. Sie sind krank? Das kann natürlich sehr schlimm sein, aber der Schweregrad einer solchen Situation muß an den unzähligen Mühen und Plagen gemessen werden, von denen vier Milliarden Menschen tagtäglich heimgesucht werden.

Erfolg — auf dem Weg ins Nichts?

Als ich Anfang zwanzig war und durch die Straßen von New York wanderte, immer in der Hoffnung, irgendein Geschäft abschließen zu können, hatte ich das Glück, einem reichen alten Börsenmakler aus der Wall Street vorgestellt zu werden.

Harold Hart verkörperte die typische Erfolgsgeschichte des armen Jungen aus den Slums, der es geschafft hat. Sein Vermögen wurde auf fünfzig Millionen Dollar geschätzt. Als ich ihn zum ersten Mal traf, war er schon über siebzig Jahre alt.

Er hatte alles: eine Luxuslimousine mit Chauffeur, eine hochelegante Garderobe und eine atemberaubende Wohnung, die ganz im Neureichen-Stil eingerichtet war.

Ich besuchte den alten Herrn einige Male in seinem Feudalsitz an der Park Avenue, und im Laufe der Zeit lernte ich ihn recht gut kennen. Der Zweck meiner Besuche war, ihn zur Beteiligung an irgendeinem höchst vielversprechenden Projekt zu überreden – so etwas wie beispielsweise eine Schwefelmine in Tibet oder eine Goldsucher-Expedition nach Neuseeland.

Ich erinnere mich nicht mehr, um was es sich handelte, aber vermutlich war es eines von diesen typischen Projekten, in die so viele Promoter sich in einem Rausch der Selbsthypnose verbeißen, und die nicht die kleinste Chance haben, jemals verwirklicht zu werden. Nun, die Investition, um die ich mich bemühte, bekam ich nicht, dafür aber ein paar Weisheiten, die mich zum Nachdenken anregten.

Als ich eines Abends zu Mr. Hart kam, saß er, in einen seidenen Hausmantel gehüllt, in seinem Lieblingssessel, umgeben von einer Dienerschar, die auf seinen leisesten Wink achtete. Ich setzte mich ihm gegenüber und wartete geduldig, während er ins Leere starrte. Schließlich murmelte er: »Eigentlich hat Mutter Natur den Menschen fein ausgeschmiert. Da schuftet man sich ein Leben lang zuschanden, läßt keinen Trick aus, und wenn man Glück hat, erreicht man eines Tages den Gipfel.

Ich hab's schon vor vielen Jahren geschafft, und soll ich Ihnen mal was verraten? Es ist alles Mist. Es bedeutet gar nichts. Ich sage Ihnen, daß die Natur die Menschen zu Narren macht, und der größte Narr von allen bin ich. Hier sitze ich, alt, krank und mürbe von all den Jahren des Gerangels. Ich weiß, daß meine Uhr abläuft, und frage mich immer wieder: Und was nun, du Genie? Was ist dein nächster brillanter Schachzug? All die Zeit, die ich damit verbracht habe, mir Sorgen zu machen, zu manövrieren – es war total sinnlos. Wir halten uns für ungeheuer wichtig, aber in Wirklichkeit sind wir nichts.«

Ein paar Monate nach dem lehrreichen Kurzvortrag starb Harold Hart. So lange es auch schon her ist – seine Worte und der Tonfall, in dem er sie sagte, klingen mir noch immer in den Ohren.

Hat die Natur den Menschen zum Narren gemacht? Ist alles nur ein Schwindel? Trotz meiner reichen Erfahrungen, trotz vieler Jahre, in denen ich nachgedacht, gelesen und mit klugen Menschen über alle möglichen Themen diskutiert habe, die sowohl wissenschaftlicher als auch religiöser Art waren, kann ich mit Sicherheit nur eines sagen: Ich kenne die Antwort auf diese Frage immer noch nicht. Es gibt auch niemanden, der mich davon überzeugt hätte, daß er die Antwort weiß, obwohl viele es versucht haben. Aber das weiß ich ganz sicher: Selbst wenn der Mensch im Universum eine bestimmte Aufgabe hat – so heißt das nicht unbedingt, daß jedes unserer Probleme wichtig ist, wenn man es in Relation zu einer unendlich komplexen Welt und einem noch unfaßbareren Universum betrachtet.

Sie können nun argumentieren, daß all das in der Theorie ja gut und schön sein mag, daß Sie aber keine Relation zu dem großen Ganzen herstellen können, also zu Dingen, die nicht Teil Ihres Alltagslebens sind. Ich müßte Ihnen darauf antworten, daß Sie, wenn Sie Ihre Probleme und deren Relation zum großen Ganzen *nicht* realistisch sehen, einen Fehler machen, weil Sie die erste Hürde umgehen, statt sie zu überwinden. In Wahrheit liegt es nicht daran, daß die Menschen unfähig sind, die Relation zum Großen und Ganzen herzustellen, sondern daß sie sich nicht die dafür erforderliche Zeit zugestehen.

Was ist nun das große Ganze? Vielleicht könnte ein Mensch, der für diese Aufgabe einigermaßen qualifiziert ist, seine Gedanken auf zehntausend Seiten zusammenfassen. Da das aber für unsere Zwecke unpraktisch und unnötig ist, wollen wir uns mit einem kurzen Streifzug durch das Universum, unseren Planeten und das Leben im allgemeinen begnügen und auf diese Weise versuchen, einen kleinen Eindruck des großen Ganzen zu gewinnen.

Das Universum

Werfen wir einen Blick auf den unendlichen Raum, den wir das Universum nennen. Es gibt viele Bücher, die sich mit den verschiedensten Aspekten des Alls befassen, aber wir wollen hier nur ein paar Fragen herausgreifen.

Was mich als Individuum am meisten an der Größe des Universums beeindruckt, ist, wie unbedeutend ich im Vergleich dazu bin. Eigentlich ist ein Vergleich gar nicht möglich. Angesichts der Unendlichkeit des Universums hat die Erde kaum den Stellenwert eines Sandkorns in der Wüste.

Wenn das also meine Größenordnung im Universum ist, welchen Rang haben dann meine Probleme? Sicher, für *mich* sind sie wichtig, aber in Relation zum großen Ganzen sind sie nicht einmal ein Gähnen wert. Diese unbegreifliche Disparität hilft mir, die Hindernisse in meinem Leben auf eine realistische Größe zu reduzieren, und dadurch kann ich sie leichter bewältigen.

Gibt es da draußen Leben?

Schon immer hat mich die Vorstellung fasziniert, daß es auf anderen Planeten Leben gibt. Ich meine damit nicht Mikroben, sondern intelligentes Leben, eventuell in einer humanoiden Form. Wissenschaftliche Schätzungen über die Möglichkeit außerirdischen Lebens besagen, daß es allein in unserer Galaxis bis zu 50 Millionen Zivilisationen geben könnte — ich wiederhole: nur in unserer Galaxis! Fürwahr, ein faszinierender Gedanke. Aber ich bin bescheiden: Ich würde es schon aufregend finden, wenn es im ganzen Universum nur einen einzigen Planeten mit einer intelligenten Zivilisation gäbe.

Wie wichtig ist das Fußball-Pokalspiel?

Aber wir wollen nicht in so engen Maßstäben denken, die sich nur auf unsere kleine Galaxis beschränken. Vor kurzem wurde die Existenz einer anderen Galaxis bestätigt, die schätzungsweise fünf bis zehn Mal größer ist als unsere und Trillionen von Sternen enthält. (Im Vergleich dazu soll es in unserer Milchstraße zwischen hundert und zweihundertfünfzig Milliarden Sterne geben.) Das Licht dieser Galaxis, das mit Hilfe von Spezialteleskopen erkennbar ist, reist seit acht Milliarden Jahren mit einer Geschwindigkeit von rund zehn Trillionen Kilometern pro Jahr durch den Raum. Wenn all das Sie immer noch nicht genug beeindruckt hat, dann bedenken Sie bitte, daß die neu entdeckte Galaxis sich vermutlich mit einer Geschwindigkeit von rund viereinhalb Trillionen Kilometern pro Jahr von unserem Planeten entfernt, und daß ihr Licht eine Million Mal schwächer ist als das Licht, das man gerade noch mit dem bloßen Auge wahrnehmen kann.

Was sagen Sie jetzt?

Und wir bekommen Nervenzusammenbrüche, weil der Fernseher fünf Minuten vor Beginn des Pokalspiels den Geist aufgibt. Es könnte schlimmer sein. Wir könnten z. B. auf einem Planeten der neu entdeckten Galaxis leben, und in diesem Fall würden wir uns mit einer Geschwindigkeit von über vier Trillionen Kilometern pro Jahr von dem Fußball-Pokalspiel wegbewegen.

Was wäre, wenn unser ganzes Universum nichts weiter als ein Pingpong-Ball sein würde, der in einer Welt der Giganten vom Tisch rollt? Und was wäre, wenn Sie und ich zufällig in dem Zeitpunkt leben würden, in dem der Ball auf dem Boden aufprallt?

Ich weiß nicht, wie Sie darüber denken, aber für mich ist das Bild da draußen im Raum etwas zu groß. Die unendlichen Grenzen und die Geheimnisse, die sie umschließen, tun mehr, als uns zu einer Perspektive zu verhelfen: Sie überwältigen uns. Kehren wir also zu unserer Erde zurück – zu unserem Sandkorn – und betrachten wir ein paar Realitäten, die etwas begreiflicher sind.

Die Erde

Wenn Sie der Meinung sind, daß das Leben relativ kurz ist, wird es Ihnen noch viel kürzer vorkommen, wenn Sie das Folgende gelesen haben.

Der berühmte Exobiologe Carl Sagan schreibt: »Wenn man die Äonen, welche die bisherige Lebensdauer der Erde darstellen, in ein einziges Jahr zusammenpressen würde... dann würde die Geschichte der Menschheit die letzten dreißig Sekunden des letzten Tages dieses Jahres beanspruchen.« Das würde z. B. heißen, daß die Gesamtdauer der beiden letzten Weltkriege nur einen winzigen Bruchteil einer Sekunde in der Lebenszeit der Erde ausmachen würde.

Aus dieser Perspektive gesehen, stellt sich die Frage, ob es wirklich die Aufregung wert ist, wenn Sie sich ärgern, weil Ihr Partner sich um eine halbe Stunde verspätet. Wenn Sie ein solches Ereignis in Sagans Schema unterbringen wollen, würden Sie keine Zeiteinheit finden, die klein genug wäre, um es zu registrieren.

Machen Sie aus Ihrem Leben kein Jammertal

Unsere Alltagsprobleme sind zwar real, aber man kann sie wohl kaum als Katastrophen bezeichnen, wenn man sie in der richtigen Perspektive sieht.

Stellen Sie sich einen Mann vor, der glaubt, an seinen Problemen verzweifeln zu müssen: Im Betrieb will jemand ihn von seinem Posten verdrängen, sein Arzt sagt ihm, er müsse das Rauchen aufgeben oder er gefährde sein Leben, seine Geliebte will ihn verlassen, falls er sich nicht scheiden läßt. Aber nehmen wir einmal an, daß dieser Mann sich plötzlich als Häftling in einem Konzentrationslager der Nazizeit wiederfinden würde; in diesem Fall käme es ihm gewiß abwegig vor, diese Schwierigkeiten, wenn man sie ihm für die Zukunft vorhersagen würde, als ernste Probleme zu betrachten.

Ein echtes Problem wäre es, wenn Sie in das Jahr 1945 versetzt würden und in Hiroshima leben müßten. Aber wenn Sie bei einer geschäftlichen Transaktion aufs Kreuz gelegt worden sind, werden Sie durch ruhiges und rationales Überdenken der Lage bestimmt einen Weg finden, um diese Schlappe zu überleben.

Sind Sie deprimiert, weil Sie älter werden? Dann denken Sie daran, daß es auf unserem Planeten immer noch Gebiete gibt, wo die durchschnittliche Lebenserwartung bei siebenunddreißig Jahren liegt.

Regen Sie sich wegen der steigenden Lebensmittelpreise auf? Jeden Tag sterben ungefähr zehntausend Menschen den Hungertod, und Millionen leiden an Unterernährung.

Jammern Sie über die hohe Miete für Ihre Wohnung? Vielleicht möchten Sie lieber in Kalkutta auf dem Straßenpflaster geboren werden, wohnen und sterben. Dann brauchen Sie sich nur die eine Sorge zu machen, wo Sie ein paar Tuchfetzen als Kopfpolster finden können.

Wir akzeptieren es als normal, daß es überall Armut und Elend gibt. Aber wir bekommen Wutanfälle, wenn der reservierte Tisch im Luxusrestaurant nicht frei ist, wir sind frustriert, weil wir unseren Speckwanst nicht losbringen, und meckern unaufhörlich über die Rechnungen, die uns ins Haus flattern. Probleme? In welcher Relation, bitte?

Da es widernatürlich und unmöglich ist, ständig an die Schmerzen und Leiden anderer Menschen zu denken, ist es verständlich, daß wir uns ärgern, wenn wir uns beim Handballspielen ein Handgelenk verstauchen, oder daß wir uns Sorgen machen, weil sich im Büro die Arbeit anhäuft, wenn wir krank sind. Aber wenn wir den Blick nur auf unsere eigene, eng begrenzte Umgebung richten, kann uns die kleinste Kleinigkeit wie ein größeres Problem vorkommen und uns einen unangemessenen Aufwand an Zeit und Energie kosten.

Sehen Sie sich selbst und Ihre Probleme in der richtigen Perspektive. Schwierigkeiten, die auf die entsprechende relative Größe reduziert werden, können viel leichter bewältigt werden. Ist das, was Ihnen zur Zeit die größten Sorgen bereitet, wirklich so wichtig, wenn Sie es im Rahmen des großen Ganzen betrachten?

Es waren nicht nur die Worte von Harold Hart, die meinen Sinn für Perspektive erweckten, sondern auch ein Erlebnis, über das der Taoist Tschuang-tzu vor Tausenden von Jahren berichtete, also in einer Zeit, als die Menschen noch nicht von Reizen überflutet wurden, die sie vom Nachdenken über sich selbst ablenkten:

> Vor langer Zeit träumte ich, daß ich ein Schmetterling sei, der hin und her flatterte, in jeder Hinsicht ein Schmetterling. Ich war mir nur bewußt, daß ich meinen Neigungen als Schmetterling folgte, und war mir meiner Individualität als Mensch nicht bewußt. Plötzlich erwachte ich, und da lag ich, wieder ich selbst. Jetzt weiß ich nicht, ob ich damals ein Mensch war und geträumt hatte, ich sei ein Schmetterling, oder ob ich jetzt ein Schmetterling bin und träume, daß ich ein Mensch sei.

Und da sitzen Sie und zerfransen sich vor Sorgen wegen ein paar unbezahlter Rechnungen, wegen Meinungsverschiedenheiten mit ihrer Freundin oder wegen der Rechnung für eine Autoreparatur, die um hundert

Mark über dem Kostenvoranschlag liegt, und dabei sind Sie vielleicht nichts anderes als ein verdammter Schmetterling, der einen Alptraum hat!

Das kommt Ihnen abwegig vor? Vielleicht. Aber verkriechen Sie sich nicht hinter der Ausrede, es sei nicht realistisch, die eigenen Probleme in Relation zum großen Ganzen zu bringen – daß Sie, als Individuum, sich nur auf Ihre Alltagsprobleme konzentrieren können. Wenn Sie Nummer Eins werden wollen, wenn Sie die Hürden überwinden wollen, die Sie zur Zeit daran hindern, einen Großteil Ihrer Zeit für freudebringende Aktivitäten aufzuwenden, dann müssen Sie bereit sein, Ihr Blickfeld über Ihre eigene kleine Welt hinaus zu erweitern. Ihr Blickfeld – nicht Ihre Bemühungen; letztere *sollten* auf Ihre eigenen Probleme gerichtet sein.

Die meisten Menschen schleppen auf ihrem Lebensweg viel überflüssiges Gepäck mit sich. Und genauso wie die Fluggesellschaften verlangt auch die Natur einen Aufpreis für Übergepäck. Wenn Sie in der gleichen Lage sind wie die meisten von uns, nämlich daß Sie sich den Preis nicht leisten können, täten Sie gut daran, Ihre Last zu vermindern – befreien Sie sich von so vielen Ihrer sogenannten Probleme, wie Sie können. Lassen Sie sich Zeit; entspannen Sie sich; überlegen Sie. Denken Sie über Ihre Probleme nach und bewältigen Sie sie nicht im Schnellverfahren, sondern immer schön der Reihe nach.

Eine rationale Analyse bringt Sie vielleicht zu der Erkenntnis, daß einige Ihrer Probleme gar keine sind. Und für diejenigen, die übrig bleiben, stellt sich immer noch die Frage: Probleme – in Relation zu was?

3. Kapitel
Die Hürde der Wirklichkeit

Die richtige Einschätzung der Wirklichkeit kann so lebenswichtig sein wie die Luft zum Atmen. Ein Mensch, der seinen Weg geht, ohne die Wirklichkeit zu begreifen, stolpert praktisch in tiefer Finsternis umher, immer in der Gefahr, auf eine Landmine zu treten.

Eine wesentliche Voraussetzung für Ihren Erfolg, Nummer Eins zu werden, besteht darin, daß Ihnen bewußt ist, was Sie tun und warum Sie es tun — daß Sie die Tatsachen erkennen. Dadurch gewinnen Sie die Grundlage für selbständige und rationale Entscheidungen, statt daß Sie die Kontrolle über Ihr Verhalten anderen Menschen oder gar dem Zufall überlassen.

Um die Hürde der Wirklichkeit überwinden zu können, müssen Sie lernen, realistisch zu denken. Ein Realist ist ein Mensch, der sein Leben auf Tatsachen aufbaut und Wunschvorstellungen oder zwecklose, praxisferne oder utopische Vorhaben ablehnt.

Das größte Problem in diesem Zusammenhang ist, daß der Mensch dazu neigt, die Wirklichkeit mit seinen Vorlieben und Abneigungen zu vermischen. Persönliche Gefühle über eine gegebene Tatsache haben nichts mit der Wirklichkeit zu tun. Man ändert nichts an der Realität, wenn man Menschen, die einen auf Tatsachen hinweisen, für Narren hält. Das schlimmste ist jedoch die Selbsttäuschung. Bischof Butler hat es so ausgedrückt: »Dinge und Taten sind, was sie sind, und für ihre Folgen gilt das Gleiche. Warum also sollten wir wünschen, getäuscht zu werden?«

Die Theorie der Wirklichkeit

Die Wirklichkeit besteht nicht darin, daß Sie Dinge so sehen, wie Sie sie sich wünschen, oder daß Sie sie nach dem Augenschein beurteilen; die Wirklichkeit beruht einzig und allein auf den Tatsachen, wie sie sind. Entweder erkennen Sie die Realität an und benützen Sie zu Ihrem Vorteil, oder sie wird automatisch gegen Sie arbeiten.

Aber die Wirklichkeit bietet Ihnen auch etwas Erfreuliches: Es steht in ihrer Macht, sie zu Ihren Gunsten auszunützen, statt ergeben darauf zu warten, daß sie wie ein Keulenschlag auf Sie herniederfällt. Es gibt so vieles im Leben, das wir nicht kontrollieren können, deshalb ist es gut zu wissen, daß wir es in der Hand haben, die Wirklichkeit zu erkennen und von ihr zu profitieren.

»Ist« versus »sollte sein«

Wie kompliziert das Leben eines Menschen ist, hängt in hohem Maße davon ab, ob er sich hartnäckig Wunschvorstellungen hingibt, statt die Welt so zu sehen, wie sie wirklich ist.

Ich bin der Ansicht, daß es in unserer Welt keine Regierungen oder Nationen geben *sollte,* daß nur freie Menschen in ihr leben *sollten,* die das Recht haben, das zu tun, was ihnen gefällt, solange sie nicht gewaltsam in die Rechte anderer eingreifen.

Ich bin dafür, daß die Technologie sich noch schneller entwickeln *sollte* als bisher, aber ohne den hohen Preis der Umweltverschmutzung.

Ich glaube, daß es keine Vorurteile geben *sollte,* weder aus rassischen, religiösen, sexuellen oder anderen Gründen.

Und wir *sollten* auch nicht gezwungen sein, für unseren Lebensunterhalt zu arbeiten. Warum sollten die Menschen nicht alles haben, was sie sich wünschen, ohne so hart schuften zu müssen?

Hei, jetzt wird's interessant! Wie wäre es, wenn es für jeden Mann eine schöne, intelligente, einfühlsame und verständnisvolle Frau geben würde und für jede Frau einen gutaussehenden, intelligenten, einfühlsamen und verständnisvollen Mann? Das *sollte* doch eine Realität sein, meinen Sie nicht auch?

Und da wir schon dabei sind: Es *sollte* ein Wundermittel gegen Zahnweh geben, es *sollte* nicht nötig sein, ein Drittel seines Lebens mit Schlafen zu vergeuden, es *sollte* keinen Tod geben.

Du meine Güte, da habe ich mich doch so sehr in meine Vorstellungen von den Dingen, wie sie sein *sollten,* hineingesteigert, daß es mir fast gelungen ist, mich selbst zu hypnotisieren. Und genau das ist ein Leben, das sich auf das »Sollte-sein« konzentriert — ein Leben in Selbsthypnose, ein Dasein, dessen Grundlage aus Wunschvorstellungen und nicht aus Tatsachen besteht.

Es ist so leicht, sich von den eigenen Wünschen und Gefühlen in die Irre locken zu lassen und Illusionen mit der Wirklichkeit zu verwechseln. Was nützt es, auf der Basis von Wunschvorstellungen Pläne zu schmieden, wenn die übrige Welt sich nur an Tatsachen orientiert?

Wünsche haben nichts mit der Wirklichkeit zu tun. Wenn Sie es zulassen, daß Ihre Wünsche und die Tatsachen des Lebens sich miteinander vermischen, geraten Sie in Schwierigkeiten. Die Philosophin Ayn Rand hat das mit sehr einfachen Worten ausgedrückt: »Tatsachen können nicht durch einen Wunsch verändert werden, aber sie *können* den Wünschenden vernichten.« Hüten Sie sich davor, Wunschdenken und Wirklichkeit miteinander zu verwechseln. Haben Sie niemals so viel Angst vor der Wahrheit, daß Sie sich weigern, sie anzuerkennen. Wie können Sie die Tatsachen bewältigen, wenn Sie ihre Existenz leugnen?

Ist es wirklich so schlimm, in der irrealen Welt des »Sollte – sein« zu leben? Die beste Antwort darauf ist eine andere Frage: Ist es wirklich so gefährlich, aus dem zehnten Stockwerk zu springen, wenn man fest davon überzeugt ist, daß der Mensch fähig sein sollte, zu fliegen?

Ich möchte Ihnen mit diesem Beispiel verdeutlichen, welche Gefahren das Leben im »Sollte-sein« in sich birgt. Sicher, auch in diesem Fall sind selbständige Entscheidungen möglich, aber sie können nicht rational sein. Sie können nur dann eine rationale Wahl treffen, wenn Sie hellwach sind, aber wenn Sie nicht die Fähigkeit und den Mut haben, die Realität anzuerkennen, dann sind Sie nicht hellwach.

Realität versus Wahrnehmung der Realität

Es wird immer wieder argumentiert, daß die Realität kein absoluter Begriff ist, daß sie vom Wahrnehmungsvermögen abhängig ist und für jeden Menschen etwas anderes bedeutet.

Das ist teilweise richtig, aber die Schlußfolgerung, die daraus gezogen wird, ist total falsch. Es stimmt, daß jeder Mensch die Wirklichkeit anders wahrnimmt – aber die Wirklichkeit paßt sich nicht der Wahrnehmung an; sie besteht aus Tatsachen. Da sie jedoch nicht immer eine bekannte Größe ist, muß die Wahrnehmung helfend einspringen. Die Realität ist die bekannte Größe, die Wahrnehmung ist die Variable.

Bildlich gesprochen, lebt jeder Mensch in seiner eigenen kleinen Welt. Es ist schwierig, Ideen und Sachverhalte zu begreifen, von denen wir normalerweise innerhalb der unsichtbaren Perimeter, die unser Leben abgrenzen, nichts hören und sehen. Aber der gesunde Menschenverstand sagt uns, daß all das, was wir gelernt haben und begreifen, ganz bestimmt nicht das Wissensgut der ganzen Welt, geschweige denn des Universums darstellt. Das Gegenmittel gegen diese Begrenztheit des Denkens ist Aufgeschlossenheit. Das bedeutet, daß wir Gewohnheiten und Traditionen als Basis für Tatsachen verwerfen und statt dessen Logik und Vernunft akzeptieren.

Die Bewältigung der Hürde der Wirklichkeit bedeutet also zweierlei: Die Realität richtig wahrzunehmen und den Mut zu haben, sie anzuerkennen. Und genau das ist der Punkt, der für zwei bestimmte Gruppen von Menschen die Quelle aller Schwierigkeiten ist. Ich will die Vertreter dieser beiden Gruppen »Herr Tumber-Tor« und »Vogel Strauß« nennen.

Herr Tumber-Tor ist ein Mensch, der unfähig ist, die Tatsachen richtig zu sehen. Ihm fehlt jeder Kontakt mit der Realität. Gleichgültig, wie viele Mißerfolge er hinter sich hat, er glaubt fest daran, daß die fabulösesten Transaktionen klappen werden, daß Politiker besser als er selbst entscheiden können, was gut für ihn ist. Er ist zutiefst überzeugt, daß andere Menschen sein Wohl über das ihre stellen.

Aber leider läßt die Natur Ignoranz nicht als Entschuldigung gelten. David Seabury schreibt: »Die Natur duldet keinen Ungehorsam gegen ihre Gesetze. Sie bestraft uns genauso schmerzhaft, wenn wir liebevoll und unwissend sind, als wenn wir gemein und dumm sind. Wir müssen in jedem Fall für unsere Fehler büßen. Noch nie hat sie jemanden wegen seiner edlen Motive glimpflich davonkommen lassen.«

Wenn nicht irgendwo in rätselhaften Tiefen von Herrn Tumber-Tors Gehirn der Same für eine bislang unentwickelte Fähigkeit zur Wahrnehmung der Wirklichkeit liegt, ist sein Schicksal besiegelt. Falls er doch ein solches ruhendes Samenkorn hat, besteht die schwache Hoffnung, daß er doch noch lernen kann, die Wirklichkeit richtig zu sehen. Aber das erfordert harte Arbeit. Im anderen Fall kann man Herrn Tumber-Tor nur noch das herzlichste Beileid aussprechen.

Der Vogel Strauß ist ein ganz anderer Typ. Er ist zwar fähig, die Realität zu erkennen, aber er weigert sich es zu tun, und zieht es vor, in einer Phantasiewelt voller »Sollte-seins« zu leben.

Das klingt unglaublich, nicht wahr? Und doch zählen die Mitglieder der Vogel-Strauß-Familie nach Hunderten von Millionen. In Wahrheit ist der Vogel Strauß noch bemitleidenswerter als Herr Tumber-Tor, denn ein

Mensch, der die Tatsachen sieht, sich aber weigert, sie anzuerkennen, ist der größte aller Narren.

Verwechseln Sie den Vogel Strauß aber nicht mit dem Lügner, einem wirklich gefährlichen Typ. Der Lügner erkennt eine gegebene Realität, aber aus irgendwelchen Gründen verbirgt er die wahren Tatsachen absichtlich. Der Lügner gibt sich nicht mit »Sollte-seins« ab. In seinem Fall handelt es sich nicht um einen Mangel an Mut, sondern um eine bewußte Täuschung.

Wenn also jemand — mit Ausnahme des Lügners — von der Wirklichkeit spricht, meint er eigentlich seine Wahrnehmung der Realität. Alles, was bisher geschrieben, gelehrt und geglaubt worden ist, beruht nicht auf der Wirklichkeit, sondern auf individuellen Wahrnehmungen der Realität. Ein Beispiel: Die Grundlage für dieses Buch ist *meine* Wahrnehmung der Wirklichkeit. Das ist es, was ich tatsächlich verkaufe — meine Wahrnehmung der Realitäten und meine Ideen darüber, wie man sie bewältigen kann.

Es steht Ihnen frei, irgendeine oder alle meiner Auslegungen der Wirklichkeit abzulehen. Meinungsverschiedenheiten bedeuten, daß einer von uns in dem Maße, wie seine Wahrnehmung irrig ist, negative Folgen ertragen muß. Und in dem Maße, in dem einer von uns eine gegebene Realität richtig wahrnimmt, wird er positive Resultate ernten. Aber eines wird von unseren Ansichten total unberührt bleiben: die Wirklichkeit selbst.

Drei Realitäten der menschlichen Natur

Im Grunde genommen ist mein ganzes Buch eine Diskussion von Realitäten, aber ich habe hier drei herausgegriffen, die besondere Aufmerksamkeit verdienen. Sie sind so elementarer Natur, daß sie gleich zu Anfang behandelt werden müssen, um für die in den nachfolgenden Kapiteln besprochenen Realitäten eine solide Grundlage zu liefern. Das Besondere an dieser Dreiergruppe ist, daß sie bei allen Menschen in gleicher Stärke zu finden ist. Sie sind für den Menschen genauso charakteristisch wie die Tatsache, daß er an jeder Hand fünf Finger hat.

Realität Nr. 1: Eigennützigkeit

Wie anderen Millionen Menschen wurde auch mir der Abscheu vor dem

Begriff »Eigennützigkeit« eingeimpft. Kein anderes Schimpfwort konnte eine so negative Tendenz ausdrücken. Schimpfwörter zischelte man heimlich vor sich hin, aber das Wort Eigennützigkeit wurde überhaupt nicht ausgesprochen. Wir lernten, jeden Menschen, der diese Eigenschaft für eine Tugend hielt, als miesen Typ zu betrachten.

Werfen wir unsere Befangenheit über Bord und sagen wir es laut und deutlich: *Alle* Menschen handeln *immer* zu ihrem eigenen Vorteil. Na, so schwer war's doch gar nicht, wie? Warum wurde diese Wahrheit immer als ein anrüchiges Geheimnis betrachtet? Was finden denn manche Leute an der Eigennützigkeit so bedrohlich?

Die Leute, die sich am meisten davor fürchten, daß die Realität der Eigennützigkeit allgemeines Wissensgut wird, sind diejenigen, die darauf bedacht sind, daß Sie weiterhin in *ihrem* besten Interesse handeln. *Rationale* Selbstsucht ist kein Problem (d. h. Selbstsucht, die nicht bewußt anderen schadet). Das Kernproblem ist der *irrationale* Egoismus derjenigen, die nicht wünschen, daß Sie Ihren eigenen Vorteil verfolgen, die eigensüchtig in Ihr Leben eingreifen wollen, indem sie Sie ermuntern, das zu tun, was *sie* für richtig halten. Ein Mensch, der Ihnen vorwirft, ein Egoist zu sein, ist meist selbst irrational selbstsüchtig. Diese Tatsache an sich würde für unsere Zivilisation kein Problem darstellen. Gefährlich wird es erst, wenn eine solche Person Sie bedrängt, Dinge zu tun, die *ihrem* Wohlbefinden dienen.

Wie kann dieser Mensch — ein Absoluter Moralist — Sie zwingen, zuerst an seine Bedürfnisse zu denken, wenn Sie durch logische Überlegungen zu der Schlußfolgerung kommen, daß es keineswegs unmoralisch ist, eigennützig zu handeln, ja, daß es sogar völlig normal ist? Die Antwort lautet: Er kann es nicht. Wenn Sie einmal die Sperre durchbrochen haben und erkennen, daß es nicht nur natürlich, sondern sogar gut ist, selbstsüchtig zu sein, sind Sie seiner Ansicht nach nicht mehr für seine Zwecke geeignet.

Und das ist sein großer Denkfehler. Tatsache ist, daß Sie seinen Interessen viel besser dienen könnten, wenn er gewillt wäre, mit Ihnen auf der Basis von Leistung und Gegenleistung zu verkehren. Aber das ist es ja gerade: Er will Ihnen für das, was er von Ihnen fordert, nichts Gleichwertiges bieten. Er ist nicht rational genug, um begreifen zu können, daß er Sie durch ein Eingehen auf Ihre Bedürfnisse stimulieren könnte, sein Leben freiwillig zu bereichern.

Im Lexikon wird der Begriff der Selbstsucht dahingehend definiert, daß man »nur oder hauptsächlich auf sich selbst bedacht ist«; daß man »nur oder hauptsächlich im eigenen Interesse oder zum eigenen Vorteil handelt«. Wie die meisten Definitionen, die man in Lexika findet, verzerrt auch diese die eigentliche Frage. Es ist nämlich ein Unterschied, ob man *nur* oder ob man *hauptsächlich* auf den eigenen Vorteil achtet. Aber es geht hier nicht um die Aspekte der Selbstsucht. Sie werden immer eigennützig handeln, gleichgültig wie sehr Sie sich dagegen sträuben oder das Gegenteil behaupten, denn Sie verhalten sich automatisch so. Sie haben keine Wahl.

Sie können nur wählen, ob Sie *rational* oder *irrational* selbstsüchtig sein wollen. Und es hängt davon ab, wie Sie diese immer wiederkehrende Frage beantworten, ob Ihr Leben überwiegend glücklich oder von Leid und Sorgen überschattet sein wird. Wenn Sie rational selbstsüchtig sind, dann sehen Sie *hauptsächlich* auf Ihren eigenen Vorteil, aber nicht *ausschließlich.* Es liegt auf der Hand, daß Sie die Interessen anderer (und Ausnahmen bestätigen die Regel) berücksichtigen müssen, wenn Sie Ihr Ziel erreichen wollen. Ob es sich um geschäftliche oder um private Beziehungen handelt, Ihre Mitmenschen sind für Sie potentielle Werte, und jeder vernünftig denkende Mensch weiß, daß er sich diese Werte nur dann zunutze machen kann, wenn er bereit ist, auf bestimmte Bedürfnisse anderer einzugehen. Je mehr also die Handlungen eines Menschen von rationaler Selbstsucht bestimmt sind, desto mehr »gibt« er anderen, weil er am besten die Vorteile einer Beziehung begreift, die auf dem Gleichgewicht zwischen Leistung und Gegenleistung beruht.

Wenn ein »selbstloser« Mensch etwas für jemanden tut, ist das weder eindrucksvoll noch auffallend, weil er ja allen Leuten gegenüber der »Gebende« ist, wobei der Grad der Hochachtung oder Bewunderung, die er für die Beschenkten empfindet, überhaupt keine Rolle spielt. Ich persönlich habe vor solchen Geschenken Angst, weil ich nicht weiß, wie die Bezahlung aussehen wird, die eines Tages bestimmt — und zwar mit Zins und Zinseszins und über einen langen Zeitraum verteilt – leisten muß. Ich bin nicht erpicht darauf, eine Menge Schulden in unbekannter Höhe anzusammeln. Wenn dann eines Tages mein angeblich so »selbstloser« Gläubiger mich auf die subtile Art und Weise, die für ihn charakteristisch ist, wissen läßt, daß der Zahltag gekommen ist, trifft mich der Schock vielleicht unvorbereitet.

Machen Sie sich nichts vor. Sie müssen sich darüber im klaren sein, daß Geschenke von Leuten, die sich als selbstlos bezeichnen, fast immer verborgene Preisschilder haben, und zwar meistens über Beträge, die höher sind, als Sie zu zahlen bereit gewesen wären, wenn Sie den Preis von Anfang an gewußt hätten. Unbekannte Schulden pflegen immer dann fällig zu werden, wenn es einem am wenigsten paßt.

Wenn aber ein wahrhaft selbstloser Mensch Ihnen ein »Geschenk« macht, dann ist das der Beweis dafür, daß Sie für ihn von Wert sind.

Jetzt werden Sie verstehen, warum es eine bewußte, rationale Anstrengung erfordert, Nummer Eins zu werden. Im Unterbewußtsein denken Sie stets an Ihren eigenen Vorteil und treffen ja ständig Entscheidungen über das, was Sie tun oder lassen wollen, und gerade weil Sie selbst es sind, der diese Entscheidungen trifft, handeln Sie eigennützig.

Ein praktisches Beispiel: Die ganze Woche lang haben Sie sich darauf gefreut, am Sonnabend mit einem Freund Tennis zu spielen. Aber Ihre Frau hat andere Pläne für Sie — Sie sollen auf die Kinder aufpassen, damit sie für irgendein privates Vorhaben Zeit hat. Sie erklären sich schweren Herzens einverstanden, als Babysitter zu fungieren, obwohl Sie wirklich gern Tennis gespielt hätten. In diesem Fall haben Sie also bestimmt nicht das gewählt, was Sie am liebsten getan hätten, nicht wahr?

Sie irren sich. Sie haben tatsächlich das gewählt, was Sie sich am meisten wünschten. Das tun Sie immer. Sie haben so gehandelt, wie es Ihrer Meinung nach im gegebenen Zeitpunkt und angesichts der Begleitumstände zu Ihrem eigenen Besten ist. Sie haben die Entscheidung getroffen (ob sie nun rational war oder nicht), daß die Unannehmlichkeiten, die Sie sich dadurch ersparen (ein potentieller Konflikt mit Ihrer Frau) für Sie wichtiger sind als das Vergnügen, das Sie beim Tennisspiel gefunden hätten.

Es war Ihre eigene selbständige Entscheidung. Niemand hat Ihnen einen Revolver an die Schläfe gehalten. So bleibt nur die Frage, ob Sie eine rationale Wahl getroffen haben, und die können nur Sie beantworten.

Was wäre gewesen, wenn jemand Sie wirklich mit einer Waffe bedroht hätte? Auch in diesem Fall würden Sie eigennützig handeln, und als rational denkender Mensch würden Sie wahrscheinlich mit der Person, die den Revolver auf sie richtet, zusammenarbeiten.

Sollten Sie sich jedoch weigern, weil es Ihnen feig vorkäme, dann würden Sie aus irrationaler Selbstsucht handeln. Obwohl es Umstände geben könnte, unter denen eine Zusammenarbeit selbst angesichts einer Bedrohung nicht zu Ihrem eigenen Vorteil wäre, könnte »Tapferkeit« nicht als rationale Begründung für Ihre Weigerung akzeptiert werden. Aber auch wenn Sie sich von dem irrationalen Wunsch leiten lassen, »tapfer« zu sein, würden Sie immer noch das gewählt haben, was Ihrer Meinung nach zu Ihrem eigenen Besten ist. Könnten Sie sich jedoch vorstellen, daß jemand glaubt, der Tod würde seinen Interessen am dienlichsten sein?

Wie steht es mit dem Menschen, der sein Leben riskiert, um das eines anderen Menschen zu retten? Handelt auch er selbstsüchtig? Ich glaube, daß Sie diese Frage jetzt schon beantworten können. Wenn Sie spontan und ohne zu überlegen Ihre Leben für einen völlig fremden Menschen aufs Spiel setzen, dann haben Sie entschieden – auch wenn Sie nur einer momentanen Eingebung gefolgt sind –, daß Sie es vorziehen, Ihr Leben zu riskieren und zu versuchen, den Fremden zu retten, statt mit dem Gedanken weiterzuleben, daß ein Mensch sterben mußte, den Sie vielleicht hätten retten können. Da in jeder Notfallsituation der Risikoanteil verschieden groß ist, wird Ihre Fähigkeit, in Sekundenschnelle eine rationale Entscheidung zu treffen, auf eine harte Probe gestellt, wenn es um Leben oder Tod geht. Deshalb sollten Sie beizeiten ein paar Richtlinien für Notfälle aufstellen, damit Sie ein ungefähres Bild davon haben, was Sie tun würden. Vergessen Sie bei diesen Überlegungen nicht, auch darüber nachzudenken, wie Sie sich verhalten würden, wenn es sich bei der Person, für die Sie Ihr Leben riskieren, um einen Menschen vom Schlage eines Adolf Hitler handeln würde.

Diese Frage unterstreicht die Irrationalität der Entscheidung, das eigene Leben für einen Fremden aufs Spiel zu setzen: Man weiß niemals im voraus, für wen man es tut.

Bedeutet das nun, daß man sich Fremden gegenüber ablehnend, mißtrauisch oder gleichgültig verhalten soll? Es ist natürlich absurd, einem Menschen, den man nicht kennt, feindselig gegenüber zu treten. Es ist genau so viel Vorsicht angebracht, wie man sie beim Überqueren einer Straße praktiziert. Eine potentielle Gefahr besteht zwar immer, aber sie ist keineswegs so bedrohlich, daß Sie deswegen zum Paranoiker werden sollten. Im Normalfall sollte die Angst vor Fremden nicht größer sein als diejenige, die man beim Überqueren einer verkehrsreichen Kreuzung empfindet.

Gleichgültigkeit ist etwas anderes. Ich finde es vernünftig, in dem Maße gleichgültig zu sein, daß ich nicht ständig nach Hilfsbedürftigen Ausschau halte. Da praktisch jeder Mensch Hilfe braucht, wüßte ich ja gar nicht, wo ich anfangen wollte. Aber meine Gleichgültigkeit gegenüber Fremden hat natürlich Grenzen: Ich respektiere ihr Recht, so zu leben, wie es ihnen gefällt (solange sie mir dadurch nicht schaden) und bemühe mich, im Rahmen des normalen Alltags human, freundlich und sogar hilfsbereit zu sein, ohne dabei meine eigenen Ziele zu opfern.

Bei Menschen, die Sie kennen, müssen Sie eine ganz andere Werteskala anwenden. Sie handeln zwar auch in solchen Fällen eigennützig, aber zumindest tappen Sie nicht im Dunklen. Sie können z. B. die rationale Entscheidung treffen, Ihr Leben für einen geliebten Menschen zu riskieren, wenn das Glück, das seine Existenz Ihnen schenkt, groß genug ist, um ein solches Verhalten zu rechtfertigen. Wenn ein Mensch bereit ist zu sterben, um eine Beziehung, die ihm viel bedeutet, nicht zu verlieren, dann ist die Eigennützigkeit vielleicht doch nicht gar so verdammenswert.

Und nun kommen wir zum letzten Beispiel, das ich das »Mahatma-Gandhi-Argument« nenne, und das den Mitgliedern der Gruppe Tumber-Tor/Vogel Strauß immer wieder als letzte Zuflucht dient, wenn sie beweisen wollen, daß es sehr wohl möglich ist, selbstlos zu handeln.

Also gut, machen wir einen Versuch. Kann ich ehrlich sagen, daß ich glaube, Gandhi habe eigennützig gehandelt, als er sich für die Freiheit des indischen Volkes »aufopferte«? Nein, ich kann nicht sagen, daß ich das glaube. Die Aussage, daß ich es mit Sicherheit weiß, wäre viel richtiger. Natürlich war ich kein persönlicher Freund Gandhis, aber das ist gar nicht nötig. Ich brauche nur zu wissen, daß er ein Mensch war, und daß der Mensch vom Beginn seiner Geschichte an seine Handlungsweise jeweils aus den ihm zur Verfügung stehenden Alternativen ausgewählt hat. Was immer Gandhi getan hat, und ob seine Wahl nun rational oder irrational war – er hat stets auf Grund seiner von ihm selbst getroffenen Entscheidung gehandelt. Falls er von der Hoffnung geleitet wurde, daß er Millionen seiner Landsleute glücklich machen könne, dann war das die Methode, die er wählte, um sein eigenes Glück zu finden. Es sind nur die Mittel, mit deren Hilfe die Menschen ihr Glück erringen wollen, die sich voneinander unterscheiden.

Mahatma Gandhi war nicht der erste Märtyrer, und er wird nicht der letzte bleiben. Sehr wahrscheinlich gibt es auch in Ihrem Familien- oder Freundeskreis einen Märtyrer. Diese Menschen sind genauso selbstsüchtig wie Sie und ich, aber sie haben unersättliche Egos. Ihr Ego ist immer hungrig, und die Nahrung, die es für sein Wachstum braucht, heißt Lobhudelei.

Ja, Sie bringen aus eigennützigen Motiven für Ihre Kinder »Opfer« (was die Kinder und Sie glücklich macht oder auch nicht), und Sie bringen auch für Ihre Eltern aus eigennützigen Motiven »Opfer« (was Ihre Eltern und Sie glücklich macht oder auch nicht).

Natürlich handelt es sich bei keinem dieser Beispiele um echte Aufopferung. Hier ist bestenfalls rationale Selbstsucht am Werk — in dem Glauben, daß der Nutzen, den Sie als Gegenleistung erhoffen, die Zeit, die Mühe und das Geld wert ist, die Sie als Ihre Leistung für die andere Person aufgewendet haben.

So muß denn abschließend gesagt werden, daß es keinen Altruismus im Sinne der sogenannten Selbstlosigkeit gibt. Es gibt nur rationale oder irrationale Eigennützigkeit. Seien Sie auf der Hut, wenn verhinderte Idealisten mit Ihnen Wortspiele spielen wollen. Wenn jemand unter dem Begriff Altruismus die Selbstopferung für andere versteht, dann meint er in Wirklichkeit nichts anderes als irrationale Selbstsucht: Er begeht den Fehler, etwas zu tun, von dem er glaubt, daß es ihm das größte Glücksempfinden vermittelt, indem er einen hohen Wert für einen niedrigeren hingibt. Und seien Sie besonders vorsichtig, wenn Sie es mit Leuten zu tun haben, die tatsächlich glauben, daß sie altruistisch sind, denn das sind die Eitelsten und Gefährlichsten von allen.

Die Theorie der drei Typen

Wenn man die Eigennützigkeit als Basis für unser Handeln betrachtet, kann man die Menschen in drei Hauptgruppen einteilen.

Typ Nr. 1 ist ein Mensch, der begreift und offen zugibt, daß er immer in seinem eigenen Interesse handelt. Typ Nr. 2 ist ein Mensch, der begreift, daß er immer auf seinen Vorteil bedacht ist, jedoch versucht, Ihnen das Gegenteil einzureden. Typ Nr. 3 ist ein Mensch, der nicht begreifen kann oder will, daß er immer aus Eigennützigkeit handelt. Er meint es daher ganz ehrlich, wenn er Sie glauben machen will, daß er zuerst an Ihr Wohl denkt.

Aber was immer auch ihre Gründe oder Begründungen sein mögen, alle drei handeln stets in ihrem eigenen Interesse. Das ist und bleibt die Grundlage. Typ Nr. 1 will Sie nicht täuschen; Typ Nr. 2 versucht, Sie zu täuschen; Typ Nr. 3 täuscht zuerst sich selbst und versucht dann unbewußt, auch Sie zu täuschen.

Wenn man diese grundlegenden Beobachtungen über die menschliche Natur begreift, kann das dazu führen, daß Schock und Enttäuschung zum

Dauerzustand werden — Enttäuschung über die Tatsache, daß die Menschen nicht so selbstlos handeln (weil sie es gar nicht können!), wie Sie es von Ihnen erwarten.

Sieht man die Dinge in der richtigen Perspektive, so ist die Eigennützigkeit weder gut noch schlecht; sie ist ganz einfach eine Realität. Wenn Sie irrational selbstsüchtig handeln, können Sie sich selbst und anderen schaden. Ist Ihr Verhalten aber von rationaler Selbstsucht geprägt, verbessern Sie Ihre Chancen, eine Scheibe vom Kuchen zu bekommen, und meistens werden auch andere von Ihren Aktionen Nutzen haben. Mit anderen Worten: Wenn Sie in Ihrem eigenen Interesse handeln, schließt das nicht aus, daß es auch anderen Menschen Vorteile bringt. Es ist zwar durchaus möglich, zum Besten anderer zu handeln, doch müssen Sie unbedingt begreifen, daß das niemals Ihr Hauptziel sein kann.

Und so wollen wir von heute an nicht mehr zusammenzucken, wenn wir die Worte *Eigennützigkeit* und *Selbstsucht* hören.

Realität Nr. 2: Das schöne Spiel der Definitionen

Die Spiele, die von den Menschen praktiziert werden faszinieren mich immer wieder. Hier ist eins, das wir alle spielen, ob wir uns dessen bewußt sind oder nicht: das Definitionsspiel.

Der Mensch definiert jedes Wort, jede Tat und jede Situation subjektiv, und zwar für gewöhnlich so, wie es sich am besten in seine eigenen Aktionen oder in die gegebenen Umstände einfügt.

Wir alle sind unfreiwillige Teilnehmer am Definitionsspiel. Da aber jeder von uns ein einzigartiges Individuum ist und somit unsere Wünsche, Vorlieben, Vorurteile, Erfahrungen und Persönlichkeitsmerkmale von Mensch zu Mensch variieren, hat auch jeder Mensch eine andere Einstellung zu den Dingen. Man tut klug daran, sich immer vor Augen zu halten, daß jeder von uns sich bewußt oder unbewußt an ein Definitionsschema hält, das ungefähr so aussieht:

Gut ist, was ich tue; schlecht ist, was du tust.
Richtig ist, was ich tue; falsch ist, was du tust.
Ehrlich ist, was ich tue; verlogen ist, was du tust.
Fair ist, was ich tue; unfair ist, was du tust.
Moralisch ist, was ich tue; unmoralisch ist, was du tust.
Ethisch ist, was ich tue; unethisch ist, was du tust.

Und so geht es endlos weiter. Wenn Sie begreifen, wie das Definitionsspiel gespielt wird, haben Sie eine bessere Ausgangsposition, um Nummer Eins zu werden. Der Grund liegt darin, daß Sie sich nicht der Illusion hingeben, Ihre Umwelt befinde sich in Übereinstimmung mit Ihnen, und zwar nicht einmal dann, wenn Sie den Eindruck haben, daß eine Diskussion in vollkommener Harmonie verläuft. Wie oft kommt es vor, daß Gesprächspartner übereinstimmend nicken, sich die Hände schütteln und sich dann vor Gericht als Gegner wiedersehen. Zweifellos passierte es auch in der Steinzeit des öfteren, daß zwei Höhlenmenschen zustimmend grunzten und anscheinend befriedigt auseinandergingen, nur um die Angelegenheit später mit Keulenhieben zu regeln, nachdem sich herausgestellt hatte, daß jeder das Grunzen des anderen mißverstanden hatte. Allerdings hatten sie uns zwei große Vorteile voraus: Es gab noch keine Rechtsanwälte, die alles noch schwieriger machten, und sie brauchten nicht zwei oder drei Jahre zu warten, bis ihr Fall zur Verhandlung kam.

Was das Spiel noch weiter kompliziert, ist die Tatsache, daß der Mensch die Gewohnheit hat, seine Definitionen laufend zu ändern. Das geschieht meist dann, wenn er seine etablierten Definitionen nicht mehr mit seinen Taten in Einklang bringen kann. Wenn man dieses Spiel mit einem Absoluten Moralisten spielt, kann es eine recht schwierige Sache werden. In seinen unermüdlichen Bemühungen, Sie zu seinen moralischen Grundsätzen zu bekehren, betreibt der Absolute Moralist dieses Spiel mit unvergleichlichem Eifer. Falls er Sie dazu bringen kann, seine Definitionen zu akzeptieren, hat er den wichtigsten Schritt getan, um zu erreichen, daß Sie zu seinem statt zu Ihrem eigenen Besten handeln.

Die Theorie über die Gerechten und die Ungerechten

Diese Theorie ist ganz einfach: Der Ungerechte ist immer der andere, der Gerechte sind immer Sie selbst. Unfaire Tricks sind etwas, das nur der andere gegen Sie anwendet, aber niemals das, was Sie ihm antun.

Ich hatte einmal mit einem Mann geschäftlich zu tun, dessen Methoden, gelinde gesagt, höchst kaltschnäuzig waren. Bei einem unserer Gespräche verbiß er sich in eine Nichtigkeit, wie das für ihn typisch war, und plötzlich brüllte er: »Meine Frau hat ganz recht. Sie sagt mir immer wieder, daß ich zu gutmütig bin – daß man mich leicht aufs Kreuz legen kann – daß die anderen auf mir herumtrampeln dürfen.«

Das Netteste, was dieser Kerl jemals tat, war, daß er »Entschuldigung« murmelte, nachdem er Asche in meine Kaffeetasse gestaubt hatte. Aber nachdem er sich freie Bahn geschaffen hatte, indem er sich als einen Mann zeichnete, der ständig unter Druck gesetzt wurde, konnte er es rechtfertigen, mir mit jeder Waffe, die er in seinem Vorratssack an Definitionen finden konnte, Tiefschläge zu verpassen.

Ob es Ihnen behagt oder nicht — Tatsache ist, daß der Übeltäter sein Verhalten immer rechtfertigen kann.

Das Buch, das nichts definiert: das Lexikon

Das Lexikon gibt für die meisten Wörter mehrere Begriffsbestimmungen an, was den Leser nur ermutigt, sich seiner eigenen Definitionen zu bedienen. Aber selbst wenn Sie eine vom Lexikon gelieferte Definition akzeptieren und sie näher untersuchen, indem Sie die Erklärungen der Wörter nachschlagen, mit denen das ursprüngliche Wort definiert worden war, werden Sie immer zu der gleichen Schlußfolgerung kommen: Das Lexikon überläßt es dem Leser, die endgültige Definition zu finden.

Sehen wir uns einmal das im Definitionsspiel so beliebte Wort *richtig* an. Die erste Definition im Lexikon lautet:

Richtig: entspricht dem, was *gerecht* oder gut ist.

Gerecht: entspricht dem, was *richtig* ist.

Sie sind also sofort in einer Sackgasse. Richtig entspricht dem, was gerecht ist, und gerecht entspricht dem, was richtig ist. Die einzige Lösung dieses Dilemmas kann das Definitionsspiel liefern: Jeder definiert jedes Wort so, daß es der Bedeutung entspricht, die er ihm zu geben wünscht. Wie definieren Sie *richtig*? Oder Ihre Nachbarin? Oder Ihr Freund?

Schäme dich!

Dann gibt es die Wörter, die bewirken sollen, daß man sich schämt, und die von den Absoluten Moralisten sehr effektiv als Einschüchterungsmittel eingesetzt werden. Schäme dich, wenn du kein »Patriot« bist; schäme dich, wenn du ein »Anarchist« bist; schäme dich, schäme dich, schäme dich.

Das Lexikon definiert einen Patrioten als »einen Menschen, der sein

Vaterland liebt und begeistert seine Autorität und Interessen unterstützt«. Ein Anarchist ist »ein Mensch, der gegen jede feststehende Ordnung oder Regierung rebelliert«. Wenn man also in einem totalitären Staat lebt und ihn unterstützt, ist man ein Patriot; wenn man dagegen rebelliert, ist man ein Anarchist. Die Leute, die 1776 die Rebellion gegen England anführten, wurden in Amerika als Patrioten betrachtet; in England galten sie als Anarchisten und Hochverräter. Denken Sie an diese Beispiele, wenn Sie hören, daß jemand als Anarchist diffamiert wird, oder wenn man Ihnen vorwirft, unpatriotisch zu sein. Lassen Sie sich von der Angst, unpatriotisch genannt zu werden, nicht dazu zwingen, eine unmoralische Aktion der Regierung gutzuheißen.

Macht es Ihner wirklich etwas aus, wenn Leute, insbesondere Befürworter von Doktrinen, die Sie für unmoralisch halten, Sie beschimpfen? Man bewirft Sie ja nicht mit Steinen, sondern nur mit Worten, und davon sollten Sie sich niemals verletzen oder einschüchtern lassen. Vor allem aber sollten Sie niemals versuchen, einem Schreihals dieser Sorte Ihre Haltung zu erklären, das ist nur Zeitvergeudung. Er versteht Sie nicht, weil er nicht logisch und rational denken kann. Wenn Sie sich dazu erziehen können, ihn zu ignorieren, wird er Sie schließlich in Ruhe lassen, so daß Sie sich weiter der friedlichen Aufgabe, Nummer Eins zu werden, widmen können.

Was ziehen Sie vor, »Deep Throat« oder Krieg?

In einem Artikel, der in »Newsweek« erschien, gab ein Staatsanwalt aus Memphis folgende brillante Aussage von sich: »Es steht außer Frage, daß es so etwas wie Obszönität gibt. Das Oberste Bundesgericht hat gesagt, daß es so etwas gibt, und der Kongreß hat es auch gesagt«. Da fällt es einem wirklich schwer, sich das Grinsen zu verkneifen, aber es handelt sich tatsächlich um ein Zitat.

Natürlich gibt es so etwas wie Obszönität, und ich will Ihnen genau erklären, was es ist: nämlich das, was *Sie* darunter verstehen. Der Staatsanwalt war offenbar der Auffassung, daß der Film »Deep Throat« obszön ist; jemand anders vielleicht der Meinung, daß es obszön ist, wenn eine Regierung einen Menschen, zum Sklaven macht und ihn in eine Situation hineinzwängt, in der er entweder fremde Menschen ermorden oder sich selbst ermorden lassen muß. Die Regierung hingegen drückt es so aus, daß jemand zu den Streitkräften eingezogen wird und die Chance erhält, sein Vaterland zu verteidigen. Es kommt eben immer auf den Standpunkt des Betrachters an.

Wenn Sie jemanden »unaufrichtig« nennen, dann meinen Sie in Wirklichkeit, daß Sie und der Betreffende den Begriff der Aufrichtigkeit unterschiedlich definieren. Das heißt nicht, daß sein moralischer Standard niedriger ist als der Ihre; er ist nur anders. Und wenn die andere Person Ihren moralischen Standard für niedriger hält als ihren eigenen, dann ist das ihr Problem.

Es ist nicht Ihre Aufgabe, sich um die andere Person zu kümmern. Ihre Aufgabe besteht darin, Nummer Eins zu werden. Also sorgen Sie dafür, daß Sie einen klaren Kopf behalten. Ihre moralischen Prinzipien sollten der Definition entsprechen, die Sie Ihnen geben. Erlauben Sie niemandem, diese Grundsätze für Sie festzulegen.

Realität Nr. 3: Jeder zieht seine eigenen Grenzen

Hierbei handelt es sich um ein Zusatzspiel zum Definitionsspiel. Wir definieren nicht nur Wörter, um unsere Handlungen zu rechtfertigen, sondern wir definieren Wörter auch *durch* unsere Handlungen. Wenn jemand z. B. Lebensmittel stiehlt, weil er glaubt, daß er ein »Recht« darauf hat, enthüllt diese Tat seine Definition des Wortes »Recht«. Jeder Mensch zieht eine willkürliche Grenze zwischen gut und böse, die er so plaziert, daß seine Taten auf der »guten« Seite liegen. Die Grenzen, die andere Menschen für sich ziehen, kommen Ihnen vielleicht nicht vernünftig vor, aber wenn jemand fähig ist, selbständig zu denken, gibt er nicht sonderlich viel auf eine fremde Meinung, zumal wenn er andere Wertbegriffe hat als Sie.

Jeder Mensch grenzt subjektiv ab, was er für richtig oder falsch hält; die Grundlage dafür liefern seine eigenen moralischen Grundsätze, die Moralprinzipien anderer Personen oder das, was im gegebenen Zeitpunkt für ihn am günstigsten ist. Das Ergebnis davon ist, daß seine Taten mehr oder minder bestimmte Definitionen demonstrieren.

Auch am Grenzlinienspiel ist jeder Mensch beteiligt, ob er es will oder nicht. Durch seine Taten (oder durch seine Inaktivität) zeigt er an, auf welcher Seite welcher Grenzen er steht.

Problematisch wird es, wenn Absolute Moralisten anfangen, für andere Grenzen zu ziehen. Da es unmöglich ist, daß Milliarden von Individuen sich immer und über alles einig sind, ist eine Aussage wie »irgend jemand muß ja irgendwo die Grenze ziehen« schierer Blödsinn – eine sinnlose politische Phrase. Die einzig mögliche Antwort auf eine solche unrealistische und gefährliche Behauptung ist: »Aber wer soll diese Grenze ziehen?« Leider hat es uns noch nie an Kreuzfahrern, Bürokraten und verkappten Diktatoren gemangelt, die gern hervortreten und mit Vergnügen für alle Menschen die Grenzen festlegen. Da es eine Tatsache ist, daß alle Mitglieder einer Gesellschaft niemals auch nur in *einem* Punkt eine gemeinsame Meinung haben können, bedeutet jede Grenze, die von anderen Menschen festgelegt wird – ob als Gebot, Gesetz oder irgend etwas anderes getarnt –, für viele von uns eine schwere Belastung.

Wir haben zwar keine andere Wahl, als an diesem Spiel teilzunehmen, aber es liegt in unserer Macht, uns damit zu begnügen, daß wir nur für uns selbst Grenzen ziehen und der Versuchung widerstehen, es auch für andere zu tun.

Störe meine Grenzen nicht!

Bei einer Dinnerparty saß ich einmal einer Dame mittleren Alters gegenüber, die ein kostbares Modellkleid trug. Während des Essens schnatterte sie pausenlos über »das Wohl der Gesellschaft« und darüber, daß man alles tun müsse, was »im besten Interesse der Menschheit« sei. Nach einer Stunde hatte ich genug, und als sie ihren Vortrag auch auf das Gebiet der moralischen Grundsätze ausdehnte, wurde mir speiübel. Von ihrer eigenen Rhetorik davongetragen, verkündete sie schließlich, daß die Welt (ein Land oder ein Erdteil genügte ihr nicht) einen Moralkodex brauche, nach dem jeder Mensch sich richten müsse, andernfalls würden wir alle zum Untergang verdammt sein.

Ich dachte einen Moment über diese Behauptung nach, kratzte mich auf dem Kopf, trank einen Schluck Wein, den ich zum Teil auf meine Krawatte kleckerte, und kam zu dem Schluß: »Wir *sind* alle zum Untergang verdammt.«

Was diese Frau wirklich meinte, war, daß sich die Grenzen, die für jeden Menschen gezogen werden sollten, *ihren eigenen* Grundsätzen angepaßt sein müßten. Bestimmt hätten sie laut aufgeschrien, wenn der amtlich bestallte Grenzenzieher für die ganze Welt entschieden hätte, daß niemand das Recht haben dürfe, Modellkleider und Brillanten zu tragen, solange Millionen in Armut lebten.

Die flexible Grenze

Ein guter Freund von mir ist nach seiner eigenen Definition, ein »orthodoxer« Jude. Deshalb wunderte ich mich immer wieder, daß dieser Mann, der am Sabbath niemals rauchte, ohne Gewissensbisse Auto fuhr. Nach dem jüdischen »Gesetz« sind sowohl das Rauchen als auch das Autofahren am Sabbath verboten.

Schließlich wurde mir klar, daß hier ein ganz schlichter Fall der subjektiven Grenzenziehung vorlag. Mein Freund hatte die Grenze einfach zwischen Rauchen und Autofahren plaziert. Wäre er ein starker Raucher gewesen, hätte er vielleicht die Seiten vertauscht. Ihm war das Autofahren wichtiger als das Rauchen, und so wurde der Begriff »orthodox« seinen Vorlieben angepaßt und durch diese definiert.

Wo fängt das Schuldgefühl an?

Der Ehebruch, ein Thema, das so vielen Menschen am Herzen liegt, ist besonders fein für das Grenzenziehspiel geeignet. Für manche Leute ist schon der bloße Gedanke an einen Ehebruch die Grenze, die sie nicht überschreiten. Andere tätscheln im Büro ein bißchen herum und lassen es dabei bewenden. Dann gibt es den echten talentierten Grenzenzieher, der sich für ehrenwert hält, weil er seine Frau nur »hin und wieder« betrügt.

Das Ende des Sprektrums bilden diejenigen, die den Ehebruch mit geradezu fanatischer Inbrunst betreiben. Aber selbst bei den Mitgliedern dieser Gruppe gibt es die verschiedensten Grenzen. Der eine meint, er verstoße nicht gegen die Moral, weil er seine außerehelichen Aktivitäten nur tagsüber betreibt (auch wenn er es jeden Tag tut), der andere hält sich für moralisch einwandfrei, weil er nur mit »Klasseweibern« ins Bett geht. Und die Philosophie eines dritten lautet: »Was heißt hier Klasse, mir kommt's nur auf Rekorde an.« Und wo ziehen Sie die Grenze?

Wie man für andere Grenzen zieht

Wenn es um Grund und Boden geht, werden richtige, sichtbare Grenzen gezogen. Wie weit würden Sie zurückgehen, um festzustellen, wem ein Stück Land ursprünglich gehörte? Wenn Sie heute der Besitzer eines

Grundstücks sind, dann ziehen Sie eine Grenze um das Land herum, die Ihre rechtmäßige Eigentümerschaft manifestiert. Aber wenn Ihnen das Land vor über hundert Jahren gewaltsam weggenommen worden ist, dann würden Sie kaum dem Sprichwort zustimmen, daß Besitz neun Zehntel des Gesetzes ist.

Vielleicht wundern Sie sich, wieso die Amerikaner einfach über die Tatsache hinweggehen können, daß die europäischen Siedler den Indianern, die lange vor ihnen dort gelebt hatten, mit so viel Dreistigkeit das Land stahlen. Das Grenzenziehspiel macht alles möglich.

Unsere »Vorväter« (müssen wir uns eigentlich für die Taten von Menschen verantwortlich fühlen, die wir gar nicht gekannt haben?) erfanden ein schönes Manifest (Manifest Destiny), demzufolge die Europäer und ihre Nachkommen *vom Schicksal ausersehen waren*, über ganz Amerika zu herrschen.

Man kann sich schwer vorstellen, daß erwachsene, gebildete Männer, die sich zweifellos für Musterbeispiele an Integrität und Ehrbarkeit hielten, sich gegenseitig ins Auge sehen und so tun konnten, als ob sie das ernsthaft glaubten. Aber anscheinend konnten sie das sehr gut, denn wann immer die Leute in Washington es für zweckmäßig hielten, ein den Indianern gegebenes Versprechen zu brechen, wurde die Grenze ein bißchen verlegt und ein neues »Gesetz« erlassen. Heute gehen wir bei Diskussionen über Bodenrechte einfach von der Annahme aus, daß der ursprüngliche Eigentümer eines Grundstücks derjenige war, der es nach der Enteignung der Indianer als erster besaß.

Aber Ereignisse, die so lange zurückliegen, spielen heute keine Rolle mehr, auch wenn einige von uns anders darüber denken. Worauf es ankommt, ist, daß es Leute gibt, die Ihnen liebend gern einhämmern würden, wo Ihre Grenzen liegen. Wenn Sie es nicht als eine Realität anerkennen, daß das Grenzenziehspiel immer und zu jeder Zeit von allen gespielt wird, dann wird man Sie so lange mit Phrasen bombardieren, bis Sie nicht mehr fähig sind, selbständig über moralische Belange zu entscheiden.

Der Grenzverlauf wird durch den moralischen Standard bestimmt

Erinnern Sie sich an den Film »Der Pate«? Gegen Ende des Films gibt es eine dramatische Folge von Szenen, als Michael stolz der Taufe seines Sohnes beiwohnt, während seine Henkersknechte gleichzeitig jeden umlegen, der Michaels Autorität anzutasten gewagt hatte. Da war also Michael in der Kirche und flehte demütig um Gottes Segen für seinen Sohn, während er gleichzeitig das Blut der Menschen vergoß, die ihm in die Quere gekommen waren. Nun, Sie und ich würden unsere Grenzen nicht dort ziehen, wo Michael sie hinplazierte, aber auch wir ziehen sie bestimmt dort, wo wir sie zur Rechtfertigung unseres eigenen Verhaltens brauchen. Jene Filmszenen waren nicht nur eine Botschaft an jeden von uns, sie sagten auch etwas über uns aus. Michael mordet; ein orthodoxer Jude fährt am Sabbath Auto; Regierungen erlassen ungerechte Gesetze. Wir alle spielen das Spiel mit.

Jetzt wissen Sie die Antwort auf die Frage: »Aber wer soll die Grenze ziehen?« – Sie lautet: jedermann. Jeder von uns hat seine Grenzen immer so gezogen, wie es für ihn am vorteilhaftesten war. Auch das ist eine Realität, die zur menschlichen Natur gehört.

Wie beim Definitionsspiel gibt es auch beim Grenzenziehspiel beträchtliche Komplikationen, weil wir ständig alte Grenzlinien ausradieren und neue ziehen, die sich den veränderten Gegebenheiten besser anpassen. Ich möchte behaupten, daß die meisten Menschen die moralischen Prinzipien, nach denen sie leben wollen, nicht rational und logisch analysiert haben. Wenn dann irgend etwas, das sie sich wünschen, zufällig auf der falschen Seite einer Grenze liegt, dann wird die Linie einfach so korrigiert, daß das erwünschte Ereignis schließlich doch auf die »richtige« Seite gelangt.

Lassen Sie sich von den Grenzen, die andere Leute ziehen, nicht einschüchtern. Es kann Ihnen egal sein, wie sie dieses Spiel spielen, solange Sie dadurch nicht eingeengt werden. Machen Sie ihnen auch klar, daß Sie bei der Entscheidung, wo Sie Ihre eigenen Grenzen ziehen wollen, keine Hilfe benötigen.

4. Kapitel
Die Hürde der menschlichen Beziehungen

Warum, zum Teufel, kann das Leben nicht leicht sein? Wenn es das wäre, könnte ich mich jetzt an der Copacabana sonnen, statt dieses Buch zu schreiben. Und Sie würden es nicht für notwendig halten, mein Buch zu lesen, sondern könnten das sorglose, schicke Leben führen, das von den Werbeagenturen so prächtig dargestellt wird.

Aber leider ist das Leben ganz anders als im Werbefernsehen. Es besteht nicht darin, daß ein eleganter Herr mit einer verführerischen Dame am Kamin sitzt und Cognac schlürft. (Arbeiten die beiden jemals? Stehen sie wie wir täglich im Kampf um den Parkplatz? Verschütten sie den Cognac mal?) Das Leben ist kein freundlicher Versicherungsvertreter, der wie der Geist aus der Flasche stets zur Stelle ist, wenn ein Problem auftaucht.

Ach ja, das Leben sollte ein immerwährender Spaziergang durch einen Rosengarten sein. Aber das ist es nicht. Sie und ich wissen das, denn wir haben unsere Erfahrungen gesammelt.

Machen wir uns nichts vor: Das Leben kann eine Sprengbombe sein. An der Wurzel fast aller Übel, die es mit sich bringt, finden wir ein und dieselbe treibende Kraft: ein lebendes Wesen. Jahrtausende der Geschichtsschreibung haben gezeigt, daß dieses Wesen direkt oder indirekt die Ursache für die meisten unserer Alltagsprobleme ist. Versuchen Sie einmal, ob Sie aus der folgenden Gruppe den wahren Schuldigen ermitteln können:

a) Rentier
b) Zebra
c) Pavian
d) Raupe
e) Mensch

Wenn Sie auf Rentier oder Zebra tippen, haben Sie einen löblichen Versuch gemacht; Raupe ist ganz daneben. Mit dem Pavian sind Sie auf dem richtigen Weg, und ins Schwarze treffen Sie, wenn Sie den Menschen nennen.

Die richtige Antwort ist das Ergebnis einer simplen rationalen Analyse. Sie haben bestimmt noch niemals erlebt oder gehört, daß ein Rentier, ein Zebra, eine Raupe oder ein Pavian versucht hätte, seine moralischen Grundsätze anderen Lebewesen aufzuzwingen, nicht wahr? Nein, wir müssen es uns eingestehen: Probleme werden vom Menschen geschaffen. Er ist die Quelle der meisten Frustrationen und Komplikationen unseres Lebens. Wenn Sie lernen können, wie man mit den Neurosen der Mitmenschen am besten fertigwerden kann, haben Sie eine gewaltige Hürde überwunden. Aber auch hier gilt grundsätzlich das Gleiche wie für alle anderen Tatsachen: Sie müssen das Problem identifizieren können, bevor Sie daran gehen, es zu bewältigen.

Die menschliche Natur

Was treibt den Menschen an? Warum ist er so problematisch? Was ist er eigentlich? Als erstes wollen wir den Menschen durch den Prozeß der Elimination definieren. Das, was der Mensch *nicht* ist, ist das, was er Ihrem Wunsch nach sein sollte. Wie immer steht hier das »ist« dem »sollte sein« gegenüber: Kein Mensch ist das, war er Ihrer Meinung nach sein sollte; er ist, was er ist. Jeder Versuch zu glauben, daß jemand etwas anderes ist als das, was er in Wirklichkeit ist — ein nur allzu weit verbreiteter Irrtum — ist eine Lüge. Das Schlimme daran ist, daß Sie sich selbst belügen (und vielleicht auch die Person, die Sie mit dem »Sollte-sein«-Etikett markieren).

Was wissen wir noch über den Menschen? Daß er von Natur aus selbstsüchtig ist und stets seine eigenen Spielregeln aufstellen will. Wir wissen auch, daß diese Eigenschaften weder gut noch schlecht sind, sondern lediglich Tatsachen, die Sie nur dann vor Probleme stellen, wenn Sie es gestatten.

Ferner wissen wir, daß man die Menschen generell in drei Haupttypen einteilen kann: Typ Nr. 1 ist der ehrliche, geradlinige Mensch, der niemals vertuscht, daß er stets auf seinen eigenen Vorteil bedacht ist; Typ Nr. 2 ist der Mensch, der Ihnen weiszumachen versucht, daß er in erster Linie zu Ihrem Besten handelt, und Sie so dazu verleitet, in Ihrer Aufmerksamkeit nachzulassen; Typ Nr. 3 ist der Mensch, der es entweder nicht begreift oder nach Vogel-Strauß-Manier die Erkenntnis der Tatsache verweigert, daß er auf seinen Vorteil bedacht ist, ein Verhalten, das den Gesprächspartner in falsche Sicherheit wiegen kann.

Eines der wichtigsten Merkmale haben wir noch nicht erwähnt, nämlich daß der Mensch nicht vollkommen ist. Wenn man diese Tatsache außer acht läßt, kann das endlose Frustrationen und Enttäuschungen verursachen. Wir wünschen uns so sehr, daß andere Menschen vollkommen sind, daß wir uns oft selbst Schaden zufügen, weil wir zuviel von ihnen erwarten.

Sobald Sie die Tatsache der Unvollkommenheit des Menschen akzeptiert haben, werden Sie erkennen, daß Ihre Mitmenschen nicht darauf aus sind, Ihnen zu schaden, sondern daß Sie es ihnen *gestatten*. Ein solcher Schaden ist nicht nur die Folge Ihrer Unfähigkeit, mit der menschlichen Unvollkommenheit fertigzuwerden, sondern auch Ihrer Bemühungen, aus einem Menschen etwas zu machen, das er nicht ist. Wenn Sie sich dieses Vorhaben aufhalsen, werden Sie garantiert die Erfahrung machen, daß Sie sich an etwas Unmögliches gewagt haben.

Wie vergeblich solche Bemühungen sind, wird besonders deutlich, wenn es sich um Leute handelt, die Ihnen nahestehen. Auch Freunde, Liebespartner, Eltern und Kinder sind Menschen. Sie alle sind ebenfalls unvollkommen, aber auf Grund Ihrer Beziehung zu Ihnen können sie Ihnen viel mehr Kummer bereiten als andere Menschen – falls Sie das zulassen. Da die meisten unserer Probleme von Menschen verursacht werden, ist es verständlich, daß diejenigen, die Ihnen am nächsten stehen, potentiell den größten Schaden anrichten können. Das heißt nicht, daß sie es tun müssen oder werden, es bedeutet nur, daß sie das Potential dazu haben.

Eine Aufzählung der Charaktereigenschaften des Menschen könnte man mit einer Diskussion über die Wirklichkeit vergleichen, denn auch hier ist die Dimension unendlich. Zur Überwindung der Hürde der menschlichen Beziehungen ist es jedoch nicht erforderlich, daß man versucht, jede dieser Eigenschaften zu definieren. Als ersten Schritt wollen wir alle positiven Eigenschaften eliminieren, nicht um die guten Seiten des Menschen zu bagatellisieren, sondern weil es für gewöhnlich die negativen Charakteristika sind, die den Schaden anrichten. Alle erfreulichen Eigenschaften – die Fähigkeit, human und gütig zu sein und Liebe geben zu können – sind angenehme Zugaben. Wenn Sie in ihren Genuß kommen, sind sie willkommene Extras. Aber wenn Sie nicht einfach dasitzen und darauf warten, dann sind Sie der Steuermann Ihres eigenen Glücks, statt daß Sie den Kurs der Gnade anderer überlassen.

Aus diesem Grund will ich mich nur mit den Eigenschaften befassen, die Ihren Weg zu einem besseren Leben blockieren können. Voraussetzung dafür ist die Erkenntnis, daß der Mensch unbegrenzt viele potentiell schädliche Eigenschaften hat. Sie müssen lernen, diese Merkmale zu identifizieren, und vor allem müssen Sie die Fähigkeit und die Selbstdisziplin entwickeln, ein negatives Verhalten zu ignorieren oder schlimmstenfalls diejenigen Personen, die für solche Aktionen verantwortlich sind, aus Ihrem Leben auszuschließen. Sie haben Ihre Meisterprüfung auf diesem Gebiet bestanden, wenn Sie die Energie, die Sie früher für den Hader mit solchen Leuten aufwenden mußten, dazu einsetzen, daß Sie Menschen an sich heranziehen, die Glück in Ihr Leben bringen. Wenn Sie diesen Punkt erreicht haben, sind Sie ein gutes Stück auf dem Weg zu einem besseren Leben vorangekommen.

Die Mehrzahl der menschlichen Eigenschaften sind bei allen von uns zu finden. Bei manchen sind sie verdeckt, bei anderen spielen sie eine dominierende Rolle. Mehr als alles andere ist es diese Unterschiedlichkeit, welche die Menschen so interessant macht. Jeder Mensch ist einzigartig. Und das gibt Ihnen einen großen Vorteil. Es gibt über vier Milliarden Menschen auf dieser Welt, und Sie brauchen nur eine Handvoll davon auszuwählen, um Ihre Bedürfnisse nach Gemeinsamkeit zu erfüllen. Aus dieser Perspektive betrachtet, stehen die Chancen haushoch zu Ihren Gunsten – vorausgesetzt, Sie wissen, was Sie suchen, und sind fest entschlossen, sich nicht mit weniger zufriedenzugeben. Da aber die meisten Menschen, die Ihnen begegnen, nicht zu der Gruppe der Auserwählten gehören, müssen Sie fleißig jäten, damit Sie das Gesuchte finden können.

Die größten Hindernisse, die sich Ihnen entgegenstellen, sind die Neurotiker. Ein Neurotiker ist ein Mensch, dessen Gefühlsleben gestört ist. Das ist natürlich ein weites Feld – wahrscheinlich hat jeder von uns in stärkerem oder schwächerem Maße und zu verschiedenen Zeiten derartige Phasen. Jeder Mensch ist auf bestimmten Gebieten zumindest gelegentlich leicht neurotisch. Aber die Menschen, die entweder generell neurotisch sind oder an einer schweren Neurose leiden, können Ihr Leben ernsthaft beeinträchtigen.

Irrationalität

Ich möchte mit der Diskussion der Irrationalität beginnen, denn sie ist für gewöhnlich die Ausgangsbasis für andere negative Verhaltensformen. Es ist wichtig, daß Sie erkennen können, ob ein Mensch sich irrational verhält, und Sie müssen lernen, Ihre eigenen Denkprozesse so unter Kontrolle zu haben, daß Sie innerhalb der möglichen Grenzen rational handeln.

Unter einem rationalen Verhalten verstehe ich, daß die eigenen Worte und Taten sich auf Vernunft und Logik stützen. Nun werden diese beiden Begriffe individuell verschieden ausgelegt. Wie kann man dann sicher sein, daß jemand die Rationalität oder Irrationalität seines Verhaltens erkennt? Diese Frage beantwortet sich mit der Zeit von selbst: Ein irrationaler Mensch erreicht sein Ziel nie, ein rationaler Mensch schafft es.

Als einfache Richtlinie dafür, wie Sie Ihre Entscheidungen rational treffen können, schlage ich vor, daß Sie es sich angewöhnen, sich selbst zwei Fragen zu stellen:

1. Wird die beabsichtigte Aktion mein Leben verbessern können, weil sie mir Freude bringt oder mir Kummer und Sorgen erspart?
2. Wird mein Vorhaben in irgendeiner Form gewaltsam in die Rechte anderer eingreifen?

Damit sind wir wieder auf vertrautem Grund. Um ein Vorhaben realisieren zu können, das Sie glücklich macht, müssen sie wissen, was Sie tun wollen und warum Sie es tun, und das heißt, daß Sie sich der gegebenen Tatsachen bewußt sein müssen. Wir kommen also immer wieder zu dem einzig möglichen Ausgangspunkt zurück: die richtige Wahrnehmung der Realität. Wenn jemand sein Leben bereichern will, dabei aber im Widerspruch zu den Tatsachen handelt, verhält er sich irrational. Es spielt keine Rolle, ob er die Wirklichkeit außer acht läßt, weil er nicht logisch denken kann, oder weil er sich selbst belügt. In jedem Fall ist sein Verhalten irrational und wird ihn, auf die Dauer gesehen, nicht ans Ziel bringen.

Sie sollten sich also nur an den Tatsachen orientieren. Das erreichen Sie am besten dadurch, daß Sie sich vom Verstand und nicht von Ihren Gefühlen leiten lassen. Nehmen Sie sich Zeit und machen Sie sich die Mühe, einmal logisch über die grundsätzlichen Fragen nachzudenken, die für Sie wichtig sind. Tun Sie das, wenn Sie allein sind und durch nichts abgelenkt werden, also wenn Sie entspannt und unemotional sind.

Sobald Sie Klarheit geschaffen haben, daß Sie Ihrer Entscheidung treu bleiben, insbesondere wenn Sie Ihr Verhalten gegen irrationale Argumente verteidigen müssen. Bleiben Sie stark und lassen Sie sich nicht von Emotionen beeinflussen. Und vergessen Sie nicht: Wenn Sie selbst fähig sind, rational zu denken, heißt das nicht automatisch, daß die Gegenseite ebenfalls über diese Fähigkeiten verfügt. Auf Ihrem Weg zu einem glücklichen Leben treffen Sie auf Schritt und Tritt irrationale Leute, die Ihnen nur allzugern eine falsche Richtung aufschwatzen werden, falls Sie diese Gefahr nicht rechtzeitig erkennen. Wiegen Sie sich ja nicht in dem Glauben, daß alle Menschen, die Ihnen begegnen, rational handeln: sie tun es nicht.

Wie man ein irrationales Argument erkennt

Wie können Sie ein irrationales Verhalten erkennen? Als erstes müssen Sie lernen, die Voraussetzung für eine Aussage zu identifizieren und dann zu entscheiden, ob Sie damit einverstanden sind oder nicht. Wenn jemand z. B. argumentiert, daß ein Teil der Steuergelder für Zwecke verwendet werden soll, die er persönlich gutheißt, dann fühlen Sie vielleicht instinktiv, daß an seiner Aussage irgend etwas nicht richtig ist. Ihre Überlegungen führen Sie zu der Schlußfolgerung, daß die Grundlage für diese Aussage – nämlich daß man unter dem Etikett der Besteuerung Geld von bestimmten Leuten stiehlt – Ihrer Überzeugung widerspricht. Daher ist *jedes* Projekt, für das die Gelder seiner Meinung nach ausgegeben werden sollten, ungerechtfertigt, weil das ganze Argument auf der Voraussetzung basiert, daß Diebstahl eine akzeptable Methode sei.

»Sie haben kein echtes Interesse daran, anderen zu helfen, stimmt's?« Diese Frage wird mir in Rundfunk- und Fernsehinterviews immer wieder gestellt.

Ich kann eine solche Frage erst dann ehrlich beantworten, wenn ich den Interviewer dazu bewegen kann, seine Worte genauer zu definieren. Wenn er mit »anderen« *alle* Menschen meint, ist meine Antwort ein klares Nein. Es gibt Notzuchtverbrecher, Mörder, absolute Moralisten, Räuber und viele andere, denen ich in keiner Weise »helfen« möchte. Aber es gibt auch viele Menschen, für die ich tiefe Gefühle hege, insbesondere jene, die mein Leben bereichern und so zu meinem Wohlbefinden beitragen.

Falls der Interviewer unter dem Wort »helfen« versteht, daß ich etwas gebe, ohne eine Gegenleistung zu erwarten, dann bin ich tatsächlich nicht interessiert daran, *irgend jemandem* zu helfen. Aber ich bin stets gern dazu bereit, wenn ich damit etwas für Menschen tun kann, zu denen ich eine Wert-für-Wert-Beziehung habe. Ich habe nicht den Wunsch, jeden Menschen, der mir über den Weg läuft, kritiklos mit Liebe, Freundschaft, Geld oder anderen Gütern zu beschenken, denn dadurch würde ich das, was ich zu bieten habe, im Wert mindern. Bestimmte Dinge sind und bleiben für bestimmte Menschen reserviert, nämlich für diejenigen, die mir etwas bedeuten. Ebensowenig möchte ich Liebe, Freundschaft, materielle Vorteile oder irgend etwas anderes von einem Menschen annehmen, der nichts Gleichwertiges von mir erhalten hat oder erwarten darf.

Beantworten Sie Fragen also erst dann, wenn die wichtigsten Begriffe genau definiert sind. Wenn eine Frage Ihrer Überzeugung nach auf einer falschen Voraussetzung beruht, dann ist jede Antwort, die Sie darauf geben, zwangsläufig unaufrichtig. Durch eine genaue Untersuchung der Grundlage für eine Frage habe ich oft erkannt, daß es sich nicht um eine echte, sondern nur um eine hypothetische Frage handelt. Eine Frage ist etwas Wirkliches, eine hypothetische Frage ist eine erzwungene Illusion. Ich habe keine Zeit, mir den Kopf wegen hypothetischer Fragen zu zerbrechen, die auf falschen Voraussetzungen basieren, und auch Sie haben keine Zeit dazu, wenn Sie Ihre Kraft und Energie dazu verwenden wollen, aus Ihrem Leben eine angenehme und erfreuliche Reise zu machen.

Es gibt noch viele andere Merkmale für ein irrationales Verhalten, auf die Sie achten müssen. Irrationale Leute schweifen vom Thema ab; sie verharren auf Belanglosigkeiten; sie verlassen sich auf Schlagworte, die nichts mit Tatsachen zu tun haben; sie sind Meister der Verallgemeinerung. Ein anderer beliebter Trick ist die nicht stichhaltige Analogie, und die wahrscheinlich am häufigsten angewendete Technik besteht darin, eine Aussage zu »beweisen«, indem man sie in verschleierter Form so wiederholt, also ob es sich um eine Tatsache handle. Es ist immer diesselbe Methode, die auch für Zauberkunststücke gilt: Man lenke die Aufmerksamkeit des Zuschauers ab, damit man den Trick mit der Hand, die nicht beobachtet wird ausführen kann.

Wenn keine dieser Techniken Erfolg hat, nimmt der irrationale Mensch oft zum Begriff des »Glaubens« Zuflucht. Wenn jemand sagt, daß eine bestimmte Ansicht nur auf »Glauben« basiert, gibt er damit zu, daß er nicht vernünftig nachgedacht hat. Der Glaube ist die Antithese der Logik. Es kann selbstmörderisch sein, das eigene Verhalten auf einen »Glauben« zu stützen. Das ist ungefähr so, als ob ein Betrunkener über eine Hauptverkehrsstraße geht, weil er glaubt, daß ihm nichts passieren wird. Wenn aber ein »Glaube« durch Tatsachen untermauert wird, dann verwandelt er sich in Vertrauen. Gefährlich ist nur der blinde Glaube.

Wohl das häufigste Verhaltensmuster des irrationalen Menschen ist der emotionale Überschwang. Wenn mir besonders viel daran liegt, meinen

Standpunkt darzulegen, muß ich immer an die aufschlußreiche Aussage der Gertrud im »Hamlet« denken: »Die Dame protestiert zuviel.« Je wortreicher jemand auf einem bestimmten Punkt beharrt, desto skeptischer werde ich, und je mehr die Gegenseite sich echauffiert, desto mehr ziehe ich mich zurück. Zu viele Wiederholungen erwecken Zweifel. Die Macht des Understatement, also der maßvollen oder sogar untertriebenen Darstellung, ist enorm. Sagen Sie das, was Sie sagen wollen, nur einmal, ruhig und bestimmt. Wenn Ihr Standpunkt rational ist, dann drücken Sie ihn rational aus. Alles, was darüber hinaus geht, ist eine Abschwächung.

Übertreibungen und was dahinter steckt

»Ich habe alles bestens unter Kontrolle« – eine Aussage, die man sehr häufig gerade von den Leuten hört, die dazu neigen, aus ihrem Leben ein trauriges Haschee zu machen.

Wenn Sie genau auf die erstaunliche Konsistenz dieser Theorie achten, wird es Ihnen ein Leichtes sein, Ihre Freunde durch Ihre wahrsagerischen Talente zu verblüffen. Je stärker jemand einen bestimmten Punkt betont (besonders wenn es sich um eine freiwillige Information handelt, die spontan gegeben wird), desto wahrscheinlicher haben sie Recht, wenn Sie das Gegenteil vermuten. Es kommt nur auf die richtige Auslegung an:

Aussage:	Ich habe alles bestens unter Kontrolle.
Auslegung:	Ich bin so durcheinander, daß ich nicht mal mehr darüber sprechen kann.
Aussage:	Wir führen eine vollkommene Ehe; es gibt nie Streit; mein Mann sieht nie einer anderen Frau nach; ich bin rundherum zufrieden.
Auslegung:	Unsere Ehe ist sterbenslangweilig; wir reden nicht miteinander; ich weiß, daß der Schuft mich jeden Tag betrügt; wenn ich mich scheiden lasse, muß er bluten.
Aussage:	Ich scheffle das Geld haufenweise; bezahle alles in bar; ich bin fein raus.
Auslegung:	Der Gerichtsvollzieher lauert mir im Genick; mein Mercedes ist gemietet; wenn nicht ein Wunder geschieht, bin ich in einem Monat pleite.

Seien Sie vorsichtig, wenn jemand zu dick aufträgt. Sie müssen feine

Ohren haben, um die Wahrheit heraushören zu können. Und wenn Sie sich selbst dabei ertappen, daß Sie Ihren Standpunkt mit zuviel Feuer vortragen, dann überprüfen Sie Ihre Denkstruktur. Es ist durchaus möglich, daß Sie irrational handeln.

Über die Einschüchterung

Die Einschüchterung – also die Motivation durch Angst – hat unzählige Gesichter und Formen und ist allgegenwärtig.

Wenn Sie einmal gründlich darüber nachdenken, werden Sie erschüttert sein, wie viele Ihrer Handlungen durch Angst motiviert sind. Um nur einige zu nennen: die Angst vor körperlichen Schäden; die Angst vor dem Verlust von Liebe und Zuneigung; die Angst, sich zu blamieren. Manche dieser Ängste sind begründet, aber die meisten sind es nicht. Und dieses Übergewicht an unbegründeten Ängsten ist ein unnötiger Störfaktor in Ihrem Leben.

Die Einschüchterung kann auf die verschiedenste Art und Weise getarnt sein und ist nicht immer leicht zu erkennen. Sobald Sie das Gefühl haben, daß jemand Sie einschüchtern will, sollten Sie sich diese simple Frage stellen. Warum tue ich das, was ich tue? Geben Sie sich eine ehrliche Antwort darauf. Wenn Sie das Motiv für Ihr Verhalten auf ein Angstgefühl zurückführen können, dann sind Sie eingeschüchtert. Etwas anderes ist es natürlich, wenn Sie nach reiflicher Überlegung zu der Schlußfolgerung kommen, daß es sich um eine wohlbegründete Angst handelt – daß es tatsächlich zu Ihrem Besten ist, etwas zu tun, das Ihnen nicht behagt. Da Sie in diesem Fall nicht aus blinder Angst handeln, sind Sie nicht eingeschüchtert.

Aber in den meisten Fällen wird der Mensch durch Ängste motiviert, die keine echte Grundlage haben. Nur allzuoft reagieren wir wie Pawlows Hunde* und befolgen die Befehle anderer, wenn wir nur ihre Stimmen hören. Das kann sehr unselige Folgen haben; die Motivation durch eine geschickt getarnte Einschüchterung kann so sehr zur Gewohnheit werden, daß es einem gar nicht bewußt ist, ständig vom Willen anderer gesteuert zu werden.

---

*Eine von Pawlow ausgearbeitete Experimentiertechnik: Die Fütterung von Hunden wird durch ein akustisches Signal eingeleitet. Nach mehreren Wiederholungen löst das Signal auch ohne Futterabgabe die typischen Begleiterscheinungen wie Speichelfluß usw. aus.

Einschüchterung durch Haltung und Verhalten

Es ist nicht so sehr das, was Sie sagen oder tun, was zählt, sondern die Art und Weise, wie Sie es sagen oder tun. Eine überlegene Haltung erleichtert Ihnen das Leben, aber wenn die Gegenseite diesen Trumpf in der Hand hält, kann das so einschüchternd wirken, daß Sie den Boden unter den Füßen verlieren und nicht mehr erkennen, was zu Ihrem eigenen Vorteil ist und was nicht.

Es ist gar nicht nötig, eine solche Überlegenheit voll auszunützen. Sie gibt Ihnen jedoch die Macht, Einschüchterungsversuche abzuwehren. Das ist allerdings nicht leicht; Sie brauchen dazu einen kühlen Kopf und einen klaren Verstand, und Sie müssen begreifen, wie das Einschüchterungsspiel gespielt wird.

Überlegenheit durch die äußerliche Erscheinung

Auch das Aussehen eines Menschen kann einschüchternd wirken. Es ist schwer, sich nicht im Nachteil zu fühlen, wenn man zu seinem Gesprächspartner aufsehen muß. Aber abgesehen von Situationen, in denen man mit einer tätlichen Bedrohung rechnen muß, ist die körperliche Größe nicht automatisch ein Vorteil. Allerdings gibt es Leute, die es darauf anlegen, ihre Statur als psychologische Waffe zu gebrauchen. Lassen Sie sich nicht davon beeindrucken. Es bedeutet überhaupt nichts, es sei denn, daß es in der gegebenen Lage auf die Überlegenheit der Muskeln ankommt.

Die Macht des Geldes

Reichtum kann auch einem an sich unbedeutenden Menschen eine starke Position verleihen. Die Macht des Geldes kann manchmal einschüchternd sein – aber sie hat nichts mit der Fähigkeit zu tun, mit den Problemen des Lebens fertigzuwerden.

Respektieren Sie das Geld als einen Machtfaktor, aber lassen Sie sich nicht davon überwältigen und einschüchtern. Ein dickes Bankkonto allein gibt einem Menschen weder Rang noch Ansehen.

Edelmut und was dahinter steckt

Von klein auf wird uns die Ehrfurcht vor edelmütigen Menschen eingeimpft. In den Augen eines Kindes ist ein solcher Mensch über jeden Zweifel erhaben. Aber ich bin kein Kind mehr und Sie hoffentlich auch nicht. Der Edelmut ist ein naher Verwandter der Selbstgerechtigkeit. Im Laufe der Jahre lernt man, schärfer zu beobachten, und dann fallen einem Dinge auf, die Zweifel erwecken und manchmal Skepsis in Zynismus verwandeln.

Sieht es nicht oft so aus, als ob humanitäre oder kirchliche Auszeichnungen in direktem Zusammenhang mit der Steuererklärung des Belobigten stehen? Ein Mensch, der ob seines Edelmuts gepriesen wird, ist meistens jemand, der es sich leisten kann, edelmütig zu sein. Ich kann Ihnen aus eigener Erfahrung sagen, daß es mir sehr viel leichter fiel, großzügig zu sein, nachdem ich ein erfolgreicher Autor geworden war, als in den Zeiten meiner finanziellen Pleite.

Was ist ein Experte?

Ein Experte ist das, was Sie in ihm sehen wollen. Für gewöhnlich ist er ein Mensch, der Ihnen genau erklären kann, warum *Sie* eine bestimmte Arbeit nicht tun können. Ich persönlich ziehe es vor, meine Fähigkeiten und ihre Grenzen selbst zu entdecken.

Sehr oft ist ein Experte nichts weiter als ein Mensch, der seine Arbeit in- und auswendig kennt. Ich bin im Laufe der Jahre viel im Land herumgereist und habe immer wieder die erstaunliche Feststellung gemacht, daß man im Rang als Experte umso höher steigt, je mehr Reisekilometer man zurücklegt.

Auch das gedruckte Wort ist eine Hilfe. Jahrelang habe ich genau das gesagt, was ich jetzt in meinen Büchern schreibe, aber damals hat mir kaum jemand zugehört. Wenn Sie mich vor ein paar Jahren getroffen hätten, dann hätten Sie die meisten Informationen, die ich in diesem Buch gebe, umsonst bekommen können. Wahrscheinlich hätte ich Sie sogar zum Abendessen eingeladen, um Sie fürs Zuhören zu belohnen.

Meine Skepsis gegenüber dem Expertentum begann, als ich Aristoteles gelesen hatte. Er war zwar zu seiner Zeit ein anerkannter Wissenschaftler und Denker, aber er propagierte auch die feste Überzeugung, daß die Erde der Mittelpunkt des Universums sei und von sieben Planeten, darunter auch die Sonne und der Mond, umkreist würde. Gemessen an den damals bekannten Tatsachen, waren seine Aussagen vernünftig. Aber das ist es ja gerade: Es gibt ständig neue Erkenntnisse.

Wie man zu einem Experten des Alltags wird

Oft wird ein ganz gewöhnlicher Mensch zum Experten, wenn er das richtige Werkzeug hat. Diese Entdeckung machte ich, als ich bankrott war. Ich hatte mich nie für handwerkliche Fertigkeiten interessiert, und wenn ich mal etwas reparierte, setzte ich meine gesunden Glieder aufs Spiel. Für mich war ein Hammer etwas, womit man die Suppe umrührte, und wenn ich Nieten-und-Bolzen hörte, hielt ich das für den Namen eines Modetanzes.

Aber nach der finanziellen Katastrophe war ich gezwungen zu lernen, wie ich einige Geheimnisse der Mechanik selbst lösen könnte. Zu meiner Überraschung machte ich meine Sache recht gut, was ich größtenteils der Erkenntnis verdankte, daß eine Schlacht schon halb gewonnen ist, wenn man das richtige Werkzeug hat. Die große Erleuchtung kam an jenem Tag, an dem ich mich fünf Stunden lang bemühte, einen Aufkleber von einer Glasfläche zu entfernen. Ich goß kochendes Wasser darüber und verbrühte mich beinahe; ich kratzte mit einem Fleischmesser daran herum, bis die Messerspitze abbrach; ich verfluchte ihn und schüttelte drohend die Fäuste, aber der Aufkleber ließ sich nicht von seiner Aufgabe abbringen: Er klebte.

Wütend ging ich in eine Eisenwarenhandlung und fragte den Verkäufer nach einem geeigneten Werkzeug. Es gab eines. Es kostete ungefähr einen Dollar und besteht aus einem kleinen Metallgerät, in das eine Rasierklinge so hineingesteckt wird, daß die scharfen Seitenflächen frei bleiben. Innerhalb von wenigen Sekunden hatte ich den Aufkleber mühelos und ohne Kratzer zu hinterlassen abgeschabt. Ich starrte das kleine Instrument an, das die Arbeit so glatt erledigt hatte und murmelte: »So also wird aus einem Versager ein Experte.« Seitdem habe ich es mir zur Regel gemacht, bei *jeder* Aufgabe, die das Leben mir stellt (also nicht nur bei handwerklichen), dafür zu sorgen, daß ich das richtige »Werkzeug« parat habe, bevor ich anfange.

Die Demaskierung des Expertentums

Wenn Sie die traditionelle Ehrfurcht vor dem Expertentum schnell loswerden wollen, dann lesen Sie die folgende wahre Geschichte: Zwei Psychiater von einer Universität in Kalifornien und ein Mediziner von einer Universität in Illinois taten sich zusammen, um ein ziemlich ungewöhnliches Experiment durchzuführen. Sie arrangierten einen Vortragsabend, bei dem ein gewisser Dr. Myron L. Fox, angeblich eine Autorität auf dem Gebiet der Anwendung der Mathematik auf das menschliche Verhalten, vor einer Gruppe von fünfundfünfzig Lehrern, Schulleitern, Psychiatern, Psychologen und Sozialarbeitern sprechen sollte. Sein Thema hieß: »Die mathematische Spieltheorie und ihre Anwendung bei der ärztlichen Ausbildung.«

Der Vortrag muß großartig gewesen sein, denn zweiundvierzig Zuhörer sagten nachher, daß der Redner sehr anschauliche und verständliche Beispiele gegeben habe, daß er den Stoff sehr übersichtlich dargeboten habe, und daß es ein anregender Vortrag gewesen sei. Wunderbar – bis auf eine Kleinigkeit: Dr. Fox war in Wirklichkeit ein Schauspieler, den man für diesen Zweck engagiert hatte, und sein Vortrag hatte nie etwas anderes sein sollen als leeres Gewäsch.

Gott sei uns allen gnädig, wenn unser Schicksal jemals in den Händen eines Menschen liegen sollte, der Anspruch auf den Titel eines Experten erhebt!

Der Super-Experte

Die Krönung des Expertentums ist natürlich der Paragraphenmann, auch Rechtsanwalt genannt. Falls Sie mit diesem Phänomen nicht vertraut sind, möchte ich es Ihnen noch einmal vorstellen. Wenn die Dinge gut für Sie stehen – insbesondere wenn Sie ein vielversprechendes Geschäft abschließen wollen – erscheint plötzlich der Paragraphenmann auf der Bühne, bewaffnet mit einer Aktentasche, die mit netten kleinen Geschäftstötern gefüllt ist, und dann fällt für alle Beteiligten der Schlußvorhang.

Eine klassische Vorstellung dieser Art erlebte ich, als ich noch versuchte, in der Geschäftswelt Fuß zu fassen. Eines Tages nahm der reiche Gründer und Besitzer der Aktienmehrheit einer Börsenmaklerfirma Verbindung mit mir auf. Er war ein müder, verbrauchter Mann, dem die Erkenntnis gedämmert war, daß das Leben nicht nur aus Arbeit und Altwerden bestehen kann. So hatte er beschlossen, für den Rest seines Lebens lieber auf den Bahamas Golf zu spielen als sich weiterhin mit Zahlenakrobatik zu befassen.

Sein Wunschtraum wurde beinahe Wirklichkeit. Ich hielt das Geld bereit, er die Aktien. Aber auch der Paragraphenmann, jener allgegenwärtige Streiter für die nicht-existenten Probleme der Menschheit – war bereit, seine Aktentasche zu öffnen.

Wie ein Wirbelwind fegte er heran, gerade noch rechtzeitig, um seinen üblichen Einleitungssatz von sich zu geben: »Ich möchte Ihnen sagen, daß ich nicht zu den Anwälten gehöre, die geschäftliche Transaktionen zunichte machen, also keine Sorge. Die Entscheidung ist einzig und allein Sache meines Klienten.« Dann packte er sein Opfer (pardon: seinen Klienten) bei der Gurgel und zerrte ihn hinaus, um »ein paar private Worte« mit ihm zu reden.

Ich weiß nicht, was sich im Nebenzimmer abspielte, ich weiß nur, daß der Makler seine Firma nicht an mich verkaufte. Er war zu der festen »Überzeugung« gelangt, daß er eigentlich gar nicht den Wunsch hatte, Golf zu spielen. Der Paragraphenmann hatte ihn vor den Schrecken eines behaglichen Daseins auf den Bahamas gerettet und es ihm ermöglicht, bis zu seinem seligen Ende weiterzuschuften. Nachdem der Paragraphenmann seine Aufgabe erfüllt hatte, nahm er seine Aktentasche, grüßte und verschwand, um in seiner Vorstadtvilla einen wohlverdienten Martini zu trinken.

Ein Gott in Menschengestalt

Millionen Menschen glauben an einen persönlichen Gott, der nicht nur eine symbolische, abstrakte kosmische Macht ist, sondern eine Art Übermensch. Nun, das kann jeder halten, wie er will, bewiesen ist nichts. Allerdings hat das, was ich als möglich akzeptieren kann, seine Grenzen. Sich Gott vorzustellen, wie er mit Stethoskop und Injektionsspritze herumläuft, geht mir doch etwas zu weit.

Und da haben wir den Unterschied zwischen der Ausbildung zum Juristen und der Ausbildung zum Arzt: Dem Jurastudenten wird beigebracht, wie er Probleme finden oder erschaffen und sich dann als sachverständiger Einschüchterer in Positur bringen kann. Dem Medizinstudenten wird beigebracht, daß er Gott ist! Zwar schließen sich nicht alle Ärzte dieser Ansicht an, aber ich kenne viele, die es tun.

Vor vielen Jahren machte ein Arzt mir die düstere Eröffnung, daß er bei mir eine anomale Wucherung festgestellt habe. Er erklärte ferner, daß der Tumor wahrscheinlich bösartig sei und an der ungünstigsten Stelle säße, von wo aus die entarteten Zellen am schnellsten ausstreuen könnten. Er riet mir dringend zu einer sofortigen Operation.

Ich war verzweifelt. Es sah aus, als ob für mich alles zu Ende sei, bevor es richtig angefangen hatte. In meiner jugendlichen Naivität kam mir nie der Gedanke, daß der Arzt sich geirrt haben könnte. Sein Status als Experte beeindruckte mich zu sehr, als daß ich seine Meinung angezweifelt hätte. Ich hatte Angst; ich hatte Ehrfurcht vor ihm; ich wollte ihn nicht dadurch »beleidigen«, daß ich einen zweiten Arzt konsultierte; ich wand mich in Todeszuckungen, in die mich die Einschüchterung durch einen Experten versetzt hatten.

Die Schmerzen, die dieser chirurgische Eingriff verursachte, kann man nur mit denen nach einer radikalen juristischen Operation vergleichen. Die körperliche Pein, der Krankenhausaufenthalt, die verlorene Zeit und das vergeudete Geld, all das war eine Lektion, die man nicht so schnell vergessen konnte. Ich brauchte ein Jahr, um mich von den Nachwirkungen zu erholen und spüre die Folgen noch heute. Und was fand der Experte, nachdem er mich aufgeschnitten hatte? Nichts!

Ein paar Monate später sprach ich mit zwei anderen Ärzten über die Sache. Ich war, gelinde gesagt, etwas verbittert, als beide mir versicherten, daß sie mich auf Grund der vorliegenden Befunde niemals operiert hätten. Das tat fast so weh wie die Operation selbst. Ich hatte im wahrsten Sinne des Wortes meinen Blutzoll gezahlt und würde nie wieder das Wort eines Experten akzeptieren, ohne mich vorher gründlich zu informieren.

Wenn Sie jemals in eine solche Lage kommen sollten, dann geben Sie niemals Ihr Einverständnis zu einer so ernsten Sache, wie eine Operation es ist, ohne nicht wenigstens noch ein anderes Gutachten einzuholen. Falls Ihr Arzt beleidigt ist, haben Sie nichts verloren, denn eine solche Reaktion gibt ja sehr deutlich Aufschluß über ihn selbst. Und wenn Ihr Arzt noch so qualifiziert ist und die höchsten ethischen Grundsätze hat – in Wirklichkeit sind Sie für ihn nichts als ein »Job«. Er mag zwar immer die besten Absichten haben, aber er ist nicht Gott; er ist ein Mensch und als solcher nicht unfehlbar. Sollte er zu neurotisch sein, um das begreifen zu können, dann behalten wenigstens Sie einen klaren Kopf. Andernfalls könnten Ihre Pläne, Nummer Eins zu werden, ein schnelles Ende finden.

Experten, Experten und nochmals Experten

Unermüdlich sind sie am Werk, und niemand weiß, wo sie einmal haltmachen werden. Seit altersher haben die Experten durch ihre Einschüchterungstaktik die Menschen veranlaßt, Pläne zu schmieden, die sich an ihren wissenschaftlichen Voraussagen orientieren. Aber heutzutage erreichen wir die Zukunft so schnell – und decken die Irrtümer der Experten entsprechend eher auf als in der Vergangenheit –, daß sich nur ein Narr blindlings auf die Vorhersagen der Experten verlassen würde.

Im Jahre 1976 veröffentlichte das *Wall Street Journal* eine Artikelserie, in der nachgewiesen wurde, wie drastisch die sogenannten Experten in den letzten zehn Jahren ihre Vorhersagen für das Jahr 2000 geändert haben. Jeder Artikel befaßte sich mit einem anderen Gebiet, auf dem die Experten sich verrechnet hatten – vom Welthunger über das Wachstum der Bevölkerung bis zu ökonomischen Fragen –, aber meiner Meinung nach enthielt schon der erste Artikel eine präzise Zusammenfassung des Themas, und zwar in der Form des folgenden Eingeständnisses eines Wissenschaftlers, der Mitglied des Nationalen Planungsausschusses ist: »Wir sind nicht mehr sonderlich an langfristigen Vorhersagen interessiert. Wir haben uns zu oft geirrt.«

Inwieweit beeinflußt die Einschüchterung durch Experten Ihr Leben? Legen Sie Wert auf ein reichliches Frühstück, weil die Experten Ihnen eingehämmert haben, daß es der Gesundheit dienlich sei? Es gibt Experten, die behaupten, ein üppiges Frühstück sei ungesund, weil es u. a. unnötige Kalorien liefert, die Fettablagerung in den Zellen fördert, den Blutzuckerspiegel anhebt, den Appetit auf kohlehydrathaltige Nahrungsmittel fördert und das Blut auf Kosten des Gehirns und der Muskulatur in den Darm abzieht.

Machen Sie sich Sorgen über das, was die Experten über die Energieknappheit sagen? Ich kann Ihnen andere Experten nennen, die entweder die Lage der Energieversorgung nicht für kritisch halten oder nicht glauben, daß dieses Problem nicht relativ leicht gelöst werden könne. Der Installateur sagt, daß Sie eine komplette neue Armatur brauchen? Ich kann Ihnen einen bringen, der Ihnen versichert, daß es genügen würde, eine einzige Schraube in der Armatur auszuwechseln. Sie erhalten Ihre kaputte Ehe aufrecht, weil es nach Meinung eines Eheberaters »richtig« wäre, die Probleme zu bereinigen? Ich kann ohne weiteres einen finden, der Ihnen sagt, es würde viel zweckmäßiger sein, Schluß zu machen und neu anzufangen. Lehnen Sie ein Nahrungsmittel ab, das Sie besonders gern mögen, weil ein Wissenschaftler nachgewiesen hat, daß es bei Würmern Krebs hervorruft? Es ist bestimmt nicht allzu schwierig, einen anderen zu finden, der behauptet, daß es das gesündeste Nahrungsmittel ist, das es gibt.

Ringen Sie sich zu der Einsicht durch, daß auch Experten nicht alle Antworten kennen. Im günstigsten Fall sind sie Leute, die auf ihrem Fachgebiet umfangreiche Kenntnisse haben, aber keineswegs unfehlbar sind. Die Besten von ihnen geben das offen zu. Werfen Sie Ihre alte Experten-Gläubigkeit ab; treffen Sie keine Entscheidungen, die sich nur auf die Meinung eines angeblichen Experten stützen. Sicher, Sie sollten ihm zuhören, aber wägen Sie seine Ansicht gegen all die anderen Beweise ab, die Ihnen zur Verfügung stehen. Und was noch wichtiger ist: Prüfen Sie jede derartige Meinung mit dem Verstand. Erst dann sollten Sie sich entscheiden. Kein Experte kann Sie gegen Ihren Willen zu einem bestimmten Verhalten zwingen.

Über den Wert von Referenzen

Der Einfluß von Referenzen ähnelt der Macht der Experten, ist jedoch noch absurder. Hier kommt es im Grunde genommen nur auf ein Stück Papier an und gelegentlich auch auf die Erfahrung.

Wenn jemand die amtliche Genehmigung hat, einen bestimmten Beruf auszuüben, heißt das noch lange nicht, daß er alle Antworten kennt. Ebenso ist auch die Erfahrung nicht unbedingt ein gültiger Wertmesser. Ich habe es oft erlebt, daß Anfänger instinktiv besser Bescheid wußten als Leute, die seit dreißig Jahren auf diesem Gebiet arbeiteten. Das Dienstalter ist nicht wichtig, Befähigung und Wissen sind es.

Kein Diplom, keine Lizenz und kein anderes Stück Papier kann das Wissen über die Tatsachen ersetzen. Versuchen Sie nicht, mich mit Ihren Diplomen oder mit der Zahl Ihrer Dienstjahre zu beeindrucken – das schaffen Sie nur durch den Beweis, daß Sie rational denken können.

Falls Sie der gefährlichen Gewohnheit huldigen, Fachkenntnisse auf

Grund von Referenzen zu beurteilen – insbesondere, wenn die einzige Referenz aus einem Stück Papier besteht, das von einer bürokratischen Institution ausgestellt wurde –, sollten Sie sofort damit brechen. Gewöhnen Sie es sich statt dessen an, während des Gesprächs die Voraussetzungen, von denen der Bewerber ausgeht, zu überprüfen. Nur wenn diese rational sind, ist es sinnvoll, das zu berücksichtigen, was er sagt, ohne es jedoch als der Weisheit letzten Schluß zu akzeptieren.

Die Macht des Wortes

Die Einschüchterung durch das Wort ist die letzte Waffe des Experten, wenn die Referenzen, auf die er sich beruft, nicht den gewünschten Erfolg bringen. Er wird dann versuchen, Sie durch eine glitzernde Kaskade von hochtönenden Worten zu beeindrucken. Das ist aber nur ein Trick, denn eine hochgestochene Sprache soll vielleicht vertuschen, daß die vorgebrachten Argumente nicht schlagkräftig genug sind, um auch dann bestehen zu können, wenn sie mit einfachen, klaren Worten dargelegt werden. Eine komplizierte Redeweise soll oft darüber hinwegtäuschen, daß ein Argument irrational ist oder auf schwachen Füßen steht.

Viele Menschen lassen sich von dem hochkarätigen Vokabular des Intellektuellen einschüchtern. Nur allzu oft liefert die Macht des Intellekts einem Menschen die Position, die er braucht, um einen Gegner erledigen zu können. Lassen Sie sich nicht durch pompöse Worte hinters Licht führen. Bestehen Sie auf Tatsachen — auf einfachen Tatsachen, die leicht verständlich sind.

Die Wahrheit ist, daß viele sogenannte Intellektuelle so intensiv mit akademischen, technischen und manchmal auch hypothetischen Fragen befaßt sind, daß sie nur wenig über die praktische Seite des Lebens wissen. Sie sind so wortverliebt, daß sie die Logik nicht mehr sehen können.

Lassen Sie sich nicht einwickeln. Wehren Sie sich dagegen, von intellektuellen Wirklichkeitsfremden durch Wortspiele eingeschüchtert zu werden, die an den Kernpunkten vorbeigehen.

Einschüchterung durch Gewohnheit und Tradition

Gewohnheit und Tradition können eine verheerende Wirkung auf das menschliche Denkvermögen haben. Der Grund dafür liegt auf der Hand.

Viele Menschen sind, gelinde gesagt, übereifrig darum bemüht, die hoch in Ehren gehaltenen »guten alten Sitten« zu schützen. Tatsache ist, daß die meisten von uns insofern konservativ sind, als sie die Neigung haben, die Dinge so zu bewahren, wie sie sind; die Gewohnheit gibt ihnen Sicherheit. Die Angst vor Veränderungen und der Wunsch, den Status quo zu verteidigen, treibt uns oft in ein übermäßig irrationales Verhalten hinein. Die Wirklichkeit sieht doch so aus, daß eine Tradition durch ihr Alter nicht logischer wird. Die Rationalität, auf der sie basiert, wird durch die Zeit nicht verbessert. Es ist eine Tatsache, daß das Alter einer Tradition in keinerlei Zusammenhang mit ihrer rationalen Gültigkeit steht. Wer die guten alten Sitten nur deshalb in Ehren hält, weil sie alt sind, beweist damit nur eins: daß er ein guter alter Narr ist.

Und wie steht es mit Ihnen? Sind Sie das Opfer eines gedankenlosen Gehorsams gegenüber der bestehenden Ordnung? Wenn traditionelle Vorstellung und Ideen in Widerspruch zur Wirklichkeit, Logik und den gegebenen Umständen stehen, müssen sie ohne langes Getue aufgegeben werden. Es genügt, wenn man seine Beobachtungsgabe und seinen gesunden Menschenverstand einsetzt, um die meisten irrationalen Vorschriften in der Versenkung verschwinden zu lassen.

Die Einschüchterung durch Gewohnheit und Tradition wirkt sich in vielen Lebensbereichen negativ aus. Sie spannt sich von Recht und Religion über die gesellschaftliche Etikette bis zum korrekten Tischdecken. Jahrhundertelang hat sie dafür gesorgt, daß hochintelligente Frauen nur mit Sockenstopfen und Topfscheuern beschäftigt waren; sie hat Millionen junger Männer getötet, die begeistert die Chance ergriffen, »dem Vaterland zu dienen«; sie zwingt auch heute noch die Männer, sich mit einem Strick, der sich Krawatte nennt, die Hälse abzuschnüren, wenn sie ins Büro oder in ein besseres Restaurant gehen.

Lernen Sie zu erkennen, welche Traditionen gut oder schlecht für Sie sind. Wenn eine althergebrachte Gewohnheit gut für Sie ist, d. h. wenn sie logisch ist und niemandem schadet, dann ist alles in Ordnung. Aber die Traditionen, die sich nicht auf Tatsachen stützen und deren Voraussetzungen auf einer Grundlage aus Treibsand beruhen, müssen verbannt werden. Da Sie nur dann Nummer Eins werden können, wenn Sie klar erkennen, was Sie tun und warum Sie es tun, sollten Sie die alten, aber schlechten Traditionen über Bord werfen. Die alten, aber guten Traditionen können Sie beibehalten, aber Sie müssen sie sorgfältig kontrollieren und gegen die sich ständig ändernden Lebensbedingungen testen.

Das elektronische Spiel mit Gedankenpartikeln

Ich hatte einmal eine fabelhafte Idee für ein neues Spiel, das mir Millionen einbringen sollte. Nachdem ich ein Weilchen darüber nachgedacht hatte, mußte ich leider erkennen, daß jeder Mensch bereits ein solches Spiel besitzt. Es befindet sich in Ihrem Gehirn, direkt neben der inneren Waage für das Wohlbefinden. Wenn Sie bei diesem Spiel verlieren, füllt sich die eine Waagschale mit irrationalen Gedanken, und Ihre Waage funktioniert nicht mehr richtig.

Es ist ein strapaziöses Spiel. Der Schauplatz ist ein imaginäres Fernsehgerät. Wenn Sie einen rationalen Gedanken haben, wird das Gerät automatisch aktiviert. Auf dem Bildschirm strömen irrationale Gewohnheits- und Traditions-Partikel von links nach rechts, während das einsame rationale Teilchen von rechts nach links zu wandern beginnt. Ziel dieses Spiels ist, das rationale Gedanken-Teilchen ohne Kollision durch die Masse der Gewohnheits- und Traditions-Partikel zu bugsieren.

Sie spüren es, wenn es einen Zusammenstoß gab; die Symptome sind u. a. Nervosität, Frustration, Kopfschmerz, schlaflose Nächte und Schuldgefühle. Diese unangenehmen Empfindungen entstehen, weil ein rationaler Gedanke mit irrationalen Konventionen und Bräuchen kollidiert ist. Ein solcher Zusammenstoß manifestiert sich in der Form eines geistigen Konflikts zwischen dem Wunsch, richtig zu handeln und dem Trieb, instinktiv zu reagieren.

Man braucht viel Übung, bis man dieses Spiel beherrscht, aber dem guten Spieler winkt als Lohn die Selbstachtung, die nur dann gedeihen kann, wenn er weiß, wer er ist, wofür er einsteht, und wohin sein Lebensweg führt.

Ein guter Rat

Wir begehen oft den Fehler, viel Zeit und Energie aufzuwenden, um »das Richtige« zu tun, weil wir glauben, dafür belohnt zu werden. Natürlich ist eine Anerkennung sehr schön, aber ich persönlich möchte auf keinen Fall die Hoffnung auf die Dankbarkeit eines anderen Menschen zur Grundlage für mein Verhalten machen.

Anerkennung ist ein rarer Artikel

Ich will es ganz einfach ausdrücken: Tun Sie niemals etwas nur aus dem Grund, daß es »das Richtige« ist, wenn Sie keinen Nutzen daraus ziehen können. Sie sind im elektronischen Gedankenpartikelspiel der große Verlierer, wenn Sie sich irrational »altbewährten« Verhaltensregeln beugen, um dann feststellen zu müssen, daß Sie dafür nicht nur keine Anerkennung ernten, sondern sich vielleicht sogar unbeliebt gemacht haben.

Sie kennen solche Situationen aus eigener Erfahrung: Denken Sie nur daran, wie unwillig Sie einem Kellner, der Sie schlecht bedient hat, ein Trinkgeld geben. Nun ist es aber üblich, im Restaurant Trinkgeld zu geben. Wenn der Kellner Ihnen jedoch ein bereits kalt gewordenes Essen serviert, patzige Bemerkungen macht und Sie zwanzig Minuten auf ein Glas Wasser warten läßt, gehen Ihre Gedankenpartikel auf Kollisionskurs. Sollen Sie ein Trinkgeld geben oder nicht?

Die Angst, sich zu blamieren, schüchtert Sie schließlich doch so ein, daß Sie ein Trinkgeld geben wollen, aber um Ihr Mißfallen zu demonstrieren, beschließen Sie mutig, dem Kellner nur einen ganz kleinen Betrag zuzugestehen. Peng, schon ist's geschehen. Sie haben sich von Gewohnheit und Tradition so einschüchtern lassen, daß Sie eine irrationale Entscheidung getroffen haben, *für die Sie keine Anerkennung ernten.* Das Essen hat Ihnen nicht geschmeckt, der Kellner ist wütend auf Sie, weil Sie ihm weniger gegeben haben, als er es erwartet hatte (vielleicht verachtet er Sie sogar, weil Sie nicht die Courage aufbrachten, ihm gar nichts zu geben), und Sie haben auch noch das Geld vergeudet, das Sie als Trinkgeld auf dem Tisch liegen ließen.

Plastik oder Kristall, das ist hier die Frage

Haben Sie sich jemals den Kopf darüber zerbrochen, wie Sie irgend etwas »richtig« tun sollen,und sich gleichzeitig gefragt, warum es so wichtig ist? Früher ist mir das oft passiert, heute nicht mehr. Das folgende Erlebnis war für mich ausschlaggebend:

Vor Jahren war ich mit einer jungen Dame befreundet, die sehr auf Etikette bedacht war und alle Regeln kannte. Ich erzählte ihr, daß ich in Kürze eine Party geben wollte, und sie erteilte mir eine Rüge, weil ich auf der letzten Party Wegwerf-Gläser aus Kunststoff benutzt hatte. Sie schloß ihre Strafpredigt, indem sie nachsichtig sagte: »Du hast eben keine Klasse.« Ich argumentierte (und bewies dadurch sofort, wie dumm ich war), daß es eine Gartenparty sein würde, für die unzerbrechliche Gläser praktischer wären, und daß der Barmixer sich nicht die Mühe zu machen brauche, sie zu spülen. Falls einer der Gäste mich schief ansehen würde, weil ich Plastik-Gläser verwendete, dann würde ich sowieso keinen Wert darauf legen, ihn jemals wieder einzuladen.

Nachdem wir uns tagelang über diesen kritischen Punkt gestritten hatten, war ich soweit, daß ich mir von einem Partyservice leihweise hübsche Kristallgläser liefern lassen wollte. Meine Party war für Sonntag geplant, und am Freitag war ich immer noch unentschlossen.

Am Freitag abend war ich zu einer Party eingeladen, die auf dem feudalen Besitz eines der reichsten und bekanntesten Männer von Los Angeles stattfand. Seine Partys sind Feste, wie man sie im alten Rom zu feiern pflegte, mit Hunderten von Gästen, köstlichen Speisen und Weinen und Unterhaltungskünstlern. Alles war sehr luxuriös und bis ins letzte Detail geschmackvoll arrangiert – und worauf fiel mein ungläubiger Blick plötzlich? Auf Plastik-Gläser! War der Mann verrückt geworden? Hatte er keine »Klasse«?

Nun, das traf wohl kaum zu. Wahrscheinlich hatte er sich ganz einfach überlegt, daß unzerbrechliche Gläser in jeder Hinsicht praktischer seien, und daß jeder, dem das nicht paßte, gern woanders schlemmen dürfe. Selbstverständlich gab es auch auf meiner Party Gläser aus Kunststoff.

Und wie steht es mit Ihnen? Sind Sie stets auf die Einhaltung der althergebrachten Formen bedacht und benützen Sie irrationales »Kristall« statt rationalem »Plastik«, wenn Gewohnheit und Tradition es verlangen? Sind die Leute, die darauf bestehen, daß Sie sich an die Konventionen halten, bereit, für zerbrochenes Kristall zu bezahlen? Ich sage nein, Sie selbst werden derjenige sein, der bezahlen muß – und zwar in Form von entgangener Freude und negativen Gefühlen, beides unvermeidliche Folgen, wenn man den Fehler begeht, sich von Gewohnheit und Tradition einschüchtern zu lassen.

Es gibt kein Naturgesetz, das Ihnen vorschreibt, von Menschen aufgestellte Regeln zu befolgen, solange Sie niemand anderen stören. Das Nachdenken dient ja nicht dem Zweck, Argumente zu finden, die irgendeine alte Tradition unterstützen, sondern dazu, um mit Hilfe der Logik nach der Wahrheit zu suchen. Es ist eine ebenso aufregende wie lohnende Erfahrung, die Stäbe des Käfigs zu zerbrechen, in dem Sie von Gewohnheit und Tradition gefangen gehalten wurden, und die Freiheit des weiten, offenen Raumes der Welt der Vernunft zu genießen.

Einschüchterung durch Konformität

Die Einschüchterung durch Konformität ist ein Abkömmling der Einschüchterung durch Gewohnheit und Tradition. Wenn Sie sich streng an alte Sitten und Bräuche halten, oder wenn Sie sich einschüchtern lassen, irgendeine neue Mode mitzumachen oder eine neue Idee zu übernehmen, die bereits von breiten Kreisen akzeptiert worden ist, dann sind Sie ein Konformist. Sobald Sie etwas nur deshalb tun, weil alle anderen dasselbe machen, gleichen Sie sich an. Das Motiv für Ihr Verhalten ist die Angst, abseits von der Herde zu stehen.

Es muß nicht unbedingt falsch sein, sich der Mehrheit anzuschließen. Eine Sache oder eine Idee wird ja nicht dadurch gut oder schlecht, daß sie gerade in Mode ist; es bedeutet lediglich, daß viele Menschen es tun oder sagen. Ebensowenig macht es Sie weder zu einem schlechten noch zu einem dummen Menschen oder gar zu einem Verrückten, wenn Sie sich nach reiflicher Überlegung zu einem anderen Aktionskurs entschließen. Es macht Sie einzigartig.

Auf Grund unseres Herdeninstinktes haben wir alle eine natürliche Neigung zur Anpassung. Langfristig gesehen wäre das vielleicht nicht zu Ihrem Vorteil. Es ist möglich, daß man Sie in der Zwischenzeit verspotten würde, aber am Ende wird man Sie doch bewundern, weil Sie den Mut hatten, das zu tun, was für Sie richtig war.

Hüten Sie sich vor der angeborenen Neigung, etwas zu tun, nur weil es gerade in Mode ist. Das mag Ihnen anfangs leichter vorkommen, aber auf lange Sicht kann es sehr kostspielig werden. Die Konformität, als Weg des geringsten Widerstandes, kann einen hohen Preis erfordern, nämlich den Verlust der Selbstachtung.

Die Massenkaninchen

Eines Tages fuhr ich nach Manhattan Beach, um die dortige soziale Situation zu studieren, über die ich schon so viel gehört hatte.

Während ich über den Strand trottete und mein Jo-Jo flotte Loopings drehen ließ, wurde ich zusehends verdutzter. Das Ganze kam mir wie ein unheimlicher Traum vor – als ob ich auf einem fremden Planeten gelandet war.

Dort, in Manhattan Beach, sah ich sie: die Tausendlinge. Es machte den Eindruck, als ob tausend eineiige Zwillinge dort standen, jeder mit einer Bierdose in der rechten Hand. Jeder war groß, hatte eine flache, muskulöse Bauchpartie, braungebrannte Haut und – natürlich – schulterlanges blondes Haar. Und genau im richtigen Winkel thronte vorn in dem blonden Haarschopf – jawohl, Sie haben richtig vermutet! – eine Sonnenbrille, eine von der Sorte, die man nie auf der Nase trägt.

Nein, es handelte sich nicht um Aufnahmen für einen Werbefilm. Und die jungen Männer waren auch nicht aufs Vergnügen aus. Sie konzentrierten sich ernsthaft darauf, eine lässig-elegante Haltung zur Schau zu stellen, und darauf, daß ihre Sonnenbrillen nicht herunterrutschten. Die Mädchen, die um sie herum saßen, waren weder hübsch, noch lächelten sie. Ich war nicht nur verblüfft, sondern deprimiert. Selbst wenn ich fähig gewesen wäre, eine Sonnenbrille über der Stirn zu balancieren, hätte ich nie und nimmer dazugehört. Mein Haar war nicht blond, mein Bauch nicht flach, ich machte mir nichts aus Bier, und so braun würde ich nie werden.

Auf dem Rückweg zum Wagen warf ich noch einmal einen Blick zurück, ließ mein Jo-Jo zwei letzte Loopings vollführen und sagte zu mir: »Erstaunlich – absolut erstaunlich.«

Welch anonymes Leben führte doch so ein Tausendling! Noch immer gehen mir viele unbeantwortete Fragen im Kopf herum. Wie sah wohl die Frau aus, die Tausendlinge gebären konnte? Wie konnten die jungen Männer wissen, daß sie abends in der richtigen Wohnung landeten? Und wenn einem die Sonnenbrille herunterfiel und zerbrach, wurde er dann in einen entfernten Winkel des Strandes verbannt? Oh, welchen Preis hat doch die Konformität!

Die selbstgenügsame Konformitäts-Fabrik

Haben Sie sich jemals gefragt, warum Banken so viel Geld verdienen? Die Antwort lautet: Weil eine Bank eine selbstgenügsame Konformitäts-Fabrik in Vollendung ist. Bevor ich das begriff, hatte ich mich immer wieder gefragt, was Banken eigentlich taten. Ich wußte, daß sie keine Darlehen gaben, also war mir ihre eigentliche Funktion ein Rätsel. Eine Bank ist wie ein riesiger Kernreaktor, der anstelle der Konvertierung von Atomen in Kernmoleküle Menschen in Roboter verwandelt. Sehen Sie sich gut um, wenn Sie das nächste Mal in eine Bank gehen. Da sind sie wieder, die Tausendlinge, ihrer Badehosen beraubt und gezwungen, Geld zu verdienen. Die flachen Bäuche, die Sonnenbräune und das Bier sind verschwunden, aber sie sind immer noch gleich gekleidet, haben das gleiche Benehmen und sagen das Gleiche. Sie fangen hinter der Glasscheibe des Kassierers an, stapeln und zählen das Geld in der präzisen, banküblichen Art und Weise, und wenn sie Glück haben, enden sie schließlich hinter einem Büroschreibtisch mit scharfeckiger Platte und Metallfüßen. Und dort verbringen sie fünf Tage in der Woche mit der Vervollkommnung ihrer wahren Aufgabe – der Kunst, »nein« zu sagen.

Es funktioniert – für die Banken. Aber wie steht es mit den Robotern, die einmal Menschen gewesen sind?

Einschüchterung durch Schlagworte

Mit dem Ausdruck Schlagwort oder Slogan meine ich jede Phrase, jeden Sinnspruch und jedes Sprichwort, ob alt oder neu, das den Zweck hat, beim Zuhörer eine reflexartige Reaktion auszulösen.

Ob dieser Zweck nach Ihrem moralischen Standard nun gut oder schlecht ist – es ist und bleibt eine Tatsache, daß alle Slogans in dem Maße irrational sind, wie man sie als Basis für ein Argument benützt. Die meisten verfolgen die Absicht, dafür zu sorgen, daß Sie in Reih und Glied marschieren.

KRIEG IST FRIEDEN
FREIHEIT IST SKLAVEREI
UNWISSENHEIT IST STÄRKE

Das ist der Slogan des Großen Bruders in George Orwells furchterregendem Roman »1984«. Er ist die Essenz aller irrationalen Schlagworte. Orwell will damit demonstrieren, daß man die Menschen veranlassen kann, alles zu glauben, wenn sie es nur oft genug hören. In seinem Roman bewirken Slogans, die von der traditionellen Regierungsmacht unterstützt werden, daß alle Bürger die vorgeschriebene Ordnung einhalten; der Angleichungsprozeß erreicht den Punkt, an dem alle im wahrsten Sinne des Wortes geistlos sind – bereit, jeden Slogan als Tatsache zu akzeptieren.

Die wahren Meister in der Einschüchterung durch Schlagworte sind natürlich die Regierungen, und zwar aus dem einfachen Grund, weil sie das Geld, die Menschenkraft und, falls erforderlich, die Kanonen haben, die ihnen den Rücken stärken. Mein Kandidat für den einschüchterndsten Regierungsslogan, der je auf die amerikanische Öffentlichkeit abgeschossen wurde, ist John F. Kennedys emotionaler Reißer: »Und so, meine amerikanischen Mitbürger, fragen Sie nicht, was Ihr Land für Sie tun kann; fragen Sie, was Sie für Ihr Land tun können.« Der Sprecher war ein gutaussehender Mann, eine sympathische Persönlichkeit mit einem unwiderstehlichen Lächeln, aber seine Worte entsetzten mich.

Wir wollen diesen brillant formulierten Slogan einmal sorgfältig und logisch analysieren. Da wäre als erstes die Frage: Was ist ein Land oder Staat? Es ist eine geographische Fläche, die – im Fall der Vereinigten Staaten – von über zweihundert Millionen *Einzelpersonen* bewohnt wird. Ich habe noch niemals zweihundert Millionen Menschen gebeten, irgend etwas für mich zu tun, außer daß sie mein Recht auf ein friedliches Dasein nicht schmälern. Was bedeutet also die Frage, was man für sein *Land* tun kann? Daß man jede der zweihundert Millionen Einzelpersonen fragt, was man für sie speziell tun kann?

Nein, an den Einzelnen dachte Kennedy genausowenig wie jeder andere Politiker, als er das Wort *Land* gebrauchte. Ein Land ist eine abstrakte Einheit, aber in die Sprache der Politiker übersetzt, bedeutet es »die Machthaber«. Verwendet man diese Übersetzung, lautet die Frage: »Fragen Sie nicht, was die Machthaber für Sie tun können; fragen Sie, was Sie für die Machthaber tun können.« Sie würden nicht so spontan reagieren, wenn Sie diese Frage in ihrer wahren Bedeutung hören würden, nicht wahr? Im Gegenteil – vielleicht würden Sie ungläubig lachen.

Jahrein, jahraus bedient sich die Regierung solcher Tricks. Mit Hilfe einer steten Berieselung durch verschwommene oder sinnlose Phrasen und Slogans wie das Wohl (?) der »Gesellschaft«, Ihre Pflicht (?) gegenüber Ihrem »Land«, das »Allgemeinwohl« überzeugt sie die Massen langsam, aber sicher, daß die Hölle ein Paradies ist.

»Lieber tot als rot.« Sofort greifen wir nach Mistgabeln und Henkersstricken und machen uns auf die Jagd nach Kommunisten, die wir in jedem Winkel vermuten.

»Alle Menschen wurden gleich erschaffen.« Inwiefern »gleich«? Ich will Ihre Intelligenz nicht durch eine Erklärung der offensichtlichen Absurdität dieser Aussage beleidigen.

»In der Zahl liegt die Stärke.« Vielleicht, aber ich habe festgestellt, daß ich in den meisten Fällen besser über mein Geschick bestimmen kann, wenn ich niemanden frage, bevor ich handle.

»Ein Pfennig gespart, ist ein Pfennig verdient.« Wer hat sich denn das ausgedacht, der Sparkassenverband? Ein gesparter Pfennig ist um einen Pfennig weniger Freude oder ein Pfennig, der nicht gewinnbringend investiert ist. Tatsache ist, daß Sie nichts verdienen, wenn Sie sparen. Wenn Sie Ihr Geld auf die Bank oder auf die Sparkasse tragen, *verlieren* Sie. Der Zinssatz liegt fast immer unter der Inflationsrate (womit ich nicht die von der Regierung genannte Zahl meine, obwohl er meistens auch unter dieser liegt).

»Vergeuden Sie keine Energie.« Sofort senken Sie Ihren Lebensstandard durch Einschränkung des Energieverbrauchs, stimmt's? Aber sind Sie wirklich über die weltweite Lage der Energieversorgung informiert, oder richten Sie sich lediglich nach dem, was Sie in der Zeitung lesen? Sind Sie je auf den Gedanken gekommen, daß die Energielieferanten und/oder die Regierungen verborgene Motive haben könnten, wenn sie Sie mit Slogans überschütten, um Sie zu einem Opfer zu bewegen?

Lassen Sie sich niemals von einem Schlagwort einschüchtern. Es geht nicht darum, ob sein Ziel Ihrer Ansicht nach gut oder schlecht ist; ein Schlagwort als solches und für sich genommen, ist kein gültiger Grund, irgend etwas zu tun oder zu lassen. Ein rationaler Mensch stützt sein Verhalten auf Tatsachen. In den meisten Fällen besteht der wahre Zweck eines Slogans darin, Sie bei der Stange zu halten – Sie daran zu hindern, Nummer Eins zu werden.

Einschüchterung durch die Erweckung von Schuldgefühlen

Haben Sie gemerkt, wie die verschiedenen Arten der Einschüchterung zusammenhängen? Jemand will erreichen, daß Sie sich seinen Gedankengängen anschließen und bedient sich zu diesem Zweck eines Slogans. Durch die Anwendung von Schlagworten und anderen Waffen hofft er, Schuldgefühle in Ihnen zu erwecken und Sie dadurch zu motivieren, das zu tun, was *er* für richtig hält. Das Schuldbewußtsein ist ein geistiger Zustand, mit dem Sie sich keineswegs abfinden müssen. Sie selbst müssen durch vernünftiges Nachdenken entscheiden, was für Sie richtig oder falsch ist. Sobald Sie das getan haben, gibt es keinen Grund für Schuldgefühle, nur weil Ihr Verhalten nicht den Moralprinzipien anderer Menschen entspricht.

Und selbst wenn Sie zu der Einsicht kommen, daß Ihr Verhalten nicht im Einklang mit Ihren eigenen moralischen Grundsätzen steht, sind Schuldgefühle keine Lösung des Problems. Sollten Sie es für richtig halten, dann entschuldigen Sie sich ohne Fisimatenten – und zwar nur einmal. Sie sind ein Mensch und müssen mit der Tatsache leben, daß Sie nicht vollkommen sind. Jeder von uns macht Fehler. Aber so schwerwiegend ein Fehler auch sein mag, Ihr Verstand sollte Ihnen sagen, daß Schuldgefühle die Situation nicht bereinigen können. Die zweckmäßigste Lösung ist, sich die gelernte Lektion zu merken, den begangenen Fehler aus Ihren Gedanken zu verbannen und darauf zu achten, daß Sie ihn nicht wiederholen.

Einschüchterung durch Bedrängung

Die Voraussetzung für die Erweckung von Schuldgefühlen ist, daß andere Menschen sich in Ihr Leben einmischen. Viele Menschen besitzen ein geradezu unheimliches Talent dafür, sich in Ihre Privatsphäre einzudrängen. Eric Hoffer drückt das so aus: »Der Mensch neigt dazu, sich um seine eigenen Angelegenheiten zu kümmern, wenn sie die Mühe wert sind. Sind sie es nicht, lenkt er sich von seinen bedeutungslosen Affären ab, indem er sich mit den Angelegenheiten anderer beschäftigt.« Der Absolute Moralist, den wir ja schon demaskiert haben, ist von einer zähen und unschlagbaren Zudringlichkeit. Gott sei Ihnen gnädig, wenn Sie anfällig für Schuldgefühle sind. Dann werden die Absoluten Moralisten Sie umkreisen wie Geier einen Kadaver in der Wüste.

Das Schlimme am Absoluten Moralisten ist, daß er auf Grund der unerschütterlichen Überzeugung, seine Moralanschauungen seien für alle Menschen gültig, jede Methode rechtfertigen kann, deren er sich bedient, um andere zu seiner Einstellung zu bekehren. Er kennt daher keine Hemmungen, wenn er daran geht, sich in das Leben anderer Menschen einzumischen. Er erreicht es, daß sie sich seinen Ansichten angleichen, indem er durch meisterhafte Einschüchterungsmanöver Schuldgefühle in ihnen erweckt.

Der Absolute Moralist ist überall. Er ist der selbsternannte Hüter des Rechts – der Mann, der Sie eilend und mit drohend erhobener Faust verfolgt, wenn Sie versehentlich bei Gelb über eine Kreuzung gefahren sind. Er hält es für seine moralische Pflicht, Ihnen klarzumachen, daß Sie gegen ein Gesetz verstoßen haben.

Die moralische Einstellung ist eine sehr persönliche Angelegenheit; niemand kann Ihren Moralkodex für Sie festlegen. Sie selbst müssen auf Grund ehrlicher und rationaler Überlegungen entscheiden, welche moralischen Grundsätze für Sie richtig sind. Danach dürfen Sie nie wieder gestatten, daß die Meinung eines anderen Menschen Schuldgefühle in Ihnen erweckt – denn es ist wirklich nichts anderes als das: *seine* Meinung.

Der Ego-Trip der Selbstgerechten

Der selbstgerechte Mensch hat ein schweres Problem mit seinem Ego. Aber wenn jemand des langen und breiten seine eigene Ehrbarkeit preist, können Sie mit ziemlicher Sicherheit annehmen, daß sich hinter dem Lack der Tugendhaftigkeit ein schlechtes Gewissen verbirgt. Wie Thoreau sagte: »Auf einen Tugendhaften kommen 999 Beschützer der Tugend.« Hüten Sie sich vor dem Menschen, der seine tugendhaften Ansichten so darstellt, daß er Schuldgefühle in Ihnen erweckt, weil Sie glauben, »unter« seinem moralischen Standard zu sein.

Das Spiel mit den Schuldgefühlen

Manche Menschen beherrschen unzählige Arten des Spiels mit den Schuldgefühlen. Die Lasten, die andere Leute einem aufbürden wollen, sind ebenso unglaublich wie endlos an der Zahl.

Es gibt Leute, die jederzeit bereit sind, andere zu kritisieren und ihnen die Schuld an allem und jedem zuzuschieben, ob es sich um den Verlust des Arbeitsplatzes oder um eine verpaßte Chance handelt. Nehmen Sie Kritik und Anschuldigungen nicht ohne weiteres hin, gleichgültig, ob sie berechtigt sind oder nicht, und vergeuden Sie keine Zeit mit Schuldgefühlen. Wenn Sie tatsächlich Schuld haben, dann sagen Sie es, entschuldigen Sie sich, und vergessen Sie den Vorfall. Wenn Sie keine Schuld haben, überspringen Sie die Entschuldigung und vergessen Sie das Ganze sofort.

Sie müssen lernen, die Angst zu überwinden, daß man Sie verurteilen könnte, weil Sie sich weigern, das zu tun, was andere von Ihnen wünschen. Übernehmen Sie niemals eine Verantwortung, nur weil irgend jemand es von Ihnen erwartet. Eine wichtige Regel für die Bewältigung der Hürde der menschlichen Beziehungen lautet:

Lernen Sie, wie man nicht nur höflich und freundlich »nein« sagt, sondern auch sofort und mit aller Bestimmtheit.

Vor allem aber ist es wichtig, daß Sie keine Schuldgefühle haben, weil Sie auf Ihren eigenen Vorteil bedacht sind. Im Gegenteil, Sie sollten darauf achten, daß alles, was Sie tun, Ihrem Ziel, Nummer Eins zu werden, dienlich ist. In dem Maße, wie Sie es zulassen, daß andere Menschen Ihre Kraft aushöhlen, indem sie Schuldgefühle in Ihnen erwecken, vermindern Sie Ihre Chance, Ihren Anteil an den Freuden des Lebens zu bekommen.

Ach ja, noch etwas: Versuchen Sie nicht, das Schuldgefühlspiel mit anderen zu treiben, denn auch für Sie gilt, daß niemand Ihnen gegenüber in irgendeiner Form verpflichtet ist.

Einschüchterung durch Verleumdung

Wenn Sie die Neurosen Ihres Anklägers nicht begreifen, kann die Verleumdung eine sehr einschüchternde Waffe sein. Da Eifersucht, Haß, Sadismus und Grausamkeit Eigenschaften sind, die jeder Mensch mehr oder minder ausgeprägt besitzt, wird die Verleumdung oft als Ventil für das Ablassen eines emotionalen Überdrucks verwendet.

Wenn jemand versucht, Ihre Worte zu verdrehen, ihren Sinn zu entstellen oder ihre Absicht zu verfälschen, verspüren Sie instinktiv den Wunsch, zuzuschlagen und sich zu verteidigen. Sie haben das natürliche Bedürfnis, der Welt zu beweisen, daß das, was man über Sie sagt, falsch ist. Im Vergleich zu der Bereinigung des schrecklichen Unrechts, das Ihnen angetan wurde, ist alles andere von zweitrangiger Bedeutung. Wenn Ihre Emotionen dieses Stadium erreicht haben, hat der Verleumder gesiegt.

Warum sollte jemand den Wunsch haben, Sie zu verletzen? Es gibt viele Gründe. Vielleicht beneidet der Gegner Sie, weil Sie Erfolg haben; vielleicht ist er wegen seiner eigenen niedrigen Stellung im Leben frustriert; oder aber er ist einer der Bedauernswerten, die an einem Übermaß von Haß, Sadismus und Grausamkeit leiden. Was immer der Grund ist, die Wirkung auf Sie ist dieselbe, falls man Sie durch böse Worte verletzen kann. In dem Augenblick, in dem Sie anfangen, die Absichten Ihres Peinigers zu analysieren, haben Sie schon einen Schritt in die falsche Richtung getan.

Haß kann manchmal furchterregend sein. Besonders auf Menschen, die sich nur um ihre eigenen Angelegenheiten kümmern und nichts weiter wollen, als glücklich zu sein, kann er wie ein Schock wirken. Pascal hat gesagt, daß alle Menschen von Natur aus einander hassen. Ich bin zwar nicht dieser Meinung, kann aber verstehen, wie er zu dieser Schlußfolgerung gelangte. Es ist erstaunlich, wieviel Haß die irrationalen Menschen, denen man im Laufe des Lebens begegnet, ausströmen. Die aufgestaute Verbitterung, die durch Minderwertigkeitskomplexe, Schuldgefühle, Versagen und nicht zuletzt durch »Selbstaufopferung« verursacht wird, ist manchmal so stark, daß der Neurotiker das Gefühl hat, er könne seine Frustration nur durch Haß abreagieren.

Während einer Talkshow in Miami rief mich eine Frau über das Telefon für Zuhörer an. Mit haßerfüllter Stimme erzählte sie fast fünf Minuten lang, wie glücklich sie darüber sei, daß sie ihr ganzes Leben lang anderen geholfen und nie an ihr eigenes Wohlbefinden gedacht habe. Sie warf mir vor, ein Egoist zu sein, und äußerte die Überzeugung, daß ich unmöglich ein glücklicher Mensch sein könne.

Als ihre bissige Tirade zu Ende war, erklärte ich ihr höflich, daß ich mit ihr über nichts, was sie gesagt hatte, diskutieren könne, weil sie so offensichtlich eine sehr glückliche Frau sei. Der Interviewer unterbrach die Verbindung, und damit war das Gespräch beendet. Aber ich denke noch heute an den teuflischen Haß in der Stimme jener Frau. Sie hat meine Befürchtungen bestätigt, daß viele Menschen irrationale Haßgefühle hegen, die durch den Erfolg anderer noch aufgeheizt werden.

Die ärgste Art der Verleumdung ist die ausgesprochene Lüge. Sie geht einem wie ein Messerstich durch Mark und Bein und wirft einen aus dem Gleichgewicht, so daß man nicht mehr beurteilen kann, wie man sich am besten verhalten sollte.

Das Schlimmste an einer hundertprozentigen Lüge ist die schreckliche Tatsache, daß es immer ein paar Leute gibt, die sie glauben und andere, die sie zumindest teilweise glauben (kein Rauch ohne Feuer). Und genau darin liegt ihre Wirksamkeit als Waffe. Die Kraft der Lüge wird jedoch erheblich geschwächt, wenn Sie sich weigern, den Köder anzunehmen. Eine Lüge hat nur eine vorübergehende Wirkung, selbst auf irrationale Menschen, es sei denn, Sie kooperieren, indem Sie ständig darüber reden. Auf rationale Menschen hat eine Lüge nicht mehr Wirkung als irgendeine andere Aussage, die nicht von Tatsachen untermauert ist.

Finden Sie sich damit ab, daß Sie gelegentlich verleumdet werden. Wenn Sie es für erforderlich halten, sich gegen eine Lüge zu wehren, sollten Sie sich zuerst einmal beruhigen und abkühlen. Dann analysieren Sie alle Begleitfaktoren. Nachdem Sie alles rational durchdacht haben, bringen Sie Ihre Verteidigung in klarer, einfacher und bestimmter Form zum Ausdruck – aber nur denjenigen Menschen gegenüber, auf deren Meinung Sie Wert legen. Vermeiden Sie bissige Adjektive und Verallgemeinerungen, die oft die gegenteilige Wirkung haben und Ihnen schaden. Unterlassen Sie Übertreibungen und Wiederholungen. Es kommt weitgehend auf Ihr eigenes Verhalten an, ob es Ihnen gelingt, die Leute, auf die es Ihnen ankommt, davon zu überzeugen, daß es eine Lüge war.

Wenn Sie jedem, der Ihnen begegnet, erzählen, daß es eine Lüge gewesen ist, rücken Sie sie unnötig in den Mittelpunkt der Aufmerksamkeit. Eine zu vehemente Verteidigung erweckt Mißtrauen.

Die Selbstbeschuldigung

Da die Menschen aus eigener Kraft Beachtliches in puncto Verleumdung leisten, hüten Sie sich davor, ihnen zusätzlichen Brennstoff zu liefern. Posaunen Sie Ihre Probleme nicht in die Welt hinaus. Machen Sie einem potentiellen Verleumder kein Geschenk. Lassen Sie ihn ruhig seine Lügen verbreiten und emsig nach negativen Informationen über Sie wühlen, aber machen Sie es ihm nicht leicht. Kleben Sie sich notfalls ein Pflaster auf den Mund, aber geben Sie niemals freiwillig Auskünfte über sich selbst, die ein neurotischer Verleumder gegen Sie verwenden könnte.

Bleiben Sie auf dem Weg nach oben

Wenn Sie es eines Tages geschafft haben und die meisten Ihrer Pläne erfolgreich verwirklichen können, dürfen Sie sich durch Verleumdungen und falsche Anschuldigungen nicht aus der Bahn werfen lassen. Und wenn Sie total k. o. sind, können Sie es sich erst recht nicht leisten, gegenüber Verleumdungen verwundbar zu sein. Die sicherste Methode, um auf dem Weg nach oben zu versagen, besteht darin, daß Sie ständig auf den verbalen Unrat lauschen, der schließlich auf den Grund des Haufens hinuntersickert. Derartiger Unrat sinkt immer nach unten, denn Leute, denen es gelingt, oben zu bleiben, besitzen die Fähigkeit, ihn schnell fallen zu lassen.

Gottes Mühlen . . .

Ein altes Sprichwort sagt, daß man das ernten wird, was man gesät hat. Jeder bekommt genau das, was er verdient hat, nicht mehr und nicht weniger. Ich habe so oft gesehen, wie andere Leute den angemessenen Lohn für ihre Taten erhielten, daß ich es gelernt habe, geduldig zu sein. Das Leben sorgt dafür, daß jeder von uns dort endet, wo er hingehört. Wenn Sie mit Ihrer gegenwärtigen Position unzufrieden sind, sollten Sie alles tun, um sie zu verbessern, bevor das Leben Ihnen Ihren endgültigen Platz zuweist.

Erziehen Sie sich dazu, den Schmutz zu ignorieren, den andere Menschen gedankenlos verstreuen. Sie werden ebenso sicher auf dem Platz landen, der ihnen gebührt, wie Sie auf dem Ihren. Und bis dahin geben Sie sich alle Mühe, Nummer Eins zu werden.

Einschüchterung durch Einordnung und Abstempelung

Der Mensch hat die Gewohnheit, aus vielen Einzelwesen eine fiktive Einheit zu erschaffen. »Die Regierung«, »das Volk«, »die Gesellschaft« sind typische Beispiele. Es sind abstrakte Bezeichnungen, die keine spezifischen Charakteristika haben. Aber jedes Einzelwesen innerhalb einer Gruppe hat persönliche Merkmale, und es ist wichtig, zu begreifen, daß kein Mensch einem anderen vollkommen gleicht. Andernfalls wäre das Leben ziemlich langweilig.

Hüten Sie sich vor dem Fehler, die Menschen in Kategorien einzuordnen oder abzustempeln, und lassen Sie sich nicht von Leuten einschüchtern, die das tun. Wenn jemand sagt, daß er »die Menschen liebt«, so hat diese Aussage keinen echten Sinn. Er mag einige Menschen lieber haben als andere, und dann gibt es noch diejenigen, die er nicht ausstehen kann. Zeigen Sie mir den Heiligen, der alle Menschen liebt, und ich werde ihn gern mit ein paar Leuten bekannt machen, die seine Heiligmäßigkeit auf eine schwere Probe stellen werden.

Gruppen haben keine Eigenschaften, aber Menschen haben welche.

Wenn Sie einen Menschen in eine Gruppe einordnen oder ihn abstempeln, handeln Sie nicht nur gegen ihn, sondern auch gegen sich selbst unfair. Sie betrügen sich selbst um das, was er in seiner Eigenschaft als einzigartiges Wesen zu bieten hat.

Die Irrationalität der Einordnung in Gruppen

Das Verlockende an der Abstempelung anderer Menschen ist, daß es einem dadurch erleichtert wird, irrationalen Abneigungen zu frönen. Die Kombination aus Voreingenommenheit und Verleumdung ist die irrationalste und gefährlichste aller Waffen. Menschen, die nicht genug Selbstachtung haben, brauchen Prügelknaben. Wenn Sie ihre Unzufriedenheit an anderen auslassen können, brauchen sie nicht bei sich selbst nach Gründen zu suchen.

Vorurteile hat es schon immer gegeben. Man konnte z. B. nachweisen, daß das Wort »Barbar« aus dem Sanskrit stammt; ursprünglich bedeutet es »Stammler«. Mit anderen Worten: Wenn jemand nicht die gebräuchliche Sprache beherrschte und andere Gewohnheiten hatte, war er ein Stammler – ein Unwissender.

Da es früher nicht viel Kontakt zwischen den einzelnen Rassen gab, basierten die meisten Vorurteile auf der Religion. Man war kein Mann, sondern ein Jude, ein Christ oder ein Heide; und wenn es sich um eine Frau handelte, wurden ihr automatisch eine Reihe von Merkmalen zugeschrieben, die sie sehr wahrscheinlich gar nicht besaß. Obwohl Aristoteles ein großer Gelehrter war, behauptete er, daß Frauen (eine Bezeichnung, die Millionen von einzigartigen Wesen umfaßt) nicht logisch denken könnten, und daß ihre Natur minderwertig sei. Sein Urteil lautete: »Einen Mann, der nicht mehr Mut hätte als eine mutige Frau, würde man für einen Feigling halten.«

Der Fortschritt der Zivilisation

In dem Maße, wie im Lauf der Jahrhunderte die Entfernungen zusammenschmolzen, stieg die Möglichkeit, auf Menschen mit anderen physischen Charakteristika zu stoßen. Zwar sind auch heute noch andere Methoden der Einordnung und Abstempelung sehr beliebt, aber das Phänomen der verschiedenen Hautfarben vereinfacht die Suche nach Prügelknaben. Ein verbitterter, mit Minderwertigkeitskomplexen behafteter Mensch fand es viel leichter, *en masse* zu hassen.

Schon 1758 erhob der schwedische Arzt und Naturforscher Carl von Linné die Charaktereigenschaften der schwarzen Rasse zu einer »wissenschaftlichen Tatsache«. Linné arbeitete ein System für die Klassifizierung aller Lebewesen und Pflanzen aus – das die Grundlage der modernen Biologie wurde – und beschrieb den Schwarzafrikaner als »verschlagen, träge, nachlässig und von Launen regiert.« Mit der Wissenschaft als Verbündeten erwarb der Rassismus einen Anstrich von Respektabilität.

Das Komische an all diesen irrationalen Methoden der Einordnung und Abstempelung ist, daß einige Wissenschaftler der Ansicht sind, der Homo sapiens habe sich irgendwo in Afrika entwickelt und sei ursprünglich schwarz gewesen. Rassische Unterschiede hätten sich erst entwickelt, als einige Gruppen die Tropen verließen. Wenn das stimmt, dann war auch Linné von Natur aus verschlagen, träge, nachlässig und von Launen regiert. Und Sie und ich sind es auch. Ist es also nicht absurd, wenn man Gruppen von Menschen mit spezifischen Etiketts versehen will? (Politiker ausgenommen.)

Stempeln Sie sich nicht selbst ab

Gewohnheit und Tradition haben uns eingeimpft, »stolz auf unser Erbe« zu sein. Aber warum nur? Sie haben nichts mit den Taten Ihrer Vorfahren zu tun, Sie kennen sie nicht einmal. Was Ihre Vorfahren vollbrachten, ist nicht Ihr persönlicher Verdienst. Sie sollten stolz auf das sein, was *Sie* sind. Wenn Ihr Urgroßvater ein Kindsverderber oder ein Pferdedieb war, hat das nicht den geringsten Einfluß auf meine Meinung über Sie als Mensch.

In dem Film »Rat' mal, wer zum Essen kommt« gibt es eine Szene, in der Sidney Poitier versucht, seinem Vater die Irrationalität der Selbstabstempelung klarzumachen. Er sagt: »Du denkst an dich selbst als einen Farbigen, und ich denke an mich selbst als einen Menschen.«

Denken auch Sie an sich selbst als einen Menschen, nicht als einen Schwarzen, Juden, Republikaner oder Amerikaner. Möchten Sie denn mit den Charakteristika aller Mitglieder einer Gruppe abgestempelt werden?

Lassen Sie sich nicht durch Voreingenommenheit einschüchtern. Stellen Sie sich niemals aus irrationalen Motiven gegen einen anderen Menschen, sei es aus rassischen, religiösen oder irgendwelchen anderen unwichtigen Gründen, nur weil Sie Angst haben, von Leuten, die Ihnen gleichgestellt sind, nicht akzeptiert zu werden. Wenn diese Menschen gegen jemanden sind, weil er sich weigert, das Einordnungs- und Abstempelungsspiel mitzuspielen, dann wäre eine Besänftigungspolitik fehl am Platze; statt dessen sollte man sich neue Gleichgestellte suchen.

Einschüchterung durch Gewalt

Die Einschüchterung durch Gewalt ist noch wirkungsvoller als diejenige durch Verleumdung oder Abstempelung. Sie motiviert das Verhalten eines Menschen durch die Angst vor körperlichen Schäden. Wie es bei allen Formen der Einschüchterung der Fall ist, kann auch eine solche Angst begründet oder unbegründet sein. Sie müssen lernen, diese beiden Arten voneinander zu unterscheiden.

Vielleicht halten Sie ein bestimmtes Gesetz für unmoralisch, aber es wäre klüger, es zu befolgen, weil Sie eine rationale Angst davor haben, was Ihnen geschehen könnte, wenn Sie es nicht tun. Die Gesetze an sich können einen Menschen nicht bei der Stange halten (ausgenommen durch einschüchternde Slogans wie »deine Pflicht«, »gesetzestreuer Bürger« usw.); es ist die Angst vor der Gewalt – vor den Kanonen hinter den Gesetzen, die das vollbringt. Es ist daher vollkommen rational, sich einem unmoralischen Gesetz zu beugen, wenn Sie glauben, daß Sie erwischt und streng bestraft werden könnten.

Es gibt viele Grade der Gewalt, daher müssen Sie lernen, das wirkliche Ausmaß der Bedrohung zu bestimmen. Als Sechsjähriger wurde ich einmal auf dem Schulweg von einem Hund verfolgt, der die Frühstücksbrote in meinem Ranzen roch. Da meine Eltern mich davon überzeugt hatten, daß alle Hunde die Tollwut haben, lief ich immer schneller, konnte jedoch den Hund nicht abschütteln. Kein Zweifel – er war der Einschüchterer und ich der Eingeschüchterte. Ich ließ meinen Ranzen fallen, der dem Hund einen wunderschönen Tag bescherte, und rannte die letzte Strecke bis zur Schule. Heute würde ich den Hund mit strenger Stimme anreden, und er würde davonlaufen. Aber damals war ich durch eine irrationale Angst eingeschüchtert.

Der Muskelprotz

Jedem von uns kann es passieren, daß er eines Tages auf einen Muskelprotz trifft. Dieser Typ Mensch leidet entweder an Wahnvorstellungen über die Herrlichkeit seines Körpers oder an der irrigen Einstellung, daß er Respekt und Bewunderung erntet, wenn er »Härte« zeigt. Das ist eine gefährliche Neurose, auf die Sie sofort reagieren müssen, und zwar mit Ihrem Verstand. Machen Sie sich klar, daß es drei Möglichkeiten gibt, falls der Muskelprotz Sie in einen Kampf hineinziehen sollte: Sie werden verletzt (was entschieden schlecht wäre), er wird verletzt (was Ihnen, so hoffe ich, kein Vergnügen bereiten würde), oder Sie werden beide verletzt (das heißt, beide Seiten verlieren). Das kann man wohl kaum attraktive Alternativen nennen. Überdies würden Sie sich in den Augen vernünftiger Leute beide zum Narren machen.

Wenn Muskelkraft wichtig wäre, würde die Welt heute von Dinosauriern regiert werden, die außerdem alle reich wären. Es dürfte also klar sein, daß es sich für Sie nicht lohnen würde, der Frage der körperlichen Stärke einen Teil Ihrer Zeit zu widmen, da sie nichts mit Ihrem Ziel, ein glückliches Leben zu führen, zu tun hat. Bedrohen Sie niemals andere mit Ihrer Muskelkraft, gehen Sie den Menschen aus dem Weg, die Ihrer Meinung nach neurotisch genug sind, ihre körperliche Überlegenheit gegen Sie auszuspielen, und lassen Sie sich nicht von Leuten einschüchtern, die offensichtlich nicht in der Lage sind, es zu tun. Wenn Sie sich durch ein Einschüchterungsmanöver in eine physische Konfrontation hineinreißen lassen, könnte das all Ihre bisherigen Bemühungen, Nummer Eins zu werden, zunichte machen. Das ist weder rational, noch lohnt es sich.

Ich denke, daß wir jetzt die negativen Eigenschaften, die in stärkerem oder schwächerem Maße beim Menschen zu finden sind, so ausreichend diskutiert haben, daß Sie verstehen werden, warum es so wichtig ist, die Hürde der menschlichen Beziehungen zu bewältigen, wenn Sie Nummer Eins werden wollen. Natürlich ist die Liste bei weitem nicht vollständig, aber das ist für unsere Zwecke nicht erforderlich. Wenn das bisher Gesagte Ihr Verständnis für die menschliche Natur erweitert hat, sind Sie jetzt in der Lage, praktische Richtlinien aufzustellen, die Ihnen helfen, so gut wie alle Versuche, Sie zu beeinflussen oder einzuwickeln, abzuwehren.

Vielleicht sind Sie sich dessen gar nicht bewußt, aber Sie haben eine Waffe, mit der Sie das ganze Arsenal eines irrationalen Gegners unwirksam machen können: Ignorieren Sie ihn.

Eine Waffe gegen die Irrationalität

Ignorieren Sie alle neurotischen Aussagen und Taten normaler Menschen und *alle* Aussagen und Taten von Neurotikern. Wenn ein Neurotiker Sie trotz Ihres Mangels an Aufmerksamkeit nicht in Ruhe läßt, dann schließen Sie ihn rasch und endgültig aus Ihrem Leben aus.

Sie sind nicht dazu verpflichtet, sich mit irrationalen Leuten abzugeben. Sie brauchen keine Nörgeleien und keinen Zwang zu akzeptieren, nur um den Frieden zu bewahren. Sie haben das Recht, so zu leben, wie es Ihnen gefällt, solange sie dadurch niemanden belästigen. In dem Maße, wie Sie es anderen gestatten, Sie zu belästigen, wird Ihr Leben von Frustrationen und Ärger erfüllt sein.

Gutes Zureden, Argumente und Bitten sind sinnlos, wenn Ihr Gesprächspartner irrational ist. Versuche, ihn durch logische Argumente zu überzeugen, werden Sie nur zermürben. Im Umgang mit einem irrationalen Menschen können Sie niemals gewinnen. Wenn er geschickt ist, manövriert er Sie in eine Lage, in der alles, was Sie tun oder lassen, falsch ist. Gehen Sie solchen Schwierigkeiten aus dem Weg.

Lassen Sie es sich nicht gefallen, wenn jemand Sie mit irrationalen Aussagen überschüttet. Verschwinden Sie, notfalls mit deutlichen Worten, aber machen Sie, daß Sie wegkommen. Wenn jeder Schritt, den Sie machen, nur zu Schwierigkeiten führen kann, ist es unmöglich, daß Sie gewinnen.

Ironischerweise besteht die sicherste Methode, sich Feinde zu schaffen, darin, daß Sie es Neurotikern gestatten, in Ihrem Leben zu verbleiben. Wenn Sie mit einem irrationalen Menschen argumentieren, laden Sie einen Feind als Gesprächspartner ein. Wenn Sie ihn ignorieren, wird er ein Weilchen schmollen, aber die Aussichten, daß er Sie schließlich in Ruhe läßt, sind gut. Er wird es vorziehen, seine Aufmerksamkeit einem Menschen zuzuwenden, der bereitwilliger seine Zeit mit sinnlosem Argumentieren vergeudet.

Wenn ignorieren, dann total

Ignorieren heißt nicht nur, daß Sie sich weigern, den Menschen zur Kenntnis zu nehmen, der Sie bedrängt. Es bedeutet, ihn total zu ignorieren – also seine Worte und Taten sowie ihn selbst nicht zu beachten.

Haben Sie je erlebt, daß jemand etwas so Unglaubliches getan hat, daß Sie den dringenden Wunsch verspürten, zum Telefon zu greifen, und es all Ihren Bekannten zu erzählen? Waren Sie jemals durch das neurotische Verhalten eines Menschen so frustriert, daß Sie am liebsten hinausgelaufen wären und es jedem Straßenpassanten berichtet hätten?

Wenn jener Vorfall Ihnen so unglaublich erschien, dann ist das Grund genug, es nicht jedem zu erzählen. Es würde Sie nur noch mehr verbittern. Ein kurzes Nachdenken wird Sie erkennen lassen, daß es für andere Menschen schwierig sein würde, das Geschehene zu begreifen, wenn es wirklich so außergewöhnlich war.

In einem solchen Fall ist es am vernünftigsten, das Ganze zu ignorieren. Es ist schwer, den Mund zu halten und die Angelegenheit aus Ihren Gedanken zu streichen, wenn Ihr Instinkt Sie drängt, zu toben, zu schimpfen und sich in eine Rage hineinzusteigern. Wenn Sie es aber schaffen, dann garantiere ich Ihnen, daß Sie sich am nächsten Morgen gratulieren werden.

Wie ignoriert man einen Hartnäckigen? Zwei Alternativen

Wenn ein Störenfried sich nicht ignorieren lassen will, wäre es dann am besten, wenn Sie nichts tun? Oder wäre ein Kompromiß ratsam? Oder sollte man darüber diskutieren, bis beide Seiten sich darüber einig sind, wer im Recht ist?

Sie wissen genau, daß es falsch wäre, nichts zu tun, weil Sie nur durch aktive Bemühungen Nummer Eins werden können. Inaktivität macht aus Ihnen eine lahme Ente, die darauf wartet, von anderen kontrolliert zu werden. Untersuchen wir also die beiden anderen Möglichkeiten.

Der Kompromiß

Wenn Sie erreichen wollen, daß ein Neurotiker sich weiterhin irrational verhält, brauchen Sie ihn nur zu ermutigen, indem Sie nachgeben. Und ein Kompromiß bedeutet immer ein Nachgeben. Um auf ein früher erwähntes Beispiel zurückzukommen: Wenn Sie einen Kompromiß schließen, indem Sie eine Frage beantworten, die auf einer falschen Voraussetzung beruht, dann geben Sie nach – Sie haben am Köder angebissen. Sie erwecken in der Gegenseite Hoffnung, weil Sie die falsche Voraussetzung anerkennen.

Das Problem dabei ist, daß Sie dadurch nur den unausweichlichen Moment hinausschieben, in dem Sie gezwungen sind, dem Ganzen ein Ende zu machen. Ein solcher Aufschub bedeutet, daß es für Sie noch schwieriger sein wird, Ihren Standpunkt unmißverständlich klarzumachen, weil die inzwischen vergangene Zeit in dem Neurotiker die Illusion erweckt hat, daß sein Argument schlagkräftig ist.

Die Debatte

Die zweite Alternative – nämlich über die Sache zu reden – wäre akzeptabel, wenn Sie es mit jemandem zu tun hätten, der vernünftig denken kann. Gegen eine Diskussion wäre nichts einzuwenden, solange sie eine Diskussion bleibt. Aber wenn eine Diskussion in eine Sackgasse gerät oder der Gesprächspartner sich weigert, logisch zu denken, dann betreten Sie das gefährliche Gebiet der Debatte, und das wäre nichts weiter als eine Übung in Sinnlosigkeit. Der Beginn der Debatte ist das Stichwort für Sie, zu verschwinden.

Unter dem Begriff »Diskussion« verstehe ich eine ruhige, vernünftige und gemeinsame Prüfung der Tatsachen. Unter dem Begriff »Debatte« verstehe ich einen irrationalen Wortwechsel, in dem zumindest ein Gesprächspartner auf einer falschen Voraussetzung beharrt, Slogans, Verallgemeinerungen oder Verleumdungen als eine Art »Beweis« verwendet, oder mit lauter, grober Stimme spricht, als ob er glaubt, daß er dadurch die Tatsachen übertönen könne. Einschüchterer lieben es zu debattieren, weil dadurch alles möglich wird. Es gibt dem verletzten Neurotiker neue Hoffnung; es ist ein wunderbares Instrument, mit dessen Hilfe die Illusion hervorgerufen werden kann, daß Logik und Vernunft nicht existieren.

Der professionelle Debattenredner kann Ihnen einen unwiderstehlichen Köder anbieten. Er macht vielleicht eine so unlogische Aussage, daß es Ihnen schwerfällt, der Versuchung zu widerstehen, ihm zu beweisen, daß er unrecht hat. Aber warten Sie: Es war nur ein Trick von ihm. Da er keine Logik anwenden oder die Wirklichkeit anerkennen will, wird er der Falle Ihrer Logik dadurch entfliehen, daß er einfach von einer unbegründeten Voraussetzung zur nächsten springt.

Es erfordert Selbstdisziplin, Leute zu ignorieren, die versuchen, Sie durch Einschüchterung zum Debattieren zu verleiten. Aber wenn Sie zum ersten Mal einer absurden Situation den Rücken gekehrt haben und weggegangen sind, werden Sie ein wohltuendes Gefühl der Selbstachtung empfinden – eine Selbstachtung, die Sie nur dem Bewußtsein zu verdanken haben, daß Sie sich weigerten, eine irrationale Aussage anzuerkennen.

Die endgültige Lösung

Wenn es Ihnen nicht gelingt, einen irrationalen Nerventöter dadurch zu verscheuchen, daß Sie ihn ignorieren, einen Kompromiß oder eine Debatte ablehnen, bleibt Ihnen nur eine Möglichkeit: den Betreffenden aus Ihrem Leben zu streichen.

Das bedeutet, daß Sie es wagen müssen, eine Krise hervorzurufen. Sie müssen den Mut zu einer Konfrontation mit dem Neurotiker haben und ihm Ihren Wunsch höflich, aber bestimmt und mit aller Deutlichkeit klarmachen. Sollte er Sie beschimpfen, so zahlen Sie es ihm nicht mit gleicher Münze heim; wenn er so beleidigt ist, daß er eine Schlägerei anfangen will, halten Sie sich zurück – auch wenn er zwei Köpfe kleiner ist als Sie. Legen Sie Ihren Standpunkt in einer ruhigen, offenen, zivilisierten und bestimmten Art und Weise dar, und seien Sie so freundlich, wie es die Umstände gestatten. Dann verabschieden Sie sich und gehen.

Bin ich verrückt oder bist du es?

Wenn Sie eine Beziehung zu einem irrationalen Menschen lange genug aufrechterhalten, ist es nur eine Frage der Zeit, bis Sie anfangen sich zu fragen, ob Sie nicht den Tag mit der Nacht verwechseln, und ob 2 + 2 nicht in Wirklichkeit 5 ist. Vorausgesetzt, daß Sie ihm genug Zeit lassen, kann ein irrationaler Mensch Sie glauben machen, daß Sie derjenige sind, der neurotisch ist. Das müssen Sie verhindern. Können Sie sich einen schrecklicheren Alptraum vorstellen als den, daß Sie an den Stäben Ihres Käfigs rütteln, während der Neurotiker, dem Sie unvorsichtigerweise gestatteten, in Ihrem Leben zu bleiben, Ihnen Erdnüsse zuwirft?

Wenn Sie eine lästige Person aus Ihrer eigenen Welt verbannen, haben Sie eine langfristige Lösung des Problems verwirklicht. Ein Kompromiß kann nur Flickwerk auf kurze Sicht sein. Wenn Sie dabei richtig vorgehen, wird der Neurotiker Sie nicht nur in Ruhe lassen, sondern Sie wahrscheinlich vergessen. Sollten Sie ihm jedoch gestatten zu bleiben, und dann versuchen, ihn mit Hilfe von Logik und Tatsachen zur Einsicht zu bringen, dann hat er gar nicht die Möglichkeit, Sie zu vergessen.

Denken Sie daran: Ein Mensch kann Sie nur so lange belästigen, wie Sie es ihm erlauben.

Man kann weder mit ihnen noch ohne sie leben

Alles wäre viel einfacher, wenn Sie alle Menschen aus Ihrem Leben entfernen könnten, aber das ist keine wünschenswerte Alternative. Der Mensch wurde nicht zum Einsiedler erschaffen. Viele Menschen haben wundervolle Eigenschaften zu bieten und können viel zu Ihrem Glück beitragen. Das heißt aber nicht, daß Sie *jeden* in das eine, kostbare Leben, das Sie besitzen, hineinlassen sollen. Diejenigen Menschen, deren negative Eigenschaften so beständig sind, daß sie Ihnen Schwierigkeiten bereiten können, sollten aus Ihrem Leben verbannt werden; und diejenigen Menschen, die sich durch beständige positive, rationale Eigenschaften auszeichnen, sollten als willkommener Zuwachs betrachtet werden.

Vor allen Dingen sollten Sie nie versuchen, einen Neurotiker zu ändern. Er hat das gleiche Recht wie Sie, so zu leben, wie es ihm gefällt und ohne fremde Einmischung. Er muß ja nicht unbedingt ein hoffnungsloser Fall sein. Vielleicht wird er von selbst gesund und könnte – wer kann das wissen – später sogar einmal eine erfreuliche Zugabe in Ihrem Leben sein. Aber bis dahin ersparen Sie sich die Strapaze und tun Sie nichts, was seinen Zustand verändern könnte. Gehen Sie ihm aus dem Weg. Die beste Methode, wie man mit einem irrationalen Menschen umgeht, ist, ihn zu meiden, und diesen Luxus können Sie sich erlauben, wenn Sie sich ganz und gar darauf konzentrieren, Nummer Eins zu werden.

Entscheiden Sie, wie Sie Ihr Leben gestalten wollen, und gehen Sie vorwärts, als ob es keine irrationalen Menschen gäbe, die Sie stören könnten. Wenn Sie es Neurotikern gestatten, Ihre Entscheidungen zu beeinflussen, verlieren Sie die Kontrolle über sich selbst – ein Zustand, der sich nicht mit Ihrem Hauptziel verträgt. Sie haben die Hürde der menschlichen Beziehungen bewältigt, wenn der Einfluß anderer Menschen auf Ihr Bestreben, Nummer Eins zu werden, minimal ist.

5. Kapitel
Die Hürde des Kreuzfahrertums

Unter »Kreuzfahrern« verstehe ich jegliche Gruppe – gleichgültig, welches Ziel sie verfolgt –, deren Grundsatzprogramm besagt, daß die Durchsetzung einer neuen Idee oder die Abschaffung einer existierenden Idee oder Bedingung nur durch aggressives Handeln erreicht werden kann. Vielleicht sind auch Sie in diesem Augenblick mit einer Gruppe liiert, deren Aktivität Sie bisher nicht als »Kreuzzug« betrachtet haben, die jedoch ein Hindernis auf Ihrem Weg zu einem besseren Leben sein kann.

Da ich mir keinen rationalen Grund für die Teilnahme an einer Gruppenaktion vorstellen konnte, habe ich viele Organisationen und Kreuzzüge sorgfältig studiert, um herauszufinden, ob mir vielleicht entgangen war, welche Vorzüge sie zu bieten haben. Ich habe mich mit vielen überzeugten Kreuzfahrern unterhalten und auch Versammlungen besucht, um die Methoden der Anführer von Gruppen zu beobachten.

Müssen Sie Ihr Leben komplizieren?

All diese Untersuchungen und Beobachtungen haben mir wertvolle Erkenntnisse vermittelt; insbesondere haben sie meine Ansicht bestätigt, daß der Mensch eine ausgesprochene Neigung besitzt, sein Leben zu komplizieren. Wenn man ihm die Möglichkeit gibt, für die Erledigung einer bestimmten Aufgabe einen leichten oder einen komplizierten Weg zu wählen, wird er sich in vielen Fällen für die schwierigere Route entscheiden. Warum das so ist, weiß ich nicht; vielleicht liegt der Grund ganz einfach darin, daß es irrational ist und die meisten Menschen kein rationales Leben führen. Jedenfalls ist es immer wieder erstaunlich, wie weit ein Mensch gehen kann, um entweder neue Verwicklungen zu finden, oder um raffinierte Methoden auszuklügeln, wie er die Beseitigung von Komplikationen aus seinem Leben vermeiden kann.

Ein Kreuzzug, eine Bewegung, eine Sache oder eine Gruppenaktion ist eine Hürde, die Ihr Leben komplizieren kann. Das können Sie sich ersparen, wenn Sie sich klarmachen, daß die Grundidee der Gruppenaktion unrealistisch ist, und wenn Sie über so viel Selbstdisziplin verfügen, daß Sie die Einschüchterungen, mit denen man Sie zur Teilnahme veranlassen will, abwehren können. Zu diesem Zweck wollen wir das Kreuzfahrertum einer sorgfältigen Untersuchung unterziehen.

Das Einordnungs- und Abstempelungsspiel mit offiziellem Siegel

Die Abstempelung von Menschen gehört zum automatischen Beiwerk eines jeden Kreuzzugs; allein das ist Grund genug, sich davon fernzuhalten. Aber im Gegensatz zu der allgemein üblichen Praxis des Einordnens und Abstempelns sind Kreuzzüge organisierte Unternehmungen, deren Bedeutung durch den Gebrauch offizieller Bezeichnungen aufgeplustert wird. Eine gemeinsame Sache – ob rational oder irrational – vereint die Beteiligten. Das Problem dabei ist, daß viele von ihnen einer irrigen Ansicht huldigen: Nur weil sie irgendeine Sache unterstützen, glauben sie, daß der Anführer dieser Sache auch für sie spricht. Sie verlieren daher in dem Augenblick, in dem sie sich einer Gruppenaktion anschließen, unfreiwillig einen Teil ihrer Individualität.

An sich wäre jede Organisation für Nichtmitglieder unschädlich, aber nur allzu oft verwandelt sie sich in eine hitzige Kampagne. Ein Beispiel: Ein Skat-Club ist eine vollkommen harmlose Gruppe, solange die Mitglieder nichts anderes tun als miteinander Skat zu spielen. Aber wenn sie plötzlich wild werden und entscheiden, es sei ihre Pflicht, aus allen Menschen Skatspieler zu machen, und eine Kampagne starten, um durch Druckmittel neue Mitglieder anzuwerben, dann ist daraus plötzlich ein Kreuzzug geworden.

So also kann eine scheinbar harmlose Gruppe sich in einen Kreuzzug verwandeln; wenn ihre Angehörigen sich in das Leben anderer Menschen einmischen und sie bedrängen, Mitglieder zu werden, oder wenn sie versuchen, andere Menschen zu zwingen, irgend etwas zu tun oder zu lassen. Das ist der Punkt, an dem das Spiel zu einer gefährlichen Hürde für Sie zu werden droht.

Wer die Wahl hat, hat die Qual

Das Gebiet des Kreuzfahrertums bietet so viele Möglichkeiten für eine irrationale Wahl, daß man nicht weiß, wo man anfangen soll. Wie kann man wissen, welcher Sache man sich anschließen sollte?

Es gibt Kreuzzüge für und gegen so gut wie alles: Abtreibung, Kapitalismus, Spionage, Kommunismus, Rauschgift, Energiewirtschaft, Waffenbesitz, Homosexualität, Umweltschutz, Pornografie, Rassentrennung, Rauchen und Wahlen, um nur einige wenige Themen zu nennen. Manche Bewegungen haben scheinbar vernünftige Ziele, andere setzen sich für die verrücktesten Projekte ein, die man sich vorstellen kann. Es gibt sogar Kampagnen für die Verfolgung bestimmter Einzelpersonen.

Viele der wirklich abwegigen Kreuzzüge sind das Werk der Windel-Brigade (sie besteht aus Jugendlichen oder aus Erwachsenen, die noch mit Babyrasseln spielen). Wenn die Presse ihnen nicht so viel Publicity geben würde, um mehr Zeitungen und Zeitschriften verkaufen zu können, würden die meisten Themen, die sie propagieren, sehr schnell in Vergessenheit geraten. Jugendliche begeistern sich heute für den Zen-Buddhismus, morgen für den Sozialismus und übermorgen – wer kann es vorhersagen? – vielleicht für die Vorzüge des Federballspiels oder der Paarung von Menschen mit Giraffen.

Ob ein Kreuzzug von der Windel-Brigade oder von irrationalen Erwachsenen gestartet wird, sein Wert sollte nur auf der Basis von Logik, Realität und Tatsachen beurteilt werden. Und selbst wenn das genannte Ziel vernünftig ist, so ist die Bewegung (das ist jedenfalls meine Meinung) trotzdem unmoralisch, wenn sie sich auf das Leben von Nichtmitgliedern störend auswirkt.

Es ist immer das gleiche Spiel

Gleichgültig, welchen Zweck sie verfolgen, alle Kreuzzüge sind sich in ihrer Struktur bemerkenswert ähnlich.

Was man bei praktisch jeder Bewegung findet, ist die Verzerrung oder Nichtbeachtung wichtiger Tatsachen. Der Anführer eines Kreuzzugs zeigt natürlich nur eine Seite der Medaille, also lassen Sie sich von den scheinbaren Verdiensten einer Sache oder von einleuchtend klingenden Argumenten nicht allzu sehr beeindrucken. Denken Sie daran, daß man Sie nur einseitig informiert.

Seit jeher ist die Zukunft ein ebenso häufiges wie wichtiges Werkzeug der Kreuzfahrer. Solange die Belohnung irgendwo in der Ferne wartet, kann der Einsatz für eine Sache gerechtfertigt werden. Je weniger eine Bewegung für das Heute bietet und je mehr sie für das Morgen verspricht, desto besser sind ihre Erfolgschancen. Die meisten Kreuzzüge würden schnell im Sande verlaufen, wenn sie sofortige Ergebnisse versprechen würden. Falls Sie also beabsichtigen, selbst eine Bewegung zu starten (was der Himmel verhüten möge), so gestatte ich mir den Vorschlag, daß Sie Ihren Anhängern einen genauen Erfüllungstermin nennen. Das Jahr 2138 wäre doch ganz passend. Aber um sicherzugehen, könnten Sie ihnen noch mitteilen, daß sich das Endresultat durch besonders widrige Umstände möglicherweise bis zum Jahr 2143 verzögert. Auf dieser Basis haben Sie eine ganz hervorragende Chance, Ihre Anhänger bei der Stange zu halten.

Ein anderer Faktor, von dem der Erfolg eines Kreuzzuges abhängt, ist seine körperschaftliche Organisation. Der Grund liegt auf der Hand: Je besser eine Gruppe geplant und strukturiert ist, desto stärker vermittelt sie die Illusion, eine lebende Einheit zu sein. Das wiederum macht es leichter, die Anhänger ihrer Identität zu berauben. Individuelle Merkmale sind immer eine Gefahr für das »Gruppenziel« (das in Wirklichkeit nichts anderes ist als das Ziel des Anführers). Also, je besser eine Bewegung organisiert ist, desto einfacher ist es, ihre Mitglieder gleichzuschalten. Mit Hilfe einer guten Organisation ist es auch leichter, die Rechte anderer zu verletzen, weil ein solcher Übergriff nicht durch einen einzelnen Menschen geschieht, sondern durch eine Gruppe, und zwar meistens im Namen des »Allgemeinwohls«.

Ein weiterer gemeinsamer Nenner der meisten Bewegungen ist die uns bereits bekannte Einschüchterung durch Schlagworte. Hier gilt die folgende Faustregel: Je weniger ein Slogan tatsächlich aussagt, desto beliebter ist die »Philosophie«, die ihm zugrunde liegt, und desto größer ist die Zahl der Menschen, auf die er wirkt. Für Menschen, die nicht weiter darüber nachdenken, scheint ein Slogan, oberflächlich betrachtet, mit einer Tatsache austauschbar zu sein. »Vergeude keine Energie« macht es zur *Tatsache*, daß eine Energieknappheit existiert. »Liebe dein Land oder verlasse es« macht es zu einer *Tatsache*, daß das Land den Leuten gehört, die diese Aussage machen, und daß man verpflichtet ist, entweder mit ihren moralischen und politischen Ansichten übereinzustimmen, oder ins Ausland zu gehen. Je cleverer ein Slogan ist, desto weniger braucht der Kreuzfahrer sich um Tatsachen zu kümmern.

Neben dem Slogan ist die öffentliche Zurschaustellung das beste Mittel, um die Emotionen für Gruppenaktionen anzuheizen. Vom kleinsten Protestmarsch bis zur größten Parade oder Zeremonie sind Veranstaltungen ein wichtiges Element des Kreuzzugs; oft sind sie der Kleister, der eine irrationale Struktur zusammenhält, die andernfalls zerbröckeln würde. Wenn die Wirklichkeit den Glauben eines Gruppenmitglieds zu zerbrechen droht, kann ein spektakuläres Ritual, auch wenn es noch so nichtssagend ist, die Droge sein, die seinen Rauschzustand aufrechterhält. Je größer das Spektakel ist, desto wirksamer ist es.

Ein guter Bekannter von mir widmete einen Großteil seiner Zeit einer Gruppe, deren Ziel der »Weltfrieden« war. Ich beobachtete die Sache eine Weile, hörte mir an, was er über die Gruppe erzählte, und kam zu dem Schluß, daß er in Wirklichkeit nichts anderes tat, als umsonst für die Vorbereitung einer gigantischen Jahresveranstaltung zu arbeiten. Die Vorfreude auf die alljährliche Feier genügte schon, um die Gruppenmitglieder in Ekstase zu versetzen. Soviel ich weiß, haben diese Leute keinen einzigen Krieg verhindert, aber sie haben ein paar prächtige Shows abgezogen. Das Spektakel ist ein Hilfsmittel für die Flucht vor der Wirklichkeit.

Die meisten Massenbewegungen halten es für erforderlich, einen »Teufel« zu erschaffen. Wenn eine Gruppe z. B. für die Unversehrtheit der Küsten kämpft, wird diejenige Person zum Teufel, die sich weigert, ihr Strandgrundstück »für das öffentliche Wohl« konfiszieren zu lassen. Wenn der Kreuzzug darauf abzielt, das Rauchen in der Öffentlichkeit zu unterbinden, dann ist der Raucher der Teufel. Die äußere Form der Kreuzzüge hat sich im Laufe der Jahrhunderte verändert, aber die grundlegenden Charakteristika sind die gleichen geblieben. Der Teufel der Inquisition waren die Ketzer, bei Hitler waren es die Juden; falls eine moderne Gruppe keinen passenden Teufel zur Hand hat, muß der Anführer sich eben mit den Leuten begnügen, die der Bewegung nicht angehören. Die Guten sind die Mitmacher, die Bösen sind alle diejenigen, die sich nicht »erleuchten« lassen.

Bedenklich ist ferner, daß viele Kreuzzüge im Laufe der Zeit zum Selbstzweck werden. Die ständige Umgruppierung der Tatsachen, die Konzentration auf die Zukunft, die schwerfällige Bürokratie der körperschaftlichen Struktur, die Versessenheit auf Slogans, die spektakulären Zurschaustellungen und die pausenlose Verteufelung der Gegner sorgen dafür, daß das offizielle Ziel der Gruppe verlorengeht. Irgendwie kommt der Kreuzzug nicht dazu, seine eigentliche Absicht zu verfolgen. Deshalb wird für gewöhnlich nach der Methode »alles oder nichts« verfahren; man muß die Dogmen der Gruppe im Ganzen akzeptieren. Die Anführer von Massenbewegungen haben schon immer gewußt, daß außerhalb liegende Interessen die Energien schwächen, die erforderlich sind, um eine Gruppe unter Volldampf zu halten.

Eine Gruppe kann noch so ausführlich darüber reden, wie sie Ihnen helfen wird, ein glücklicherer Mensch zu werden — Behauptungen dieser Art sind sinnlos, weil gerade die Voraussetzung, auf der eine Gruppenaktion beruht, diese Möglichkeit zunichte macht. Wenn Sie einer Organisation Zeit widmen und Ihre Interessen ihren Zielen unterordnen, verlieren Sie nicht nur Ihre Individualität, sondern auch unwiederbringliche Stunden, in denen Sie sich mit Ihren persönlichen Problemen hätten befassen können. Dies ist einer der Hauptgründe dafür, daß man so viel Betonung auf die Zukunft legt. Je weiter die versprochenen Resultate in der Zukunft liegen, desto offensichtlicher ist es, daß das eigentliche Ziel des Anführers einzig und allein der Fortbestand der Gruppe ist.

Abschließend noch ein Wort über das gefährlichste gemeinsame Merkmal: Die meisten Kreuzzüge versuchen, ihre Ziele durch die Anwendung von Gewalt zu erreichen. Die Ausnahmen von dieser Regel sind möglicherweise Gruppen, deren Ziel die Selbstverbesserung ist (z. B. transzendentale Meditation), und Wohltätigkeitsorganisationen (obwohl auch diese oft dem Übereifer frönen).

Ich meine hier nicht nur religiöse oder ideologische Bewegungen wie z. B. den Kommunismus, sondern jede Sache, die mit einer gewaltsamen Einmischung in das Leben anderer verbunden ist. Unter Gewaltanwendung verstehe ich auch die Bemühungen, die auf die Schaffung neuer Gesetze abzielen (Gesetze sind in Wirklichkeit autoritative Entscheidungen, die einer bestimmten Anzahl von Einzelpersonen aufgezwungen und von der Staatsgewalt gestützt werden). Wenn eine Gruppe das Ziel hat, die Regierung zur Schaffung eines bestimmten Gesetzes zu veranlassen, so bedeutet das – wenn man die schönen Reden und die Scheingründe wegräumt – nichts anderes, als daß bestimmte Leute von der Regierung verlangen, anderen Menschen ihre persönlichen Wünsche als Pflicht aufzuerlegen.

Profil des Anführers eines Kreuzzugs

Der Anführer einer Bewegung ist ein ganz besonderer Typ Mensch. Im großen und ganzen unterscheidet er sich nicht wesentlich von den Leuten, die Sie als unerwünschte Elemente aus Ihrem Leben verbannen, doch hat er meistens eine zusätzliche Eigenschaft: ein unersättliches Ego. Er hegt den irrationalen Glauben, daß seine Selbstachtung steigt, wenn er anderen Menschen »hilft«. Seien Sie versichert, daß das Feuer seiner Hingabe für die Sache ziemlich schnell erlöschen würde, wenn er fähig wäre, seine persönlichen Probleme zu lösen.

Insbesondere die Anführer von sogenannten Massenbewegungen haben ein enormes Bedürfnis, ihr Ego zu befriedigen. Eine Untersuchung der Persönlichkeit von Leuten dieses Schlages enthüllt ein deutliches Muster: Sie haben auf anderen Gebieten keine Anerkennung gefunden und sind abgewiesen worden, was in den meisten Fällen zu Frustration und Selbstverachtung führt, die sich in Haßgefühlen, Lust zum Märtyrertum, extremer Eitelkeit und vor allem in absoluter Moralitis manifestieren.

Die geistige Verworrenheit des Anführers einer Reformbewegung bedingt, daß seine wahren Motive unter einem Dickicht aus Schlagworten und Riten verborgen sind. Nur allzu oft stärkt der Anführer sein Ansehen und seine Macht auf Kosten seiner Anhänger. Er bedient sich dabei künstlich erschaffener »Bedürfnisse«, wenn der Fortbestand der Organisation eine solche Taktik erfordert. Napoleon hatte ganz richtig erkannt, daß »Eitelkeit die Triebfeder der Revolution war; die Freiheit war nur ein Vorwand«. Wenn ein Anführer schlau genug ist, kann er die Wahrheit so maskieren, daß er als Kämpfer für das Volk erscheint und glauben macht, daß seine Aktionen das Ziel haben, »das Wohl der Gesellschaft« zu fördern.

Die meisten Oberbonzen von Reformbewegungen befleißigen sich eines barschen Umgangstons und sind gegenüber Leuten, die eine andere Meinung haben, intolerant und brutal. Der Möchtegern-Reformierer ist ein eitler Mensch, der eingebildet genug ist zu glauben, daß alle anderen Menschen mit seinen Ansichten übereinstimmen müssen.

Ganz sachlich und nüchtern betrachtet ist der Anführer eines Kreuzzugs nichts weiter als ein Absoluter Moralist mit einem Banner.

Profil des gewohnheitsmäßigen Mitmachers

Der Initiator eines Kreuzzugs braucht natürlich Anhänger. Um eine Gefolgschaft anzulocken, muß er mit all den anderen Häuptlingen von

Kreuzzügen um das zur Verfügung stehende Reservoir wetteifern, denn ein echter Mitmacher macht überall mit. Die Sache, um die es geht, ist für ihn von zweitrangiger Bedeutung, ohne daß er sich dieser Einstufung bewußt ist.

Der Mitmacher hat ein übermäßiges Bedürfnis danach, gebraucht zu werden. Er ist ein zutiefst frustrierter Mensch. Meistens empfindet er eine anomale Selbstverachtung, und deshalb fällt es ihm leicht, es seinem Anführer nachzumachen und andere Menschen zu verachten. Seine Erfahrungen als Versager erwecken in ihm den Wunsch, die Last der persönlichen Verantwortung loszuwerden (durch die Eingliederung in eine Gruppe entfällt der Zwang zum persönlichen Erfolg); und er ist natürlich die ideale Besetzung für die Rolle des Absoluten Moralisten.

Die Gründe, aus denen frustrierte Menschen erstklassige Kandidaten für Gruppenaktionen sind, klingen paradox: Einerseits haben sie den Wunsch nach einer Veränderung der bestehenden Bedingungen, andererseits richten sie all ihre Anstrengungen bereitwillig auf die Zukunft. Der Anhänger lebt mit diesem scheinbaren Widerspruch, weil die verheißene goldene Zukunft genau das ist, was ihn von seiner mißlichen Lage in der Gegenwart ablenkt. Die Gruppe ist für ihn ein Betäubungsmittel: Sie lindert vorübergehend seine Schmerzen.

Der professionelle Kreuzfahrer findet es auch sicherer, seine feindseligen Gefühle unter dem Banner einer Gruppe zu lüften. Wenn er in der Anonymität einer Bewegung untergetaucht ist, dann ist es nicht er, sondern die Gruppe, die in das Leben anderer eingreift. Damit erhalten Grausamkeit und Haß eine Rechtfertigung. Auf Grund der »Opfer«, die er bringt, kann er mit seinen Mitmenschen härter umgehen. Der Anhänger eines Kreuzzuges gewinnt viele Freiheiten – die Freiheit, hart und intolerant zu sein, die Freiheit, andere unter Druck zu setzen, und die Freiheit, ohne Schuldgefühle störend in das Leben anderer Menschen einzugreifen.

Vor allem aber muß der gewohnheitsmäßige Mitmacher die Fähigkeit haben, jedes rationale Argument zu ignorieren, das »die Sache« unterminieren könnte. Dieses Verhalten gibt ihm die Kraft, mit den Hindernissen und Widersprüchen fertig zu werden, mit denen er ständig konfrontiert wird. Seine Weigerung, sie zur Kenntnis zu nehmen, macht diese Probleme einfach nicht existent. Daher sind die erfolgreichsten Kreuzzüge jene, denen es am besten gelingt, ihre Anhänger von der Wirklichkeit fernzuhalten.

Da alle Kreuzzüge so viel miteinander gemein haben, ist es für den Mitmacher leicht, von einer Bewegung zur anderen überzuwechseln. Die meisten Gruppen haben die gleichen grundlegenden Merkmale, und dasselbe gilt auch für die Eigenschaften der Mitglieder, und so ist es nicht schwer, für einen Wechsel eine Rechtfertigung zu finden. Bestimmt kennen auch Sie mindestens einen Menschen, der eine übertriebene Neigung zur Bindung an eine Gruppe hat. Wie oft ist er schon von einer Gruppe zur anderen umgeschwenkt und hat dabei jedesmal verkündet, daß er endlich »das Richtige« gefunden hat?

Sie sollten sich jedoch nur um das kümmern was für *Sie* das Richtige ist. Sie können sehr leicht feststellen, ob die Hürde des Kreuzfahrertums für Sie ein echtes Hindernis ist, indem Sie prüfen, wie oft Sie schon von einer Sache zur anderen umgeschwenkt sind, und wie schnell und radikal Sie einen solchen Wechsel vollzogen haben.

Die Theorie des verworrenen Denkens

Diese Theorie besagt, daß an der Denkfähigkeit eines Menschen, dessen Philosophie sich plötzlich und dramatisch umkehrt, Zweifel bestehen, und zwar aus folgenden Gründen:

1. Wenn seine frühere Einstellung ganz anders war als seine heutige, müssen seine Gedankengänge in Bezug auf seine ehemalige Ideologie verworren gewesen sein; wie kann er also seiner Fähigkeit, klar zu denken, im Hinblick auf die neue Ideologie vertrauen?
2. Wenn seine ursprüngliche Denkstruktur vernünftig war, muß seine frühere Philosophie richtig gewesen sein; folglich müssen die Gründe, aus denen er sich einem neuen Kreuzzug anschließt, falsch sein.

Die Theorie des verworrenen Denkens paßt mehr oder minder auf die meisten Änderungen in der Grundeinstellung, aber am deutlichsten wird sie in den Fällen demonstriert, in denen ein Wechsel von einem Extrem ins andere vorliegt.

Zwar haben alle Bewegungen sehr ähnliche äußere Merkmale, doch können ihre erklärten Ziele durchaus gegensätzlicher Natur sein. Wenn Sie merken, daß es in Ihrer Grundeinstellung radikale Veränderungen gibt, dann haben Sie die Hürde des Kreuzfahrertums noch nicht überwunden. Wenn Sie auf dem richtigen Weg sind und rational denken, werden Sie zwar mit dem Wachstum Ihrer Persönlichkeit neue Gedanken entwikkeln und neue Erkenntnisse gewinnen, aber die allgemeine Richtung bleibt unverändert. Hüten Sie sich vor Ihren eigenen Emotionen, wenn Sie auf eine Gruppe oder Bewegung stoßen, die Ihre Begeisterung erweckt — besonders aber dann, wenn Sie das Gefühl haben, endlich die richtige Antwort gefunden zu haben.

Gesucht werden:
Gewohnheitsmäßige Mitmacher und andere verworrene Denker

Bei ihren Bemühungen, auf das Reservoir der zur Verfügung stehenden Mitmacher den bestmöglichen Eindruck zu machen, wenden die Verfechter einer Sache eine ganze Reihe von Motivierungstechniken an, deren Wirkungsspektrum eine Vielzahl von Bedürfnissen und emotionalen Eigenarten einschließt. Wichtig ist, daß sie die Motive kennen, die einen potentiellen Anhänger zum Eintritt in eine Gruppe bewegen. Dazu gehören die Sehnsucht nach Gemeinschaft, Langeweile, der Wunsch nach Konformität, die Befriedigung des Egos, die Flucht vor der persönlichen Verantwortung für Erfolg und Glück oder sogar die ehrliche Überzeugung, daß der Kreuzzug verdienstvoll ist (oder zumindest der Glaube, daß man davon überzeugt ist).

Aber noch ausschlaggebender als all diese Motive sind Unwissenheit und irrationales Denken. Wenn jeder Mensch, der sich jemals einem Kreuzzug oder einer Bewegung angeschlossen hat, die Tatsachen sorgfältig analysiert hätte, ist es durchaus möglich, daß aus jeder geplanten Gruppenaktion ein Ein-Personen-Kreuzzug geworden wäre. Es gibt viele Gründe, warum eine Gruppenaktion aus der Sicht des Einzelnen irrational ist; dazu gehören:

1. Möglicherweise wird die Gruppe niemals ihr Ziel erreichen; in diesem Fall könnte ein Mitglied eines Tages vielleicht mit Groll an die vergeudete Zeit und Energie denken - Zeit und Energie, die es gebraucht hätte, um sein eigenes Leben zu verbessern. Mit anderen Worten: Der Mitmacher darf keine Ahnung von den Realitäten haben, die Murphys Gesetz enthält. Dies erklärt, warum die überzeugtesten Anhänger vieler Kreuzzüge junge Leute sind. Sobald man den Dschungel eines Kreuzzugs am eigenen Leibe erlebt hat, beginnt man, an Murphys Gesetz zu glauben, und ist nicht mehr so schnell bereit, die so rasch vergehenden Stunden des eigenen Lebens irgendeiner Sache zu widmen, die andere Menschen zufällig für verdienstvoll halten.

2. In mancherlei Hinsicht bedeutet die Zahl Schwäche und nicht Stärke. Und damit gibt abermals ein altes Sprichtwort den Geist auf. Nehmen wir an, ich will »den Armen« helfen. Statt daß ich Zeit vergeude, indem ich mich mit der schwerfälligen Bürokratie einer Organisation einlasse, wo ich mit anderen darüber beraten müßte, wer als arm zu betrachten ist und was für ihn getan werden sollte, würde es nicht viel leichter, schneller und wirksamer sein, die notwendigen Entscheidungen allein zu treffen und sofort zu handeln? Ich müßte dann nur entscheiden, wen ich für arm halte und welche Art von Hilfe am zweckmäßigsten wäre, und könnte sofort die entsprechenden Maßnahmen ergreifen, ohne mich durch Besprechungen mit anderen aufhalten zu lassen.

Da es so einfach ist, anderen zu helfen, wenn man den ehrlichen Willen dazu hat, betrachte ich die Motive der Guttuer, die zur Durchführung von wohltätigen Aktionen und Projekten zum Besten des »öffentlichen Wohls« Organisationen gründen, mit großer Skepsis. Das erste, wonach ich bei diesen Leuten Ausschau halte, ist ein aufgeblasenes Ego; das zweite ist das persönliche Motiv, das hinter dem angeblichen Ziel der Gruppe steht.

3. Selbst wenn das Projekt »Erfolg« hat, kann man nie wissen, ob man lange genug lebt, um sich an den Ergebnissen zu erfreuen. Das ganze Leben lang für einen Kreuzzug zu arbeiten und dann nicht mehr erleben zu können, wie er Früchte trägt, wäre zu enttäuschend. Aus dieser Perspektive betrachtet, kann man leicht erkennen, daß die Betonung, die auf die Zukunft gelegt wird, ein negativer Wert ist.

4. Aber es könnte noch schlimmer kommen. Was wäre, wenn die Gruppe noch zu Ihren Lebzeiten ihr Ziel erreicht, das Resultat aber ganz anders aussieht als das, was Sie sich in all den Jahren der Schufterei für die Gruppe vorgestellt haben? Zwar kommen die meisten Gruppen nicht einmal in die Nähe des angestrebten Zieles, aber in den Fällen, in denen sie es erreichen, führt das eher zu einer Enttäuschung. Der Grund dafür ist sehr einfach. Da jedes Mitglied einer Organisation ein einzigartiges Einzelwesen ist, weicht das Bild, das es sich von dem Ziel der Gruppe machte, ganz erheblich davon ab, wie der Anführer es sieht, ganz zu schweigen von den Ansichten der anderen Mitglieder. Sie dürfen sicher sein, daß in den ersten Jahren der russischen Revolution die große Masse bestimmt nicht das gleiche Ergebnis im Auge hatte wie die Führer, die dem Volk versprochen hatten, daß der Kommunismus ihm die Freiheit bringen würde. Das Volk hatte keine Ahnung, daß die Freiheit in Wirklichkeit Sklaverei sein würde.

5. Sie müssen noch eine andere Realität – die für die Windel-Brigade am schwersten zu begreifen ist – berücksichtigen. Im Laufe der Zeit nehmen Sie an Wissen und Verstand zu, und diese Entwicklung könnte eine Sache, von der Sie einmal überzeugt waren, in einem ganz neuen Licht erscheinen lassen. Hier kommt die Theorie des verworrenen Denkens ins Bild, und der begeisterungsfähige, leicht zu beeindruckende Jugendliche schlägt bald eine ganz andere Richtung ein. Denken Sie immer daran, daß immer wieder neue Tatsachen auftauchen, die eine scheinbar verdienstvolle Sache ihres Glanzes berauben können.

6. Und dann ist da noch die brutalste Realität von allen (weil sie unser empfindliches Ego verletzt): Ihre Beteiligung hat vermutlich nicht die geringste Wirkung. Wahrscheinlich ist sie für die Sache sogar ein Hemmnis, da jedes zusätzliche Mitglied nur zu den Meinungsverschiedenheiten, dem bürokratischen Gemurkse und all den anderen zeitvergeudenden Merkmalen einer Gruppenaktion beiträgt.

Meiner Meinung nach ist es daher irrational, sich einer Gruppe anzuschließen, um auf diese Weise ein Ziel zu erreichen. In Wirklichkeit wird dadurch nur Ihr Bemühen, ein Projekt in die Tat umzusetzen, verlangsamt. Sollten Sie für Ihren Beitritt andere Gründe haben, werden Sie vermutlich eine Enttäuschung erleben.

Wenn Sie nur aus Gründen der Konformität mitmachen, handeln Sie nicht rational; wenn Sie die Gemeinschaft suchen, sind Sie gegenüber den anderen Mitgliedern der Gruppe unaufrichtig (es sei denn, daß dies das einzige Ziel der Gruppe ist); wenn Sie lediglich Ihr Ego befriedigen wollen, begeben Sie sich auf gefährliches Gebiet (je mehr Sie Ihr Ego füttern, desto mehr verlangt es, und so geraten Sie von dem geplanten Kurs immer weiter ab); und wenn Sie sich nur auf Grund Ihrer frustrierten Gefühle einer Gruppe anschließen, dann gehen Sie einer echten Lösung Ihrer Probleme aus dem Weg. Außerdem bürden Sie sich weitere Frustrationen auf, weil Sie nicht verstehen können, warum die anderen die Dinge nicht durch Ihre Brille sehen.

Wie man auf einschüchternde Slogans reagiert

Wenn man Ihnen vorwirft, Sie seien »unpatriotisch«, »unmoralisch« oder »egoistisch«, weil Sie sich nicht an sozialen Projekten beteiligen, zuviel Energie verbrauchen oder nicht »Ihren Teil beitragen«, dann lassen Sie sich dadurch nicht einschüchtern.

Überlegen Sie einmal: Wenn Sie sich einem Kreuzzug anschließen, weil man Sie so lange unter Druck gesetzt hat, bis Sie glauben, daß es »das Richtige« oder Ihre »Pflicht« ist, wann wollen Sie dann noch genug Zeit zum Schlafen haben, geschweige denn für die Suche nach dem Glück? Falls Sie sich durch solche Schlagworte einschüchtern lassen und ihnen Glauben schenken, würde das nicht bedeuten, daß Sie alles tun sollten, was irgendein anderer Mensch Ihnen als »das Richtige« anpreist? Wie können Sie aber beurteilen, wer recht hat und wer nicht, wenn Sie sich nicht mehr unter Kontrolle haben und die Entscheidungen anderer als Richtlinien für Ihr Verhalten akzeptieren? Mit einem derartigen verbalen Unsinn sollten Sie kurzen Prozeß machen, andernfalls wird Ihnen nicht viel Zeit für Ihr Privatleben bleiben.

Ferner sollten Sie stets daran denken, daß die Aussage des Slogan-Austeilers auf einer Vermutung beruht. Falls es sich um eine falsche Voraussetzung handelt, brauche ich wohl nichts weiter zu sagen. Und wenn sie glaubwürdig ist, müssen Sie sich fragen, wessen Voraussetzungen Sie glauben sollten. Ein Beispiel: Wenn jemand Sie der Energieverschwendung beschuldigt, so liegt diesem Vorwurf die Annahme zugrunde, daß tatsächlich eine Energieknappheit existiert. Vielleicht ist das richtig, vielleicht nicht. Besitzen Sie Kenntnisse aus erster Hand über diese Energieknappheit oder über ihr Ausmaß?

Kenntnisse aus erster Hand kann man nicht aus Zeitungsartikeln oder aus von der Regierung veröffentlichten Berichten erwerben. Ich jedenfalls habe keine Kenntnisse aus erster Hand, und Sie wahrscheinlich auch nicht, und ich bezweifle, daß es überhaupt einen Menschen gibt, dem all die Daten zur Verfügung stehen, die für eine so entschiedene Aussage erforderlich sind.

Ich habe in solchen Fällen eine ganz andere Einstellung und bediene mich der sogenannten wissenschaftlichen Methode. Ich gehe von der Annahme aus, daß nichts von dem, was ich höre, der Wahrheit entspricht und bemühe mich, diesen Zustand der geistigen Integrität beizubehalten, bis ich mit meinen eigenen Augen Beweise gesehen habe. Ich habe keine Beweise für die Existenz einer Energieknappheit; ich habe keinen Beweis dafür, daß es einen Gott gibt; ich habe keinen Beweis dafür, daß jeder, der im Gefängnis sitzt, ein Verbrechen begangen hat; ich habe keinen Beweis dafür, daß die Ozonschicht unserer Atmosphäre durch Aerosolsprays oder Überschallflugzeuge geschädigt wird.

Ich muß mich immer wieder darüber wundern, daß so viele Leute sich so vieler Dinge absolut sicher sind, über die sie keinerlei Kenntnisse aus erster Hand und sehr oft nur ein geringes Allgemeinwissen haben. Wahrlich, viele sogenannte Experten haben sich schon so oft geirrt, daß es töricht wäre, nur auf der Basis dessen, was andere sagen, unüberlegte Entscheidungen zu treffen, die letzten Endes eine Zeitvergeudung sind. Wenn irgend jemand Sie bedrängt, sich einer Sache anzuschließen, dann vergessen Sie die Slogans und das schmückende Beiwerk und prüfen Sie die Voraussetzungen, die dieser Sache zugrunde liegen. Dadurch können Sie vermeiden, daß Sie sich blindlings von der den Tatsachen nicht entsprechenden (und oft auf die Erweckung von Schuldgefühlen abzielenden) Rhetorik der Gruppe mitreißen lassen.

Zeit ist kostbar

Für mich gehören Kreuzzüge, Bewegungen und Sachen, also Gruppenaktionen aller Art, zur Familie der Energievergeuder. Ich betrachte alle Mitglieder dieser Familie als Bedrohungen, weil sie potentiell in der Lage sind, mir eine kostbare, begrenzte Kommodität zu rauben: meine Zeit. Kreuzzüge erfordern Zeit und Energie und komplizieren Aktionen, die ganz einfach wären, wenn man sie allein durchführen würde. Und was noch schlimmer ist: Sie erfordern oft, daß man seine Energie für das Unmögliche einsetzt – für den Versuch, die Natur der Dinge so zu verwandeln, daß sie den Vorstellungen bestimmter Leute entspricht. Und das ist eine Hürde, die wir – so hoffe ich – bereits überwunden haben. Denken Sie auch daran, daß bei der Zeitvergeudung auch das Problem des geometrischen Wachstums mit im Spiel ist. Es handelt sich ja nicht nur um die Stunden oder Tage, die Sie der betreffenden Sache widmen, sondern auch um die Zeit, die Sie verlieren, wenn Sie Ihre eigenen konstruktiven Projekte auf »Langsamgang« schalten, und um die Zeit, die Sie benötigen, um wieder in Fahrt zu kommen. Die Zeit ist eine feste Dimension; sie ist die Unveränderliche in der Gleichung Ihres Lebens. Sie können sie nicht kaufen, Sie müssen das nehmen, was Ihnen zugeteilt wird. Und Sie wissen nicht, wieviel Sie bekommen haben – das erfahren Sie erst dann, wenn es zu spät ist, wenn Ihre Zeit abgelaufen ist. Können Sie genau sagen, wieviel

Zeit Sie noch haben, um die Freuden zu genießen, die das Leben einem rational denkenden Menschen bieten kann? Warum gehen Sie dann mit Ihrem unbekannten und begrenzten Vorrat Risiken ein? Das bringt Ihnen weder Nutzen noch Vorteile. Sie können die abgelaufenen Sekunden, Minuten oder Stunden nicht gegen neue eintauschen. Wenn Sie sie vergeudet haben, sind sie verloren.

Der Mensch ist nicht zum Einsiedler erschaffen, aber . . .

Selbst wenn Sie an das Ziel einer Gruppe glauben und relevante Informationen aus erster Hand hätten, wäre es immer noch weniger kompliziert und viel wirksamer, wenn Sie allein und nicht gemeinsam mit anderen handelten. Tatsächlich ist die Gruppe eine Gefahr, weil ein kollektives Handeln Sie dazu verleitet, der persönlichen Verantwortung aus dem Weg zu gehen.

Wenn Ihnen eine Sache sehr am Herzen liegt, können Sie durch selbständiges Handeln sofort etwas dafür oder dagegen tun. Falls Sie jedoch zuerst eine durchorganisierte Gruppe aufstellen wollen, ist es durchaus möglich, daß Sie Ihre erklärte Absicht niemals verwirklichen können. Die erforderlichen Vorarbeiten – endlose Debatten über die Verfahrenspolitik, Meinungsverschiedenheiten, die Finanzierung und andere bürokratische Hindernisse – können leicht all Ihre Zeit und Energie in Anspruch nehmen. Sehr oft wird die organisatorische Arbeit dann zum Selbstzweck.

Sollten Sie sich zum Organisator berufen fühlen, warum erfinden Sie dann nicht eine neue Art von Golfclub? Oder ein wohlschmeckendes Nahrungsmittel, das nicht dick macht? Konzentrieren Sie Ihre Bemühungen auf etwas, das Ihnen das Gefühl einer persönlichen Leistung gibt, und dann werden Sie im Alleingang mehr Menschen helfen, als eine Gruppe es jemals könnte. Ihr Produkt oder Ihre Dienstleistung wird für andere Menschen nützlich oder wertvoll sein. Sie schaffen Arbeitsplätze und, was das Beste vom Ganzen ist, Sie würden nicht andere Leute mit irgendwelchen erhabenen Anliegen bedrängen; Sie wären nämlich zu sehr damit beschäftigt, Nummer Eins zu werden.

Die Bedrängung anderer Menschen ist ein sehr wichtiger Punkt. Wenn Sie unbedingt etwas für oder gegen eine Sache unternehmen wollen, dann vergeuden Sie keine Zeit mit Versuchen, andere zu Ihrer Denkungsweise zu bekehren, und sei es nur aus dem Grund, daß Sie kein Recht dazu haben. Wenn Sie an eine bestimmte Philosophie glauben, dann sollten Sie so damit beschäftigt sein, danach zu leben, daß Sie keine Zeit für Bekehrungsversuche haben. Und wenn Sie den dringenden Wunsch verspüren, Ihre Ideen anderen Menschen nahezubringen, dann schreiben Sie ein Buch darüber oder erklären Sie sich bereit, gegen eine angemessene Bezahlung über das betreffende Thema Vorträge zu halten.

Ich versuche mit diesem Buch nicht, Sie zu meiner Denkungsweise zu bekehren; es ist eine an nichts gebundene Transaktion, in der ich Ideen gegen Geld eintausche. Es geht mich nichts an, in welchem Ausmaß Sie meine Philosophie praktizieren wollen. Ich bin mehr als zufrieden, wenn Ihnen die Lektüre gefällt und Ihnen soviel bietet, daß Sie auch an meinem nächsten Buch interessiert sein werden. Was Sie mit dem Material machen, nachdem Sie es gekauft haben, ist nicht meine Sache.

Fühlen Sie sich ja nicht moralisch verpflichtet, andere Menschen zu »erleuchten«. Konzentrieren Sie sich darauf, Nummer Eins zu werden. Bestimmt haben Sie genügend Probleme, auch ohne daß Sie sich Gedanken machen, wie Sie anderen »helfen« könnten.

Kreuzzüge für die Selbstverbesserung

Zu dieser Kategorie rechne ich diejenigen Gruppen, die das Ziel haben, den einzelnen Menschen über den Wert der Meditation, den Weg zum finanziellen Erfolg und Methoden zur Verbesserung der Persönlichkeit zu unterrichten. Sie dienen also keiner »Sache«, weil ihre Kriterien von denen der üblichen Kreuzzüge abweichen. Eine solche Gruppe wird nur dann zum Kreuzzug, wenn ihre Mitglieder so viel Enthusiasmus entwikkeln, daß sie ihre Überzeugungen mit dem Fanatismus verbreiten, der für Massenbewegungen charakteristisch ist.

Meditationsgruppen finden immer mehr Anhänger, ein Zeichen dafür, daß die Menschen nach Hilfe suchen. Die Meditation ist seit Jahrtausenden bekannt – vielleicht schon seit Beginn der Menschheitsgeschichte –, und die meisten Leiter von Meditationsgruppen geben zu, daß sie am wirksamsten ist, wenn man sie allein praktiziert. Warum also gibt es dann Meditationsgruppen? Auch sie dienen als Krücke – als eine Möglichkeit, wie man es vermeiden kann, selbständig zu handeln. Da viele oder sogar die meisten Meditationsgruppen sich am Gewinn orientieren, kann man unschwer erraten, daß ihr eigentliches Ziel der Fortbestand der Organisation ist.

Jeder vernünftige Mensch weiß, daß es keiner besonderen Worte oder Slogans bedarf, um den Zustand der Meditation zu erreichen. Ein Bekannter von mir gehörte einmal einer Gruppe an, in der es üblich war, jeden Tag mehrere Stunden knieend zu »psalmodieren«, wobei die Mitglieder vor einem seltsamen Gebilde hockten, das ihr »wahres Selbst« darstellen sollte. Abgesehen von der Irrationalität dieser Prozedur war ich am meisten darüber entsetzt, daß der Gegenstand des Sprechgesangs aus einem Text bestand, der in einer den Mitgliedern unbekannten Sprache geschrieben war. Es handelte sich um eine rein phonetische Wiedergabe (also um keine Übersetzung), so daß sie die Worte zwar korrekt aussprechen konnten, aber keinerlei Ahnung hatten, was sie bedeuteten. Trotzdem behauptete mein Bekannter steif und fest, daß er durch das Psalmodieren dieses Textes zu wundersamen Erkenntnissen gelange.

Es dauerte kein Jahr, bis der junge Mann trotz dieser wundersamen Erkenntnisse das Psalmodieren aufgab und sich der transzententalen Meditation zuwandte. Ich halte es nicht für ausgeschlossen, daß er inzwischen wiederum zu einer anderen Methode übergewechselt ist.

Die echte Meditation, allein praktiziert, kann sehr wirksam sein. Aus wissenschaftlichen Untersuchungen geht hervor, daß sie tatsächlich der Gesundheit förderlich ist. Ich selbst praktiziere häufig eine Form der Meditation, die das Ziel hat, irrationale Gedanken auszufiltern. Wie jede andere wirksame Meditation wird sie in einer ruhigen, entspannten Atmosphäre ausgeübt. Zuerst muß ein völlig neutraler Geisteszustand erreicht werden. Allmählich beginnen Gedanken durch das Bewußtsein zu wandern, und nun kommt es darauf an, die rationalen im Gedächtnis festzuhalten und die irrationalen auszusondern. Auf diese Art und Weise erkenne ich, was »machbar« ist und was nicht.

Ich kann Ihnen diese Methode wärmstens empfehlen. Sie hat mir zu einigen der besten Entscheidungen in meinem Leben verholfen. Sie kann und soll allein praktiziert werden; sie ist nicht schwer zu erlernen; sie wirkt beruhigend; sie ist rational; sie lohnt sich, und erfreulicherweise kostet sie nichts.

Gruppen, die sich mit der Verbesserung der Persönlichkeit befassen, sind nicht mehr so beliebt, wie sie es früher waren. Es gibt über sie nicht viel zu sagen. Auch sie liefern keine echte Stütze, sondern vermitteln lediglich ein falsches Gefühl der Sicherheit. Man kann die Leute, die zu einer derartigen Gruppe gehören, sehr leicht erkennen. Wann immer jemand Ihnen die Hand drückt, als ob er sie zerquetschen wollte, und dazu zähnefletschend lächelt, können Sie sicher sein, daß Sie ein Mitglied vor sich haben.

Auch Gruppen, deren Ziel der finanzielle Erfolg ist, sind keiner Rede wert. In meinen jungen Jahren habe ich zwei ausprobiert. Wie zu erwarten war, bewirkten sie das Gegenteil ihres erklärten Ziels. Diese Art von Gruppen liefert Illusionen von geradezu hypnotischer Wirkung. Ihre Mitglieder sind Leute ohne Selbstvertrauen, die vor den harten Realitäten der Geschäftswelt eine panische Angst haben und oft eine enthusiastische Loyalität zur Gruppe und zu der Vatergestalt ihres Leiters entwickeln. Auch hier ist der Fortbestand der Gruppe das Hauptziel. Statt daß die Mitglieder sich aktiv mit der Herausforderung des Erfolgs auseinandersetzen, reden sie nur darüber. Wenn Sie den Wunsch nach finanziellem Erfolg haben, dann versuchen Sie, ihn zu erringen. Weichen Sie der Mühe, die das Vorwärtskommen im Leben erfordert, nicht dadurch aus, daß Sie sich in einer enthusiastischen Gruppe von »erfolgsorientierten« Leuten verstekken.

Wo beginnt die Barmherzigkeit?

Barmherzigkeit ist eine gute Sache, vorausgesetzt, daß Sie sich den erforderlichen Aufwand an Zeit und/oder Geld leisten können. Ich möchte jedoch deutlich sagen, daß die beste Art und Weise, den Armen zu helfen, nicht darin besteht, daß man selbst einer von ihnen wird. Wenn es Sie glücklich macht und Ihre eigenen Verhältnisse es gestatten, daß Sie sich mit Werken der Barmherzigkeit befassen, dann tun Sie es. Es geht niemanden etwas an, wie Sie Ihr Bedürfnis nach Glück befriedigen, und wenn Sie überzeugt davon sind, daß es rational ist, für wohltätige Zwecke zu arbeiten, dann lassen Sie sich nicht davon abbringen.

Was immer der Grund für Ihr Engagement ist – ob Sie sich als großzügigen Menschen sehen wollen, oder ob Sie erwarten, daß es Ihr eigenes Wohlbefinden steigert, wenn Sie die Leiden anderer Menschen lindern –, vergewissern Sie sich genau, daß es *Ihr* Grund ist. Ferner müssen Sie Ihre Motive ehrlich beurteilen. Jedes rationale Motiv ist akzeptabel, die Hauptsache ist, daß Sie verstehen, was Sie tun und warum.

Hüten Sie sich davor, andere Menschen anzugreifen, weil sie nicht an die gleiche Sache glauben oder sich nicht dafür einsetzen wollen. Es geht Sie nichts an, wie andere Menschen ihre Zeit verbringen oder woran sie glauben. Sobald Sie sich anmaßen, andere Leute zu Ihrer Einstellung zu bekehren, werden Sie zum Kreuzfahrer.

Wenn Sie sich versucht fühlen, für eine wohltätige Sache zu arbeiten oder Geld zu spenden, sollten Sie sich die folgenden Fragen stellen: Besitze ich genaue Informationen darüber, wie das Geld, das ich sammle oder spende, verwendet wird? Kann ich sicher sein, daß es die Leute erreicht, denen die Gruppe ursprünglich helfen wollte? Weiß ich wirklich, wieviel von dem Geld nach Abzug der Verwaltungskosten tatsächlich an die vorgesehenen Empfänger geht?

Ich will Ihnen verraten, wie Sie die richtigen Antworten auf diese Fragen finden können. Sie haben also den Wunsch, den »Armen« zu helfen. Wählen Sie eine Familie aus, die *Ihrer* Meinung nach arm ist. Entscheiden Sie, wieviel Geld *Sie* ihr geben würden, und dann lassen *Sie selbst* ihr diese Summe zukommen. Nachdem Sie auf diese Weise Ihre Absicht verwirklicht haben, können Sie sich wieder anderen Dingen widmen, ohne irgendeinen anderen Menschen mit Ihrer Einstellung zu bedrängen. Das ist einfach, wirksam und bringt ein sofortiges Ergebnis – also all das, was durch eine Gruppenaktion niemals erreicht werden kann.

Wenn Sie so handeln, wie ich es eben beschrieben habe, wäre ich geneigt, Ihnen zu glauben, daß Sie den Wunsch haben, den Armen zu helfen. Sollten Sie jedoch versuchen, mich für eine Wohltätigkeitsorganisation anzuwerben, würde ich Sie mir sehr genau ansehen und Ihnen viele Fragen stellen, auf die Sie nicht antworten könnten oder wollten.

Die gewaltsame Einmischung

Gruppen, die sich der Methode der gewaltsamen Einmischung bedienen, sind gefährlich. Ihre Mitglieder sind Gesinnungsgenossen, die durch die Anwendung von Gewalt Veränderungen herbeiführen wollen. (Das heißt, daß sie die jeweiligen Machthaber bedrängen, neue »Gesetze« zu erlassen, die ihnen helfen, ihre eigenen Ziele zu erreichen in dem Bewußtsein, daß die Regierung die Macht hat, diese Gesetze durchzuführen.) Wenn eine Gruppe anderen Menschen etwas wegnehmen oder sie zwingen will, gegen ihren Willen zu handeln, ist es für sie viel sicherer, dies unter Androhung der Regierungsgewalt zu tun, als direkt vorzugehen. Auf diese Weise geht die Gruppe der Gefahr, in schwere Zusammenstöße verwickelt zu werden, aus dem Weg.

Es gibt zwei Banner, um die sich die Anhänger der gewaltsamen Einmischung scharen. Das eine propagiert die Methode der Einordnung und Abstempelung, also z. B. Schwarze, Frauen, alte Leute, Homosexuelle, Arbeiter oder jedes andere Etikett, das die Individualität mißachtet; das zweite propagiert die »verdienstvolle Sache« und fordert die Allgemeinheit auf, sich ihr anzuschließen.

Sie sollten sich standhaft weigern, Ihre Individualität an irgendeine Gruppe abzutreten, nur weil deren Mitglieder ein bestimmtes Charakteristikum mit Ihnen gemein haben, sei es das Geschlecht, die Hautfarbe, die religiöse Überzeugung oder den Beruf. Machen Sie sich klar, was in Wirklichkeit dahinter steckt, wenn diese Leute sich an Sie wenden, weil Sie »einer von ihnen« sind. In den Bewegungen zur »Befreiung der Frau« findet man z. B. nur Frauen, die in Wirklichkeit gar nicht befreit werden wollen. Sie wechseln lediglich von einer Form der Unterdrückung zur anderen über – von der angeblichen Ausbeutung durch den Mann zur Ausbeutung durch körperschaftlich organisierte Frauenvereine.

Widerstehen Sie der Einschüchterung durch Gruppen, welche die gewaltsame Einmischung praktizieren. Bestehen Sie darauf, Ihre Individualität zu bewahren und zeigen Sie der Welt, was Sie in Ihrer Eigenschaft als einzigartige Einheit zu bieten haben. Ihre Selbstachtung sollte Sie daran hindern, die Einheitscharakteristika einer Gruppe zu akzeptieren. Kein Mensch gleicht dem anderen, und deshalb ist jeder Mensch einzigartig. Lassen Sie es nicht zu, daß Sie an der Hürde des Kreuzfahrertums scheitern und diesen Besitz verlieren.

Selbst wenn eine Gruppe Ihren Wunsch nach sozialen Veränderungen teilt, darf Sie das nicht veranlassen, Ihre Individualität aufzugeben. Auch in diesem Fall gilt, daß die Methoden, mit denen die Gruppe ihr Ziel erreichen will, so gut wie immer die Anwendung von Gewalt erfordert und daher, mit dem Maßstab der Rationalität gemessen, unmoralisch.

»Verdienstvolle Sachen« können von relativ unwichtigen Unternehmungen, wie z. B. Kampagnen gegen das Rauchen oder gegen die Verherrlichung der Sexualität bis zu Kreuzzügen gegen potentielle weltweite Katastrophen, wie z. B. Umweltverschmutzung, Energiemangel und Überbevölkerung, reichen.

Wir wollen uns zuerst mit einem Beispiel für eine unbedeutende »Sache« befassen. Nehmen wir an, Sie wollen andere Leute zwingen, das Rauchen einzustellen, weil es Sie stört; in diesem Fall können Sie sofort und aus eigener Initiative etwas unternehmen. Natürlich müssen Sie von einer rationalen Voraussetzung ausgehen. Sie haben nämlich kein Recht, andere Leute zu zwingen, das Rauchen aufzugeben. Viele Nikotingegner argumentieren, daß es ihnen egal ist, wenn andere Leute rauchen, Hauptsache, sie tun es nicht »in der Öffentlichkeit«. Damit haben wir von Anfang an das Problem der Definition.

Für viele Antiraucher ist auch ein Restaurant ein öffentlicher Platz. Aber das stimmt nicht. Es ist ein Privatunternehmen, und nur der Inhaber sollte das Recht haben zu entscheiden, ob es den Gästen gestattet sein soll, in seinem Lokal zu rauchen. Falls er es erlaubt und ich mich durch den Qualm belästigt fühle, kann ich sofort und im Alleingang dagegen etwas unternehmen, indem ich dieses Restaurant nicht mehr betrete. Falls der Inhaber das Rauchen verbietet und ich ein starker Raucher bin, kann ich ebenfalls sofort etwas unternehmen, indem ich woanders hingehe.

Das eben zitierte Beispiel ist als das System des – lassen Sie mich nachdenken – ja, als das System des freien Unternehmertums bekannt. Wenn die Absoluten Moralisten es in Ruhe ließen, würde es ausgezeichnet funktionieren und sich automatisch den Wünschen der Kunden anpassen. Sollte ein Inhaber für seinen Betrieb eine Vorschrift erlassen, die auf eine zu breite Ablehnung stößt, dann wird das System des freien Unternehmertums ihm zu geschäftlichen Mißerfolg verhelfen. Wenn jemand Pleite machen will, benötigt er dazu keine von anderen aufgestellte Vorschrift – das kann er aus eigenem Entschluß tun.

Die wirklich lästigen Kreuzzüge sind diejenigen, bei denen es um sogenannte weltweite Katastrophen geht. Die Ironie der Sache ist, daß es wahrscheinlich viel weniger »Weltprobleme« geben würde, wenn jeder Mensch sich hauptsächlich damit beschäftigen würde, Nummer Eins zu werden. Wer sich darauf konzentriert, schafft für andere keine Probleme. Leider sieht die Wirklichkeit so aus, daß Millionen Menschen, die glücklich sein könnten, wenn man sie in Ruhe ließe, viel Zeit und Energie aufwenden müssen, um die Leute abzuwehren, die ständig versuchen, als Vertreter irgendeiner »Sache« in ihr Leben einzugreifen.

Natürlich sollten Sie das Gefahrenpotential der Probleme anerkennen, die von weltweiter Bedeutung sind, weil ein vernünftiger Mensch sich niemals vor den Tatsachen abschirmt. Aber bedenken Sie, daß es sich um ein Potential handelt und nicht um eine bekannte Größe. Und was noch wichtiger ist: Auch in diesen Fällen ist die Gruppenaktion nur ein Mittel, um Problemen aus dem Weg zu gehen, nicht aber um sie zu lösen.

Die Existenz von potentiellen Gefahren für die ganze Menschheit kann in zweierlei Hinsicht einen positiven Einfluß auf Ihr Denken haben. Einmal hilft sie Ihnen, Ihre Alltagsprobleme in der richtigen Größenordnung zu sehen, und zweitens ist sie ein ausgezeichneter Grund dafür, daß Sie stets bestrebt sind, auf Ihren eigenen Vorteil bedacht zu sein. Wenn ich genau wüßte, daß die Welt morgen untergehen wird, dann würde ich bestimmt den heutigen Tag nach Kräften genießen wollen.

Die Energiekrise: Realität, Einbildung oder künstlich erschaffen?

Ich habe mich sehr eingehend mit der angeblichen Energiekrise befaßt, weil sie die rationalen Bemühungen, zu seinem eigenen Besten zu handeln, sehr leicht beeinträchtigen kann. Man kann dieses Thema nicht ignorieren, weil man jeden Tag mit neuen Daten und Schlagworten überschüttet wird.

Ich habe den Eindruck gewonnen, daß es zwei sehr wichtige Unbekannte gibt, die von den Kreuzzügen für die Konservierung von Energie nicht berücksichtigt werden.

1. Die meisten Informationen, die man uns vorsetzt, sind einseitig; sie stammen aus Quellen (Industrie und Regierung), die fast immer irgendwelche Hintergedanken haben. Wie können wir wissen, ob eine Information verzerrt oder aus dem Zusammenhang gerissen ist? Ich bin ein unheilbarer, eingefleischter Realist – ich will immer Beweise haben. Für mich erhebt sich also die Frage: Bin ich bereit, zusätzliche Unannehmlichkeiten zu akzeptieren, deren Grundlage eine Krise ist, für die ich keine Beweise habe? Ich halte das für eine faire und vernünftige Frage.

2. Selbst wenn es tatsächlich eine Energiekrise gibt, so doch nur nach dem Maßstab unseres heutigen Wissensstandes. Aber alte »Beweise« werden laufend durch neue Ideen und neu entdeckte Quellen überholt. Es würde mir gar nicht gefallen, die nächsten dreißig Jahre in meinem eigenen Haus vor Kälte zu zittern, um mich als ein »verantwortungsvoller Bürger« zu erweisen, und meine Heizung auf eine Temperatur herunterzuschalten, die vom Energielieferanten als angemessen bezeichnet wird, nur um dann auf meinem Totenbett die freudige Nachricht zu erfahren, daß man neue Energiequellen entdeckt hat, die für die kommenden fünfhundert Jahre ausreichen. Ich glaube, ich würde mich noch in meinem letzten Stündlein über mich selbst ärgern.

Vor ungefähr zehn Jahren wurde z. B. in Brasilien ein Erzlager entdeckt, das schätzungsweise ergiebig genug ist, um den Weltbedarf für mindestens dreihundert Jahre zu decken. Viele Leute, die mit dem Projekt zu tun haben, sind sogar der Meinung, daß diese Schätzung weit unter der Wirklichkeit liegt. Und was kommt als nächstes? Öl in Omaha? Kohle in Yonkers? Wer kann das wissen?

Damit sind wir wieder bei der Frage gelandet, welchen Experten man Glauben schenken kann. Die einen prophezeihen alle möglichen Arten von Energiemangel, die anderen behaupten das Gegenteil. Vielleicht haben die Pessimisten recht, vielleicht ihre Kritiker. Das erinnert mich an die Gruppe von Wirtschaftswissenschaftlern unter der Leitung des Nobelpreisträgers Wassili Leontiew, die zu dem Schluß kam, daß die Weltvorräte bis weit in das 21. Jahrhundert hinein ausreichen würden. An diesem Punkt wird das Ganze für mich zu einer rein akademischen Frage; ich glaube kaum, daß ich dann noch in der Gegend bin!

Als rationaler Mensch, der sich bemüht, zu seinem eigenen Besten zu handeln, müssen Sie unbedingt begreifen, daß keine schlüssigen Beweise vorliegen, daß es laufend neue Erkenntnisse und Entdeckungen gibt, und daß die Experten nach wie vor einander widersprechen. Lassen wir sie ruhig weiter ihre akademischen und intellektuellen Schlachten über die Frage austragen, ob die Erdölreserven bis zum Ende dieses Jahrhunderts oder für weitere fünfhundert Jahre ausreichen. Sie sollten nur darauf achten, daß Sie Ihr Leben nicht unüberlegt und unnötig komplizieren, indem Sie sich auf Grund der Prophezeihungen von »Experten« in einen Kreuzzug für die Konservierung von Energie einspannen lassen.

Das Problem der Überbevölkerung

Auch ich mache mir über dieses Problem Sorgen, aber nicht so sehr, daß ich mich deswegen einer Organisation von Absoluten Moralisten anschließen würde, die von der Regierung erwartet, daß sie den Bürgern verbietet, Kinder zu zeugen. Da Sie jedoch Ihr Leben lang Reden über dieses Thema hören werden und sogar Ihre Entscheidung, ob Sie Kinder haben wollen oder nicht, dadurch beeinflußt werden könnte, ist eine nähere Untersuchung angebracht.

Wenn man höhere Gewalt ausschließt, gilt für das Wachstum der Bevölkerung das Gesetz der geometrischen Reihe. Experten behaupten, daß die

Erdbevölkerung in den ersten ein bis drei Millionen Jahren ihrer Geschichte auf ca. zehn Millionen anstieg und sich dann innerhalb von nur zehntausend Jahren auf vier Milliarden vermehrte. Das heißt, daß pro Sekunde zwei Babys geboren werden. Falls diese Zahlen stimmen, könnte einem etwas unheimlich zumute werden.

Die Aussichten für die Zukunft sind geeignet, ein Gefühl der Klaustrophobie zu erwecken. Alle Berechnungen sprechen dafür, daß es im Jahr 2000 sieben Milliarden Menschen geben wird. Falls die Erdbevölkerung weiterhin um zwei Prozent pro Jahr wächst, steht sie in ungefähr 650 Jahren vor der Tatsache, daß jeder Mensch nur einen Lebensraum von rund 26 cm^2 hat — eine Vorstellung, die mich mit Unbehagen erfüllt.

Man benötigt kein Gutachten von einem Experten, um voraussagen zu können, daß irgendwelche Faktoren sicherlich diese chaotische Entwicklung verhindern werden. Ganz bestimmt würde es aber nicht der Einfluß eines Kreuzzuges sein, der das zuwege brächte. Es gibt ja schon seit vielen Jahren Gruppenaktionen, die darauf abzielen, aber es ist eine Tatsache, daß gerade in den Ländern, in denen dieses Problem am dringlichsten ist, die Bevölkerung so gut wie ungebremst weiter zunimmt.

Alle Grübeleien über die Folgen dieser Entwicklung müssen Spekulationen bleiben, und die Umstände und Bedingungen werden sich so schnell verändern, daß keine Spekulation mit ihnen Schritt halten kann. Außerdem werden die Meinungsverschiedenheiten der Experten weiterhin dafür sorgen, daß man nichts Gewisses weiß. Ein interessantes Beispiel hierfür ist die Möglichkeit, andere Planeten zu kolonisieren. Ich habe einmal mit angehört, wie ein Wissenschaftler über dieses Thema sprach, als ob es sich um die Versetzung der Angestellten einer Firma in einen anderen Landesteil handelte. Er war »sicher«, daß es eines Tages dazu kommen würde. Ein anderer Physiker stellte jedoch die Hypothese auf, daß ein Raumschiff, das für eine solche Reise geeignet wäre, verdammt groß sein müsse. Er hatte ausgerechnet, daß die Zahl der Passagiere zu dem Zeitpunkt, in dem das Raumschiff den nächsten Planeten mit erdähnlichen Bedingungen erreichen würde, der Zahl der auf der Erde zurückgebliebenen Bevölkerung entsprechen würde.

Aber wer kann das wissen? Wollen Sie Ihr Leben lang darüber debattieren oder, schlimmer noch, einen Kreuzzug starten? Wie könnten Sie das tun, wenn Sie nicht einmal wissen, welche Maßnahmen Sie vorschlagen sollten? Warum geben Sie sich nicht lieber selbst eine Chance und genießen Ihr Leben? Wenn Sie meinen, daß es für Ihren Seelenfrieden besser wäre, dann verzichten Sie auf Kinder, aber seien Sie ja nicht so naiv, zu glauben, daß Ihre Entscheidung den leisesten Einfluß auf das Problem der Überbevölkerung hat.

Das Problem der Umweltverschmutzung

Ist die Umweltverschmutzung auch eine potentielle weltweite Katastrophe? Ja, doch gelten hier die gleichen kritischen Argumente: die Meinungsverschiedenheiten der Experten, die Nachteile von Gruppenaktionen, das Bestreben, andere Menschen zu zwingen, noch mehr Freiheiten aufzugeben und so weiter. Akzeptieren Sie die Tatsache, daß Sie zur Lösung des weltweiten Problems der Umweltvergiftung sehr wenig beitragen können, und daß die Schwierigkeiten durch Gruppenaktionen nur verschlimmert werden. Nachdem Sie zu dieser rationalen Schlußfolgerung gelangt sind, können Sie sich ungehindert wieder mit einer Aufgabe beschäftigen, die Sie kontrollieren können: mit dem Ziel, Nummer Eins zu werden.

Es gibt überzeugende Beweise dafür, daß das ökologische Gleichgewicht der Natur bereits gestört ist, und in dem Maße wie die Weltbevölkerung wächst, werden Land, Luft und Wasser immer mehr verseucht werden. Anscheinend ist unser Planet nicht fähig, die Giftstoffe, mit denen wir ihn beschicken, wieder in den Kreislauf der Natur einzugliedern.

Vielleicht besteht eine akute Gefahr, vielleicht auch nicht. Wie in den anderen Fällen gibt es auch hier keinen einzigen Menschen, der auch nur einen kleinen Prozentsatz der Tatsachen aus erster Hand kennt, und diese Tatsachen ändern sich mit jeder neuen Entdeckung. Vergeuden Sie keine Zeit mit Spekulationen über die Folgen oder gar damit, daß Sie an den stümperhaften Aktionen irgendwelcher Gruppen teilnehmen, die angeblich »wissen«, daß sie recht haben.

Kreuzzüge, die sich der Definition entziehen

Als Abschluß der Diskussion über die Bewältigung der Hürde des Kreuzfahrertums möchte ich auf die Kreuzzüge zu sprechen kommen, bei denen Ihre Teilnahme nicht nur bedeutungslos, sondern total sinnlos ist. Und wenn Sie Ihr ganzes Leben lang für die zwei Arten von Kreuzzügen, die wir jetzt untersuchen wollen, arbeiten würden, hätte das die gleiche Wirkung, als wenn Sie versuchen wollten, den Mount Everest zu versetzen.

Weltfriedensbewegungen

Ich habe den sogenannten Kreuzzügen für den Weltfrieden nie viel Aufmerksamkeit geschenkt. Das liegt wahrscheinlich daran, daß ich mitansehen muß, wie sich trotz der gesteigerten Bemühungen dieser Bewegungen die Feindschaft und der Krieg zwischen den Völkern immer mehr ausbreiten. Ich habe früher jedoch nie nachgedacht, warum es immer wieder Kriege gegeben hat und noch gibt, und warum der Weltfrieden anscheinend ein unerreichbares Ziel ist.

Das Problem liegt darin, daß viele Menschen das Definitionsspiel und den absoluten Moralismus miteinander vermischen. Für den einen Mann bedeutet der Begriff des Weltfriedens, daß er in Ruhe auf seiner Ranch leben will, für den anderen Mann bedeutet er die zwangsweise Aufteilung des Besitzes des ersten Mannes in viele Parzellen, die er dann denjenigen gibt, die seiner Meinung nach ein kleines Grundstück brauchen. Solange die beiden Männer so unvereinbare Standpunkte vertreten, sind die Aussichten für einen Frieden ungefähr so groß wie die Chance, daß die Regierung das System der Besteuerung abschafft.

Weltfriedensbewegungen erreichen aus dem gleichen Grund nichts, der für Gesetze, die Emotionen regulieren sollen, gilt. Man kann nicht einseitig entscheiden, wie der Weltfrieden beschaffen sein muß, und dann diese Entscheidung allen anderen Menschen aufzwingen. Was der Möchtegern-Kreuzfahrer in Wirklichkeit durchsetzen will, ist, daß vier Milliarden Menschen *seine* Vorstellungen über den Weltfrieden akzeptieren. Ich mag es gar nicht, wenn andere Leute entscheiden, was richtig ist, und mich dann zwingen wollen, ihre Ansicht zu teilen. Meine Vorstellung vom Weltfrieden sieht so aus, daß jeder jeden in Ruhe läßt – daß jeder Mensch die Freiheit hat, so zu leben, wie es ihm gefällt, solange er die Rechte anderer nicht verletzt. Eric Hoffer hat meine Gefühle über die Kreuzfahrer für den Frieden so ausgedrückt: ›. . . Wenn sich Menschen in großer Zahl vereinen, um die Toleranz und den Frieden auf Erden zu fördern, dann sind sie sehr wahrscheinlich im höchsten Grade intolerant gegen alle, die ihre Meinung nicht teilen.‹

Lassen Sie sich nicht von idealistischen abstrakten Begriffen wie ›Weltfrieden‹ einschüchtern. Jeder Mensch hat eine andere Vorstellung davon, und es ist unmöglich, daß es irgendeiner Gruppe gelingen könnte, vier Millionen Menschen dazu zu bringen, daß sie übereinstimmen, es sei denn durch Gewalt. Und wenn man Menschen zwingt, gegen ihren eigenen Willen zu handeln, dann ist das kein Frieden, sondern das, was wir Krieg nennen.

Die Atombombe

Der zweite Kreuzzug, der zu dieser Kategorie gehört, arbeitet mit dem Slogan ›Ächtet die Bombe‹ – ein vollkommen unrealistisches Ziel.

In der Welt, in der wir leben, ist die Bombe die bedrohlichste Realität. Sie ist die Unbekannte in der Gleichung unseres Lebens. Keine Generation vor uns hat sich mit einem ähnlichen Problem befassen müssen. Die Bombe ist die ultimate Waffe, nicht etwa, weil zukünftige Generationen nicht fähig sein würden, noch schrecklichere Kernwaffen zu entwickeln, sondern weil die Vernichtung der Menschheit einer solchen Entwicklung Grenzen setzen würde. Die erste Erfindung, die uns alle auszulöschen vermochte, war gleichzeitig das Äußerste, das auf diesem Gebiet möglich war. Verbesserte Waffen sind schiere Theorie, sobald sich alle gegenseitig umgebracht haben. Die einzige Bedeutung des Wettlaufs bei der Entwicklung von Waffen ist, daß er Möglichkeiten liefert, noch mehr Menschen noch schneller zu töten, aber ist das wirklich so wichtig? Schließlich kann man nur einmal in Stücke zerfetzt werden.

Als ein Wissenschaftler zu ersten Mal entdeckte, wie man die Bausteine eines Atomkerns umgruppieren kann, wurde die Bombe eine Realität, die alles veränderte. Von jenem Tag an konnte die Welt niemals wieder so sein, wie sie einmal gewesen war. Die Bombe gab der Zukunft der Menschheit eine neue Dimension. Der Mensch mußte sehr bald entdekken, daß er ebensowenig mit der Bombe wie ohne sie leben konnte. Sobald die erste Regierung ihre Hand auf diese Erfindung gelegt hatte, mußten alle anderen Regierungen ebenfalls die Bombe haben, um sich zu »schützen«.

Heute ist die Bombe »in«. Wer sie nicht hat, ist rückständig. Man schätzt, daß es in weniger als zehn Jahren mindestens vierzig Länder geben wird, in denen die Bombe hergestellt werden kann. Wir haben schon lange den Schock verwunden, daß China und Indien sie haben. Und sogar Taiwan hat für den geringfügigen Betrag von 35 Millionen Dollar einen Forschungsreaktor von Kanada gekauft — eine Summe, die viele Einzelpersonen und Hunderte von Firmen mit Leichtigkeit aufbringen können. Sie machen sich selbst etwas vor, wenn Sie glauben, daß man in Taiwan die Hände in den Schoß legt, während China wie eine Katze, die ein Mäuslein anvisiert, auf der Lauer liegt. Ich wage die Vorhersage, daß der große rote Bruder beim ersten Versuch, das kleine Taiwan zu verschlucken, eine ganze Menge Plutonium ins Gesicht geschleudert bekommt.

Die Liste der Konflikte wird immer länger: Israel und die arabischen Staaten, Indien und Pakistan und dazu so viele afrikanische Staaten, die einander bekriegen, daß man kaum auseinanderhalten kann, wer gegen wen ist. Und inzwischen teilt Peking geniale politische Ratschläge aus und rät den Nationen der Dritten Welt, sich gegen die beiden ›Supermächte‹ mit Kernwaffen auszurüsten.

Und die Supermächte? Haben Sie jemals eine Entwicklung in Gang gesetzt, nur um dann zu wünschen, daß Sie die Finger davon gelassen hätten? Moskau und Washington würden liebend gern die ganze Sache abblasen und ein anderes Spielchen beginnen, aber dazu ist es zu spät. Sie können jetzt nur noch ihre Waffenarsenale vergrößern.

Aber keine Angst – alles ist bestens unter Kontrolle. Die *Saturday Review* berichtete in einem Artikel, ein junger Luftwaffenoffizier habe gesagt, die Tatsache, daß er und drei andere Offiziere nach eigenem Ermessen und ohne offiziellen Befehl fünfzig atomare Sprengkörper abschießen dürften, versetze ihn in Todesangst. Diese Angst ist die Frucht der logischen Annahme, daß es auch auf der anderen Seite nervöse junge Offiziere gibt, die mit den gleichen Vollmachten ausgestattet sind.

Auch wenn Sie eine Seefahrt machen, brauchen Sie nicht zu befürchten, daß Sie etwas versäumen. Die Vereinigten Staaten haben ein widerliches kleines Ungeheuer entwickelt, das sie liebevoll »Captor« (Fänger) getauft haben. Wie ein Gebilde aus einem utopischen Film »schläft« Captor auf dem Meeresgrund, bis sich ein feindliches Schiff nähert. Jäh aus dem Nickerchen gerissen, macht sich der Torpedo – mit einem kleinen atomaren Sprengkopf im Bauch – auf die Jagd nach dem Unvorsichtigen. Flucht? Unmöglich; niemand kann Captor entkommen. Oder glauben Sie etwa, die Regierung würde das Geld des Steuerzahlers auf wertlosen Ramsch vergeuden? Nein, auch wenn Captor sich beim ersten Anlauf irrt, ist nichts verloren; er ist so programmiert, daß er den Feind verfolgt, bis er Kontakt hat und ihn vernichtet.

Sie fragen sich, wie der kleine Kerl zwischen »uns« und »den anderen« unterscheiden kann, nicht wahr? Kein Problem; sein Computer ist so konstruiert, daß er die Maschinengeräusche identifizieren kann. Ich will ja nicht behaupen, daß ich kein Vertrauen in Computer setze; aber wenn auf dem Grund des Ozeans fünfhundert atomare Sprengköpfe herumliegen, wie kann man dann am Sonntagnachmittag ohne Angst mit seinem Boot hinausfahren? Was ist, wenn ein Computer falsch funktioniert und glaubt, daß Ihr Boot ein feindliches Schiff ist?

Jede Ware hat ihre Abnehmer

Sobald eine Ware auf dem Weltmarkt als wertvoll betrachtet wird, ist es nur eine Frage der Zeit, bis auch nicht-politische Gangster daraus Profit schlagen wollen. Die politischen Missetäter – die darauf bedacht sind, die nicht-politischen Verbrecher als unpatriotisch hinzustellen – nennen solche Transaktionen den »Schwarzen Markt«. Ein Kilogramm Plutonium ist zur Zeit fünfmal teurer als ein Kilogramm Heroin und zehnmal teurer als ein Kilogramm Gold.

Niemand weiß, wieviel Plutonium bisher gestohlen worden ist, aber seit vielen Jahren gibt es immer wieder offizielle Mitteilungen über Diebstähle in Kernreaktoren und »verlorengegangene« Inventurlisten. In einigen Fällen wurden Betriebsangehörige in flagranti erwischt. In wessen Händen sich der Rest des verschwundenen Plutoniums befindet, ist unbekannt.

Aber irgendwo muß es ja sein, und das läßt nur eine Schlußfolgerung zu: Es wird in die Bombe umgewandelt. Die genauen Herstellungsvorschriften kann man vielen Büchern und diversen Veröffentlichungen der Regierung entnehmen, die jedermann zur Verfügung stehen.

Die harte Wirklichkeit und Ihr eigenes Leben

Sie fragen sich jetzt wahrscheinlich: »Warum versucht dieser Kerl, mich mit seiner Prophezeiung, daß ich früher oder später vermutlich in Stücke zerfetzt werden, in panische Angst zu versetzen?« Das ist keineswegs meine Absicht. Ich versuche nur, den Tatsachen ins Auge zu sehen, und das ist eine unabdingbare Voraussetzung, wenn man Nummer Eins werden will.

Da es so leicht ist, an Plutonium und an das andere für die Produktion der Bombe erforderliche Material sowie an die Herstellungsvorschriften heranzukommen, wäre es nicht sehr realistisch zu glauben, daß die Bombe nicht eines Tages irgendwo herunterfallen wird. Angesichts der pathologischen Egoisten, die in den Hauptstädten dieser unserer Welt die Kontrolle über die Bombe haben, der zügellosen Terroristengruppen, der Studenten, die die Bombe im Eigenbau herstellen können, und der nervösen jungen Offiziere, die an dem Auslöseknopf herumfingern, untertreibe ich wohl eher, wenn ich sage, nur ein blinder Optimist könne glauben, daß sich alles schon irgendwie regeln wird.

Nun ja, das wird es auch, aber vielleicht nicht so, wie Sie und ich es wünschen. Was ich Ihnen mit dieser kleinen Dissertation über die Bombe klarmachen wollte, ist, daß keine Gruppe — ob mit oder ohne unsere Beteiligung — irgendeinen Einfluß darauf haben kann, *wie* es sich regeln wird (ausgenommen die Möglichkeit, daß auf Grund der Einmischung und des Geschreis von ›Friedensorganisationen‹ und Kreuzzügen für die Ächtung der Bombe irgend jemand den Auslöseknopf zu früh hinunterdrückt).

Sie müssen versuchen, diese Tatsachen in die richtige Beziehung zu ihrem eigenen Leben zu bringen. Welchen Einfluß können Sie auf Ihr Leben haben? Können sie verhindern, daß Sie in der Zeit, die Sie noch vor sich haben, überwiegend glücklich sind? Nur dazusitzen und sich wegen der Bombe Sorgen zu machen, bringt Ihnen keinen Nutzen. Und sich einem Kreuzzug anzuschließen, um vier Milliarden Menschen davon zu überzeugen, daß die Bombe niemals angewendet werden darf, ist absurd. Mit dieser Aufgabe befassen sich bereits Tausende von Menschen, deren intellektuelle und verbale Fähigkeiten sowohl den Ihren als auch den meinen weit überlegen sind. Aber sie vergeuden ihre Zeit, weil der Mann, der eines Tages auf den Knopf drücken wird, nicht an dem, was sie sagen, interessiert ist. Und sie wiederum kennen weder ihn noch die Motive, die ihn zu dieser Tat treiben werden.

Es ist ein enormer Unterschied, ob man sich der Realität der Bombe bewußt ist, oder ob man von dieser Realität verfolgt wird. Ersteres hilft Ihnen, Ihr eigenes Leben in der richtigen Perspektive zu halten und läßt die Einstellung, alles zu genießen, was die Gegenwart zu bieten hat, als sehr vernünftig erscheinen; letzteres macht Sie den Freuden des Lebens gegenüber blind und beraubt Sie des Glücks, das Sie erringen könnten. Sie leben im Zeitalter der Bombe. Setzen Sie sich mit dieser Realität auseinander, aber konzentrieren Sie Ihre Gedanken nicht zu lange darauf.

Natürlich gibt es auch in diesem Punkt die übliche Zahl von selbstgerechten Rettern der Menschheit, denen diese Einstellung nicht behagt, weil sie entweder durch eigene Mißerfolge frustriert oder durch die Worte und Aktionen anderer Absoluter Moralisten eingeschüchtert worden sind. Sie müssen folgendes begreifen: Wenn Sie die Realität der Bombe anerkennen und sich dann entscheiden, ihr einen Platz im Hintergrund zuzuweisen und lieber nach den Freuden des Lebens zu suchen, so heißt das nicht, daß Sie den potentiellen Schrecken dieser Realität gleichgültig gegenüberstehen. Es ist vielmehr ein Beweis dafür, daß Sie sowohl intelligent als auch fähig sind, vernünftig zu handeln. Sie erweisen sich als realistisch und ehrlich genug, um zuzugeben, daß weder Ihre Bemühungen noch die einer Gruppe die Entwicklung beeinflussen können. Außerdem belästigen Sie mit dieser Einstellung niemanden, nicht einmal die Anhänger von Kreuzzügen für die Ächtung der Bombe.

Es ist immer gut, die Wirklichkeit nüchtern zu betrachten. Wenn Sie sich weigern, die Bombe als Realität zu akzeptieren – nicht zu erwähnen die möglichen katastrophalen Folgen der Überbevölkerung, der Umweltverschmutzung und des Energiemangels – dann planen Sie Ihr Leben vielleicht nach Richtlinien, die inflexibel sind. Aber wenn Sie die Tatsachen berücksichtigen, können Sie sich so darauf einstellen, wie es Ihr Ziel, Nummer Eins zu werden, erfordert.

Ihre Werte ändern sich dadurch nicht, nur Ihre Pläne. Das, was Ihnen Freude macht, ohne die Rechte anderer zu verletzen, ist nach wie vor gut; das, was Ihnen Kummer bereitet, ist nach wie vor schlecht. Und genau deshalb, weil Ihre Werte die gleichen bleiben, müssen Sie den Plan für die Gestaltung Ihres Lebens so aufstellen, daß er jede Veränderung der gegebenen Bedingungen bewältigen kann. Sie müssen lernen, mit dem Strom zu schwimmen, damit Sie Ihre Werte bewahren und Ihre Ziele erreichen können.

Es gibt eine Realität, die alle potentiellen weltweiten Katastrophen und Krisen an Bedeutung übertrifft: Die Realität, daß Sie trotz allem ein interessantes, erfülltes und genußreiches Leben führen können – und zwar ab sofort. Kein Unheil, ob Sie es nun selbst erleben, oder ob es eine Gefahr ist, die in der Zukunft liegt, kann Ihnen diese Chance nehmen, und auch diejenigen Leute, die solche Katastrophen heraufbeschwören oder sie verhindern wollen, können es nicht.

6. Kapitel
Die finanzielle Hürde

Fast war ich versucht, es mir leichtzumachen und Ihnen zu empfehlen, die ersten fünf Kapitel noch einmal durchzulesen, den Kapiteln über die Hürde der Wirklichkeit und die Hürde der menschlichen Beziehungen besondere Aufmerksamkeit zu widmen und die gleichen Grundsätze auch auf Ihre finanziellen Angelegenheiten anzuwenden. Die Finanzen – sowohl die privaten als auch die geschäftlichen – sind ja nur ein Aspekt des Lebens, während die Realität und die menschlichen Beziehungen zu seinen wesentlichen Bestandteilen gehören.

Ich werde mich in diesem Kapitel sehr deutlich ausdrücken, auf Beschönigungen verzichten und die finanzielle Hürde so zeigen, wie sie wirklich ist.

Wer legt Wert darauf, Geld zu verdienen?

Anscheinend jeder Mensch. Kürzlich versuchte man mit Hilfe einer weltweiten Umfrage zu ermitteln, ob es irgendwo ein Land gibt, dessen Bevölkerung arm, aber glücklich ist. Ich zitiere den Meinungsforscher George Gallup: »Wir haben kein solches Land gefunden.« Was man feststellen konnte, war, daß fast die Hälfte der Menschheit um das bloße Überleben kämpfen muß.

Aber im Leben ist alles relativ. Vielleicht sind Sie nicht am Rande des Hungertodes, müssen jedoch auf Ihrer eigenen Ebene um das finanzielle Überleben kämpfen. Die Ausgaben pflegen mit der Höhe des Einkommens zu steigen, was zur Folge hat, daß nur wenige Menschen jemals die »finanzielle Seelenruhe« erringen.

Viele Leute sind der Meinung, daß das Geldverdienen heute keine so große Rolle spielen sollte, daß es andere Dinge im Leben gibt, die viel lohnender sind als Geld. In gewisser Weise haben sie recht, aber sie übersehen einen Teil des Ganzen. Ich bin besser daran als die meisten Leute, weil ich alle Ebenen aus eigener Erfahrung kenne: die oberste, die mittlere und die unterste. Nachdem ich diese Tour mehrmals absolviert habe, kann ich bestätigen, daß an dem so oft gehörten Gerücht tatsächlich viel Wahres ist: Mit Geld kann man kein Glück kaufen.

Da ich mit beiden Extremen des finanziellen Spektrums vertraut bin, muß ich gestehen, daß eine der überraschendsten Entdeckungen, die ich machte, die Tatsache ist, daß man einige der besten Dinge im Leben umsonst bekommen kann. Aber die Sache hat einen Haken: Geld *ist* ein Mittel zum Zweck – ein Instrument, das es einem erleichtert, ein angenehmes Leben zu führen.

Die harte Wirklichkeit sieht so aus, daß es schwierig ist, die schönen Dinge, die das Leben kostenlos anbietet, zu genießen, wenn man ständig unter finanziellem Druck steht. Wenn die Gedanken immer wieder um die unsichere finanzielle Lage, um unbezahlte Rechnungen und um den Mangel an Erfolg kreisen, übersieht man so manchen Leckerbissen, den man umsonst haben könnte. In unserer von Spannungen erfüllten Welt kann wohl niemand die Hoffnung hegen, ohne ein bestimmtes Maß an finanziellem Erfolg das große Glück zu finden.

Das wichtigste Gut, das man mit Geld kaufen kann, ist die Freiheit. Ich bin nicht so unrealistisch, zu glauben, daß man mit Geld die totale Freiheit kaufen kann, denn das ist natürlich unmöglich, solange es Regierungen gibt. Aber wenn man Geld hat, kann man mehr Freiheit genießen, als wenn man keines hat. Der Zustand des Seelenfriedens allein ist schon eine große Befreiung – man kann an erfreuliche Dinge denken, statt sich mit finanziellen Problemen herumzuschlagen.

Nur Sie selbst können beurteilen, wieviel finanziellen Erfolg Sie brauchen, um die Freiheit zu erringen, die Sie sich wünschen. Die Bewältigung der finanziellen Hürde bedeutet also, daß Ihre bewußten, rationalen Bemühungen um den finanziellen Erfolg, den Sie benötigen, um das tun zu können, was Sie tun möchten, ein positives Ergebnis haben; sie bedeutet aber auch, daß Sie sich Ihr Leben nicht zur Hölle machen sollen, nur um dieses Ziel zu erreichen. Sie gibt Ihnen ferner die Freiheit, sich darauf zu konzentrieren, daß Sie Nummer Eins werden, und die Freiheit, nach Ihrer eigenen Entscheidung zu handeln, statt es dem Zufall oder den Entscheidungen anderer Menschen zu überlassen. Wieviel Geld Sie brauchen, um sich die Art von Freiheit »kaufen« zu können, die Sie glücklich macht, können nur Sie selbst bestimmen.

Allerdings müssen Sie sich von Anfang an davor hüten, sich der Gefahr einer großen Enttäuschung auszusetzen. Wenn Sie schon Großverdiener sind, dann wissen Sie bereits, daß man mit Geld kein Glück kaufen kann; wenn Sie noch nicht viel Geld haben, hoffe ich in Ihrem Interesse, daß Sie mir glauben. Leute, die kein Geld haben, aber von dem Tag träumen, an dem sie endlich reich sein werden, setzen nur allzu oft in den finanziellen Erfolg Erwartungen, die sich nicht erfüllen.

Diesen Fehler beging auch ich, als ich das erste Mal auf dem Weg nach oben war. Es war eine strapaziöse Kletterpartie, die mit Hindernissen aller Art gespickt war, aber endlich hatte ich es geschafft. Und was mußte ich sehen, als ich oben war? Statt des erwarteten Paradieses lag die wirkliche Welt vor mir, nur auf einer höheren finanziellen Ebene. Ich war enttäuscht und versuchte auf alle mögliche Art und Weise, dieses Gefühl zu kompensieren, aber das machte die Sache nur noch schlimmer. Damals erkannte ich noch nicht, daß ich in Wirklichkeit nach dem Glück suchte, und daß das Geld nur ein *Hilfsmittel* ist, um es zu finden.

Als ich das letzte Mal nach oben kletterte, begriff ich es endlich. Ich erkannte, daß der Siegespokal am jenseitigen Ende des Regenbogens nicht mit Geld gefüllt war, das sich auf magische Art und Weise in Glück verwandeln konnte, sondern mit Freiheit. Ich erkannte ferner, daß die Zeit der Faktor war, der mir Grenzen setzte, daß es also nicht mehr genügte, nur auf den Tag hinzuarbeiten, an dem ich ausreichend Geld haben würde, um mir die Freiheit kaufen zu können, die ich mir wünschte. Ich mußte schon *während* des Aufstiegs darauf bedacht sein, so viel Glück wie nur möglich zu erringen. Der Tag, an dem sich die Mühsal des Aufstiegs in eine Freude verwandelte, war ein wichtiger Wendepunkt in meinem Leben.

Wenn Sie die Tatsache, daß Geld nur ein Mittel zum Zweck ist, aus den Augen verlieren, werden Sie vermutlich niemals wirklich frei sein, um das Leben genießen zu können. Sie konzentrieren sich immer mehr auf den Erfolg, ohne darüber nachzudenken, was Sie in Wirklichkeit erreichen wollen. Dadurch sind Sie praktisch Ihr eigener Gefangener und hindern sich selbst daran, die unbegrenzten Freuden zu erleben, die das Leben zu bieten hat. In einer Zusammenfassung von Buddhas Lehren heißt es:

. . . übermäßige Begierde macht uns zu Sklaven dessen, was wir ersehnen. Jeder von uns hat dieses Prinzip in Funktion erlebt – die Gier nach Nahrung, die Gier nach Beliebtheit, die Gier nach Erfolg. All das bewirkt, daß wir die Freiheit, eine kluge Wahl zu treffen, verlieren.

O ja, Geldverdienen ist wichtig. Ich hoffe jedoch, daß Sie es jetzt in der richtigen Perspektive sehen. Geld ist wunderbar, weil es Ihnen viele Belastungen abnimmt, die Ihren begrenzten Vorrat an Zeit und Energie aufzehren würden, und weil es Ihnen die Freiheit gibt, sich den angenehmen Dingen des Lebens zu widmen.

Im finanziellen Abgrund

Wir wollen ganz unten anfangen und uns allmählich nach oben arbeiten. Vielleicht waren Sie schon einmal ganz unten – oder sind es gerade jetzt. Wenn Sie das unselige Gefühl des Versagens nicht kennen, dann haben Sie sich wahrscheinlich noch nie mit aller Kraft um den Erfolg bemüht. Falls Sie auf dem Gipfel angekommen sind, ohne jemals die Bitterkeit der Niederlage erlebt zu haben, dann ziehe ich meinen Hut vor Ihnen; ich kenne keinen Menschen, dem das geglückt ist (und der auch oben geblieben ist).

Das Ausmaß einer Niederlage ist ein guter Indikator (wenn auch nicht der einzige) für die Kraft, die Sie aufgewendet haben, und für Ihre Bereitschaft, den Preis für den finanziellen Erfolg zu bezahlen. Disraeli sagte ganz richtig: »Kein Lehrmeister ist besser als die Not.« Ich habe aus meinen Erfolgen – die zweifellos wesentlich angenehmer waren als die Niederlagen – einiges gelernt, aber nicht annähernd so viel wie aus meinen ebenso zahlreichen wie katastrophalen Rückschlägen.

Ist Armut eine Schande?

Falls Sie die finanzielle Hürde noch nicht bewältigt haben, würde es Ihnen vielleicht nützen, wenn ich Ihnen etwas über meine eigenen Erfahrungen im finanziellen Abgrund erzähle.

Die Beschreibung meiner damaligen Lage sollte Ihnen helfen, Ihre eigene Situation richtiger einzuschätzen. Was ich Ihnen jetzt über die Zeit berichten werde, in der ich buchstäblich am Boden vernichtet war, wird Sie hoffentlich zu der Erkenntnis bringen, daß auch Sie durch rationales Denken, Selbstdisziplin und die Anwendung einiger Prinzipien, auf die ich noch näher eingehen werde, die finanzielle Hürde bewältigen können.

Nachdem ich eine Weile im Schallplatten- und Filmgeschäft und in ein paar anderen masochistischen Unternehmungen, die nur das Ziel haben, das Ego zu mästen und die Brieftasche abmagern zu lassen, herumgepfuscht hatte, fand ich mich eines Tages vor folgende, recht peinliche Tatsachen gestellt:

1. Allgemeine Unkosten in Höhe von $ 30 000 pro Monat; 2. ein Einkommen in Höhe von null Dollar; 3. ein Bankguthaben in Höhe von $ 11.37; 4. Schulden in Höhe von ungefähr $ 500 000.

Der Selbstmord erschien mir plötzlich als ein verlockender Ausweg. Ich wollte mich aufhängen, aber der Strick riß; ich versuchte es mit der Selbstverbrennung, aber ich schwitzte so sehr, daß das Feuer immer wieder ausging; erschießen kam nicht in Frage – ich hatte zwar eine Waffe, aber kein Geld für Patronen.

Nach diesen mißglückten Versuchen beschloß ich, mich auf einer Liege am Rand meines Swimmingpools zu entspannen und zu meditieren. Schon nach kurzer Zeit kam ich zu der brillanten Schlußfolgerung, daß ich vor einem ernsten Problem stand. Nach einer Weile hatte ich es soweit gebracht, daß ich die Tatsachen klar erkannte und alle Spekulationen über Bord warf. Die Wirklichkeit hatte wieder die Oberhand; wie üblich hatte sie meine Wünsche und inexakten Wahrnehmungen ignoriert und war eine feststehende Größe geblieben.

Das Schlimmste war, daß ich nicht nur die sündteure Büroetage, sondern auch mein Haus aufgeben mußte. Während ich durch das Haus ging, erinnerte ich mich an die Köder, die der Makler mir servierte, als er merkte, daß ich an einem Kauf interessiert war. Damals klang das alles so aufregend – z. B. daß Marilyn Monroe einmal hier gewohnt hatte, oder daß Mickey Rooney auf dem Höhepunkt einer rauschenden Hollywood-Party alten Stils aus dem Schlafzimmerfenster in den Swimmingpool zu springen pflegte; all der Glanz einer vergangenen Epoche wurde wach. Als ich den Kaufvertrag unterschrieb, muß Mutter Natur mir über die Schulter gesehen und gesagt haben: »Mach dich auf was gefaßt, mein Junge. Niemand, aber auch wirklich niemand, der gegen meine Gesetze verstößt, kommt ungeschoren davon.«

Und genauso kam es auch. Das Spiel war aus. Der Anfang vom Ende war, daß meine vier Autos wieder in den Besitz der Händler übergingen. Können Sie sich vorstellen, in Los Angeles zu leben und kein Auto zu haben? Ich konnte mir nicht einmal mehr Lebensmittel kaufen. Allmählich geriet ich in Panik. Ich verkaufte nach und nach meine Möbel, aber der Erlös wurde sofort von den wachsamen Gläubigern kassiert, die Tag und Nacht hinter mir her waren. Das Telefon war schon gesperrt, Strom und Gas konnten jeden Tag folgen.

Was sollte ich tun? Wo sollte ich hingehen? Und eines Tages klingelten die Vollstreckungsbeamten an meiner Tür. Ich hatte ja schon ein paar Mal Schiffbruch erlitten, aber so weit war es noch nie gekommen. Ich wußte nicht, daß die Beamten bei Räumungsbeschlüssen paarweise auftreten. Als ich die Tür aufmachte, erblickte ich zwei Sheriffsterne, die auf zwei gigantischen Brustkörben glänzten. Ich grüßte freundlich und machte ein Witzchen. Kein Lächeln – nur kalt starrende Augen.

Sie drückten mir die Papiere in die Hand, leierten eine Rechtsbelehrung herunter und gingen wieder. Das einzige, das sie mir in aller Deutlichkeit klargemacht hatten, war, daß sie in fünf Tagen zurückkommen würden. Sollte ich dann noch da sein, würden sie mich in hohem Bogen an die Luft setzen. Ich glaubte ihnen aufs Wort. Ich pflege Leuten, die Schußwaffen tragen, immer zu glauben.

Ich verkaufte meine letzten Möbel und kratzte genug Geld zusammen, um einen Lastwagen mieten zu können. In den nächsten fünf Tagen war ich pausenlos damit beschäftigt, meine irdischen Besitztümer auf dem Lastwagen zu verstauen. Ich war total erschöpft und sehnte mich nach Schlaf, aber die Gnadenfrist schrumpfte immer schneller zusammen.

Es gelang mir nicht, alle meine Sachen rechtzeitig aus dem Haus zu schaffen. Die Zeit war abgelaufen, und ich mußte Kleidung und andere Dinge im Wert von mehreren Tausend Dollars zurücklassen. Ich erinnere mich noch sehr gut daran, wie ich zum letzten Mal die Treppe vom Obergeschoß hinunterging, bepackt mit Mänteln und Anzügen. Als ich einen letzten Blick auf den Innenhof, den Swimmingpool und die wunderschöne Umgebung warf, gingen mir zwei Gedanken durch den Kopf, die in dem langen Kampf, der jetzt auf mich zukam, wahrscheinlich meine Rettung waren.

Der erste Gedanke war, daß ich gegen niemanden Haßgefühle hegte, weder gegen die Leute, die zu meinem Ruin beigetragen hatten, noch gegen meine Gläubiger oder gegen die Henkersknechte der Regierung, die jeden Augenblick vor meiner Tür erscheinen würden. Ich empfand jedoch eine heftige Abneigung gegen *mich selbst*.

Was war ich doch für ein Narr gewesen. Wenn jemals ein Mensch die Weisheit von Santayanas Ausspruch bewiesen hatte, wonach »diejenigen, die sich nicht an die Vergangenheit erinnern können, dazu verdammt sind, sie noch einmal zu leben«, dann war ich das. Ich hatte gegen jedes Prinzip verstoßen, das ich mir mit so viel Mühe erarbeitet hatte – Prinzipien, die erwiesenermaßen Resultate brachten, wenn man sie befolgte –, indem ich mich geweigert hatte, die Tatsache zur Kenntnis zu nehmen, daß Mutter Natur mir früher oder später die Rechnung präsentieren würde. Und jetzt war sie gekommen und forderte einen so hohen Preis, daß ich nicht wußte, wie ich ihn bezahlen sollte.

Der zweite Gedanke war, daß ich zu mir selbst sagte: »Eines Tages komme ich zurück, größer und besser als je zuvor. Ich werde den Preis bezahlen, der von mir verlangt wird, aber ich komme bestimmt zurück. Und das nächste Mal werde ich dafür sorgen, daß ich nicht wieder in eine Situation gerate, in der man mir alles wegnehmen kann.« Dann warf ich die letzten Sachen auf den Lastwagen und fuhr davon. Während ich die Straße entlangratterte, empfand ich mit schmerzhafter Deutlichkeit den Gegensatz zwischen meinem Lastwagen und den feudalen Villen, den gepflegten Rasenflächen und den prachtvollen Palmen, an denen ich vorbeifuhr. Die Kluft wurde noch tiefer, als mir der Wagen des Sheriffs entgegenkam. Vielleicht waren die Beamten enttäuscht darüber, ein leeres Haus vorzufinden. Alle, die jemals dort gewohnt hatten, waren gegangen: Marilyn Monroe war tot; Mickey Rooney war schon seit vielen Jahren nicht mehr in den Swimmingpool gesprungen; und ich war in ein neues Zuhause umgezogen: in einen Ryder-Lastwagen.

Als Aussätziger in Beverly Hills

Wenn man in Omaha oder in Des Moines oder in Memphis pleitegeht, liefert man ein Gesprächsthema für Cocktailparties. Natürlich möchten sich die alten Bekannten lieber nicht mit einem sehen lassen, und man trifft auch auf die übliche Ablehnung, aber man wird nicht angespuckt. In Beverly Hills ist es ganz anders: Dort spucken die Leute wirklich.

Gott beschütze Sie davor, in Beverly Hills Pleite zu machen. Im Goldenen Getto ist ein Bankrotteur ein Aussätziger. Sein Name wird nie wieder erwähnt; er ist so gut wie tot. Wenn er sich verkriechen würde, dann würde niemand von ihm Notiz nehmen. Die Einwohner von Beverly Hills betrachten Krankheiten nicht als Verbrechen, sie mögen es nur nicht, wenn Aussätzige den Blick auf die eleganten Geschäfte und Boutiquen verschandeln.

Es ist mir unmöglich, die degradierenden und demütigenden Erfahrungen zu beschreiben, die ich durchmachen mußte. Ich will nur sagen, daß nichts einsamer, erniedrigender und entwürdigender sein kann, als in Beverly Hills in der Gasse der Verlierer zu leben.

Der Mensch neigt dazu, vielen Dingen aus dem Weg zu gehen, die im Grunde genommen sehr gesund für ihn sind. Dazu gehört auch das Ertragen von Kummer und Leid. In Wirklichkeit ist dieser Zustand ein Stimulans, weil er den Menschen zwingt, seinen Verstand zu gebrauchen. Diese Erkenntnis verdanke ich einem Freund von mir, einem sehr bekannten Unterhaltungskünstler. Er war auch schon einmal ganz unten gewesen und versicherte mir, daß nichts die schöpferische Kraft des Menschen mehr herausfordert als Not und Unglück. Auf diese Weise hätten viele der Großen in der Welt der Musik ihr besonderes Charisma erlangt, jene »Seele«, die ihr Publikum fühlen konnte. Damals war das ein schwacher Trost für mich, aber später erkannte ich, daß er recht gehabt hatte. Es war wirklich das Beste, das mir jemals passiert war.

Wenn man ganz unten ist, dann streckt man entweder alle Viere von sich und gibt auf, oder man beginnt zu kämpfen. Eines weiß man bestimmt: Man kann seine Probleme nicht dadurch bewältigen, daß man vor ihnen wegläuft. Jetzt ist der Zeitpunkt für die entscheidende Kraftprobe gekommen.

Als meine Gläubiger begannen, jeden Busch nach mir abzusuchen, wurde meine Lage wirklich verzweifelt. Am deutlichsten ist mir der sadistische Eifer im Gedächtnis geblieben, mit dem viele Gläubiger und praktisch alle professionellen Geldeintreiber (von denen viele als Rechtsanwälte getarnt waren) ans Werk gingen. Für manche von ihnen wurde die Jagd auf mich zu einem wahren Kreuzzug.

Ab und zu gelang es einem Anwalt, mir eine gerichtliche Vorladung in die Hand zu drücken, was meistens zu einem Versäumnisurteil führte. Und dann war er in einer Sackgasse. Ob man mich zur Sache vernahm oder ob ein Versäumnisurteil erging, der Mann des Rechts war zu seiner größten Enttäuschung gezwungen, sich mit der harten Realität abzufinden, daß die Gebeine einer Finanzleiche nicht auf seinen Befehl in Dollars umgewandelt werden konnten. Daraufhin pflegte sein sadistischer Eifer sehr schnell einem Zustand der totalen Verwirrung zu weichen. Um Ihnen ein Beispiel dafür zu geben, wie frustriert diese Herrschaften waren, zitiere ich die folgende Passage aus einem Vernehmungsprotokoll:

ANWALT:	Mr. Ringer, wo wohnen Sie jetzt?
ICH:	Im Moment wohne ich in einem Lastwagen.
ANWALT:	Könnten Sie das etwas genauer erklären?
ICH:	Es ist ein Ryder-Lastwagen, R-y-d-e-r.
ANWALT:	Wem gehört der Lastwagen?
ICH:	Der Firma Ryder, nehme ich an. Ich habe ihn von ihr gemietet.
ANWALT:	Wann?
ICH:	Ich glaube , vor ungefähr zwei Tagen, als der Sheriff mich aus meinem Haus wies.

Wenn es mir überhaupt möglich war, mich in meiner Lage über etwas zu freuen, dann geschah das in solchen Augenblicken — wenn der Mann des Rechts sich hinterm Ohr kratzte und seinem Mandanten über den Rand der Brille hinweg einen Blick zuwarf, der eine totale Hoffnungslosigkeit ausdrückte. Und damit hatte er recht: Es war hoffnungslos. Er glaubte, daß ich mit teuflischer Raffinesse eine Methode entwickelt hatte, wie ich Berge von Geld vor ihm verstecken konnte. Zu unserem beiderseitigen Pech stimmte das nicht. Bei mir gab es nichts zu holen, und wenn es nicht nach Geld riecht, verliert der Mann des Rechts sehr schnell das Interesse an einem Fall. Diese Tatsache trug viel dazu bei, daß ich aus einigen sehr prekären Situationen mit heiler Haut herauskam.

Und noch einmal: Anerkennung ist selten

In meiner schwierigen Lage war es geradezu selbstmörderisch, die Theorie, daß eine Leistung nur selten anerkannt wird, zu mißachten. Ich war völlig durcheinander und nicht fähig, rational zu denken. Die Folge davon war, daß ich ein Opfer der Einschüchterung durch Gewohnheit und Tradition wurde. Man hatte mir eingeimpft, daß »ein ehrenwerter Mensch seine Schulden bezahlt«, und deshalb war ich entschlossen, nicht den Konkurs anzumelden - ein Schritt, der ein für allemal reinen Tisch gemacht und mir die Chance für einen neuen Start gegeben hätte. Die Folgen dieser selbstauferlegten Einschüchterung sahen so aus:

1. Ich schlug mich jahrelang mit Gläubigern herum und schwächte meine schöpferische Kraft, weil ich in ständiger Angst vor Geldeintreibern, raubgierigen Anwälten und dem allgegenwärtigen Sheriff lebte. Ich brachte

mich selbst um kostbare Zeit, die ich für konstruktive Projekte zur Verbesserung meines Lebens gebraucht hätte.
2. Ich zahlte Tausende von Dollars an meine Gläubiger, wodurch mein Lebensstandard jahrelang hart am Rand des Existenzminimums blieb. Auf diese Weise erschwerte ich es mir, irgend etwas zu unternehmen, das mich aus meiner mißlichen Lage befreit hätte.
3. Statt daß die Unterlagen über meine Kreditwürdigkeit eine einzige negative Auskunft enthalten hätten — Konkurs —, wuchs die Liste der Zahlungsbefehle, Prozesse und Gerichtsurteile, bis ich den Eindruck erweckte, ein Parasit der menschlichen Gesellschaft zu sein. In Wirklichkeit war ich nichts weiter als ein Mann, der ein paar finanzielle Fehler begangen hatte und dem die Spielmarken ausgegangen waren.
4. Was mich dann so richtig erledigte, war die Tatsache, daß mir niemand wohlwollend auf die Schulter klopfte, weil ich mich wie ein braver Bürger benahm und es verschmähte, es mir »leichtzumachen«. Im Gegenteil, wenn ich einen Vergleich schloß, brachten die Gläubiger mir eine furchterregende, fast sadistische Verachtung entgegen. Noch erstaunlicher war, daß sie mir bestenfalls gleichgültig und schlimmstenfalls feindselig gegenüberstanden, als ich nach Jahren der Mühe und Plage viele Schulden voll bezahlte. Sie waren überzeugt, daß ich irgendeinen faulen Trick angewendet hatte – daß ihre Rechnungen unbezahlt geblieben waren, obwohl ich irgendwo viel Geld versteckt hatte. Aber auch das entsprach leider nicht den Tatsachen.

Es war eine Hölle, in der ich lebte. Ich hatte seelische Qualen erduldet, Tausende von hartverdienten Dollars ausgezahlt, mein kaufmännischer Ruf war ruiniert, und doch war ich zu einem Objekt der Verachtung geworden. Aber hätte ich nicht in meinem Innern ein gutes Gefühl haben sollen, weil ich ohne Rücksicht auf Verluste »das Richtige« getan hatte? Blödsinn! Ich hatte keineswegs ein gutes Gefühl. Ich hatte nur das Gefühl, ein Dummkopf zu sein, und zwar aus folgenden Gründen: Ich hatte mich durch Gewohnheit und Tradition einschüchtern lassen und war meinem Instinkt und nicht meinem Verstand gefolgt. In der Theorie mag es schön klingen, wenn man »das Richtige« tut, aber in der Praxis — nun, versuchen Sie es einmal selbst und ziehen Sie dann Ihre eigenen Schlußfolgerungen.

Aber ich hatte Glück. Ich lernte meine Lektion wirklich gründlich. Um die gleiche Zeit, als meine finanziellen Probleme begannen, meldete ein Bekannter von mir Konkurs an. Sobald er diesen Schritt getan hatte – also den »leichten Ausweg« gewählt hatte —, war die Sache erledigt. Er hatte Zeit, sich mit neuen Projekten zu befassen, die ihn nicht nur reich machten, sondern auch für andere Menschen Arbeitsplätze schufen. Seine Kreditauskunft enthielt eine einzige negative Eintragung: Konkurs. Was mich aber am meisten schmerzte, war die Tatsache, daß die meisten Leute ihm Mitgefühl entgegenbrachten. Statt daß die Gläubiger wütend waren, taten sie seinen Konkurs mit einem Schulterzucken als Pechsträhne ab.

Tun Sie nichts, das Ihnen keine Anerkennung einbringt. Zwischen dem althergebrachten Mythos des »schicklichen Verhaltens« und der Realität, die den Menschen erwartet, der sich blindlings nach einer solchen Phrase richtet, besteht ein sehr großer Unterschied. Ich bekam meinen gerechten Lohn dafür, daß ich mich von Gewohnheit und Tradition hatte einschüchtern lassen; ich hatte das getan, was *andere* für richtig hielten - aber die Konsequenzen mußte ich allein tragen.

Der neue Anfang

Mit dieser Beschreibung meiner schlimmsten Zeit wollte ich Ihnen helfen, Ihre eigene finanzielle Lage richtiger zu beurteilen. Falls es Ihnen jemals noch übler ging als mir, dann haben Sie bereits die Hölle auf Erden erlebt. Ich hoffe aber, daß Ihnen eine derartige Katastrophe bisher erspart geblieben ist, und daß Sie auf eine weniger drastische Art gelernt haben, Ihre finanzielle Situation in der richtigen Perspektive zu sehen.

Ich weiß natürlich nicht, in welcher Lage Sie sich in diesem Augenblick befinden. Vielleicht haben Sie soeben Ihr Studium abgeschlossen; vielleicht sind Sie ein Mann um die Vierzig, der für ein niedriges Gehalt eine Arbeit tut, die ihm verhaßt ist; vielleicht sind Sie eine Frau, die es satt hat, die Sklavin ihres Haushalts und ihrer Familie zu sein und gern wieder in das Berufsleben zurückkehren würde; vielleicht sind Sie ein erfolgreicher Geschäftsmann, der viel verdient und sich jeden Luxus leisten kann, aber nicht genug Zeit hat, um ihn richtig genießen zu können.

Aber es ist gar nicht so wichtig, wer und was Sie sind. Falls Sie zu den Menschen gehören, die nicht die Freiheit haben, all das zu tun, was ihnen das unersetzliche Gefühl der Freude und Befriedigung vermittelt (entweder aus Zeit- oder aus Geldmangel), dann möchte ich Ihnen einen Ausweg zeigen. Es gibt eine Methode, mit deren Hilfe Sie das Ziel Ihrer Wünsche erreichen können. Mir ist das trotz widrigster Umstände gelungen, und viele andere Menschen haben es ebenfalls geschafft. Auch Sie können es schaffen, vorausgesetzt, daß Sie es wirklich wollen.

Rationales Denken und Mut sind die Schlüssel, die das Gefängnis öffnen

Ob es sich um echte Armut oder um die übliche »Angestellten- Armut« (gutes Einkommen, hohe Unkosten) handelt — die Verfahrensregel ist die gleiche. Als erstes müssen Sie sich selbst überzeugen, daß Sie reinen Tisch machen und eine andere Richtung einschlagen können. Bis Sie das wirklich begriffen haben, sind alle anderen Schritte sinnlos.

Ein bekannter Schauspieler, der verbittert war, weil er fast ausschließlich beim Film arbeitete statt beim Theater, dem sein Herz gehörte, sagte einmal, beim Film verdiene er so viel, daß sein Lebensstil erheblich gestiegen sei. Deswegen sei er »gezwungen«, weiter in einem Medium zu arbeiten, das er verabscheue; es sei ihm unmöglich, aufzuhören.

Ich habe zwar für solche Situationen Verständnis, bin jedoch anderer Meinung. Die Aussage, daß es *schwierig* sein würde aufzuhören, wäre zutreffender. Zwischen *schwierig* und *unmöglich* ist aber ein großer Unterschied. Nur durch rationales Denken können Sie auf Ihrer inneren Waage das Gleichgewicht zwischen Belastung und Wohlbefinden herstellen und die richtigen Antworten finden — Antworten, die zu Ihrem Besten sind. Eine logische Schlußfolgerung, die sich daraus ergibt, ist, daß Sie nur ein einziges Leben haben, und daß es unsinnig wäre, es mit einer Arbeit zu vergeuden, die Ihnen keine Freude macht. Ihre innere Waage soll Sie stets daran erinnern, daß letzten Endes Sie selbst der einzige Mensch sind, der die unbegrenzte Macht hat, Sie an der Verwirklichung Ihrer Wünsche zu hindern. Und schließlich sollte Ihre innere Waage klar und deutlich den Preis anzeigen, den Sie für einen befriedigenderen Lebensstil bezahlen müssen, so daß Sie eine intelligente Entscheidung darüber treffen können, ob es sich für Sie lohnt.

Der Weg zur Freiheit

Die grundlegende Voraussetzung ist, daß Sie einen klaren Kopf bewahren, in Ruhe überlegen und sich vergewissern, daß Sie Ihre finanzielle Lage in der richtigen Perspektive sehen. So unerfreulich die Situation an der

Oberfläche auch aussehen mag, betrachten Sie das Ganze als das, was es ist: ein Spiel. Sicher, es macht Spaß, ein Spiel zu gewinnen, aber vergessen Sie niemals: Wenn das Spiel vorbei ist, können Sie nichts mit ins Grab nehmen, gleichgültig wie hoch der Gewinn war.

Als nächstes müssen Sie sich von selbstzerstörerischem Wunschdenken befreien und die Tatsachen analysieren. Hängen Sie nicht Träumen und Illusionen nach, sondern bemühen Sie sich, Ihre Lage richtig zu begreifen, und dann gehen Sie daran, sie zu ändern. Aber schätzen Sie ehrlich ab, ob Sie mit der gegenwärtigen Situation zufrieden sind. Falls ja, dann geben Sie Ruhe, hören Sie auf zu meckern und tun Sie Ihre Arbeit mit Freude.

Aber wenn Sie mit den gegebenen finanziellen Bedingungen wirklich unzufrieden sind, dann geben Sie sich einen Ruck und ändern Sie die Situation, ob Sie nun Angestellter oder Geistesarbeiter, selbständiger Geschäftsmann oder arbeitslos sind. Verbringen Sie den Rest Ihres Lebens nicht mit Nörgeleien und Ausflüchten. Es mag schwierig sein aufzuhören — aber es ist keineswegs unmöglich. Wenn Sie auf Ihren Vorteil bedacht sind, müssen Sie bewußte und rationale Entscheidungen treffen, und es ist einfach nicht rational, Ihr Leben lang eine Arbeit zu tun, die Sie langweilt oder anwidert.

Die Rettung: Die gesunde Wut auf sich selbst

Wie bereits gesagt, war einer meiner letzten Gedanken, als ich auf der Flucht vor den Vollstreckungsbeamten mein Haus verließ, daß ich auf niemanden wütend war, außer auf mich selbst. Diese Erkenntnis war ganz bestimmt meine Rettung. Ich selbst war der Bösewicht, der meine Chance, Nummer Eins zu werden, ruiniert hatte; ich allein hatte die Entscheidungen getroffen, die mein Verderben waren.

Verbitterung gegen diejenigen, die es einem »eingebrockt« haben, ist nicht nur eine Vergeudung von Zeit und Energie, sondern auch für die Umwelt langweilig. Bedenken Sie auch, daß die Person, der Sie die Schuld an Ihrem Pech geben, sehr wahrscheinlich hundert gute Gründe aufzählen kann, die in ihren Augen ihr Verhalten rechtfertigen. Es ist immer so, daß jeder vom anderen glaubt, er habe sich unfairer Tricks bedient.

Vor vielen Jahren, als ich zum ersten Mal auf dem finanziellen Weg nach oben war, erzog ich mich dazu, selbst dem übelsten Ausbeuter gegenüber Dank zu empfinden. Ich hatte immer die Einstellung, daß ich aus jedem saftigen Reinfall etwas für die Zukunft lernen kann und für derartige Lektionen dankbar sein sollte. Ich versuche stets, meine Wut gegen mich selbst zu richten – denn da gehört sie hin. Es ist mir niemals schwergefallen, auf mich selbst zornig zu sein. Schließlich hatte ich ja immer wissen müssen, daß mein Gegner höchst geschickt seinen eigenen Vorteil verfolgte; die Spielregeln ändern sich nie. Es lag an mir, meine Flanken zu schützen, und wenn ich das nicht tat, mußte ich die Folgen tragen, die sich unausweichlich ergaben.

Vergessen Sie den Kerl, der Sie Ihrer Ansicht nach zu Fall gebracht hat. Vergeuden Sie keine Zeit damit, sich zu ärgern und ihn zu verwünschen. Sie selbst waren es, der Sie ruiniert hat; der andere war lediglich das Werkzeug, das Sie benützten, um das Werk zu vollbringen. Warum sich also seinetwegen Gedanken machen? Überlassen Sie es der Zeit, über Recht und Unrecht zu richten und jedem den Platz zuzuweisen, den er verdient hat. Lassen Sie Ihrer Wut auf sich selbst freien Lauf. Ich habe mich damals nach jener Pleite selbst so fertig gemacht, daß ich glaubte, meine eigene Dummheit nicht ertragen zu können. Der Wunsch, Erfolg zu haben, beschränkte sich nicht mehr ausschließlich auf das Geldverdienen, sondern bedeutete das Instrument zur Wiedergewinnung meiner Selbstachtung.

Auch wenn Sie sich von Ihren Freunden im Stich gelassen fühlen, sollten Sie nicht verbittert sein. Eine solche Einstellung verfehlt den Kernpunkt der Sache. Sicher, viele Leute kannten mich nicht mehr, als ich in den Abgrund rutschte, aber ich habe nie einen Grund gesehen, deswegen beleidigt zu sein. Vergebung ist nicht göttlich, sondern rational. Ich analysierte die Situation wie folgt:

1. Verbitterung hatte nicht das geringste mit der Bewältigung meiner finanziellen Probleme zu tun und konnte daher den Aufwand an Zeit und Energie nicht rechtfertigen.
2. Da meine Freunde Menschen waren, unterlagen sie menschlichen Schwächen. Menschen scheinen den gleichen Instinkt zu haben wie Ratten: Sie verlassen sinkende Schiffe.
3. Meine Freunde trugen keinerlei Schuld an meiner Pleite, warum sollten sie also in mein Unglück verwickelt werden?
4. Da Freundschaften wie alles im Leben auf gleichwertiger Leistung und Gegenleistung beruhen sollte, kam ich zu dem Schluß, daß ich in die

Beziehungen zu den Entschwundenen vermutlich nichts von Wert eingebracht hatte. Entweder war das der Grund, oder ich hatte von vornherein den Fehler gemacht, mir die falschen Freunde auszusuchen.

5. Ich sagte mir folgendes: Wenn jemand von der Bildfläche verschwindet, will er mir dadurch wahrscheinlich zu verstehen geben, daß er es mir nicht zutraut, wieder hochzukommen. In diesem Fall verlor ich das Vertrauen zu seiner Urteilsfähigkeit, weil ich ganz genau wußte, daß ich es wieder schaffen würde. Also betrachtete ich sein Verhalten als Verlust für ihn und als Gewinn für mich; er hatte sich selbst aus meinem zukünftigen Leben ausgeschlossen, indem er gezeigt hatte, wie mangelhaft seine Fähigkeit war, den Charakter und das Können eines anderen Menschen richtig einzuschätzen.

Das wichtigste ist, daß Sie auf die Lösung Ihrer Probleme hinarbeiten. Wenn andere Sie falsch beurteilen, so ist das ihr Problem. Außerdem ist das ja nichts Ungewöhnliches, denn jeder Mensch macht Fehler.

Verwechseln Sie nicht das Gefühl einer allgemeinen Verbitterung mit dem Zorn auf sich selbst. Es ist reine Zeitvergeudung, die Umwelt zu verwünschen, und es nützt Ihnen absolut nichts, wenn Sie verbittert vor sich hinbrüten. Falls Sie sich bei dieser Beschäftigung ertappen, hören Sie sofort damit auf. Gleichgültig, wie alt Sie sind, jeder Tag, an dem Sie sich darauf konzentrieren, Nummer Eins zu werden, ist ein Aktivposten, wenn das Soll und Haben Ihres Lebens gegeneinander aufgerechnet wird.

Entschuldigungen sind der Rettungsanker für Leute, die den Preis nicht bezahlen wollen

Wenn jemand die Wahrheit der Behauptung beweisen will, daß der Mensch dazu neigt, sein eigenes Leben zu komplizieren, braucht er sich nur vom positiven Handeln abzuwenden und sich auf faule Entschuldigungen zu konzentrieren. Nichts ist leichter, als auf einer Entschuldigung herumzureiten, und nichts ist besser geeignet, das Leben zu komplizieren. Eine Entschuldigung kann gerechtfertigt sein, aber sie verschafft Ihnen keinen Vorteil für Ihre Zukunft; sie bezieht sich immer direkt oder indirekt auf ein Ereignis in der Vergangenheit.

Die beliebteste Entschuldigung

Die beliebteste Entschuldigung ist natürlich der »unglückliche Zufall«. Gibt es so etwas überhaupt? O ja, er bleibt keinem von uns erspart. Aber es kommt darauf an, wie man sich verhält, wenn etwas schiefgeht, ob man fähig ist, sich auf die neue Lage einzustellen und vielleicht doch noch Nutzen daraus zu ziehen. Ein Mensch, der gewohnheitsmäßig den unglücklichen Zufall als Entschuldigung zitiert, ist meist ein Opfer der Theorie, daß

die Welt ihm etwas schuldet.

Wer unter dieser Krankheit leidet, wird nicht nur sein Leben lang immer wieder versagen, sondern auch unendlich viel Bitterkeit und Enttäuschungen durchmachen. Ich kann nicht verstehen, wie man auf die absurde Idee verfallen kann, daß irgend jemand oder gar »die Welt« einem etwas schuldet. Ich weiß jedoch ganz bestimmt, daß ein Mensch niemals Fortschritte, geschweige denn Erfolg haben kann, wenn er sich nicht von dieser unsinnigen Vorstellung befreit. Ausschlaggebend sind immer und in jedem Beruf Befähigung und Selbstdisziplin sowie die Bereitschaft, den Preis zu bezahlen.

Über den Wert von Referenzen

Für Leute, die sich leicht beeindrucken lassen, haben zwei Arten von Referenzen Wert: »Papiere« (Diplome, Zulassungsgenehmigungen usw.) und Erfahrungen. Keine dieser Referenzen ist gleichbedeutend mit einer Kenntnis der Tatsachen. Eine nicht abgeschlossene Schulbildung oder mangelnde Erfahrung sind ebensowenig unüberwindliche Hindernisse wie eine Garantie für den Erfolg.

Tatsächlich erweist sich die höhere Schule manchmal als Nachteil, weil sie die Absolventen zu überzogenen Vorstellungen verleitet. Karl Hess, der früher Reden für Senator Barry Goldwater verfaßte, erwiderte auf die Frage, warum er kein Freund höherer Schulbildung sei (er hatte mit fünfzehn Jahren die Schule verlassen): »Ich habe leidenschaftlich gern gelernt, und das ist der Grund, weshalb ich so wenig Zeit wie möglich in der Schule verbrachte . . . Wenn man den Kindern eine gute Bildung geben will, braucht man nur das Schulsystem abzuschaffen.«

Wo soll man die notwendige Erziehung finden, wenn nicht in der Schule? Gehen Sie hinaus in die Welt, halten Sie Augen und Ohren offen und schalten Sie Ihr Gehirn auf Empfang. Sie werden überrascht sein, wieviel Sie auf diese Weise lernen können und wie schnell Sie es aufnehmen. Und es sollte Sie nicht viel Mühe kosten, sich ein paar ordentliche Rückschläge einzuhandeln, die ja immer die besten und schnellsten Lehrer sind. Ich weiß, wovon ich rede, denn ich habe mir mein Diplom als Pechvogel schon vor vielen Jahren erworben.

Der Mangel an akzeptablen Referenzen in Form von Erfahrungen ist eine Entschuldigung, die vollkommen wertlos ist, wenn man sie einem Menschen gegenüber vorbringt, der fest entschlossen ist, eben diese Erfahrungen zu sammeln.

Das Etikett

Selbstklassifizierung und -etikettierung können jederzeit eine bequeme Entschuldigung liefern, wenn einem nichts anderes einfällt, aber die Tatsachen beweisen immer wieder, daß eine solche Entschuldigung keine Gültigkeit hat. Wenn Sie rational denken und entschlossen sind, Nummer Eins zu werden, dann hüten Sie sich davor, in die Etikettierungsfalle hineinzustolpern.

Eine Frau, die aktiv damit beschäftigt ist, ihr Leben zu gestalten, hat keine Zeit, sich von irgendeiner abwegigen oder schlecht organisierten Frauenbewegung aufsaugen zu lassen. Wenn sie sich mit einer solchen »Sache« identifiziert, geschieht das auf Kosten ihrer eigenen persönlichen Talente und Fähigkeiten. Ich kenne viele Frauen, die z. B. im Verlagswesen leitende Positionen haben. Sie sind viel zu sehr mit ihrer beruflichen Karriere beschäftigt, als daß sie Zeit hätten, Spruchbänder herumzutragen oder zu demonstrieren. Und da sie auf das, was sie erreicht haben, stolz sind, glaube ich nicht, daß sie bereit wären, ihre Identität zu verlieren, indem sie sich mit anderen, die zufällig das gleiche Geschlecht haben, zu einer Gruppe zusammenfassen lassen.

Auf dieses Argument habe ich immer wieder die Frage gehört: »Das ist ja ganz schön und gut für die Handvoll Frauen, die außergewöhnliche Fähigkeiten haben, aber wie steht's mit uns anderen?« Diese Frage geht am Kernpunkt vorbei — an *Ihrem* Kernpunkt. Hören Sie auf, sich wegen der Fähigkeiten anderer Menschen Gedanken zu machen. Es geht nicht um die Frage, ob Sie so begabt sind wie andere. Es kommt nur darauf an, daß Sie Ihre eigenen Fähigkeiten entdecken und sie bestmöglich einsetzen. Verlieren Sie keine Zeit, sie Ihrer Umwelt klar und deutlich vor Augen zu führen. Diese Grundsätze haben für alle Stufen der finanziellen Leiter Gültigkeit.

Lassen Sie sich niemals auf den erniedrigenden Kampf um das »Recht« ein, dort zu sein, wo Sie nicht erwünscht sind. Versuchen Sie nicht, durch die Anwendung von Zwang – sei es mit Hilfe von Behörden oder auf andere Art und Weise – oder durch Verstöße gegen irgendwelche Naturgesetze die finanzielle Hürde zu überwinden. Das ist, auf die Dauer gesehen, nicht zu Ihrem Besten; denn Sie werden Ihre kreativen Fähigkeiten niemals voll einsetzen können, wenn Ihre Umgebung Ihnen Unmut und Unwillen entgegenbringt.

Gleichgültig, welche Meinung man Ihnen eingeimpft hat – es gibt genug Arbeitgeber, die sich aus rein rationalen Erwägungen nicht um Alter und Geschlecht eines Bewerbers kümmern, wenn es darum geht, die geeignetste Person für eine bestimmte Stellung zu finden. Kein vernünftiger Unternehmer würde wegen irgendwelchen Nebensächlichkeiten auf eine Gewinnchance verzichten. Falls Ihre Arbeit von finanzieller Förderung abhängt, suchen Sie sich für die Verhandlungen ratinal denkende Geldgeber aus.

Ihr Geschlecht oder Ihr Alter ist nichts weiter als nur ein einzelner Faktor, der etwas über Sie aussagt – und wahrscheinlich ist er in Bezug auf Ihre Fähigkeiten der unwichtigste. Wie groß der Einfluß ist, den Sie einer solchen Tatsache bei der Bewältigung der finanziellen Hürde einräumen, steht in direktem Zusammenhang mit Ihrer Rationalität, Selbstachtung und Zielstrebigkeit. Durch ständige Klagen darüber, daß man Sie abgestempelt und etikettiert hat, können Sie vielleicht anderen einreden, daß dies der Hauptgrund für Ihre Erfolglosigkeit ist, aber Sie können sich davon nicht einen einzigen Laib Brot kaufen. Statt daß Sie Ihre Freunde davon überzeugen, daß Sie unfair behandelt werden, sollten Sie sich auf den Weg machen und rational denkende Leute zu der Einsicht bringen, daß Sie gute Arbeit leisten können.

Was soll man tun, wenn man keine Entschuldigungen mehr hat?

Nachdem Sie sich aus dem Netz Ihrer Entschuldigungen befreit haben, sollten Sie sich als erstes die Frage stellen, was Sie in Ihrem Leben wirklich tun möchten. Dabei sind zwei Faktoren zu berücksichtigen: Wie können Sie Ihre Talente am besten einsetzen, um den von Ihnen erstrebten finanziellen Erfolg so schnell wie möglich zu erreichen, oder wollen Sie sich lieber für eine Arbeit entscheiden, die Ihnen Freude macht.

Zum Glück hat die Natur es so eingerichtet, daß diese beiden Faktoren einander ergänzen. Wenn Sie eine Arbeit tun, die Ihnen liegt, erhöht das Ihre Chance, das angestrebte Ziel schneller zu erreichen. Sie sind der einzige Mensch, der diese Entscheidung treffen kann, denn nur Sie wissen, was Sie glücklich macht. Halten Sie sich bei Ihren Überlegungen an die beiden folgenden wichtigen Regeln:

1. Lassen Sie sich bei Ihrer Wahl nicht von den Wünschen anderer Menschen beeinflussen. Nicht die Person, die Ihnen gute Ratschläge gibt – sei es Ihre Mutter, Ihr Ehepartner oder ein wohlmeinender Freund –, muß die Frustration und die Unzufriedenheit ertragen, die eine ungeliebte Arbeit Ihnen auflastet. Versuchen Sie nicht, das zu sein, was andere für Sie wünschen. Tun Sie das, was Ihnen Freude macht und wofür Sie Ihrer Meinung nach geeignet sind.

2. Hören Sie nie auf jemanden, der Ihnen einreden will, daß Ihr Vorhaben zu unrealistisch oder zu schwierig ist, oder daß es für Sie zu spät ist, neu anzufangen. Unsinn! Wenn es das ist, was Sie schon immer tun wollten, dann lassen Sie sich nicht kopfscheu machen.

Und das erinnert mich an eine Theorie, die ein wesentlicher Bestandteil des Komplexes »Einschüchterung durch Gleichmacherei« ist:

Die Außenseiter-Theorie

Im allgemeinen kann gesagt werden, daß die Erfolgschancen eines Menschen steigen, je weniger er sich im Gleichschritt mit der »Gesellschaft« bewegt, ganz nach Art des Sprichwortes der Börsenmakler: Die Öffentlichkeit hat immer unrecht.

Diese Theorie gilt ebenso für Produkte und Dienstleistungen wie für Freunde und Liebhaber. Wenn Sie das anbieten, was alle anderen anpreisen, wer braucht Sie dann noch? Also los, raus aus dem Gleichschritt!

Lassen Sie sich nicht von sarkastischen Bemerkungen einschüchtern, mit denen Ihnen gesagt wird: »Die ganze Kompanie steht falsch, außer dir.« Solche Aussagen sollten Sie nicht unsicher machen, im Gegenteil, sie beweisen eher, daß Sie das Richtige tun und nicht das, was Sie instinktiv tun würden. Der Instinkt treibt den Menschen dazu, sich der großen Masse anzuschließen, aber die große Masse hat meistens unrecht.

Üben Sie sich in der Interpretation des Verhaltens anderer. Versuchen Sie, den verborgenen Ausgangspunkt aufzufinden, wenn jemand zu Ihnen sagt: »Die ganze Kompanie steht falsch, außer dir.« Der wahre Sinn dieser Worte könnte der folgende sein: »Ach ja, alle zockeln wie lahme Gäule die gleiche, fade alte Tour, die nirgendwo hinführt, während du die Sporen einsetzt und etwas besseres herausholst.« Warum sollten Sie nicht, solange Sie niemanden stören? Ihr finanzieller Erfolg und somit Ihre Unabhängigkeit können sehr wohl von Ihrer Weigerung abhängen, sich durch Einschüchterung zum Gleichschritt zwingen zu lassen.

Die allgegenwärtige Wirklichkeit: Der Preis muß bezahlt werden

Falls Sie allmählich den Eindruck gewinnen, daß eine ganze Menge dazu gehört, die finanzielle Hürde zu überwinden, haben Sie recht. Sie haben entschieden, daß Sie Ihre Lage ändern können, wenn Sie es wollen; Sie haben es geschafft, die Leute zu vergessen, von denen Sie zu Fall gebracht wurden, und Sie denken auch nicht mehr an die Freunde, die sich davonmachten, als Sie k.o. waren; Sie haben gelernt, auf sich selbst wütend zu sein; Sie verstecken sich nicht mehr hinter Entschuldigungen; und Sie haben gelernt, die Ratschläge, die andere Ihnen erteilen, zu ignorieren. Und doch sind Sie gerade erst gestartet. Kein Wunder, daß so wenige Menschen jemals den Zustand der finanziellen Seelenruhe erreichen.

Alles im Leben hat seinen Preis, und Sie müssen ihn bezahlen, ob es Ihnen paßt oder nicht. Wenn Sie sich weigern, werden Sie das angestrebte Ziel niemals erreichen. Diese Regel gestattet keine Ausnahmen.

Nachdem Sie sich entschieden haben, was Sie wirklich tun möchten, müssen Sie sich nüchtern und sachlich überlegen, was es kosten wird. Reden Sie sich ja nicht ein, daß Sie billig davonkommen werden. Das ist nur dann möglich, wenn Sie sich nicht um eine echte Bewältigung der finanziellen Hürde bemühen, sondern sich mit einer Imitation begnügen. Der Preis, den Sie bezahlen müssen, hängt von verschiedenen Faktoren ab, zu denen auch Ihr Bedürfnis nach Dingen, die nichts mit dem finanziellen Erfolg zu tun haben, Ihre Wesensart, Ihr berufliches Können und die Menschen gehören, die in Ihrem Leben eine wichtige Rolle spielen.

Die Bezahlung kann die verschiedensten Formen haben: Zeit und Energie, finanzielles Risiko, weniger Zeit für Freunde und Familie, Eifersucht und Neid von anderen, Verzicht auf Dinge, die bisher für Sie wichtig waren. Prüfen Sie den Preis sehr gründlich und ohne fremde Einmischung. Wenn Ihre innere Waage für das Glücksempfinden richtig funktioniert – das heißt, wenn Sie von Ihnen mit ehrlichen Daten beschickt wird –, dann kann sie genau abwägen, ob der Preis den Gewinn wert ist, den Sie als Gegenleistung erwarten.

In vielen Fällen hängt die Höhe des Preises auch davon ab, ob Sie sich für die Laufbahn eines »Unternehmers« oder für die eines »Arbeiters« entschieden haben. Als Karl Marx das Kommunistische Manifest schrieb, war er entweder total verkatert, oder er muß einer der großen Lustspieldichter seiner Zeit gewesen sein. Die Idee, daß nur die »Arbeiterklasse« das tragende Element der Wirtschaft ist, möchte ich als absurd bezeichnen. Es nützt einem wenig, ein guter Facharbeiter zu sein, der einen hohen Stundenlohn wert ist, wenn niemand da ist, der ihm Arbeit geben kann.

Die Wahrheit sieht so aus, daß jede Zivilisation sowohl die Unternehmer als auch die Arbeiter braucht. Unternehmer sind Leute, die nicht nur Ideen produzieren, sondern sie in die Tat umsetzen und dabei Zeit, Energie und Geld riskieren, in der Hoffnung, einen größeren finanziellen Gewinn einzustreichen, als sie durch eine nichtselbständige Tätigkeit erzielen könnten. Der Unternehmer muß sich ständig mit der unberechtigten Einmischung von Behörden, dem Problem der steigenden Unkosten und Tausenden von anderen Dingen herumschlagen, um die ein Gehaltsempfänger sich nicht zu kümmern braucht.

Im Gegensatz zum Unternehmer steht der Arbeiter bzw. Angestellte nicht ständig unter Druck, und sein Berufsrisiko ist viel geringer. Aus diesem Grund schreibt das Gesetz der Wirtschaft vor, daß das finanzielle Potential des Arbeiters bzw. Angestellten begrenzt sein soll. Da der Unternehmer theoretisch keiner Begrenzung dieser Art unterworfen ist, muß er die andere Seite dieses ökonomischen Gesetzes akzeptieren: die Möglichkeit des totalen finanziellen Zusammenbruchs.

Es ist keine Seltenheit, daß eine hochbezahlte Fachkraft finanziell besser dasteht als ein durchschnittlicher Unternehmer. Für den Unternehmer liegt die große Verlockung in der Chance, eines Tages das ganz große Geld zu machen. Bevor Sie sich für eine Karriere als Unternehmer entscheiden, müssen Sie sich über die damit zusammenhängenden Risiken und Möglichkeiten vollkommen im klaren sein. Als Arbeiter oder Angestellter können Sie nicht erwarten, daß Sie Millionär werden. Als Unternehmer können Sie nicht erwarten, daß Sie so viel Freizeit haben wie ein Gehaltsempfänger.

Wofür Sie sich auch entscheiden, Ihre Karriere hängt weitgehend davon ab, daß Sie Ihre Fähigkeiten bestmöglich einsetzen. Es kommt dabei nicht auf den Grad Ihrer Fähigkeiten oder auf die Anwendungsebene an, sondern nur darauf, *wie* Sie Ihr Können einsetzen.

Schleppen Sie kein überflüssiges Gepäck mit

Ich weiß aus Erfahrung, daß die Bewältigung der finanziellen Hürde keine leichte Aufgabe ist. Befreien Sie sich von so viel überflüssigem Gepäck, wie Sie nur können. Schleppen Sie keinen Ballast mit, der Sie daran hindern könnte, sich mit voller Kraft in den Kampf zu stürzen.

Es dürfte wohl keinen Zweifel daran geben, daß die größten Belastungen, die einem auferlegt werden können, von anderen Menschen ausgehen. Sie können uns vor eine Unzahl von Problemen stellen. Wenn Sie z. B. bestrebt sind, einem anderen Menschen ein Leben in Luxus zu bieten, obwohl Ihre finanzielle Lage das nicht gestattet, dann gleicht das einem Tanz auf dem Vulkan. Wenn Ihr Lebensgefährte kein Verständnis für Ihre Bedürfnisse oder Ziele hat, dann fühlen Sie sich verraten und verkauft, denn ein Mangel an Geduld und Unterstützung schwächt die Kraft, die Sie für den Kampf um den Erfolg brauchen. Werden solche Tiefschläge – ob absichtlich oder unabsichtlich – von einem Menschen ausgeteilt, den Sie lieben, so kann dieser Umstand Sie vor eine der schwersten Entscheidungen Ihres Lebens stellen; Sie müssen wählen, was Ihnen wichtiger ist – Ihr Partner oder das, was Sie erstreben. Und diese Entscheidung kann Ihnen niemand abnehmen.

Das Leben eines jeden Menschen ist eine Kette von Belastungen. Versuchen Sie, so viele wie möglich abzuwerfen. Wenn es Ihnen mit der Bewältigung der finanziellen Hürde ernst ist, können Sie sich kein Übergepäck leisten. Es ist sehr schwer, diese Hürde zu überwinden, ohne ins Stolpern zu geraten oder flach aufs Gesicht zu fallen.

Die Achillesferse

Die größte aller Belastungen kann Ihr eigenes Ego sein, besonders dann, wenn Sie es zulassen, daß es Ihr Verhalten steuert. Es kann sich als der gefährlichste Verräter in Ihrem eigenen Lager erweisen. Jeder Mensch hat ein Ego, also versuchen Sie erst gar nicht sich einzureden, daß Sie keins haben. Es ist viel besser, wenn Sie diese Tatsache anerkennen und sich bemühen, Ihr Ego unter Kontrolle zu halten. Sie müßten schon über außergewöhnliche Fähigkeiten verfügen, wenn Sie es sich leisten könnten, sowohl den Preis für den finanziellen Erfolg als auch den für ein aufgeblasenes Ego zu bezahlen, denn der Preis für ein übertriebenes Ego besteht meistens im Verzicht auf den finanziellen Erfolg.

Ein aufgeblasenes Ego ist wie ein Felsbrocken, der ständig drohend über dem Gebäude Ihrer Pläne und Bemühungen schwebt. Seine Unersättlichkeit manifestiert sich oft in einer nicht enden wollenden Geschwätzigkeit. Erziehen Sie sich zu Ruhe und Geduld. Verhalten Sie sich unauffällig, und vermeiden Sie es soweit wie möglich, Aufsehen zu erregen. In meinem Beruf kann ich zwar auf Publicity nicht verzichten, aber ich spreche niemals über meine Projekte, solange sie im Stadium der Planung sind.

Es bringt Ihnen nichts ein, Ihre Pläne vorzeitig bekanntzugeben. Wenn Sie Ihr Ziel erreicht haben, wird sich das sowieso schnell genug herumsprechen, und vielleicht bringt Ihnen das sogar gute Noten ein, weil Sie vorher kein großes Getöse gemacht haben. Vergessen Sie den alten Murphy nicht, der nur darauf wartet, Ihnen ein Bein zu stellen, und denken Sie daran, daß Sie durch übereilte Ankündigungen viel verlieren können. Wenn alles gut geht, wird man von Ihnen sagen, daß Sie Ihre Worte zwar wahrgemacht haben, aber trotzdem werden viele Leute Ihnen Ihre langen Vorreden verübeln.

Der innere Prahlhans

Der beste Gehilfe des Teufels ist ein winziges Kerlchen, das ständig ein Grinsen zur Schau trägt. Wenn Sie das nächste Mal über ein Projekt schwatzen, das Sie planen, dann brauchen Sie nur schnell mal nach links zu blinzeln und Sie können ihn sehen, wie er auf Ihrer Schulter hockt und Ihnen ins Ohr flüstert. Bei dem unerwünschten Besucher handelt es sich um niemand anders als um Ihren inneren Prahlhans.

Satan hat diesem kleinen Ungeheuer die Aufgabe zugeteilt, dafür zu sorgen, daß der unheilbare Schwätzer stets seine Vorhaben in die Welt hinausposaunt. Wie oft haben Sie schon voreilig über irgendein Projekt geredet und sind dann in eine peinliche Situation geraten, wenn aus dem Plan nichts wurde? Lernen Sie beizeiten, Ihren inneren Prahlhans im Zaum zu halten, sonst wird er Sie immer wieder im letzten Moment um den Erfolg bringen. Die beste Art und Weise, wie Sie die Umwelt über ein Vorhaben informieren können, besteht darin, daß Sie es verwirklichen. Je besser Ihre Aussichten auf Erfolg sind, desto weniger Grund haben Sie, das Risiko einzugehen, durch ein voreiliges Wort alles zu vermasseln. Ihr Ego wird sich ganz von selbst vollauf befriedigt fühlen, sobald Sie das angestrebte Ziel tatsächlich erreicht haben.

Denken Sie immer daran: Wenn Sie eine vielversprechende Aktion planen, dann ist Schweigen Gold.

Angabe ist auch eine Gabe

Sicherlich ist Ihnen wenigstens einmal im Leben ein Mensch begegnet, der von der Ego-Krankheit, ständig über Millionengeschäfte reden zu müssen, befallen war. Nun, in der total verrückten Welt des Films gibt man sich nicht mit lumpigen Millionen ab – es müssen Milliarden sein! Wenn Sie zum ersten Mal jemanden treffen, der an der Milliarditis leidet, haben Sie das Gefühl, daß er Sie auf den Arm nehmen will, aber dann, wenn Sie merken, daß er es ernst meint, fangen Sie an, nach einer Fluchtmöglichkeit Ausschau zu halten.

Ich kannte einmal einen jungen Mann, der einen recht intelligenten Eindruck machte, aber an einem schweren Fall von Milliarditis litt. Er gab sich nicht mit popligen Millionären ab – er kannte nur Milliardäre. Anfangs glaubte ich, daß er damit nur sagen wollte, daß jemand sehr reich sei; später begriff ich, daß er überzeugt davon war, unser Planet wimmle nur so von Milliardären.

Ab und zu hatte ich Gelegenheit, einen dieser »Milliardäre« kennenzulernen. Der eine fuhr einen prächtigen Rolls Royce; durch Zufall fand ich heraus, daß er nur auf Monatsbasis gemietet war. Ein anderer wohnte in einer riesigen, feudalen Villa, aber eines Tages hörte ich, daß er nur der Strohmann für eine Gruppe von Finanziers war, die gemeinsam das Geld für die Renovierung des Besitzes aufgebracht hatten, um ihn günstiger verkaufen zu können. Ein dritter, der mit dem Geld nur so um sich warf, wurde von einer ganzen Meute von Geldeintreibern gejagt.

Ich habe noch nie einen Milliardär getroffen, aber ich kenne ein paar Millionäre. Sie alle haben eine gemeinsame Eigenschaft: Sie sind keine Verschwender und behandeln Geld mit Respekt, auch wenn es um kleine Beträge geht.

Die Falle der Selbsttäuschung

Die meisten Menschen neigen dazu, das zu glauben, was sie sich selbst einreden, eine Gewohnheit, die zu einer ernsten Gefahr werden kann. Es ist eine Sache, wenn Sie anderen etwas vormachen, aber es ist etwas ganz anderes, wenn Sie anfangen, sich selbst zu täuschen.

Ein Mensch, der in einem Zustand der Selbsttäuschung lebt, hat für seine Entscheidungen keine reale Grundlage und seine Scheinwelt kann durch die kleinste Erschütterung in sich zusammenfallen. Hüten Sie sich davor, jemals in diese Falle zu geraten, versuchen Sie nicht, etwas zu sein, das Sie nicht sind; vermeiden Sie es, Ihr Ego zu befriedigen; seien Sie sich selbst gegenüber ehrlich.

Der Bankrott des Egos und die dazugehörigen Symptome

Ein solcher Bankrott wird dadurch verursacht, daß man zuviel Zeit und Kapital in das eigene Ego investiert. Lassen Sie sich mit niemandem ein, der sich auf diesem Weg befindet, denn wenn er ins Rutschen gerät, zieht er Sie wahrscheinlich mit in den Abgrund. Die Befriedigung des Egos kann zu einer Abhängigkeit werden, die den Süchtigen zu unlauteren Aktionen verleitet, um sich den »Schuß« zu beschaffen, den er braucht. Im Folgenden finden Sie einige Symptome aufgezählt, auf die Sie achten sollten; sie sind zwar nicht hundertprozentig zuverlässig, sondern nur Indikatoren, aber wenn Sie bei einem Menschen mehrere dieser Anzeichen entdecken, können Sie ziemlich sicher sein, jemanden vor sich zu haben, der eine potentielle finanzielle Gefahr für Sie ist.

1. Der Ego-Süchtige versichert Ihnen immer wieder, daß er alles »bestens unter Kontrolle« hat. Erinnern Sie sich an unser Ausdeutungsspiel: Je

eifriger Ihnen jemand unaufgefordert eine Information aufdrängt, desto weniger Grund besteht für Sie, ihm zu glauben.

2. Er redet unaufhörlich über die Projekte, an denen er gerade arbeitet.

3. Wenn er nicht über laufende Projekte redet, dann schwelgt er ausführlich in den Leistungen, die er in der Vergangenheit vollbracht hat.

4. Eine auffallend schnelle Vergrößerung der Geschäftsräume (besonders, wenn die Ausstattung üppig ist), des Mitarbeiterstabes oder der geschäftlichen Aktivitäten sind zwar keine eindeutigen Beweise für die Ego-Suchtkrankheit, aber sie sollten Sie zur Vorsicht mahnen.

5. Zu den Gewohnheiten des Ego-Süchtigen gehört auch, daß er unaufgefordert erzählt, was ihm alles gehört, insbesondere dann, wenn seine Lage verzweifelt ist. Das Peinliche daran ist, daß es niemanden interessiert.

6. Es gibt ein Symptom, das noch peinlicher ist: Er protzt mit seinen Beziehungen. Wenn die Krankheit dieses Stadium erreicht hat, ist der Zustand des Ego-Süchtigen so gut wie hoffnungslos.

Prinzipienreiterei kann ein Ausdruck der Ego-Sucht sein

Die Prinzipienreiterei ist eine weitverbreitete Gefahr, die durch Gewohnheit und Tradition verursacht wird. Wenn jemand wegen einer relativ unwichtigen Frage ein großes Getue macht, so handelt es sich in Wirklichkeit um nichts anderes, als daß sein Ego ihn daran hindert, zu seinem eigenen Besten zu handeln. Ich versuche immer, solche Konfrontationen zu vermeiden, weil ich sie als Zeitvergeudung betrachte. Wenn es für meinen Verhandlungspartner so überaus wichtig ist, sich in einem Punkt durchzusetzen, der für mein eigentliches Ziel ohne Bedeutung ist, dann gönne ich ihm diese Befriedigung. Tatsächlich ist es mir lieber, wenn wir uns *nur* auf unwesentliche Punkte konzentrieren. Dann kann mein Gegenüber sich in dem Glauben wiegen, daß er die Schlacht gewinnt, während ich selbst ungehindert meinen langfristigen Plan für den siegreichen Abschluß des Krieges verfolgen kann.

Lassen Sie sich nicht durch Herausforderungen ablenken, die nichts mit dem Thema zu tun haben. Ignorieren Sie Ärgernisse, die in keinem Zusammenhang mit Ihrem Ziel stehen. Wenn Sie sich in ein überflüssiges Argument einlassen, handeln Sie nicht zu Ihrem Vorteil, sondern Sie haben die Kontrolle über Ihr Verhalten an Ihr Ego abgetreten.

Wenn Sie sich dabei ertappen, daß Sie versuchen, bei Geschäftspartnern oder Untergebenen durch Einschüchterung etwas zu erreichen, dann liegt wahrscheinlich auch hier eine Situation vor, in der Ihr Verhalten von Ihrem Ego gesteuert wird. Versuchen Sie niemals sich durchzusetzen, indem Sie in anderen Angstgefühle erwecken, denn auch das wäre nicht zu Ihrem eigenen Besten. Außerdem bringt es Ihnen auf die Dauer gesehen keinen Nutzen, denn gerade die Menschen, die Sie unter Ihrer Kontrolle wähnen, werden die ersten sein, die Ihnen ihre Hilfe versagen, wenn Sie sie am dringendsten brauchen. Sie können nur dann erfolgreich sein, wenn Ihnen kompetente Leute zur Seite stehen, und kompetente Leute braucht man nicht mit eiserner Faust zu regieren. Die besten Beziehungen beruhen immer auf gleichwertiger Leistung und Gegenleistung, wobei es unwichtig ist, ob die eine Seite von der anderen abhängig ist, oder ob beide Seiten einander gleichgestellt sind.

Was bedeutet es, einen Preis zu gewinnen?

Ein Preis ist oft ein Trostpflaster für das Ausbleiben des kommerziellen Erfolges. Sie müssen selbst entscheiden, ob Ihnen die künstlerische Anerkennung oder der finanzielle Erfolg lieber ist. Im Filmgeschäft gibt es z. B. Leute, die sich den Wünschen des Publikums so weitgehend entfremdet haben, daß sie sich selbst einreden, der kommerzielle Erfolg eines Films sei nicht das wichtigste. Nun ja, das stimmt — falls sie ein Marmeladenbrot einem zarten Kalbsfilet vorziehen.

Was diese Leute aufrecht erhält, ist die »Gewißheit«, daß sie zwischen einem künstlerischen Film und Mist (womit für gewöhnlich Filme wie »Vom Winde verweht« oder »Der Pate« gemeint sind) unterscheiden können. In Wirklichkeit bedeutet das nichts anderes, als daß sie das Definitionsspiel mit sich selbst spielen. Was sie unter Kunst verstehen, ist möglicherweise für Sie oder für mich reiner Mist. Sie sind nicht nur total wirklichkeitsfremd, sondern ihr Zustand scheint sich im Laufe der Zeit ständig zu verschlimmern.

Eine »künstlerische Anerkennung« ist natürlich sehr schön, ändert aber nichts an der nüchternen Tatsache, daß Preise für gewöhnlich auf Grund der Meinung von wenigen Leuten vergeben werden, und daß diese Meinungen für die meisten anderen Menschen höchst unwichtig sind. Wenn Sie am finanziellen Erfolg interessiert sind, sollten Sie nicht zuviel Wert auf die positive Kritik einer kleinen, elitären Gruppe legen. Eine solche Anerkennung ist keine Geldquelle, sondern nur eine Möglichkeit, das eigene Ego zu befriedigen.

Ich persönlich habe immer den Verdacht gehabt, daß jeder Produzent eines preisgekrönten Films seinen Siegespokal mit Vergnügen gegen einen Kassenknüller eintauschen würde.

Langfristiges Denken ist der Weg zu rationalen Entscheidungen

Ich habe schon mehrmals betont, daß eine langfristige Lösung immer besser ist als kurzfristiges Flickwerk. Das gilt ganz besonders im Hinblick auf die Bewältigung der finanziellen Hürde. Ich habe in meinem Leben schon so viele eklatante Fehler gemacht, daß es schwierig ist, zu sagen, welchem der Ehrenplatz gebührt. Aber ganz oben auf der Liste steht auf jeden Fall der unheilvolle Fehler, Entscheidungen zu treffen, die nur kurzfristige Ergebnisse bringen. Damit kommt man nur vom Regen in die Traufe. Wenn man kein Geld hat, neigt man instinktiv dazu, seine Entscheidungen den Gegebenheiten des Augenblicks anzupassen, und das macht die Sache nur noch schlimmer. Kurzfristiges Flickwerk funktioniert nie.

Erst als ich mir die Selbstdisziplin anerzogen hatte, welche die Voraussetzung für die Kunst des langfristigen Denkens ist, konnte ich eine solide Grundlage für den finanziellen Erfolg entwickeln. Zu meinem Erstaunen mußte ich feststellen, daß langfristig angelegte Lösungen tatsächlich am vorteilhaftesten sind. Wenn Sie für ein Problem eine Lösung auf lange Sicht anstreben – was vorübergehend Unannehmlichkeiten bereiten und eine etwas längere Anlaufzeit erfordern kann –, dann brauchen Sie sich nie wieder darüber Sorgen zu machen. Die Sache ist ein für allemal erledigt.

Eine übertriebene Befriedigung des Egos liefert den besten Beweis dafür, daß kurzfristiges Flickwerk auf die Dauer gesehen sehr üble Folgen haben kann. Wenn Sie z. B. nur um Ihr Ego zu befriedigen, einen Rolls Royce kaufen, dann verleiht Ihnen das vielleicht für kurze Zeit den Nimbus des Erfolgs, aber die langfristige Folge könnte so aussehen, daß Sie sich letzten Endes mit einem Fahrrad begnügen müssen. Das soll nicht heißen, daß Sie wie ein Bettler leben müssen, bis Sie irgendwann in der fernen Zukunft genug Jetons für das große Spiel angesammelt haben. Eine der Grundregeln für die Bewältigung der finanziellen Hürde lautet, daß Sie es vermeiden sollen, sich unglücklich zu fühlen, während Sie auf Ihr finanzielles Ziel hinarbeiten. Sie sollen die Realitäten des Heute anerkennen und auf der Grundlage dieser Tatsachen rationale Entscheidungen treffen, die Ihnen morgen Nutzen bringen.

Rücksichtnahme ist eine lohnende Investition

Jeder Mensch ist darauf bedacht, in seinem eigenen Interesse zu handeln. Vielleicht gelingt es Ihnen einmal, ein Geschäft abzuschließen, das nur Ihnen, nicht aber der Gegenseite Vorteile bringt, aber auf die Dauer gesehen wäre das nicht zu Ihrem Besten, denn Sie würden dadurch einen Kunden oder einen Geschäftspartner verlieren und sich bei den anderen Geschäftsleuten verdientermaßen einen schlechten Ruf einhandeln.

Natürlich können Sie nicht die Wünsche aller Menschen, die Ihnen begegnen, wichtignehmen. Aber die Wünsche und Bedürfnisse der Leute, mit denen Sie geschäftlich zu tun haben, sind für Ihren langfristigen Erfolg von großer Bedeutung. Für mich ist die Formel von Leistung und Gegenleistung die einzige, die wirklich funktioniert. Jede Transaktion muß auch Ihrem Partner Nutzen bringen, falls Sie weiter mit ihm Geschäfte machen wollen, und zur Belohnung wird er wahrscheinlich überall erzählen, daß Sie ein fairer Geschäftsmann sind. Lassen Sie Ihr Gegenüber ruhig wissen, daß Sie auf Ihren eigenen Vorteil bedacht sind, daß Sie deswegen aber auf keinen Fall die Chance einer langfristigen Beziehung aufs Spiel setzen wollen. So groß auch der Nutzen sein mag, den Sie aus einer einmaligen Gelegenheit ziehen, er ist wahrscheinlich nicht annähernd so hoch wie der Gewinn, der sich für Sie ergeben würde, wenn Sie über Jahre hinweg mit der gleichen Person geschäftlich zusammenarbeiten würden.

Das Risiko der Zielsetzung

Ich bin schon vor vielen Jahren zu dem Schluß gekommen, daß die traditionelle Form der Zielsetzung sich auf lange Sicht schädlich auswirkt. Was mich ursprünglich veranlaßte, die Praxis der Zielsetzung näher zu untersuchen, war die Tatsache, daß viele Leute, die sich fast immer als geschäftliche Versager erwiesen, die Gewohnheit hatten, sich ständig neue und höhere Ziele zu setzen.

Wenn Sie sich ein fest umrissenes Ziel setzen, dann gibt es für Sie nur die Möglichkeit, daß Sie es erreichen oder auch nicht. Erreichen Sie es nicht, können Sie zwischen den folgenden Alternativen wählen:

1. Sie gestehen sich ein, daß Sie Ihr Ziel nicht erreicht haben; das könnte in Ihnen Zweifel an Ihrer Leistungsfähigkeit erwecken.

2. Sie verschließen die Augen vor der Tatsache, daß Sie Ihr Ziel nicht erreicht haben; in diesem Fall werden Sie wahrscheinlich einfach weitermachen und sich ein neues Ziel setzen. Aber dieses neue Ziel hat keinerlei Bedeutung, weil Sie bereits einen Präzedenzfall geschaffen haben, als Sie Ihr erstes Versagen ohne weiteres übergingen.

Und was geschieht, wenn Sie Ihr Ziel wirklich erreicht haben? Das Nächstliegende ist, daß Sie sich ein neues und höheres setzen, und so geht es immer weiter. Aber halt – haben wir da nicht jemanden vergessen? Unser alter Herr Murphy mag es gar nicht, wenn man ihn übersieht. Sie dürfen sicher sein, daß er sich irgendwo auf dem Weg, der zu Ihrem nächsten Ziel führt, versteckt hat und Ihnen jene immer wieder bestürzende Realität der Natur präsentiert – die höhere Gewalt. Mit anderen Worten: Sie können nicht garantieren, daß Sie ein bestimmtes Ziel erreichen werden. Sie können nicht einmal garantieren, daß Sie morgen noch leben werden. Sie können nur sagen, daß Sie Ihr Bestes versuchen wollen, aber Sie können nicht wissen, ob es gut genug ist, um die Schwierigkeiten, die von außen an Sie herangetragen werden, zu überwinden.

Sicher ist nur, daß Sie früher oder später ein gesetztes Ziel nicht erreichen werden, und das bringt Sie wieder zu den beiden Alternativen zurück, die wir bereits diskutiert haben. Ich habe diesen Kreislauf mehrmals erlebt. Gewiß, ich hatte oft Erfolg, aber noch öfter wurde ich durch unvorhergesehene Veränderungen und Schwierigkeiten aus der Bahn geworfen. Manchmal war es für mich nicht leicht, den Glauben an mich selbst zu bewahren.

Da ich es nicht so weit kommen lassen wollte, die Zielsetzung als eine reine Farce zu betrachten, befaßte ich mich eingehend mit dieser Frage. Ich gelangte zu der Erkenntnis, daß die Zielsetzung – wie so viele andere traditionelle Mythen – nicht rational ist und daher in der Praxis nicht funktionieren kann. Sicher, jeder Mensch braucht etwas, auf das er hinarbeiten kann, aber jedes Ziel muß einen gewissen Spielraum gewähren, wenn es zweckmäßig und erstrebenswert sein soll; andernfalls kann es keine langfristige Lösung ermöglichen.

Das soll Sie aber nicht dazu verleiten, Ihren Zielen einen so allgemeinen Sinn zu geben, daß sie jede Bedeutung verlieren. Sie sollten sich kein so vages Ziel setzen wie z. B.: »Ich möchte viel Geld verdienen.« Ein genauer umrissenes, aber immer noch realistisches Ziel – wie ich es mir selbst einmal gesetzt habe – wäre beispielsweise: »Innerhalb der nächsten fünf Jahre will ich so viel Geld verdienen, daß ich genug Freiheit habe, um das zu tun, was mir Freude macht, und um dort hingehen zu können, wo es mir gefällt.« Da die Menschen verschieden sind, würde ein solches Ziel für jeden einen anderen Grad des finanziellen Erfolges repräsentieren.

Nachdem ich mir also ein generelles Ziel gesetzt hatte, machte ich eine sehr interessante Erfahrung: Obwohl ich durchaus bereit war, zugunsten von langfristigen Ergebnissen die festgesetzte Zeit von fünf auf sechs oder sogar sieben Jahre zu verlängern, so hart das damals für mich auch gewesen wäre, erreichte ich mein Ziel schneller, als ich es erwartet hatte. Das war nur deshalb möglich, weil ich mich durch die allgemeine Natur meiner Ziele nicht zum Schlendrian verleiten ließ. Ich gab wirklich mein Bestes, und meine Bemühungen um langfristige Lösungen erwiesen sich wieder als der sicherste Weg zum Erfolg. Wenn Sie sich der Methode der generellen Zielsetzung jedoch nur deshalb bedienen, um sie als Ausrede für Ihre Inaktivität zu benützen, dann sind Sie nicht besser daran als die Leute, die sich unrealistische, spezifische Ziele setzen.

Wie sicher ist unsere Zukunft?

Da wir in einer Welt des finanziellen Chaos leben, das wir den verwerflichen finanziellen Praktiken der Regierungen verdanken, müssen wir uns Gedanken über die Zukunft machen. In dem Maße wie die Regierungen weiterhin die Inflation fördern und Gelder ausgeben, über die sie gar nicht verfügen, wird sich die Lage weiter verschlechtern. Und da wir damit rechnen können, daß unsere Regierung die Praxis des kurzfristigen Flickwerks beibehält, ist es nur eine Frage der Zeit, wie lange es ihr noch gelingen wird, mit Hilfe von immer neuen Tricks die totale Katastrophe hinauszuzögern.

Wenn Sie den finanziellen Erfolg bereits erreicht haben oder sich auf dem besten Weg dazu befinden, müssen Sie der unerfreulichen Tatsache ins Auge sehen, daß die Regierung bei ihrer Suche nach kurzfristigen Lösungen die »Reichen« immer stärker zur Ader lassen wird. Schließlich braucht die Regierung ja einen Buhmann, auf den sie anklagend hinweisen kann. Und so werden die »Reichen« (niemand weiß genau, auf wen diese Bezeichnung sich eigentlich bezieht) schon seit geraumer Zeit kräftig zur Kasse gebeten. Natürlich ist dieses Verfahren nichts anderes als schierer Blödsinn, genau so wie alle anderen Phrasen, mit denen die Regierung uns eindeckt. Henry Hazlitt hat folgende Berechnung aufgestellt: Wenn die Regierung alle Jahreseinkommen, die über dem Betrag von fünfzigtausend Dollar liegen, konfiszieren und unter die übrige Bevölkerung verteilen würde, dann würde jeder Bürger der Vereinigten Staaten die großartige Summe von einhundertzwanzig Dollar erhalten.

Eine mögliche Lösung der langfristigen Probleme, die wir der Regierung zu verdanken haben, besteht darin, daß man sein Geld in Kommoditäten anlegt, die auch nach dem großen Krach einen Großteil ihres Wertes behalten. Dazu gehören Gold, Silber, Kunstgegenstände – kurzum alles, das hoch im Kurs stehen könnte, wenn niemand mehr bereit ist, für ein Stück wertloses Papier einen Laib Brot herzugeben. Aber diese Möglichkeit müssen Sie selbst prüfen. Ich möchte Ihnen keinen Rat geben, weil ich mich mit dieser Frage noch nicht gründlich genug befaßt habe.

Der Schwindelfonds

Wenn Sie sich darauf verlassen, daß die Sozialversicherung für Ihren Lebensabend sorgen wird, sollten Sie diese Hoffnung schleunigst aufgeben. Es gibt keinen Sozialversicherungsfonds. Das Ganze war von Anfang an nichts anderes als ein betrügerisches, kurzfristiges Flickwerk, mit dessen Hilfe die Regierung noch mehr von Ihrem Geld in die Hände bekommen wollte, um das sinkende Schiff über Wasser zu halten. Der »Fonds« ist in Wirklichkeit ein Schuldschein über 2,3 Billionen Dollar, der von einer bankrotten Währung gedeckt wird. Die Auszahlung an die Empfangsberechtigten könnte nur dadurch gesichert werden, daß die Regierung in Zukunft den Steuerzahlern noch mehr Geld abknöpft. Wenn man in der freien Wirtschaft den Gewinn aus einer noch laufenden Transaktion sofort für die Durchführung eines noch größeren Projektes verwendet, wird man von derselben Regierung, die sich ganz offen dieser Methode bedient, zu einer langen Gefängnisstrafe verurteilt.

Wo sind also die Geldmittel der Sozialversicherung? Sie verschwinden in dem gleichen Tempo, in dem sie eingezahlt werden. Diese Praxis nennt sich interner Ausgleich; das Geld wird für andere dringende Zahlungen verwendet. Die größte Beleidigung für die Intelligenz des Durchschnittsbürgers ist jedoch die Tatsache, daß die Regierung diese Schuld von 2,3 Billionen Dollar nicht in ihrer Bilanz aufführt. Obwohl diese Summe fünfmal so hoch ist wie die offiziell angegebene Staatsschuld, wird die Öffentlichkeit nicht einmal über die Existenz dieses Schuldpostens informiert.

Sie sind also gut beraten, wenn Sie sich nicht auf die Sozialversicherung und andere Vergünstigungen verlassen. Vielleicht ist nichts mehr davon vorhanden, bis Sie an die Reihe kommen, und selbst wenn diese Einrichtungen dann noch bestehen sollte, würde man Sie in Dollars bezahlen, die praktisch wertlos sind.

Da die Geldanlage in Wertobjekten bestenfalls ein Geschäft ist, das Kursschwankungen unterliegt, und die Sozialversicherung im Grunde genommen nicht existiert, welche Möglichkeit hat man dann noch, um sich finanziell abzusichern? Die einzige langfristige Lösung dieses Problems liegt in Ihren eigenen Fähigkeiten. Die beste Investition, die Sie machen können, besteht darin, daß Sie Ihren Geist und Ihr Leistungsvermögen verbessern und auf diese Weise den Wert steigern, den Sie für andere Menschen haben. Wenn alles andere versagt, werden die Leute, deren Talente noch gefragt sind, den größten Handelswert haben. Vorläufig hat die Regierung noch keine Möglichkeit, auch Ihre Fähigkeiten zu konfiszieren.

Der Vorteil der Einfachheit

Wenn ich die Vergangenheit Revue passieren lasse, überrascht es mich immer wieder, wieviel Mühe ich mir früher gegeben habe, um meine geschäftlichen Transaktionen zu komplizieren. Heute ist es mir unbegreiflich, daß ich so viel Zeit und Geld aufgewendet habe, um große Organisationen mit komplexen gesellschaftsrechtlichen Strukturen aufzubauen, deren Aktionsradius sich über das ganze Land erstreckte. Die Folge davon war, daß ich niemals Zeit hatte, das einzige zu tun, das einem wirklich das große Geld einbringen kann – meine schöpferischen Fähigkeiten auszunützen. Statt dessen war meine Zeit damit ausgefüllt, daß ich nach Wegen suchte, um alles noch komplizierter zu machen.

Heute kann mich niemand weniger beeindrucken als der Mann, der in jeder Hand einen Telefonhörer hält, Berge von Papier durchwühlt, während er spricht, seine Telefongespräche in regelmäßigen Abständen unterbricht, um seiner Sekretärin Anweisungen zu erteilen, und gleichzeitig einen Besucher auffordert, Platz zu nehmen. Ein solches Verhalten verrät sehr oft den Ego-Süchtigen.

Aber selbst wenn all diese hektische Aktivität nicht darauf abzielt, andere Leute zu beeindrucken, sondern echt ist, muß man sie als ein negatives Zeichen werten: Man hat einen Menschen vor sich, der sich nicht mehr darüber im klaren ist, wofür er eigentlich kämpft. Er mag zwar finanziell sehr erfolgreich sein, aber er hat vergessen, daß Geld nur ein Mittel zum Zweck ist. Vielleicht sind Sie der Meinung, daß manche Menschen einen solchen Trubel brauchen, daß sie glücklich sind, wenn sie ständig unter Volldampf arbeiten können, und es ist durchaus möglich, daß Sie recht haben. Ich kenne jedoch zu viele Leute (mich selbst eingeschlossen), die einmal glaubten, daß ihnen ein solcher Lebensstil Spaß machen würde, und die eines Tages plötzlich aufwachten und erkannten, daß sie gar nicht wußten, was sie alles versäumt hatten.

Im Laufe der Zeit gelangte ich zu der Erkenntnis, daß die Größe einer Firma auch gleichzeitig ihre Schwäche ist. Je größer eine Firma ist, desto mehr Leute müssen zu Rate gezogen werden, bevor Entscheidungen getroffen werden können, und desto anfälliger ist sie für bürokratische Stümperei, zeitraubende Quertreibereien, Unproduktivität und Verwirrung. All dies erklärt, warum eine große Gesellschaft niemals fähig ist, mit einer kleinen, gut organisierten und straff geleiteten Firma zu konkurrieren.

So machen z. B. die überregionalen Supermarktketten in den Großstädten nicht so viel Gewinn wie die örtlichen Unternehmen, die es leichter haben, an der Spitze ihrer Branche zu bleiben. Das ist auch der Grund, warum Mammutkonzerne immer »Anti-Kartell-« und »Anti-Monopol«-Gesetze unterstützen, die ebenfalls ein von der Regierung in Szene gesetzter Schwindel sind. Inzwischen haben wohl die meisten Leute begriffen, daß der eigentliche Sinn dieser »Gesetze« darin liegt, die großen Firmen vor den kleinen Konkurrenten zu *schützen*, da diese auf Grund ihrer besseren Leistungsfähigkeit die Gewinne der Großen schmälern.

Ein Beispiel dafür sind die großen Fluggesellschaften, die sich mit allen Mitteln dagegen wehrten, die Konkurrenz in ihre Domäne einzulassen; sie bestanden auf der Beibehaltung von behördlichen Preisvorschriften und anderen Kontrollen. Es ist immer der Kunde, der unter solchen Machenschaften leiden muß. Er ist gezwungen, sich mit einem mangelhaften Kundendienst, schlecht aufeinander abgestimmten Flugplänen und mit Flugpreisen abzufinden, die wesentlich höher sind, als sie es im Falle eines freien Wettbewerbs wären. Aber die Regierung ist nun einmal nicht bereit, auch für die kleinen Firmen etwas zu tun.

All diese Tatsachen haben mich gelehrt, daß ich meine Interessen am besten schützen könnte, wenn ich überflüssiges Gepäck über Bord werfen, meine Geschäfte mit der größtmöglichen Einfachheit abwickeln und meine Fähigkeiten verbessern würde. Ich wollte nicht länger ein hochbezahlter Babysitter sein, der man zwangsläufig wird, wenn man die Aufsicht über einen großen Mitarbeiterstab hat. Eine solche Position verlangt auch, daß man sich selbst strenge Vorschriften auferlegt, da man ja für die anderen ein Beispiel sein muß.

Auch die vielen Geschäftsreisen sind ein Beiwerk, auf das man verzichten kann. Früher hatte ich geglaubt, daß die wirklich großen Projekte – »die Inseln unter dem Wind, wo schwarze Bäume wachsen« – nur in der Ferne zu finden waren, und zwar für gewöhnlich auf der anderen Seite des Kontinents. Natürlich erwiesen sich die meisten dieser Vorhaben als undurchführbar oder ungünstig. So vergeudete ich viel Zeit und Kraft – ganz zu schweigen von den Reisekosten –, die ich für lohnende Projekte hätte einsetzen können, welche sich in meiner unmittelbaren Nähe befanden.

Versuchen Sie, Ihr Berufsleben möglichst einfach zu gestalten. Es ist nicht nötig, daß Sie ständig im Land herumreisen, um Projekte aufzuspüren, die vermutlich nicht so lohnend sind wie diejenigen, die Sie an Ihrem eigenen Wohnort finden können. Es ist erstaunlich, um wie vieles man im eigenen Büro besser arbeiten kann als im Flugzeug oder in einem Hotelzimmer.

Die Nachteile des Großbetriebs

Natürlich hängt es von Ihrem Beruf ab, ob und bis zu welchem Grad Sie den Kontakt mit großen Institutionen vermeiden können; ich kann Ihnen aber versichern, daß es die Abwicklung Ihrer Geschäfte wesentlich vereinfacht, wenn Sie sich von solchen Organisationen fernhalten. Ich verdiene jetzt mehr Geld als je zuvor, und zwar nicht nur deshalb, weil ich mich mit einem Minimum an Mitarbeitern begnüge, sondern auch deshalb, weil ich mich nicht mehr endlose und frustrierende Stunden mit schwerfälligen Mammutorganisationen, wie z. B. Banken, Versicherungsgesellschaften und Behörden, herumschlagen muß. Als ich vor Jahren ein größeres Unternehmen leitete, mußte ich bestimmt fünfundneunzig Prozent meiner

Zeit für die Gespräche mit der Börse, der Staatlichen Kommission zur Überwachung des Wertpapier- und Wechselhandels sowie mit Banken und anderen inflexiblen Organisationen aufwenden, ganz zu schweigen von den Besprechungen mit Direktoren, Börsenmaklern und Aktionären. Die restlichen fünf Prozent meiner Zeit verbrachte ich mit den Arbeiten, die getan werden müssen, weil das Gesetz es so verlangt, und das bedeutete Berge von Papierkram, Besprechungen mit Anwälten und Buchprüfern und viele andere unangenehme Aufgaben. Ich glaube nicht, daß jemand, der in einem öffentlichen Unternehmen eine leitende Position innehat, jemals dazu kommt, neue Produkte oder verbesserte Dienstleistungen zu entwickeln; ihm fehlt ganz einfach die Zeit dafür.

Schlösser, die im Monde liegen, bringen keinen Nutzen

Wenn man seine Arbeit vereinfachen will, darf man sich nicht mit mehreren Projekten gleichzeitig befassen. Durch meine Tätigkeit als Schriftsteller habe ich gelernt, wie wichtig es ist, sich nicht ablenken zu lassen, auch wenn es noch so verlockend wäre, etwas anderes zu tun. Man kommt immer am weitesten, wenn man von einer einmal getroffenen Entscheidung nicht abweicht.

Wie ich bereits früher sagte, kann man nicht alle guten Dinge für sich allein haben, und je eher Sie diese Tatsache akzeptieren, desto schneller können Sie daran gehen, Geld zu verdienen. Ich habe schon längst den Ehrgeiz aufgegeben, ein Hans Dampf in allen Gassen zu sein, und bin ein Anhänger des Spezialistentums geworden. Mich befriedigt es voll und ganz, Bücher zu schreiben, und alle anderen Geschäfte überlasse ich mit Vergnügen den Leuten, die daran interessiert sind.

Mit den Jahren bin ich schrullig geworden, und zwar so sehr, daß ich nicht einmal mehr mit anderen Leuten über »Geschäfte« reden will. Vielleicht ist das ein Zeichen der Senilität. Es gibt einfach zu viele Vorbehalte und Einwände, die ich nicht mehr begreifen kann. Außerdem bringen geschäftliche Transaktionen es mit sich, daß sich immer mehr Leute einschalten, und ich suche ja bewußt nach Wegen, wie ich den Kreis der Beteiligten möglichst klein halten kann. Mehr Leute bedeuten mehr Komplikationen, und Komplikationen hindern mich daran, die Freiheit, die auf der anderen Seite der finanziellen Hürde auf mich wartet, so schnell wie möglich zu erreichen.

Als ich noch für meinen Lebensunterhalt arbeiten mußte, habe ich mich mit den verrücktesten Projekten befaßt, die von der Errichtung eines autonomen Gebiets in der Mohave-Wüste bis zum Bau einer Fabrik für die Verarbeitung von Kuhfladen zu Ziegelsteinen in Bombay reichten. Und dann waren da die Turbane – ganze Scharen von Turbanen über schwarzen Straßenanzügen, die in immer neuen Wellen auf mich zukamen. Ihre Träger redeten über »arabische Ölgelder« oder »reiche Familien in Indien«. Soll ich Ihnen etwas verraten? In all den Jahren und bei all den Transaktionen, die durch meine Vermittlung abgeschlossen wurden, habe ich niemals gesehen, daß arabisches oder indisches Geld die Hände wechselte. Zweifelsohne gibt es diese Gelder irgendwo, aber ich kann Ihnen versichern, daß sie nur auf einer Ebene, die für Sie oder für mich viel zu hoch ist, den Besitzer wechseln.

Vergessen Sie alle Projekte, die in das Land der Phantasie gehören, und lassen Sie sich nicht von irgendwelchen exotischen Gestalten beeindrukken. Konzentrieren Sie sich auf ein einziges Projekt – möglichst an Ihrem Wohnort –, das Hand und Fuß hat, und lassen Sie sich nicht durch andere Vorhaben, die man Ihnen anbietet, davon ablenken.

Denken Sie stets an die Theorie, daß der Mensch dazu neigt, sich das Leben schwerzumachen. Vermeiden Sie unnötige Komplikationen. Je mehr Sie Ihre finanziellen Angelegenheiten vereinfachen, desto mehr Zeit bleibt Ihnen für die einzige Methode, mit deren Hilfe Sie wirklich Geld verdienen können: für das schöpferische Denken. Es ist gar nicht nötig, daß Sie ständig auf der Achse sind und mit Hunderten von Leuten über alle erdenklichen finanziellen Fragen und Probleme diskutieren. Dadurch verlieren Sie nur den Überblick. Eine Stunde, die Sie mit kreativem Denken verbringen, kann Ihnen buchstäblich ein Vermögen einbringen. Es ist eine Tatsache, daß der Profit in direktem Zusammenhang mit der Anzahl der Stunden steht, die man für das ungestörte schöpferische Denken abzweigt.

Organisieren Sie Ihr Leben

Organisationstalent und Selbstdisziplin gehen mit der Vereinfachung Ihrer Bemühungen um den finanziellen Erfolg Hand in Hand. Beide Eigenschaften verschaffen Ihnen nicht nur zusätzliche erholsame Stunden, sondern sie ermöglichen es Ihnen auch, diese arbeitsfreien Stunden intensiver zu genießen, da Sie sich keine Sorgen zu machen brauchen, daß Sie irgendeine Arbeit vernachlässigen.

Ich glaube, daß ich ein sehr unkompliziertes Leben führe und mehr unbeschwerte Freizeit habe, als es im allgemeinen üblich ist. Diesen angenehmen Zustand habe ich hauptsächlich der Tatsache zu verdanken, daß ich ein guter Organisator bin. Organisation und Selbstdisziplin ermöglichen eine bessere Ausnutzung der Zeit, so daß man mehr schöpferische Stunden zur Verfügung hat, und das bedeutet, daß man sein finanzielles Ziel schneller erreicht.

Es kommt nicht darauf an, daß Sie ein überragendes Organisationstalent haben, sondern nur darauf, daß Sie von den Fähigkeiten, die Sie besitzen, Gebrauch machen. Zur optimalen Ausnutzung der Zeit gehört auch, daß Sie lernen, sowohl Menschen als auch Maschinen richtig einzusetzen, gleichgültig ob Sie Arbeiter oder Unternehmer sind. Ein Arbeiter, der es versteht, seine Fähigkeiten zu verbessern, indem er sich sowohl Menschen als auch Maschinen auf intelligente Art und Weise nutzbar macht, erhöht dadurch den Wert seiner Dienste.

Bedenken Sie auch, daß Ihr Privatleben automatisch mit Ihrem Berufsleben gekoppelt ist. Zwischen beiden besteht eine starke Wechselwirkung. Ihr beruflicher Erfolg hat einen maßgeblichen Einfluß auf die Gestaltung Ihrer Freizeit, und ein chaotisches Privatleben hat ganz bestimmt eine negative Wirkung auf Ihre finanziellen Ambitionen.

Ob Sie Probleme mit Ihrem Lebensgefährten oder mit einem Freund haben, oder ob Sie durch eine Krankheit behindert sind – jede Störung in Ihrem Privatleben kann Ihre berufliche Aktivität beeinträchtigen. Das Gleiche ist der Fall, wenn Sie Ihr Privatleben schlecht organisiert haben. Es ist nun mal eine Realität, daß Sie essen, schlafen, zum Zahnarzt gehen und viele andere Dinge tun müssen, die nichts mit Ihrem Berufsleben zu tun haben, und für alle brauchen Sie Zeit. Wenn Sie diese Dinge nicht unter Kontrolle haben, geht das zu Lasten Ihres finanziellen Erfolgs.

Ihre organisatorischen Bemühungen sind nur dann von Bestand, wenn sie mit Selbstdisziplin vergesellschaftet sind. Sie müssen die Willenskraft haben, Ablenkungen zu vermeiden, und Sie müssen lernen, nein zu sagen. Falls Sie nach bequemen Entschuldigungen Ausschau halten, wie Sie es vermeiden können, den Preis des Erfolgs zu bezahlen, brauchen Sie nicht lange zu suchen, denn Ablenkungen gibt es in Hülle und Fülle – z. B. das andere Geschlecht, Telefongespräche, Fernsehen usw.

Sie können sich sogar ganz rational davon überzeugen, daß eine bestimmte gesellschaftliche Veranstaltung aus geschäftlichen Gründen sehr wichtig sei, aber das ist eine Ausrede, auf die ich schon lange nicht mehr hereinfalle. Die wichtigen Entscheidungen werden von Montag bis Freitag entweder in Ihrem Büro oder in dem Büro von irgend jemand anders getroffen. Ich glaube es einfach nicht, wenn jemand behauptet, daß er seine besten geschäftlichen Schachzüge auf einer Cocktailparty, beim Golfspiel oder während eines Mittagessens gemacht hat.

Ich gebe zu, daß es mich durchaus nicht stört, wenn andere glauben, daß wichtige Punkte auch außerhalb des Büros gesammelt werden können. Ich verdanke viele meiner Erfolge dem Umstand, daß die Gegenseite sich einen »geschäftlichen« Martini genehmigte, während ich hinter verschlossenen Türen saß und arbeitete. Dieser Weg zum Erfolg ist viel einfacher und viel weniger anstrengend. Ich habe meine Siege nicht durch Konfrontationen errungen, sondern durch Selbstdisziplin.

Sie können sehr leicht prüfen, ob Sie die Kunst der Organisation und der Selbstdisziplin beherrschen. Wenn andere Leute sich darüber wundern, daß Sie so schnell ans Ziel gelangt sind, und es sich nicht erklären können, wie Sie es geschafft haben, dann ist das ein sicheres Zeichen dafür, daß Sie von diesen beiden wichtigen Werkzeugen den bestmöglichen Gebrauch machen.

Seien Sie Ihr eigener Steuermann

Wenn mich etwas nervös macht, dann ist es die Rolle des Beifahrers. Ich setze mich höchst ungern hinter das Lenkrad eines Autos, aber ich tue es, weil ich es vorziehe, selbst die Kontrolle über eine Situation in der Hand zu haben. Wir haben schon wiederholt darüber gesprochen, wie wichtig es ist, auf Grund der eigenen Entscheidungen zu handeln, statt alles dem Zufall zu überlassen. Eigene Entscheidungen können Sie aber nur dann treffen, wenn Sie die Kontrolle über Ihre Aktionen haben. Organisation und Selbstdisziplin liefern die Grundlage, von der aus Sie nicht nur sich selbst, sondern auch eine gegebene Situation kontrollieren können.

Es gibt zwar eine Unmenge von Faktoren, die außerhalb Ihrer Kontrolle liegen, aber es gibt auch viele, die von Ihnen beeinflußt werden können. Es steht z. B. in Ihrer Macht, Ihr eigenes Bewußtsein zu kontrollieren. Niemand kann Sie daran hindern, hellwach zu sein oder rational zu denken. Allerdings sind viele Menschen überzeugt davon, daß das Leben sie in eine ungünstige Position gedrängt hat, und deshalb versäumen sie es, sich auf das zu konzentrieren, was um sie herum vorgeht. Es ist geradezu unheimlich, wie oft die wichtigsten Ereignisse im Leben eines Menschen gerade dann auftauchen, wenn er sie am wenigsten erwartet.

Dieselben Leute, die nicht begreifen können, daß jeder Mensch den ihm zustehenden Anteil von unglücklichen Zufällen erhält, können auch nicht verstehen, daß jedem von uns auch ein beträchtliches Kontingent an glücklichen Zufällen zugeteilt wird. Die meisten Menschen sind sich entweder nicht der Dinge bewußt, die um sie herum geschehen, oder sie sind so verbittert über ein Unglück, das ihnen widerfahren ist, daß sie die vielen günstigen Gelegenheiten, die sich ihnen bieten, nicht erkennen. Von den wenigen Menschen, die fähig sind, solche Gelegenheiten zu erkennen, sind wiederum nur einige wachsam oder mutig genug, sie rechtzeitig auszunützen. Und dann gibt es noch eine sehr kleine Zahl von Menschen, die nicht nur hellwach, sondern auch bereit und gewillt sind, beim ersten Anzeichen einer sich bietenden Chance vorwärtszustürmen.

Warten Sie nicht darauf, daß man Sie entdeckt

Zwischen den Menschen, die finanzielle Versager sind, weil sie eine günstige Gelegenheit nicht erkennen können, und denjenigen, die sich einbilden, daß die Welt ihnen etwas schuldet, besteht kein großer Unterschied. Ein Mensch, der glaubt, daß die Welt ihm etwas schuldet, hat meist rein zufällig einmal Erfolg gehabt und lebt nun in der irrationalen Erwartung, daß ihm das Glück in den Schoß fällt, ohne daß er irgend etwas dazu tun muß. Wenn dann die Serie von unglücklichen Zufällen anfängt, die niemandem erspart bleibt, konzentriert er sich ausschließlich darauf und redet sich ein, daß seine Mißerfolge reines Pech sind. Der erste unverdiente Erfolg hat ihn in einen Zustand der Selbsttäuschung getrieben.

Bei einem Menschen, der darauf wartet, entdeckt zu werden, liegen die Dinge ganz anders. Er hat nicht einmal einen Grund für die Erwartung, daß irgend jemand kommen wird, der seinen Namen in riesigen Leuchtbuchstaben publik macht. Ich würde es Ihnen gern erklären, wie es dazu kommt, daß so viele Menschen derartige Illusionen hegen, aber ich muß gestehen, daß ich nicht die leiseste Ahnung habe, wie eine so absurde Idee entstehen kann. Geben Sie acht, daß nicht auch Sie darauf warten, entdeckt zu werden, denn dann müssen Sie für nichts und wieder nichts einen enorm hohen Preis bezahlen (in der Form von frustrierten und verbitterten Gefühlen). Entdeckungen dieser Art geschehen in billigen Romanen und schlechten Filmen. Wann immer Sie sich dabei ertappen, daß Sie stumpfsinnig herumsitzen und unbewußt darauf warten, daß etwas geschieht, empfehle ich Ihnen, an die folgende wahre Geschichte zu denken, die Sie aus Ihrer Lethargie reißen sollte.

Ein Bekannter von mir beschloß eines Tages, in das Fernsehgeschäft überzuwechseln, nachdem er fast zehn Jahre lang auf völlig anderen Gebieten gearbeitet hatte. Er verfügte über keinerlei einschlägige Erfahrungen, hatte – ausgerechnet! – Metallurgie studiert und war zwei Jahre lang Immobilienmakler gewesen. Er verabscheute diesen Beruf so sehr, daß er ihn von einem Tag zum anderen aufgab. Danach war er mehrere Monate arbeitslos. Aber er war entschlossen, nicht noch mehr Jahre mit einer ungeliebten Tätigkeit zu vergeuden und auf irgendeine Art und Weise Eingang in die Branche zu finden, die ihn seit langem faszinierte.

Was war der entscheidende Faktor für die Wendung in seinem Schicksal? Unverdrossen klopfte er an einer Tür nach der anderen und erzählte überall die gleiche Geschichte: Er habe zwar keinerlei Erfahrung, aber es sei sein sehnlichster Wunsch, in der Fernsehproduktion zu arbeiten; er sei bereit, für die Erfüllung dieses Wunsches alles zu tun, was in seinen Kräften stünde. Er sagte ferner, daß es ihm gleichgültig sei, was man ihm anfangs zahlen würde. Kurzum, er wolle nur eine Chance, um seine Eignung unter Beweis stellen zu können. Und eines Tages hatte er es geschafft. Irgend jemand war so von ihm beeindruckt, daß er ihm eine Chance gab.

Das war der Start für eine geradezu atemberaubende Karriere. Sobald eine Produktion beendet war, wurde er schon für die nächste engagiert. Es gab kaum einen Tag, an dem er ohne Arbeit war – eine große Seltenheit in diesem Geschäft, insbesondere für einen Anfänger.

Heute hat er schon ein beachtliches Stück auf dem Weg zum finanziellen Erfolg zurückgelegt, und es sollte mich wundern, wenn er es nicht bis an die oberste Spitze schafft. Der eigentliche Grund für seinen Erfolg ist die Tatsache, daß er nicht darauf wartete, entdeckt zu werden, sondern daß *er* sich aufmachte und selbst auf Entdeckungstour ging. Nachdem er die Entscheidung getroffen hatte, daß er unbedingt in diesem Beruf arbeiten wollte und bereit sei, den erforderlichen Preis zu zahlen, ging er sofort an die Verwirklichung dieses Zieles und ließ sich durch die anfänglichen Mißerfolge nicht abschrecken.

Hüten Sie sich vor dem Verlust Ihrer Integrität

Zum Thema der Kontrolle möchte ich Ihnen eine Warnung mitgeben: Versuchen Sie niemals die Oberhand zu gewinnen, wenn der Preis, den Sie dafür zahlen müssen, zu hoch ist. Vergessen Sie nicht, daß ein Regime, das seine Existenz der Angst verdankt, nicht von Dauer sein kann.

Vor allem aber dürfen Sie bei Ihren Bemühungen, die Kontrolle zu erringen, Ihre Integrität nicht schädigen. Ich kann Ihnen zwar kein Beispiel dafür geben, wie Sie in eine solche Situation hineingeraten könnten, denn das hängt von den jeweiligen Umständen ab, aber Sie werden es bestimmt sofort wissen, wenn Ihre Integrität in Gefahr ist. Übrigens – wenn ich von Integrität spreche, meine ich damit natürlich das, was Sie persönlich darunter verstehen, und nicht etwa eine Definition, die von irgendeiner anderen Seite aufgestellt wurde. Sie selbst setzen die Maßstäbe, nach denen Sie sich richten. Wenn Sie viel Geld verdienen, dabei aber Ihre Selbstachtung einbüßen, dann war alles umsonst; es dürfte Ihnen schwerfallen, die Früchte Ihrer Bemühungen zu genießen.

Lassen Sie sich nicht entmutigen

Gleichgültig, ob es sich um eine Entscheidung über einen Berufswechsel, über den Zeitpunkt für eine geplante Veränderung oder über die Handhabung eines bestimmten finanziellen Problems handelt, Sie sollten sich von den Ratschlägen anderer Leute nicht beeinflussen lassen. Wenn Sie auf zu viele andere Leute hören, kann sich das sehr ungünstig auf Ihre finanziellen Ambitionen auswirken. Diese Warnung gilt auch für die Meinung von sogenannten Experten, über deren Wert wir ja schon ausführlich diskutiert haben.

In jedem Berufszweig gibt es Leute, die keine Mühe scheuen, um Sie davon zu überzeugen, daß Sie in ihrer Branche keinen Erfolg haben werden. Ihre Philosophie, die das Ergebnis ihrer eigenen Unsicherheit ist, läuft darauf hinaus, dafür zu sorgen, daß Sie die Startlinie nicht verlassen. Auf diese Weise wollen sie verhindern, daß ein weiterer Spieler, mit dem sie nicht konkurrieren können, auf das Spielfeld kommt.

Um dieses Ziel zu erreichen, bedient man sich oft der Einschüchterung durch Referenzen. Das hört sich dann so an: »Wie können Sie sich einbilden, daß Sie auf diesem Gebiet Erfolg haben werden, obwohl Sie so etwas noch nie gemacht haben. Sie haben weder Papiere (Lizenz, Diplom, Genehmigung usw.) noch irgendwelche Vorkenntnisse. Sammeln Sie erst einmal ein paar Erfahrungen (was wir nach Möglichkeit verhindern werden), und kommen Sie dann wieder. Vielleicht haben Sie dann eine Chance.« Eine absurde Einstellung – schließlich müssen Sie ja irgendwo einmal anfangen.

Erwarten Sie nicht, daß man Ihnen beim Start hilft, und seien Sie auf das Schlimmste gefaßt. Rechnen Sie damit, daß ein paar Neurotiker alles tun werden, um Ihren Weg zu blockieren; sollte Ihnen das erspart bleiben, betrachten Sie es als einen glücklichen Zufall. Denken Sie an die Theorien, die sich auf eine solche Situation beziehen: Niemand ist Ihnen etwas schuldig (was die andere Seite sehr genau weiß), und niemand wird Sie »entdecken« (wenngleich manche nach besten Kräften versuchen werden, zu verhindern, daß Sie sich selbst entdecken).

Sie allein müssen entscheiden, ob und wann Sie bereit sind, den Sprung zu wagen.

Der Sprung über das Hindernis

Sie brauchen keine Referenzen; Sie brauchen von niemandem eine Genehmigung; Sie brauchen keine Versicherungen von Bekannten (die Sie nicht so gut kennen, wie Sie sich selbst kennen), denn all das könnte Sie vielleicht nur verwirren. Sie brauchen nichts weiter, als bereit zu sein, und diesen Zeitpunkt können nur Sie bestimmen. Wenn es dann soweit ist, ignorieren Sie alle Miesmacher und springen Sie genau auf die Sprosse der Leiter, die Ihrer Meinung nach der Platz ist, der Ihnen zusteht.

Wagen Sie den Sprung aber erst dann, wenn Sie sicher sind, daß Sie ihn durchstehen können. Verzichten Sie lieber darauf, wenn Sie noch nicht bereit sind. Das heißt natürlich nicht, daß Sie sich von ganz unten »heraufkämpfen« müssen, oder daß jemand anders darüber zu entscheiden hat, ob Sie Ihren »Tribut« gezollt haben. Jeder von uns muß auf seine eigene Art und Weise seinen Tribut zahlen, und nur Sie können wissen, wann Sie den Ihren entrichtet haben. Die Tributzahlung hängt nicht davon ab, wie alt Sie sind oder wie viele Jahre Erfahrung Sie haben. Manche Leute sind schon mit zwanzig bereit, andere haben es mit siebzig noch nicht geschafft. Niemand weiß, was Sie durchgemacht haben, um diese Stufe zu erreichen; ebensowenig sollten Sie sich das Recht anmaßen, einem anderen Menschen seinen schnellen Aufstieg zu verübeln, denn Sie können nicht beurteilen, welche Anstrengungen er auf sich genommen hat, um es so weit zu schaffen.

Wenn Sie nicht mit Sicherheit sagen können, ob Sie bereit sind, dann sind Sie es wahrscheinlich nicht. Sie werden es jedoch instinktiv wissen, wenn der Zeitpunkt gekommen ist, und dann sollten Sie keine Zeit damit vergeuden, sich durch die Meute hindurchzukämpfen. Springen Sie einfach darüber hinweg und beginnen Sie Ihre Arbeit auf der Ebene, die Ihnen genehm ist.

Spielen Sie Ihr eigenes Spiel

Wie ich bereits im Kapitel über die Hürde der menschlichen Beziehungen erwähnte, kommt es nicht darauf an, was Sie sagen oder tun, sondern auf die Art und Weise, wie Sie dabei auftreten. Ich weiß aus Erfahrung, daß man sein Auftreten weitgehend kontrollieren kann. Allerdings erfordert das Schneid und Geistesgegenwart, insbesondere, wenn man kein dickes Bankkonto im Hintergrund hat.

Unter Schneid verstehe ich den Mut, die eigenen Spielregeln durchzusetzen oder sich sofort einem anderen Projekt zuzuwenden. Ihr Gegner mag zwar finanzkräftiger sein als Sie, aber er kann Sie nicht zwingen, daß Sie sich nach ihm richten. Sicherlich gibt es Leute, die jetzt sagen würden, daß Sie bluffen, aber das tun Sie nicht, wenn Sie es wirklich ernst meinen. Ich habe es mir zur Regel gemacht, nie zu bluffen. Ich überlege es mir lange, bevor ich jemandem ein Ultimatum stelle, denn wenn ich das einmal getan habe, dann gibt es für mich kein Zurück mehr. Diesen Luxus sollte man sich aber nur dann leisten, wenn man sich seiner Sache sicher ist und seine Arbeit vollkommen beherrscht, andernfalls macht man sich lächerlich.

Sie entscheiden, wie Sie das Spiel spielen wollen, und dann müssen Sie sich den oder die geeigneten Partner suchen. Im Sport gibt es ein Sprichwort, wonach man sich niemals das Spiel der Gegenseite aufzwingen lassen soll. Wenn man einen schwachen Gegner hat, ist es leicht, das eigene Spiel zu spielen, aber je härter Ihr Gegner ist, desto wachsamer müssen Sie sein. Sie sollten derjenige sein, der das Tempo und die Spielregeln festlegt und sich durch niemanden davon abbringen läßt.

Ob Ihr Auftreten einen guten Eindruck hinterläßt, hängt zu einem gewissen Grad davon ab, mit wem Sie Geschäfte machen. Daher ist es wichtig, daß Sie lernen, die richtigen Spielpartner auszuwählen, denn das kommt Ihrem Spiel zugute.

Wenn Ihre finanzielle Lage prekär ist, sollten Sie sich nicht sofort mit starken Spielern einlassen. Arbeiten Sie langsam auf dieses Ziel hin, sonst handeln Sie sich eine kräftige Niederlage ein.

Wer nichts zu verlieren hat, kann nur gewinnen

Wenn Sie knapp bei Kasse sind, können Sie das nicht verbergen, besonders nicht vor Leuten, die genügend Geld haben. Und wenn Sie sich noch soviel Mühe geben, irgend etwas – der Klang Ihrer Stimme oder der Blick Ihrer Augen – verrät Sie bestimmt. Wenn man sehr wenig oder gar kein Geld zur Verfügung hat, ist es nicht nur schwer, überzeugend zu wirken, sondern es ist auch schwierig, rationale Entscheidungen zu treffen, und es ist fast unmöglich, sich nicht von einem Spieler einschüchtern zu lassen, der einen soliden finanziellen Rückhalt hat.

Sollte es sich nicht vermeiden lassen, daß Sie gegen Spieler antreten müssen, die für Sie ein paar Nummern zu groß sind, stehen Ihnen meiner Meinung nach nur zwei Waffen zur Verfügung, mit denen Sie sich gegen diesen Nachteil wehren können. Die erste besteht darin, daß Sie gute Arbeit leisten und gut vorbereitet sind. Das kann Ihre Gegenspieler günstig beeinflussen. Sie wissen zwar, daß Sie kein finanzielles Stehvermögen haben, aber sie werden Sie wegen Ihrer Fähigkeiten respektieren und vielleicht sogar bereit sein, mit Ihnen auf einer annehmbaren Basis zu verhandeln, wenn das, was Sie anzubieten haben, attraktiv genug ist.

Die zweite Waffe funktioniert ironischerweise nur dann, wenn man vollkommen am Boden vernichtet ist. Als ich damals in der Gosse gelandet war und still meine Wunden beleckte, kam mir die Erleuchtung, daß ich allen anderen Spielern einen Vorteil voraus hatte: Ich konnte nichts mehr verlieren, aber alles gewinnen. Und dann packte mich der Zorn. Ich hatte es satt, herumgestoßen und -geschoben und bedrängt zu werden. Ich setzte mich mit ungezügelter Heftigkeit zur Wehr, weil mir alles gleichgültig war.

Das war sozusagen meine Wiedergeburt, und diese neue Einstellung half mir, aus der Gosse herauszukommen. Zuerst schaffte ich es nur bis auf den Bürgersteig, aber dann konnte ich allmählich daran denken, am finanziellen Spiel wieder teilzunehmen. In dem Maße, wie meine finanzielle Lage sich verbesserte, verzichtete ich auf den Einsatz dieser Waffe, denn jetzt hatte ich ja wieder etwas zu verlieren.

Denken Sie stets an diesen Grundsatz, wenn Sie ganz oben sind: Treiben Sie einen anderen Menschen niemals so weit, daß er nichts mehr zu verlieren hat. Wenn Sie das tun, wird er vermutlich zurückschlagen. Es ist etwas ganz anderes, ihn unter Kontrolle zu halten, aber treiben Sie ihn nicht so weit, daß es ihm gleichgültig ist, was geschieht.

Es gibt unendlich viele Dinge, die Ihnen helfen können, Ihr Auftreten zu kontrollieren, aber nur Sie können entscheiden, welche davon zu Ihrer Persönlichkeit passen. Und vergessen Sie die Theorie der Selbstbeschuldigung nicht: Ein seelischer Striptease in der Öffentlichkeit ist nicht erforderlich. Lernen Sie, sowohl über die schlechten als auch über die guten Dinge zu schweigen. Und hüten Sie sich vor Übertreibungen, denn das erweckt sofort Zweifel an Ihrer Stärke und seelischen Ausgeglichenheit.

Auch die Wahl Ihrer Worte können Sie kontrollieren. Es gibt immer eine Möglichkeit, wie man mit Hilfe der geeigneten Worte eine Situation entschärfen kann.

Das Geschäftsspiel kann beginnen

Sobald Sie soweit sind, daß Sie sich an diesem Spiel beteiligen können, sollten Sie sich genau vergewissern, wer Ihre Gegenspieler sind. Nachstehend gebe ich Ihnen eine Aufstellung der wichtigsten Spieler im Geschäftsspiel (auch kurz »Das Spiel« genannt), von denen jeder ein paar ganz spezielle Tricks im Ärmel hat, mit denen er Sie zu Fall bringen kann, bevor Sie die finanzielle Hürde bewältigen können:

1. Schmexperten
2. Konkurrenten
3. Der Mann des Rechts
4. Die Regierung
5. Murphys Geist.

Die Rolle des Schmexperten

Es ist schon schlimm genug, wenn Sie den Rat eines angeblichen Experten blindlings akzeptieren, aber es grenzt an Masochismus, wenn Sie auf die Ratschläge von allen Menschen hören, die Ihnen über den Weg laufen. Der Experte – ob verdient oder unverdient – genießt zumindest ein gutes Ansehen. Der Nicht-Experte, der Ihnen Ratschläge erteilt — technisch als Schmexperte bekannt –, kann Sie nur dann einschüchtern, wenn er diese Methode besonders gut beherrscht, oder wenn Sie ein besonders geeignetes Objekt sind.

Besonders verwundbar sind Sie, wenn Sie Probleme haben, weil die Schmexperten in ihrem Eifer, Ratschläge zu erteilen, dazu neigen, wie ein Heuschreckenschwarm über jeden herzufallen, der Sorgen hat.

Hüten Sie sich davor, selbst ein Schmexperte zu werden. Aber wenn es Ihnen gelingt, Nummer Eins zu werden und ein glückliches, erfülltes Leben zu führen, dann werden Sie gar nicht das Bedürfnis haben, Ihr Ego dadurch zu befriedigen, daß Sie anderen Leuten unerbetene Ratschläge geben.

Obwohl er ein Gegenspieler ist, dürfte der Schmexperte keine ernstzunehmende Gefahr für Sie sein. Solange Sie die Augen offenhalten und die Lage kontrollieren, sollten Sie ihn ohne weiteres erkennen können und ihn dann ignorieren.

Sie könnten jetzt die Frage stellen, wie Sie sich jemals einer Sache sicher sein können, wenn Sie es ablehnen, anderen zuzuhören. Nun, die Realität sieht so aus, daß es auf dieser Welt nichts gibt, dessen Sie sich sicher sein können, gleichgültig, wie vielen anderen Leuten Sie zuhören. Wenn Sie auf eine Garantie warten, daß Ihre Pläne Erfolg haben werden, dann kann das sehr, sehr lange dauern. Und wenn Sie sich Sorgen machen, daß Ihnen vielleicht Informationen entgangen sind, die für Sie nützlich gewesen wären, wie können Sie sich dann jemals sicher fühlen, bevor Sie nicht jeden Menschen auf dieser Welt angehört haben? Woher wollen Sie wissen, ob es nicht auf der anderen Seite des Globus einen Menschen gibt, der eine wichtige Information für Sie hat? Warum sollten Sie nur den paar Leuten zuhören, die Ihnen aus freien Stücken Ratschläge geben? Glauben Sie ja nicht, daß jemand Ihnen etwas Wichtiges zu sagen hat, nur weil er sich zufällig in Ihrer Nähe befindet. Selbst wenn Sie mit jedem Menschen sprechen würden, der Ihnen etwas Vernünftiges über Ihre Situation sagen könnte, hätte das wenig Sinn, weil Sie gar nicht lange genug leben, um jede Tatsache sorgfältig prüfen und verwerten zu können.

So bleibt Ihnen also nur die Möglichkeit, die Tatsachen, soweit sie Ihnen bekannt sind, zu analysieren, was Sie am besten allein tun oder im Höchstfall mit Hilfe der erbetenen Meinungen von ein oder zwei Leuten, die Sie besonders schätzen. Danach treffen Sie Ihre Entscheidung und gehen mit der Einstellung vorwärts, daß Sie auf das Schlimmste gefaßt sind, auf das Beste hoffen und bereit sind, mit allem, was sich daraus ergeben könnte, fertig zu werden.

Die Rolle der Konkurrenten

Es ist schon schwierig genug, mit den legitimen Gegenspielern fertigzuwerden, auch ohne daß man sich zusätzlich mit der Einmischung von Leuten herumplagen muß, die auf dem Spielfeld nichts zu suchen haben. Was die Konkurrenten (alle Spieler wetteifern um Dollars, indem sie bessere Produkte oder Dienstleistungen anbieten) zu würdigen Gegenspielern macht, ist die Tatsache, daß jeder seinen eigenen Stil hat. Sie können sich nicht darauf verlassen, daß Sie gegen jeden Spieler mit der gleichen Taktik Erfolg haben. Das einzige, womit Sie fest rechnen können ist, daß jeder Konkurrent stets darauf bedacht sein wird, in seinem eigenen Interesse zu handeln.

Es ist keineswegs so, daß ich für das Geschäftsleben eine Philosophie im Sinne von »alles ist gestattet« empfehle. Als realistisch denkender Mensch weiß ich, daß tatsächlich alles gestattet ist, ob es mir gefällt oder nicht. Jeder Teilnehmer spielt seine eigene Version des Definitions- und Grenzziehungsspiels; ob er das zugibt oder sich dessen überhaupt bewußt ist, spielt nicht die geringste Rolle.

Die Fachsprache der Geschäftsleute

Das Geschäftsleben hat seine eigene Version des Ausdeutungsspiels – das heißt, es hat sogar viele Versionen, weil jeder Spieler vom anderen verschieden ist. Als ich noch aktiv am Spiel beteiligt war, habe ich mich oft damit befaßt, die Bemerkungen der anderen Spieler auszudeuten. Hier ein paar Beispiele:

GEGENSEITE:	Sie brauchen sich keine Sorgen zu machen.
AUSDEUTUNG:	Sie sollten anfangen, sich über alles Sorgen zu machen.

GEGENSEITE:	Lassen Sie es mich wissen, wenn ich Ihnen irgendwie helfen kann.
AUSDEUTUNG:	Belästigen Sie mich nicht.
GEGENSEITE:	Nein, das ist nicht mein Stil; das Leben ist zu kurz, als daß man sich Feinde machen sollte.
AUSDEUTUNG:	Ich werde mir die größte Mühe geben, Sie so richtig aufs Kreuz zu legen; mein Leben ist zu kurz, als daß ich mir wegen einem Feind mehr oder weniger Gedanken machen würde.
GEGENSEITE:	Mein Ruf ist über jeden Zweifel erhaben, das können Sie bei meiner Bank nachprüfen.
AUSDEUTUNG:	Ich habe einen ganzen Haufen Geld auf meinem Konto, das ich ansammeln konnte, indem ich Kerle wie Sie kräftig geschröpft habe, die dumm genug waren zu glauben, daß es genügt, wenn sie sich bei meiner Bank über mich erkundigen.

Das Universalwerkzeug: die Einschüchterung

Die Einschüchterung ist ein Werkzeug, das in der gesamten Geschäftswelt von allen Mitspielern eingesetzt wird. Alles, was darüber zu sagen ist, wurde bereits in dem Kapitel über die Hürde der menschlichen Beziehungen diskutiert. Natürlich wird es immer ein paar nobel gesinnte Seelen geben, die behaupten, daß sie sich dieser Methode noch nie bedient haben. Aber es ist ganz unwichtig, was diese selbstgerechten Leute zugeben oder abstreiten, denn das ändert nichts an der schädlichen Wirkung der Einschüchterung.

Die Erfahrung hat mich gelehrt, daß gerade die Leute, die sich über die Behauptung, daß jedermann mit der Methode der Einschüchterung arbeite, am meisten entsetzt zeigen, eben diese Methode meisterhaft und sehr häufig anwenden.

Ich möchte hier nur noch hinzufügen, daß Ihre Konkurrenten über Hunderte von Möglichkeiten verfügen, Sie durch Einschüchterung unter Druck zu setzen. Man braucht Erfahrung, um ein Einschüchterungsmanöver erkennen zu können, und es gehört viel Entschlossenheit dazu, sich dagegen zu wehren.

Das Bargeldspiel

Solange das Papiergeld für den Handel noch einen gewissen Wert hat, ist es wichtig, daß Sie soviel wie möglich davon auf Ihrer Seite des Spieltisches behalten. Für die Großen unter den Spielern ist es eins der wichtigsten Werkzeuge, die der Dschungel der Geschäftswelt bietet, denn es ermöglicht das Bargeldspiel, dessen Ziel darin besteht, daß man so lange wie möglich vom Bargeld des Gegenspielers freien Gebrauch machen kann.

Auch für das Geld gilt die Theorie des geometrischen Wachstums

Diese Theorie ist zweischneidig; sie kann sowohl für Sie als auch gegen Sie arbeiten, wobei sich in beiden Fällen am Prinzip der geometrischen Reihe nichts ändert. Im positiven Fall manifestiert sie sich als das Phänomen, das unter dem Schlagwort »Geld erzeugt Geld« bekannt ist. Wenn Sie über viel Bargeld verfügen, bieten sich Ihnen die folgenden Vorteile:

1. Sie können das Bargeld in der bestmöglichen Kombination von niedrigem Risiko bei hohem Gewinn arbeiten lassen, wodurch es sich weiter vermehrt.

2. Bargeld verleiht Ihnen ein gutes Image, es holt die besten Leute und Projekte für Sie heran.

3. Es gibt Ihnen ein großes Stehvermögen, was manchmal ausschlaggebend dafür ist, ob Sie eine Gelegenheit für einen besonders reichen Fischzug ausnützen können oder nicht.

4. Bargeld erleichtert es Ihnen, in Ruhe rationale Entscheidungen zu treffen.

5. Es kann als Machtmittel eingesetzt werden, ohne daß Sie einen einzigen Pfennig auf den Tisch legen. Allein die Vorlage einer Bilanz, die einen hohen Bargeldbestand ausweist, kann ein Vermögen wert sein.

Man kann es also nicht genau ausrechnen, wieviel Gewinn eine bestimmte Summe Bargeld einbringen kann.

Aber leider kann das Bargeld auch sehr negative Auswirkungen haben – nämlich dann, wenn man keins hat:

1. Wenn es sich herumspricht, daß Sie in der Klemme sind, dann bleiben die lukrativen Projekte und die guten Spieler plötzlich aus.

2. Da Sie kein Stehvermögen haben, sind Sie immer in einer schwachen Position.

3. Ihre Entscheidungen werden durch Ihren Geldmangel beeinträchtigt; Sie können keine langfristigen Lösungen planen.

4. Sie verlieren jeden Einfluß, und niemand will Ihnen ein Darlehen geben.

5. Besonders schlimm ist, daß Sie viel Zeit aufwenden müssen, um all die Brände zu löschen, die überall aufflackern, während der Spieler, der viel Bargeld hat, sich darauf konzentrieren kann, noch mehr daraus zu machen.

Wenn man die beiden Richtungen miteinander vergleicht, in die eine geometrische Reihe sich entwickeln kann, wird man leicht verstehen können, warum die großen Spieler so viel Wert auf Bargeld legen. Und wenn Sie sich noch so sehr anstrengen, ich bezweifle, daß es Ihnen gelingen würde, ein ganz neues Schema für das Bargeldspiel zu erfinden. Anscheinend haben die Großunternehmen schon alle erdenklichen Tricks ausgetüftelt, wie man mit dem Geld von anderen Leuten arbeiten kann, ohne Zinsen zu bezahlen.

Besonders beliebt ist die »Kaution« im Immobiliengeschäft. Für Banken sind Girokonten eine reine Freude: Sie können das Geld arbeiten lassen, ohne Zinsen zu zahlen und verlangen dafür auch noch Spesen. Für viele Dienstleistungen werden im voraus monatliche Pauschalen verlangt. In der einen oder anderen Form ist jeder am Bargeldspiel beteiligt. Wenn Sie nicht dabei sind, dann sind Sie entschieden im Nachteil.

Die Großunternehmen sind natürlich die besten Spieler des Bargeldspiels, und das ist auch einer der Gründe dafür, daß es ihnen gelungen ist, so groß zu werden – und es auch zu bleiben. Sie können ihr Vorgehen auch am geschicktesten tarnen und bedienen sich der folgenden Methode: Man nimmt von Tausenden oder noch besser von Millionen von Kunden ein paar Dollars weg. Das fällt dem einzelnen Kunden kaum auf, aber für das Großunternehmen kann es bedeuten, daß ihm Millionenbeträge zinsfrei zur Verfügung stehen, mit deren Hilfe es die positive Entwicklung der geometrischen Reihe in Gang setzen kann.

Die American Express Company ist eines der wenigen Unternehmen, das offen darüber spricht, aber das liegt daran, daß praktisch das ganze Geschäft dieser Firma auf diesem Prinzip beruht. Sie nennt diese Methode ganz einfach »floating«. Die Methode funktioniert folgendermaßen: Die American Express Co. verkauft Ihnen Reiseschecks; sie weiß, daß zwischen dem Tag, an dem Sie die Schecks bezahlen und dem Tag, an dem Sie sie einlösen, im Durchschnitt 65 Tage vergehen. Während dieser 65-Tage-Periode wird ein Großteil des Bargelds angelegt, und zwar u. a. auch in steuerfreien Kommunalobligationen.

Und jetzt erhebt sich die Frage, warum die gewieften Finanzexperten, die ein solches Unternehmen leiten, Geld in eine Organisation investieren, von der sie wissen, daß sie bankrott ist. Die Antwort liegt auf der Hand, wie Lysander Spooner es schon vor über hundert Jahren erklärte: Wenn man einer der Hauptgläubiger der Regierung ist, dann *gehört* einem die Regierung. Da die Regierung aber keine eigenen Mittel hat, aus denen sie ihre Schulden zurückzahlen könnte, muß sie das Geld aus den Bürgern herauspressen, und zwar durch Steuern, Geldentwertung, Sozialversicherung, Tarife usw.

Selbstverständlich können Sie nicht mit den gleichen Methoden arbeiten wie die Großunternehmen oder die Regierung, aber Sie können sich das gleiche Prinzip in einem kleineren Maßstab zunutze machen. Entwerfen Sie einen Plan, der Ihrer Situation angepaßt ist. Gehen Sie von dem Grundsatz aus, daß jeder Tag, an dem Sie einen Dollar, der jemand anders gehört, in Ihrer Tasche haben, ein Tag ist, an dem Sie geborgtes Geld zinsfrei zur Verfügung haben. Andererseits ist jeder Tag, an dem jemand anders einen Dollar von Ihnen in der Tasche trägt, ein Verlustgeschäft für Sie. Wehren Sie sich mit aller Kraft, bevor Sie Geld für Kautionen, Vorauszahlungen und andere Tricks des Bargeldspiels locker machen. Sie haben zwar sehr oft keine andere Wahl, aber in manchen Fällen gibt es doch eine Alternative. Achten Sie auf solche Gelegenheiten und versuchen Sie, so viele Spielmarken wie möglich so lange wie möglich festzuhalten. Die Spielmarken sind das Material, das Sie brauchen, um die Theorie des geometrischen Wachstums des Geldes zu Ihrem Vorteil auf die Wirklichkeit zu übertragen.

Der Mann des Rechts in der Rolle des Croupiers

Der Mann des Rechts ist einer der Spieler, der auf dem Spielfeld nichts zu suchen hat, aber alle Proteste kommen zu spät: Er ist schon da. Mit unglaublicher Dreistigkeit hat er sich eingeschlichen und sofort die Rolle des Croupiers übernommen, der von allen Geldern, die auf den Spieltisch geworfen werden, seinen Anteil einstreicht. Offiziell nennt er diesen Anteil sein »Honorar«. In Wirklichkeit läuft es darauf hinaus, daß er als Gegenleistung für seine Bemühungen, neue Probleme für Sie zu schaffen, Geld von Ihnen verlangt.

Das Ergebnis seiner Tätigkeit ist, daß alle legitimen Spieler auf die Dauer gesehen verlieren. Für den Mann des Rechts geht es nur darum, daß der Austausch von Feindseligkeiten nicht aufhört, und daß jede unübersichtliche Situation sich möglichst in die Länge zieht und noch ein bißchen komplizierter wird. Die Zeit arbeitet immer für den Anwalt. Während der Kampf mit voller Wucht tobt, fährt er fort, seine Spielmarken mit dem Croupierrechen einzustreichen.

Wie bereits früher gesagt wurde, ist der Mann des Rechts der klassische Experte, der Ihnen genauestens erklären kann, warum Sie irgend etwas nicht tun können. Ihm geht es nicht darum, Sie davon zu überzeugen, daß Sie unfähig sind; statt dessen läßt er durchblicken, daß es einen mysteriösen juristischen Grund gibt, warum etwas, das Sie tun möchten, unmöglich ist, oder er deutet an, daß es vom geschäftlichen Standpunkt aus ein schlechter Schachzug sein würde. (Wie es dem Mann des Rechts gelungen ist, sich außer als Croupier und Ausdeuter des Gesetzes auch noch als Geschäftsexperte zu etablieren, ist einer der größten Coups, der einem Meister der Einschüchterungstaktik jemals geglückt ist.)

Der Mann des Rechts — ein Mythos

Der Mann des Rechts kommt mit seinen unglaublichen Täuschungsmanövern überall durch, weil es ihm – mit der tatkräftigen Hilfe der Regierung – gelungen ist, sich in einen geheimnisvollen Nebel zu hüllen. Hier ist mal wieder das alte Protektionsspiel der Regierung am Werk: Nur wer eine amtliche Genehmigung hat, darf als Anwalt praktizieren. Für Leute, die sich leicht einschüchtern lassen, ist das ein Beweis dafür, daß juristische Fragen ihr Begriffsvermögen übersteigen – daß nur ein Anwalt das Gesetz wirklich verstehen kann.

Das ist natürlich Unsinn. Erstens hat die Regierung so ziemlich alles für gesetzwidrig erklärt, und das ist ja nun wirklich leicht zu begreifen. Ob es sich um Sex handelt oder um das Essen oder Trinken oder um Waffenbesitz oder irgend etwas anderes, das Ihr Privatleben oder Ihre natürlichen Rechte berührt – die Regierung hat es entweder schon für illegal erklärt oder wird es tun, sobald man sie darauf aufmerksam macht.

Trotzdem glauben Millionen von naiven Menschen immer noch daran, daß die Dienste, die ein Anwalt leistet, geheiligt sind – daß die von der Regierung beglaubigte Lizenz ihm ein mystisches Verständnis für juristische Fragen verleiht. In Wirklichkeit können Sie auch ohne die Hilfe eines Anwalts einen Scheidungsantrag einreichen, eine Gesellschaft gründen oder sterben. (Bei näherer Überlegung glaube ich, daß man wahrscheinlich *mit* der Hilfe eines Anwaltes schneller sterben kann, wenn auch nicht leichter.)

Wir kommen zum Mythos der überragenden Intelligenz des Mannes des Rechts. Es wird allgemein als Tatsache akzeptiert, daß er einfach klüger ist als die anderen Spieler. Wenn das wahr wäre, dann würden nicht so viele Anwälte so dumm sein, sich bei Verstößen gegen das Gesetz erwischen zu lassen; in den letzten Jahren ist eine beträchtliche Anzahl von Anwälten im Gefängnis gelandet.

Die Abenteuer eines Anfängers

Ein weiterer Beweis dafür, daß es auch Anwälten an Intelligenz mangeln kann, ist das folgende Erlebnis, das ich mit einem Mann des Rechts hatte – das heißt, er war eigentlich noch kein Mann des Rechts, sondern vielmehr ein »Rechtsjüngling«, einer von diesen jungen Kerlchen, die gerade ihr Studium abgeschlossen haben und sich als Perry Masons fühlen. Er fieberte förmlich danach, den funkelnagelneuen Croupierrechen in Gebrauch zu nehmen, den er als Zeichen seiner Würde zum Staatsexamen bekommen hatte. Im Dschungel der Geschäftswelt pflegt man von solchen Leuten zu sagen, daß sie noch grün hinter den Ohren sind. Die erfahrenen Spieler nehmen keine Notiz davon, wenn so ein junger Spund emsig herumläuft und jeden, der ihm zuhört, mit unverständlichen juristischen Phrasen überschüttet.

Aber wenn er hartnäckig genug ist, werden schließlich doch ein paar alte, wenn auch nicht sonderlich intelligente Hasen auf ihn hören, und dann kann er anfangen, sich eine »Klientel« aufzubauen. Auch mein Rechtsjüngling fing schließlich ein paar Leute ein, die ihn zu ihrem Anwalt erkoren. Einer von ihnen war ein alter Gläubiger von mir, noch aus der Zeit, als ich in Beverly Hills ein Aussätziger war. Er hatte ein Versäumnisurteil in Höhe von 24 000 Dollar gegen mich erwirkt, was ihm nur deshalb gelungen ist, weil ich damals in einem so chaotischen Zustand war, daß ich mir nicht einmal die Mühe machte, einen Schriftsatz zu meiner Verteidigung einzureichen. Ich schuldete dem Mann nur 8 000 Dollar, aber es gibt ein »Gesetz«, wonach es dem Kläger gestattet ist, das Dreifache des Schadens zu verlangen, falls er das wünscht; und wenn man sich keine Verteidigung leisten kann, wird man für seine Armut bestraft, indem das Gericht von der Annahme ausgeht, man schulde das Dreifache des tatsächlichen Betrages (was ein schönes Beispiel für die Logik der Regierung ist).

Mein Gläubiger war ungefähr um die Zeit über den Rechtsjüngling gestolpert, als ich anfing, wieder die finanzielle Leiter emporzuklettern. Er erklärte dem jungen Mann, daß er zwar ein Urteil erwirkt habe, bisher aber den ihm zugesprochenen Betrag noch nicht eintreiben konnte. Mehr brauchte der Rechtsjüngling gar nicht zu hören. Er verwandelte sich in einen Jäger, rief mich alle fünf Minuten an, bedrohte und bedrängte mich, wobei seine Worte sich überstürzten. Es war wirklich eine sehr amateurhafte Vorstellung, die der junge Mann gab, aber wie ich zu meiner Belustigung feststellte, schien sein Mandant völlig hypnotisiert von ihm zu sein.

Ich will hier nur den Ausgang der Geschichte berichten: Der junge Mann wußte, wo mein Büro war, und ich wußte, daß ich auf meinem Konto bei der Bank nebenan ungefähr 100 000 Dollar hatte. Er hätte also nur mit meinem alten Freund, dem Sheriff, in die Bank zu gehen brauchen, und man hätte ihm sofort 24 000 Dollar in bar ausgezahlt.

Da er sowohl an Erfahrung als auch an Intelligenz minderbemittelt war, wußte der Rechtsjüngling nicht, wie er in diesem Routinefall verfahren sollte. Zum Glück für mich kam er nicht einmal auf die naheliegende Idee, sich in der Bank nebenan nach mir zu erkundigen. Statt dessen hatte er sich ganz und gar auf eine »harte Verhandlungstaktik« konzentriert, die seinen Mandanten eine Menge Geld kosten sollte.

Ich hatte mir ausgerechnet, daß ich Glück haben würde, wenn ich mit 13 000 Dollar davonkommen könnte, also bot ich zuerst einen Vergleich von 3 000 Dollar an. Es ging schließlich so aus, daß der Rechtsjüngling mich auf 10 000 Dollar »festnagelte«, die ich nicht etwa sofort bezahlen mußte, sondern innerhalb eines Jahres in monatlichen Raten abstottern durfte.

Der Rechtsjüngling war außerordentlich stolz auf diesen triumphalen Sieg, und sein Mandant bewunderte ihn maßlos. Natürlich konnte er nicht wissen, daß der Rechtsjüngling ihn um 14 000 Dollar gebracht hatte, weil er nicht intelligent genug gewesen war, in meine Bank zu gehen und sich mehr als das Doppelte der Vergleichssumme in bar auszahlen zu lassen.

Es war ein nettes Erlebnis, denn jeder bekam das, was er gewollt hatte. Der Rechtsjüngling hatte ein Honorar eingeheimst, seine Beziehung zu seinem neuen Mandanten gefestigt und, was wohl das wichtigste war, sein Ego befriedigt. Sein Mandant glaubte, daß er endlich eine alte Schuld eingetrieben habe, wobei er übersah, daß er rund 40 Prozent des ihm zugesprochenen Betrages, abzüglich des Honorars für den Rechtsjüngling, bekommen hatte. Am glücklichsten war ich: Ich hatte 14 000 Dollar gespart und bekam außerdem noch das Nutzungsrecht an den jeweils verbleibenden Teilbeträgen von 10 000 Dollar zinsfrei für ein Jahr.

Wie man sich gegen den Croupierrechen verteidigt

Wenn Sie zu den legitimen Spielern gehören, werden Sie sicher den Wunsch haben, die Wirkungen, die der Mann des Rechts auslöst, möglichst klein zu halten. Die Voraussetzung dafür ist jedoch die Erkenntnis, daß der Mann des Rechts auch nur ein ganz durchschnittlicher Mensch ist, der zufällig herausgefunden hat, wie er die Mythen und Geheimnisse, die sich um ihn und seine »Dienste« ranken, am Leben erhalten kann. Anscheinend werden sich immer mehr Leute dieser Tatsache bewußt, denn eine kürzlich durchgeführte Umfrage ergab, daß weniger als ein Viertel der amerikanischen Bevölkerung sich positiv über den Beruf des Rechtsanwaltes äußerte.

Befreien Sie sich auch von der Vorstellung, daß alles und jedes ein »juristisches Problem« ist. Im Laufe der Jahre habe ich feststellen müssen, das die meisten meiner juristischen Probleme überhaupt keine waren. Sie waren nichts anderes als ganz normale Probleme, die ich allein viel besser bewältigen konnte – und zwar ohne Unkosten. Ich habe mehr als einmal beobachtet, daß juristische Probleme erst dann auftraten, nachdem der Mann des Rechts auf der Bildfläche erschienen war. Natürlich gibt es Situationen, in denen man einen Rechtsanwalt braucht, aber vorher sollte man alle anderen Möglichkeiten ausschöpfen. Ein Anwalt sollte nur im äußersten Notfall hinzugezogen werden, und dann müssen Sie sich auf einen langen und zähen Kampf gefaßt machen. Werfen Sie auch einen Blick auf Ihr Bankkonto, denn Sie werden eine Menge Geld brauchen.

Leider ist mit Ihrer Weigerung, einen Anwalt einzuschalten, die Schlacht nur halb gewonnen, denn er kann auch von der Gegenseite ins Spiel gebracht werden. Wenn Sie z. B. in der Immobilien- oder in der Versicherungsbranche tätig sind, dann wissen Sie ja, was das Erscheinen eines Anwalts nur allzu oft bedeutet – nämlich, daß das Geschäft nicht zustande kommt. In den Fällen, in denen es schwierig ist, den Mann des Rechts aus den Verhandlungen herauszuhalten, bleibt Ihnen nur die Möglichkeit, daß Sie versuchen, ihn zu überlisten.

Ich hatte früher regelmäßig mit Anwälten zu tun und entwickelte allmählich ein Gespür dafür, welche Art von »Problemen« sie auftischen würden. Ich versuchte stets, dem Mann des Rechts um eine Nasenlänge voraus zu sein und die Probleme zu lösen, bevor er sie überhaupt zur Sprache brachte. Nach einer Weile kannte ich seine beliebtesten Tricks, mit denen er Geschäfte abzuwürgen pflegte, sehr genau und konnte sie rechtzeitig abwehren.

Ideal ist es natürlich, wenn man einen Beruf hat, der einem den Umgang mit Leuten erspart, die der Ansicht sind, eine Transaktion sei nicht rechtsgültig, wenn beim Abschluß kein Anwalt anwesend sei. Ich habe meine wichtigsten Geschäfte gemacht, ohne daß einer der Beteiligten durch einen Anwalt vertreten war. Das kann nicht nur Zufall sein. In jedem dieser Fälle war mein Verhandlungspartner nicht nur ein lebenskluger, intelligenter Mann, sondern er war an dem Zustandekommen des Geschäfts genauso interessiert wie ich.

Wann braucht man einen Rechtsanwalt?

Aus dem, was ich auf den letzten Seiten gesagt habe, sollte folgendes klar hervorgehen: Auch der Mann des Rechts hat seinen festen Platz; er ist nicht nur dazu da, auf dem Spielfeld zu erscheinen und die legitimen Spieler zu stören. Aber man muß den Zeitpunkt für seine Dienste richtig wählen. Ich will es ganz einfach ausdrücken:

Sie brauchen einen Anwalt, wenn Sie sich aus einer Transaktion zurückziehen wollen, sich aber genieren, dabei formlos vorzugehen.

Sie brauchen keinen Rechtsanwalt, wenn Sie ernsthaft daran interessiert sind, ein Geschäft abzuschließen.

Und das ist alles, was ich für und gegen den Mann des Rechts zu sagen habe.

Schmexperten sind harmlos, wenn Sie wissen, wie Sie mit ihnen umgehen müssen. Die Qualität Ihrer Konkurrenten kann sehr unterschiedlich sein, und im allgemeinen können Sie den Leuten, mit denen Sie nicht spielen wollen, aus dem Weg gehen. Der Mann des Rechts ist ein ernstzunehmendes Hindernis, aber wenn Sie sich Mühe geben, wird es Ihnen oft gelingen, ihn vom Spielfeld fernzuhalten. Die Regierung ist jedoch ein Problem, das ganz andere Dimensionen hat. Der Mann des Rechts schlüpft unauffällig unter dem Zaun hindurch und benützt einen Croupierrechen, aber die Regierung erscheint mit Waffengewalt in der Arena und bedient sich ihrer während des gesamten Spiels. Dadurch sind alle anderen Spieler natürlich im Nachteil, denn es ist nicht leicht, einer Gewehrkugel auszuweichen.

Die Anhänger der Vogel-Strauß-Politik können oder wollen die Tatsache, daß alle Aktionen der Regierung stets unter der Androhung von Gewalt stattfinden, nicht akzeptieren, und das ist für die Regierung natürlich eine willkommene Hilfe. Für diese Einstellung gibt es viele Gründe. Zunächst einmal sind diese Leute durch Gewohnheit und Tradition so eingeschüchtert, daß sie sich blindlings den Wünschen der Regierung fügen. Ferner sind sie durch die Slogans, mit denen die Regierung arbeitet und die meist »patriotischer« Natur sind, eingeschüchtert und deshalb bereit, widerspruchslos zu kooperieren. Und schließlich ist die Regierung so mächtig, daß nur wenige Leute auf den Gedanken kommen, sie herauszufordern. All das ermöglicht es der Regierung, ihre Kontrolle nur mit Hilfe der unausgesprochenen Androhung von Gewalt aufrechtzuerhalten, ohne daß sie tatsächlich zu den Waffen greifen muß.

Es ist kein Wunder, daß in der Geschäftswelt nach der Philosophie »alles ist gestattet« verfahren wird, wenn Sie berücksichtigen, daß einer der Spieler »legal« Waffen einsetzt, um die anderen Spieler zu bestehlen. Wenn man es in diesem Licht betrachtet, wird die finanzielle Hürde zu einem Spiel, in dem Sie genauso wie alle anderen Bürger Ihr ganzes Geschick einsetzen müssen, um Ihren Anteil an den zur Verfügung stehenden Spielmarken zu ergattern und gleichzeitig zu versuchen, Ihren Besitz vor einem mächtigen Raubritter zu schützen, der so viele Spielmarken wie möglich an sich reißen will. Das schlimmste ist, daß dieser Raubritter sich jederzeit der Waffengewalt bedienen kann, um zu verhindern, daß er bei seinen Diebereien gestört wird.

Geben Sie sich keiner Täuschung darüber hin, daß die Regierung Ihr größter Feind ist, wenn es ums Geldverdienen geht. Alle Ihre Konkurrenten sind in ihrer Gesamtheit kein Gegner, den man mit der Regierung vergleichen kann, und sei es nur aus dem Grund, daß die Regierung ihnen den Gebrauch von Schußwaffen nicht gestattet. Es ist die reine Wahrheit, daß die Regierung für jeden Menschen, der Nummer Eins werden will, das größte Hindernis ist.

Die Mythologie der Regierung:
Eine Untersuchung über den Gebrauch des Wortes

Im Vergleich zu der Mystik, hinter der die Regierung sich versteckt, ist der Mythos, mit dem der Mann des Rechts sich umgibt, geradezu primitiv. Es ist erstaunlich, was man alles erreichen kann, wenn man ein paar Milliarden Dollar für Propaganda ausgibt und dann ein paar Jahre abwartet, bis die Propaganda genug Zeit gehabt hat, für die Menschen zur zweiten Natur zu werden. So kann z. B. die Versklavung in einen akzeptablen und respektablen Zustand verwandelt werden, wenn man sie als »Militärdienst« tarnt.

Wie geschickt Worte eingesetzt werden können, wird auch durch die Tatsache demonstriert, daß der Durchschnittsbürger, der nicht weiter darüber nachdenkt, die Regierung als eine lebende Einheit betrachtet. Dies ist eine bewußt hervorgerufene Illusion. Die Regierung hat keine eigenen Wünsche, Bedürfnisse, Verlangen und Emotionen. Das Wort »Regierung« ist ein Etikett für eine Gruppe von Einzelpersonen, die mit Regierungsgeldern bezahlt werden; im alltäglichen Sinn versteht man darunter diejenigen Einzelpersonen in dieser Gruppe, welche die größte Macht haben.

Einer der Gründe, warum die Regierung in so vieler Hinsicht widersprüchlich handelt und warum praktisch alles, was sie unternimmt, in einem grandiosen Mißerfolg endet, beruht ja gerade auf der Tatsache, daß sie keine lebende Einheit ist. Die Folge davon ist, daß die Einzelpersonen mit der größten Machtfülle, von denen natürlich jede in ihrem eigenen Interesse handelt, sich in einem ständigen Kampf gegeneinander befinden; jede von ihnen strebt nach noch mehr Macht und versucht, die »Gesetzgebung« nach *ihren* Wünschen zu gestalten. Das Ergebnis davon ist das Possenspiel, das wir seit Jahren in Washington sehen können.

Wenn man sich also die Regierung als eine geheiligte Einheit vorstellt, bedeutet das nichts anderes, als daß man die Menschen, aus denen sie besteht, ebenfalls für heilige Wesen hält. Viele Leute halten die Regierung in Ehren, weil sie glauben, daß sie ihnen etwas zu bieten hat. Aber die Regierung ist für den Menschen, der Nummer Eins werden will und sich bemüht, nicht in die Rechte anderer einzugreifen, kein Mittel, durch das ein bestimmter Zweck erreicht werden kann. Die Regierung *ist* ein Zweck – und zwar für jeden, der von ihr bezahlt wird, und besonders für die Leute, welche die obersten Sprossen der Leiter erreicht haben.

Wenn das, was die Regierung zu bieten hat, für den Einzelnen so wertvoll ist – wenn jeder es wirklich haben will –, dann erhebt sich die Frage, warum die Leute in Washington Gewalt anwenden müssen. Die einzig mögliche Antwort auf diese Frage ist, daß das, was die Regierung bietet, keineswegs wertvoll ist, sondern nichts anderes als eine Beschneidung der persönlichen Freiheit. Die Praxis sieht so aus, daß die Regierung Sie durch die Androhung von Gewalt zwingen kann,

1. auf etwas zu verzichten, das Sie gern tun wollen,
2. etwas zu tun, das Sie nicht tun wollen,
3. etwas aufzugeben, das Ihnen rechtmäßig gehört.

Die Regierung gibt das Beispiel für die Philosophie, daß »alles gestattet ist«

Wir kommen zur Mythologie des »Gesetzes«. Abgesehen davon, daß das gewaltsame Vorgehen der Regierung eine Atmosphäre fördert, in der »alles gestattet ist«, sind ihre Gesetze für jedermann ein Beispiel, das zur Nachahmung auffordert, getreu dem Sprichwort: Ein Affe macht's dem anderen nach. Wenn der Große Bruder privaten Besitz »legal« konfiszieren darf, Menschen in Situationen hineintreibt, in denen sie töten müssen, um nicht selbst getötet zu werden (was unter dem Mantel des Patriotismus »Krieg« genannt wird), ihre sexuelle Freiheit beeinträchtigt und Tausende von Verstößen gegen die natürlichen Rechte des Menschen begeht, dann kann man dem armen Kerl, der nur versucht, mit seinem Geld auszukommen, keinen Vorwurf daraus machen, wenn auch er die Einstellung hat, daß alles gestattet ist.

Sie brauchen keinen besonderen Scharfblick, um zu erkennen, daß man die Notwendigkeit oder die moralische Berechtigung eines Gesetzes nicht durch die bloße Aussage, daß es ein Gesetz *ist*, beweisen kann. Der einzige Punkt, auf den es bei Gesetzen, die von der Regierung gemacht worden sind, ankommt, ist die Überlegung, ob sie gegen Naturgesetze und natürliche Rechte des Menschen verstoßen oder nicht. Wissenschaftler und Philosophen haben den Begriff der Naturgesetze und der natürlichen Rechte auf die verschiedenste Art und Weise definiert, aber ich glaube, daß die nachfolgende einfache Beschreibung genügt: Jeder Mensch hat das natürliche Recht, selbst zu entscheiden, auf welche Art und Weise er sein Glück suchen will, und der Eigentümer aller Früchte seiner Bemühungen zu bleiben, solange er nicht gewaltsam in die gleichen Rechte anderer Menschen eingreift.

Die Aussage, daß Gesetze zum Schutz des Einzelnen erforderlich sind, klingt ganz plausibel, bis man erkennt, daß die meisten Gesetze die Freiheit des Einzelnen beeinträchtigen. Wie kann eine Gruppe von Leuten – gleichgültig ob sie sich eine Regierung nennt oder eine andere Bezeichnung benützt – wissen, was für Sie gut ist, obwohl Ihre Wünsche, Ambitionen, Bedürfnisse, Überzeugungen und Prinzipien sich von denen aller anderen Menschen unterscheiden? Wie können diese Leute zu Ihrem Besten handeln, wenn sie Sie nicht einmal kennen? Nur Sie können entscheiden, was zu Ihrem Besten ist; jeder andere Mensch, der gewaltsam versucht, diese Entscheidung für Sie zu treffen, ist ein Aggressor, der gegen die Naturgesetze verstößt.

Mit welchen Worten die Tatsachen auch beschönigt werden mögen, an der Wahrheit kann das nichts ändern: Die Regierung engt Ihre Freiheit ein, und das ist ein Verstoß gegen die Naturgesetze. Auf den finanziellen Sektor übertragen, manifestiert sich diese Einengung als eine Schranke, die es Ihnen verbietet, daß Sie Ihre geschäftlichen Transaktionen frei und nach Belieben abwickeln können, und sich dadurch als das größte Hindernis für die Bewältigung der finanziellen Hürde erweist.

Wie stark ist die Regierung als Ihr Gegner?

Im Grunde genommen tut die Regierung nichts anderes als das Folgende: Ihnen einen großen Teil Ihres Einkommens zu stehlen; Ihr Geschäft zu schließen, wenn Sie ihr nicht einen bestimmten Prozentsatz des Gewinns abtreten; das Geld, das Sie behalten dürfen, jeden Tag etwas mehr zu entwerten, indem sie neues Geld in Umlauf bringt, das keinerlei Deckung hat;

Sie für das Privileg, in Ihrem eigenen Haus zu wohnen, zur Kasse zu bitten (Grundstücksteuer); Ihnen zu sagen, welche Mindestlöhne Sie Ihren Angestellten zahlen müssen und wen Sie einstellen dürfen; Ihnen vorzuschreiben, was Sie für Ihre Produkte oder Dienstleistungen verlangen dürfen (Preiskontrolle durch die Staatliche Tarifkommission); zu bestimmen, was für Erzeugnisse Sie verkaufen dürfen (durch die Prüfungsstelle für Lebensmittel und Drogen); und – sozusagen als Krönung des Ganzen – Ihnen unter Strafandrohung den Wettbewerb mit den schlecht geführten regierungseigenen Monopolbetrieben (z. B. die Post) zu verbieten.

Wie kann man sich gegen die Regierung zur Wehr setzen?

Mit jedem Tag schwinden die Mystik und die Unantastbarkeit der Regierung etwas mehr dahin. Ihre Brieftasche, Ihr Heim und die meisten Aspekte Ihres Lebens zeigen den wahren Stand der Dinge zu deutlich an. Aber das nützt Ihnen nicht viel, wenn Sie keine Möglichkeit haben, den illegalen Attacken, welche die Regierung gegen Sie führt, Einhalt zu gebieten.

Gibt es wirklich keine Möglichkeit? Ich will ganz offen sagen, daß es Ihnen nicht gelingen wird, die Einmischung der Regierung ganz abzustellen, aber Sie können eine ganze Menge tun, um die Bemühungen der Regierung, Sie auf Ihrem Weg zum Erfolg zu behindern, zu durchkreuzen. Gehen Sie einfach von der folgenden Annahme aus: Sie haben einen Weg entdeckt, wie Sie durch die Neuentwicklung eines nützlichen Produkts oder einer Dienstleistung Geld verdienen können; früher oder später erfährt auch die Regierung davon und wird sofort versuchen, Ihr Projekt für ungesetzlich zu erklären. Wenn es eine Situation gibt, in der die Theorie zur Erhaltung einer positiven Einstellung durch die Erwartung eines negativen Resultats Sie vor der totalen Frustration retten könnte, dann ist es diejenige, in der Sie sich als Gegenspieler der Regierung befinden.

Diese Einstellung ist sehr wichtig, wenn die Regierung mit im Spiel ist, denn sie hat die Macht, dafür zu sorgen (mit Hilfe von Gesetzen und Verordnungen), daß die Bedingungen sich ständig ändern. Sie können viel besser in eine andere Richtung ausweichen, wenn Sie auf solche Veränderungen vorbereitet sind. Großunternehmer wie Hughes und Kennedy schienen immer das Talent zu haben, schnell von einem Projekt auf ein anderes umsteigen zu können, und zwar rechtzeitig genug, um einem neuen Gesetz zu entgehen, oder um die Vorteile eines alten Gesetzes auf einem anderen Gebiet auszuschöpfen.

Vom geschäftlichen Standpunkt aus ist es für Sie das Beste, wenn Sie darauf bedacht sind, dem Kontakt mit der Regierung so weit wie möglich aus dem Weg zu gehen. Es treibt die Machthaber zum Wahnsinn, wenn sie keine Möglichkeit haben, Ihre Aktivitäten laufend zu kontrollieren, aber obwohl sie Millionen von Angestellten zur Verfügung haben, können sie nicht alle Leute rund um die Uhr überwachen. Um diese Schwäche in ihrem System auszugleichen, haben sie ein Netzwerk von »regulatorischen Agenturen« und »Kommissionen« eingerichtet, dessen Umfang schier überwältigend ist. Natürlich sind alle diese Ämter in jeder Hinsicht ungesetzlich. Aber das ist aus Ihrer Sicht unwichtig; für Sie zählt nur, daß es sie gibt und auch in Zukunft geben wird.

Alle diese Agenturen werden von nichtgewählten Beamten geleitet, die ganz nach Gutdünken Unternehmer und Betriebe fördern oder vernichten können. Sehr oft sorgen die willkürlich aufgestellten Vorschriften dafür, daß die Konkurrenz ausgeschaltet wird, wodurch die Mammutkonzerne geschützt werden und wie immer garantiert wird, daß der Verbraucher für weniger Service und schlechtere Produkte höhere Preise bezahlen muß, als es auf einem freien Markt der Fall wäre.

Wenn Sie ein selbständiger Geschäftsmann sind, empfehle ich Ihnen, daß Sie sich möglichst eine Branche aussuchen, die weniger Vorschriften unterworfen ist als andere Industriezweige. Falls Sie bereits in einer Branche arbeiten, die einer strengen Aufsicht untersteht, und ein Wechsel für Sie nicht in Frage kommt, dann können Sie nichts weiter tun als zu hoffen, daß Sie weiterhin nicht auffallen, und die unvernünftigen Forderungen der zuständigen Aufsichtsbehörde soweit wie möglich zu erfüllen. Lassen Sie es nie zu einer Konfrontation mit einer Aufsichtsbehörde kommen. Sie würden nur Zeit, Kraft und Geld vergeuden. Die Karten sind von Anfang an ungleich verteilt; selbst wenn Sie vor Gericht gewinnen, würde man dafür sorgen, daß Sie letzten Endes doch der Verlierer sind.

Falls Sie auf einem Sektor arbeiten, der noch nicht streng überwacht wird, dann sollten Sie von der sicheren Annahme ausgehen, daß es nicht immer so bleiben wird. Treffen Sie für den Fall, daß die Spielregeln sich plötzlich ändern sollten, Ihre Vorbereitungen.

Regierungsanleihen: Eine Investition in Klopapier

Eine andere Möglichkeit, wie Sie sich vor Ihrem mächtigsten Feind schützen können, besteht darin, daß Sie keinen einzigen Dollar in die Regierung investieren oder ihren Garantien Glauben schenken. Da die Regierung bankrott ist, sind ihre Garantien zwangsläufig wertlos. Die Fähigkeit der Regierung, Anleihen und Schuldverschreibungen einzulösen, hängt einzig und allein davon ab, daß es ihr weiterhin gelingt, einen immer größeren Anteil Ihres Einkommens zu konfiszieren. Es ist durchaus möglich, daß es eines Tages einen generellen Steuerstreik gibt. Wenn der Prozentsatz des Einkommens, den die Leute mit nach Hause nehmen können, nicht einmal mehr ausreicht, um die normalen Ausgaben zu bestreiten, bleibt ihnen vielleicht keine andere Wahl als zu rebellieren. Im Fall eines Steuerstreiks hat die Regierung keine Geldmittel zur Verfügung, um die aufgenommenen Anleihen zurückzahlen zu können. Falls die Regierung ihren Zahlungsverpflichtungen gegenüber Mammutkonzernen oder Familien aus der Klasse der Multimillionäre nicht nachkommen kann, dann werden diese Großen die Führer der Regierung noch etwas schärfer an die Kandare nehmen und ihnen noch mehr Vorschriften machen, als es bis dahin der Fall war, aber wenn die Schuldverschreibungen, die Sie haben, nicht eingelöst werden, dann ist das für Sie ein harter Schlag.

Das Gleiche gilt für »Garantien« der Regierung. Da sie keinerlei Dekkung haben, sind sie nur ein Witz. Legen Sie um Gottes willen nicht Ihr ganzes Geld bei einer Bank oder Sparkasse langfristig an, weil man Ihnen gesagt hat, daß die staatliche Bankenversicherung für Ihre Einlagen garantiert. Im Falle eines Staatsbankrotts würden die Reserven nicht einmal ausreichen, um die Verwaltungskosten zu bezahlen, die durch die Katastrophe verursacht werden. Wie sollte es da möglich sein, Ihnen Ihr Geld zurückzuzahlen?

Der neuralgische Punkt: Die Einkommensteuer

Und jetzt kommen wir zum eigentlichen Kern der Sache, nämlich zum Diebstahl Ihres Einkommens. Sollten Sie bisher ein Opfer der Einschüchterung durch Gewohnheit und Tradition, durch Schlagworte oder irgendeiner anderen Form der Einschüchterung gewesen sein, durch deren Anwendung es der Regierung gelungen ist, daß Sie sogar mithelfen, wenn sie

Ihnen Ihre Spielmarken wegnimmt, dann wird es Zeit, daß Sie sich besinnen und ein paar rationale Überlegungen anstellen. Befreien Sie sich endlich von der albernen Vorstellung, daß die »Hinterziehung« der Einkommensteuer verwerflich sei. Wenn jemand sich dagegen wehrt, bestohlen zu werden, bedeutet das ja nicht, daß er den Dieb betrügt; er verteidigt nur seine natürlichen Rechte, wenn er versucht, sein Eigentum vor Übergriffen zu schützen. Ein »Hintertürchen« ist nichts Unanständiges. Es ist so lange die »legale« Abwehr eines »illegalen« Gesetzes, bis die Regierung diese Methode durch ein neues Gesetz für illegal erklärt. Aber bis zu diesem Zeitpunkt verstößt die betreffende Methode, durch die Sie die Wegnahme Ihres rechtmäßigen Besitzes verhindern wollen, nicht gegen das Gesetz.

Sie sind sich selbst gegenüber verpflichtet, Ihr Eigentum gegen einen Dieb zu verteidigen, gleichgültig hinter welcher Maske sich der Räuber versteckt. Die einzige Überlegung, die Berechtigung hat, ist das Risiko, das man eingeht. Ich würde Ihnen niemals den Rat geben, daß Sie ein Steuergesetz – oder irgendein anderes Gesetz – auf gut Glück brechen, so unmoralisch es auch sein mag. Sie sollen sich nur darüber klar werden, daß eine Sache nicht dadurch rechtmäßig oder moralisch akzeptabel wird, weil sie ein Gesetz ist. Sie schulden es sich selbst, innerhalb der Grenzen des gesunden Menschenverstandes und der geschäftlichen Klugheit alles zu tun, um Ihr Eigentum vor der Regierung zu schützen. Aber vorher müssen Sie das Risiko, daß Sie erwischt und bestraft werden, sorgfältig gegen den erhofften Gewinn abwägen.

Natürlich kann man es auch übertreiben. Ich kenne viele Leute, die sich der kompliziertesten Methoden bedienen und z. B. ausländische Gesellschaften gründen oder sich andere steuerbegünstigte Tricks ausdenken, aber ich frage mich manchmal, ob der Aufwand an Zeit und Unkosten wirklich den Betrag wert ist, der letzten Endes dem Zugriff der Regierung entzogen werden kann. Natürlich sind die jeweiligen Umstände ausschlaggebend, aber ich möchte Ihnen von allzu komplizierten Maßnahmen abraten, es sei denn, daß sie durch die tatsächlich erzielten Vorteile gerechtfertigt werden.

Da es bei mir zum Beruf gehört, meine Einstellung zu diesem Thema öffentlich darzulegen, komme ich am billigsten weg, wenn ich mich an ein einfaches System halte und meinen Tribut ohne großes Getue abliefere. Die Tatsache, daß viele Menschen bereit sind, mich für meine Ideen zu bezahlen, ist mehr als eine angemessene Kompensation für den Nachteil, mein finanzielles Leben den Schergen der Regierung gegenüber offenzulegen. Ich verberge nichts und lasse mich ohne Widerstand abklopfen. Aber wenn ich einen anderen Beruf hätte, würde ich zweifellos nach besten Kräften versuchen, den Diebstahl meines Geldes auf ein Mindestmaß zu beschränken, wobei ich immer das Risiko gegen den möglichen Vorteil abwägen würde, bevor ich mich für einen Aktionsplan entscheiden würde.

Noch ein letztes Wort zu dem Verhältnis zwischen der Regierung und Ihnen als Gegenspieler: Sie müssen entscheiden, wie viele Spielmarken Sie benötigen, damit Sie die Freiheit kaufen können, die Sie brauchen, um glücklich zu sein. Aber berücksichtigen Sie bei Ihrer Entscheidung die Realitäten der Situation, nämlich, daß die Regierung Sie bestiehlt und laufend neue Gesetze verabschiedet, die es Ihnen immer mehr erschweren, Ihre finanziellen Ziele zu erreichen. Der Anreiz, wie man ihn früher in diesem Land gekannt hat, ist so gut wie verschwunden, weil praktisch jeder Weg zum großen Geld gegen das Gesetz verstößt. An dieser Tatsache kommen Sie nicht vorbei, und falls Sie finanzielle Ziele haben, sollten Sie aus Fairness gegen sich selbst prüfen, wie groß Ihre Chance ist, daß Sie angesichts der ständig wachsenden Einmischung durch die Regierung Ihre Ambitionen verwirklichen können. Und dann fragen Sie sich, ob das Risiko (der Aufwand an Zeit und Kraft, ganz zu schweigen von den Kämpfen mit den Behörden) sich lohnt. Ich will diese Frage so formulieren: Sind die Chancen, die gegen meinen Erfolg sprechen, zu hoch, als das sie es rechtfertigen würden, wenn ich einen unangemessen hohen Preis für ein Ziel bezahle, das heutzutage vielleicht gar nicht mehr erreicht werden kann?

Denken Sie darüber nach. Vielleicht entscheiden Sie sich dann, Ihre Ambitionen zu reduzieren, sich ein bescheideneres Ziel zu setzen, dem Spieler mit den Kanonen soweit wie möglich aus dem Weg zu gehen und sich etwas mehr darauf zu konzentrieren, das Leben zu genießen. Meinen Sie nicht, daß diese Einstellung es Ihnen erleichtern würde, Nummer Eins zu werden?

Der unsichtbare Spieler: Murphys Geist

Der Geist des alten Murphy hat in allen vorangegangenen Kapiteln eine so wichtige Rolle gespielt, daß ich nicht mehr viel über ihn sagen kann, was Sie nicht schon wissen. Obwohl er keine lebende Einheit ist, muß ich ihn als Spieler aufführen, weil er ein bedeutender Faktor des Geschäftsspiels ist. Murphy hat eine besondere Vorliebe für die finanzielle Hürde. Natürlich macht es ihm auch Spaß, in den Bereichen der Liebe und Freundschaft sowie in anderen Aspekten des Lebens Unheil zu stiften, aber sein größtes Vergnügen besteht darin, uns über die finanzielle Hürde stolpern zu lassen.

Das Erstaunliche dabei ist, daß er dazu weder Waffen noch die Hilfe des Gesetzes braucht. Wie es sich für einen Geist gehört, schwebt er unsichtbar überall herum und legt Ihnen Probleme in den Weg, um Ihre finanziellen Pläne zu durchkreuzen. Was können Sie dagegen tun? Da Sie nicht gegen etwas kämpfen können, das Sie nicht sehen, sind Sie ihm gegenüber genauso hilflos wie gegenüber den Kanonen der Regierung. Die einzige Möglichkeit besteht darin, sich nicht von ihm überrumpeln zu lassen, und das können Sie erreichen, indem Sie auf sein plötzliches Erscheinen vorbereitet sind.

Eine der besten Methoden der Vorbereitung ist die bewährte Einstellung, auf das Beste zu hoffen und auf das Schlimmste gefaßt zu sein. In Wirklichkeit will Murphy ja nichts weiter als ein bißchen Respekt. Erst wenn Sie überheblich werden und sich einbilden, daß Sie alles unter Kontrolle haben, wenn Sie sicher sind, daß nichts schiefgehen kann – das ist der Moment, in dem Sie seinen Zorn herausfordern und sich der Gefahr aussetzen, einen gewaltigen Nackenschlag verpaßt zu bekommen. Solange Sie seine Satzung beachten, ist er relativ friedlich; sie sind es wert, hier wiederholt zu werden:

Nichts ist so leicht, wie es aussieht.
Alles dauert länger, als Sie es erwarten.
Und wenn etwas schiefgehen kann, dann tut es das auch,
und zwar im ungünstigsten Moment.

Aber auch wenn Murphy Ihnen gleich am Anfang ein Bein gestellt hat, so daß Sie noch nicht einmal starten konnten, brauchen Sie nicht zu verzweifeln. Er prüft nur Ihre Zähigkeit. Nachdem ich lange und vergeblich versucht hatte, den Fuß auf die erste Sprosse der finanziellen Leiter zu setzen, sagte ein weiser alter Mann zu mir, wenn ich erst einmal begonnen hätte, Geld zu verdienen, würde es so schnell und leicht weitergehen, daß ich mich fragen würde, warum mir der Anfang so schwergefallen war. Damals konnte ich das kaum glauben, aber heute weiß ich aus Erfahrung, daß er recht hatte. Und auch Aristoteles hatte recht: Der erste Schritt ist immer der schwerste.

Die Kunst, das Erworbene zu behalten

Nehmen wir an, daß Sie das Spiel erfolgreich beendet haben. Sie haben die Schmexperten ignoriert, Ihre Konkurrenten geschlagen, den Mann des Rechts ausgetrickst, die Geschosse der Regierung vermieden und Murphys Versuche, Ihre Bemühungen zunichte zu machen, abgewehrt. Sie haben die finanzielle Hürde überwunden. Sie haben die finanzielle Sicherheit, die Ihnen die Freiheit gibt, Nummer Eins zu werden. Ist jetzt für Sie der Zeitpunkt gekommen, sich gemütlich zurückzulehnen und darauf zu warten, daß Sie Ihre Freiheitstrophäe bekommen?

Ganz so funktioniert es nicht. Um sich Ihr Glück auf die Dauer zu erhalten, müssen Sie darauf bedacht sein, daß Sie der Mensch bleiben, der Sie wirklich sind; versuchen Sie nicht, etwas zu werden, das Ihrem Wesen nicht entspricht. Ihre finanzielle Lage mag sich verbessert haben, aber Sie sind immer noch Sie selbst. Wenn Sie in die Falle der Selbsttäuschung geraten, ist es sehr leicht möglich, daß Sie sich schnell dort wiederfinden, wo Sie angefangen haben. Überfüttern Sie Ihr Ego nicht; es braucht jetzt weniger Nahrung als in der Zeit vor Ihrem finanziellen Erfolg. Bleiben Sie sich selbst gegenüber ehrlich und zeigen Sie der Welt Ihr wirkliches Selbst. Lassen Sie sich nicht dazu verleiten, von anderen Menschen etwas zu erwarten, sondern behalten Sie die Initiative.

Auch wenn Ihnen der Erfolg nicht zu Kopf steigt, können Sie nicht erwarten, daß es in Ihrer Umgebung nicht ein paar unerfreuliche Reaktionen gibt. Obwohl Sie der Gleiche geblieben sind, ist es unvermeidlich, daß einige Leute ihre Einstellung Ihnen gegenüber ändern. Das ist ein Teil des Preises, den Sie für Ihren Erfolg zahlen müssen; Sie müssen lernen, mit solchen Problemen zu rechnen und sie zu bewältigen.

Die negativen Reaktionen können sich z. B. auch in der Form von Verleumdungen manifestieren, die ihren Ursprung in Neid und Minderwertigkeitskomplexen haben. Erwarten Sie ja nicht, daß alle anderen Menschen neidlos beiseite stehen und Ihnen Ihren Triumph gönnen. Je kleinlicher ein Mensch ist, desto größer ist sein Wunsch, Sie unglücklich zu sehen. Er erträgt es nicht, wenn andere Erfolg haben.

Sie können nicht viel tun, um jemanden zu bewegen, seine Einstellung Ihnen gegenüber zu ändern – aber Sie können ihn ignorieren.

Geld kann kein Glück kaufen — aber jede Menge Schuldgefühle

Es wäre abwegig zu glauben, daß andere Menschen unter Ihrem Erfolg leiden. Sie sollen auf Ihre Leistung stolz sein und sich Ihres Erfolges nicht schämen. Wenn Sie das Glück hatten, materiellen Reichtum zu erringen, dann lassen Sie sich von niemandem um die Freude bringen, ihn zu genießen.

Es wäre irrational, sich schuldig zu fühlen, weil andere Menschen in Armut leben. Sie brauchen sich keine Vorwürfe zu machen, weil es Ihnen besser geht als den anderen. Im Gegenteil, auf Grund Ihres Reichtums sind Sie für die Allgemeinheit keine Belastung.

Die schlimmsten Schuldkomplexe findet man bei den Leuten, die ihren Reichtum nicht selbst erarbeitet, sondern ererbt haben. Viele von ihnen haben das Gefühl, daß sie es nicht verdienen, so viel Geld zu haben. Nun, wenn jemand unter dieser Zwangsvorstellung leidet, dann sollte er seinen Reichtum benützen, um selbst etwas Produktives zu leisten, und nicht herumsitzen und darüber jammern, daß er sein Glück nicht wert ist.

Vor kurzem habe ich einen wahrhaft alarmierenden Artikel über eine Gruppe von reichen Erben gelesen, die ihre Schuldkomplexe dadurch loswerden wollen, daß sie eine Organisation gegründet haben, mit dem Ziel, »sozial nützliche« Wege zu finden, wie sie einen Teil ihres ererbten Reichtums unter die Menschen bringen können.

Es ist traurig, daß diese Menschen sich gezwungen fühlen, potentiell produktive und kreative Energie – und Geld – zu vergeuden, nur weil sie sich von anderen Leuten dazu treiben ließen, wegen etwas, für das sie nicht verantwortlich sind und das auch niemandem schadet, Schuldgefühle zu empfinden.

Wer hat das Steuer, Sie oder Ihr Geld?

Wenn es anderen Leuten nicht gelingt, Sie durch Neid oder durch die Erweckung von Schuldgefühlen unterzukriegen, dann gibt es nur einen Menschen, der Sie daran hindern kann, Ihren finanziellen Erfolg zu genießen, nämlich Sie selbst. Der ausschlaggebende Faktor ist Ihre Einstellung zu Geld. Wenn Sie Ihr Geld nicht kontrollieren können, dann werden Sie von ihm kontrolliert. Es gibt zwei Möglichkeiten, wie Ihr Geld die Oberhand gewinnen kann.

Die erste ist, daß Sie es ohne Sinn und Verstand ausgeben. Wenn es für Sie ein völlig ungewohnter Zustand ist, viel Geld zu haben, dann können Sie sich leicht von Ihrer Hochstimmung zum Leichtsinn verleiten lassen. Je länger und härter der Kampf um die Bewältigung der finanziellen Hürde war, desto natürlicher ist Ihr Wunsch, das zu genießen, was Sie errungen haben. Aber genießen Sie es nicht so sehr, daß Sie sich eines Tages wieder am Ausgangspunkt finden!

Und die zweite Möglichkeit, wie Ihr Geld Sie kontrollieren kann? Ich will es so ausdrücken: Es gibt nur eins, das schlimmer ist, als über Ihre Verhältnisse zu leben, und das ist, nicht Ihren Verhältnissen entsprechend – d. h. »unter Ihren Verhältnissen« – zu leben. In diesem Fall wird das Geld zum Selbstzweck. Geld kann Dinge und Dienste kaufen, die nicht nur Ihr Leben komfortabler gestalten, sondern die Ihnen direkt oder indirekt die Freiheit geben, welche die eigentliche Belohnung für die Bewältigung der finanziellen Hürde ist.

Was nützt Ihnen Ihr Geld, wenn Sie immer noch Arbeiten tun, die Sie verabscheuen, obwohl Sie es sich leisten können, andere dafür zu bezahlen? Wenn Sie so viel Angst davor haben, Ihr Geld zu verlieren, daß es Ihnen jedesmal Qualen bereitet, sich von einem Dollar zu trennen, um sich einen Wunsch zu erfüllen, dann haben Sie keine Freiheit errungen, sondern Sie haben sich selbst eingesperrt. Man kann es auch so ausdrücken: Wenn Sie es Ihrem Geld gestatten, Sie zu beherrschen, dann sind Sie nicht mehr in Kontrolle, und das heißt, daß Sie nicht fähig sind, rationale Entscheidungen zu treffen und folglich nicht Nummer Eins werden können.

Die »Berührbaren« und die »Unberührbaren«

Diese Idee stammt von einem alten Freund, der in der Wall Street liebevoll »der schwarze Bert« genannt wird. Er ist ein einfacher Mann aus Kansas, dessen simplizistische Einstellung zu geschäftlichen Dingen mich immer wieder verblüfft. Innerhalb von nur fünf Jahren hat er es geschafft, vom Verkäufer für billige Fertighäuser zu einem Geschäftsmann zu werden, der 15 Millionen Dollar wert ist. Wenn er redet, höre ich zu.

Er sieht die Sache so: Wenn man genug Spielmarken beisammen hat, sollte man sie in zwei Haufen aufteilen, in die »Berührbaren« und in die »Unberührbaren«. Die Berührbaren sind die Spielmarken, mit denen man Häuser, Autos und andere Annehmlichkeiten kauft und mit denen man gewagte Investitionen riskiert. Die Unberührbaren werden sicher angelegt. Wenn man Pech hat und die Berührbaren verliert, braucht man nicht wieder von vorn anzufangen, denn man hat ja noch die Unberührbaren zur Verfügung. Diese Methode scheint zu funktionieren, denn inzwischen ist Bert noch reicher geworden!

Nichts ist vergänglicher als der Ruhm

Oh, wie weh es doch tut, den Hügel wieder hinunterzurutschen! Es ist so schön auf dem Gipfel — der Luxus, der Applaus, die Aufmerksamkeit! Aber, wie ich aus eigener schmerzlicher Erfahrung weiß, genau in dem Moment, in dem man alles am meisten genießt, ist man auch in der größten Gefahr, alles so schnell zu verlieren, daß es einem wie ein böser Traum vorkommt.

Wenn Sie das Glück hatten, den Gipfel zu erreichen, dürfen Sie nie vergessen, wie schnell sich alles in einen Alptraum verwandeln kann. Freuen Sie sich und genießen Sie das Leben, aber verlieren Sie nicht den Blick für die Wirklichkeit. Die Konkurrenz schläft nicht; Murphys Geist ist allgegenwärtig; die Regierung droht und ändert ständig die Spielregeln; die Schmexperten decken Sie mit schlechten Ratschlägen zu, sobald Ihre Aufmerksamkeit nachläßt. Die Bedingungen sind einem ständigen Wechsel unterworfen. Wenn Sie auf diese Veränderungen nicht vorbereitet sind, dann wehe Ihnen! Die Wirklichkeit kennt keine Nachsicht, wenn Sie die Tatsachen falsch sehen.

Ich bin jetzt zum dritten Mal oben angelangt. Da es immer möglich ist, daß die Zukunft Entwicklungen bringt, die außerhalb meiner Kontrolle liegen, schließe ich es nie aus, wieder von meinem Hochsitz heruntergestoßen zu werden. Gegen höhere Gewalt ist man machtlos. Aber heruntergestoßen zu werden ist etwas ganz anderes als freiwillig einen Sturzflug zu machen. Bei meinen beiden Reisen in den Abgrund hat niemand nachgeholfen, ich habe es ganz allein geschafft.

Wie das kam? Weil ich leichtsinnig war und es versäumte, mich an die Regeln zu halten, die mir geholfen hatten, nach oben zu kommen. Die in diesem Kapitel niedergelegten Grundsätze haben sich für mich immer als gültig erwiesen. Nur wenn ich nachlässig werde und sie vergesse, mache ich Bauchklatscherlandungen. Und sollte ich jemals wieder von diesen Regeln abweichen, werde ich bestimmt – und verdientermaßen – wieder ganz unten landen.

7. Kapitel
Die Hürde der Freundschaft

Und nach dem Sieg — was dann?

Die Kletterpartie vom Ryder-Lastwagen hinauf auf den Gipfel des Wohlstands war lang und schwierig. Nie werde ich den Tag vergessen, an dem der Abschluß einer finanziellen Transaktion mich endgültig über die Hürde hob. Ich war endlich frei und konnte mich darauf konzentrieren, glücklich zu sein.

An jenem Tag arbeitete ich genauso lange wie sonst und befolgte meine übliche Routine, als ob sich nichts geändert hätte. Aber in meinem Büro breitete sich eine seltsame Atmosphäre aus. Es war eine Art Einsamkeit – ein Mangel an Hochstimmung. Ich konnte es nicht verstehen. Hätte ich innerlich nicht beteiligter sein sollen?

Als meine Mitarbeiter nach Hause gegangen waren, blieb ich allein im Büro zurück, setzte mich an das Kopfende des Konferenztisches und begann nachzudenken. Um mich herum war es totenstill, während ich darüber nachdachte, welche Entfernung ich in den letzten Jahren zurückgelegt hatte. Ich fühlte mich erschöpft, wenn ich daran dachte, wie anstrengend der Weg zurück nach oben gewesen war. Irgendwie war das Ganze merkwürdig. Ich hätte jetzt irgendwo feiern sollen, sagte ich zu mir selbst, statt hier allein zu sitzen und auf das andere Ende des Konferenztisches zu starren.

Und plötzlich sah ich Harold Hart vor meinem geistigen Auge. Er war schon seit mindestens fünfzehn Jahren tot, aber ich konnte ihn ganz deutlich vor mir sehen, wie er im seidenen Hausrock über den Pyjamas in seiner Wohnung in der Park Avenue saß. Wo mochte er jetzt wohl sein? fragte ich mich. Hatte er inzwischen entdeckt, daß das Leben doch kein Schwindel war? Oder war er jetzt nur noch ein Häufchen Staub?

Und plötzlich saß er am anderen Ende des Konferenztisches und fragte mich grinsend: »Na, mein Junge, wie fühlst du dich? Du hast den Preis bezahlt, du hast gekämpft, und jetzt bist du endlich oben. Und was nun?«

Mit dem Grinsen, das ich zu sehen glaubte, gab er (oder ich?) mir zu verstehen, daß ich jetzt selbst zu einem Harold Hart geworden war. Aber das konnte und wollte ich nicht akzeptieren; ich hatte zuviel von meinem Leben investiert, als daß ich glauben konnte, daß alles nur ein Schwindel sei. Das Leben mußte mehr zu bieten haben als nur den Kampf um den finanziellen Erfolg und dann eine Leere, sobald man ihn errungen hatte.

Aber irgend etwas fehlte. Nachdem ich über eine Stunde nachgedacht hatte, wußte ich endlich, was es war – nämlich die Tatsache, daß außer mir niemand am Tisch saß. Siegesfeiern für einen einzigen Gast sind nicht sonderlich lustig; sie pflegen eher ruhig zu sein. Ich verstieß gegen ein Naturgesetz – ich wollte etwas Unmögliches erreichen, indem ich versuchte, mir selbst genug zu sein.

Welch ein Paradox: Um die größtmögliche Freude am Leben zu haben, brauchte ich Menschen – dieselben Menschen, die mir bei meinen Bemühungen, Nummer Eins zu werden, so viele Komplikationen und Hindernisse in den Weg gelegt hatten. Allmählich begannen die einzelnen Bruchstücke ein Bild zu ergeben. Man braucht Menschen, weil man bestimmte Bedürfnisse hat, und weil man diese Bedürfnisse unmöglich selbst erfüllen kann. Die Zahl der Freunde, die man braucht, hängt davon ab, wie viele Bedürfnisse von anderen besser erfüllt werden können als von einem selbst. Das war eine verblüffende Entdeckung. Trotz seiner vielen negativen Charakteristika war der Mensch ein unverzichtbarer Faktor in der Formel für das Glück.

Noch einmal ließ ich den Blick über den riesigen leeren Tisch wandern. Kein Zweifel – das fehlende Element bei der Siegesfeier waren die Menschen. Ich begriff, daß das Leben ohne sie von Einsamkeit erfüllt war. Ich hatte geglaubt, daß man fähig sein sollte, auch ohne die Gesellschaft anderer Menschen die Erfüllung zu finden. Aber ich hatte mit den »Sollteseins« längst Schluß gemacht. Nur das »Ist« zählte, und danach mußte ich mich richten.

Die große Einsamkeit

Wir wissen, daß die Einsamkeit eines der größten Probleme des Menschen ist, wenn nicht sogar das größte. Bevor man Freundschaften schließen kann, muß man die Einsamkeit besiegen. Wir wollen dieses Problem einmal genauer untersuchen.

Gleichgültig wer Sie sind, was Sie im Leben erreicht haben, wie viele Freunde Sie haben und wie eng Sie ihnen verbunden sind, wenn die letzte Stunde gekommen ist, werden Sie ganz allein sein. Sie sind allein auf diese Welt gekommen, und genauso werden Sie auch wieder gehen, ob es Ihnen paßt oder nicht. Sobald Sie begriffen haben, daß der Mensch letzten Endes allein ist, sind Sie in der Lage, die Einsamkeit zu verstehen und zu besiegen.

Ich habe oft erlebt, daß Menschen aus Angst vor der Einsamkeit selbstzerstörerische Dinge tun. Wie kann man nun diese Angst überwinden? Es gibt nur einen Weg, um mit dem Trauma der Einsamkeit fertigzuwerden: Man muß sich mit den damit zusammenhängenden Realitäten auseinandersetzen, und das bedeutet, daß man sich mit sich selbst auseinandersetzen muß.

Die Voraussetzung dafür ist, daß Sie folgendes verstehen: So eng Sie auch mit einem oder mehreren Menschen verbunden sein mögen, Sie werden immer eine Einheit für sich selbst sein. Kein anderer Mensch, und wenn er Ihnen noch so nahesteht, kann jemals alles über Sie wissen – weder Ihre Gedanken noch Ihre Gefühle, noch Ihre geheimen Wünsche. In dieser Hinsicht sind Sie Ihr ganzes Leben lang allein. Sie sind eine einzigartige Einheit, und kein anderer Mensch kann in Sie hineinkriechen und eine psychologische Fusion von zwei getrennten Wesen zustande bringen; er kann ein Teil Ihres Lebens werden, aber niemals ein Teil von Ihnen selbst. Sobald Sie das begriffen haben, können Sie der Einsamkeit die richtige Perspektive geben.

Da Sie allein auf die Welt gekommen sind, Ihr ganzes Leben lang allein sein werden (im Sinne des oben Gesagten) und die Welt auch allein wieder verlassen werden, wäre es ratsam, wenn Sie sich einmal genau überprüften. Angesichts der Tatsache, daß Sie so viel Zeit mit Nummer Eins verbringen werden, wäre es da nicht das klügste, ihn etwas besser kennenzulernen? Und genau das ist es, was die Auseinandersetzung mit sich selbst bedeutet. Wenn Sie es soweit schaffen, daß Sie verstehen, wie viel Sie Nummer Eins bieten können, dann wird Ihnen auch die Bedeutung des Wortes klar sein, daß man »niemals weniger einsam ist, als wenn man allein ist«.

Wenn die Furcht vor der Einsamkeit ständig in Ihren Gedanken wohnt, können Sie die Gesellschaft anderer Menschen niemals richtig genießen, und das heißt, daß Sie auch sich selbst nicht genießen können. Menschen, die dieses Prinzip nicht begreifen, übertreiben oft – sie umgeben sich ständig mit Scharen von Leuten, um ihre Einsamkeit zu besiegen.

Eine gute Bekannte von mir, eine Sängerin, die drei Jahre lang mit einem berühmten Vortragskünstler liiert war, schilderte mir die Auswirkungen des irrationalen Versuchs, das Problem der Einsamkeit auf diese Weise zu bewältigen. Nach jeder Vorstellung pflegte ihr Geliebter eine Horde von Leuten in seine Hotelsuite einzuladen und bis fünf oder sechs Uhr morgens mit ihnen zu reden und zu trinken. Er tat buchstäblich alles, um den letzten Gast am Weggehen zu hindern. Der Gedanke, allein zu sein, trieb ihn zur Verzweiflung. Er war berühmt, er wurde bewundert, er stand im Mittelpunkt der Aufmerksamkeit – aber er hatte sich niemals die Mühe gemacht, sich selbst kennenzulernen und/oder zu lernen, sich selbst zu mögen.

Ein solches Verhalten ist Selbsttäuschung. Die Einsamkeit kann man nicht dadurch besiegen, daß man sich wahllos und ständig mit Leuten aller Art umgibt. Ich habe mich manchmal inmitten einer großen Menschenmenge sehr einsam gefühlt. Beliebtheit – wenn es das ist, was Sie erstreben – hat nichts mit der Zahl Ihrer Bekannten zu tun. Es bedeutet vielmehr, daß man Beziehungen zu Menschen hat, die auf gegenseitiger Bewunderung und Achtung beruhen. Wenn Sie nur eine einzige solide Freundschaft dieser Art haben, sind Sie wahrscheinlich »beliebter« als die meisten anderen Menschen. Es geht hier um die Qualität und nicht um die Quantität. Sie können viele Bekannte haben und trotzdem sehr einsam sein.

In ihrem Bemühen, der Einsamkeit zu entgehen, setzen viele Menschen ihre Integrität auf die verschiedenste Art und Weise aufs Spiel. Manche umgeben sich beispielsweise mit »Schmarotzern«. Um für solche Leute attraktiv zu sein, ist es gar nicht nötig, daß man berühmt ist, die kann man jederzeit haben. Andere versuchen, von so vielen Leuten wie möglich akzeptiert zu werden, indem sie konformieren, auch wenn es ihren eigenen Grundsätzen widerspricht. Aber ein solches Verhalten bringt meistens nur Nachteile, weil Sie dadurch Ihre Chancen, die wenigen Menschen zu finden, die wirklich zu Ihrem Glück beitragen können, verringern.

Lassen Sie sich nicht aus Angst dazu verleiten, in der Quantität ein Heilmittel gegen die Einsamkeit zu suchen. Wenn Sie unbedingt »dazugehören« wollen, dann gehen Sie wieder in die Schule zurück, denn in der Welt der Erwachsenen haben Sie nichts verloren.

Am vernünftigsten ist es, wenn Sie Ihr Leben als zwei deutlich voneinander getrennte Hälften sehen: ein soziales Leben und ein privates, zurückgezogenes Leben. Beide haben ihren Platz, und beide sind notwendig. Wenn Sie es lernen können, beide Formen voll zu genießen, wird die Einsamkeit aufhören, ein Problem zu sein.

Alleinzusein ist nicht gleichbedeutend mit einsam sein; es kann Ihr Leben bereichern, vorausgesetzt, daß Sie für Nummer Eins Bewunderung und Achtung empfinden und fähig sind, sich mit ihm anzufreunden. Denken Sie an die positive Seite des Alleinseins; es ist eine Chance, viele Dinge zu tun, die nicht so gut vollbracht werden können, wenn andere in der Nähe sind. »Ich habe niemals den Gefährten gefunden«, sagt Thoreau, »der so gesellig ist wie das Alleinsein.«

Das Lesen ist eine der schönsten Erfahrungen, die das Leben bieten kann. Prüfen Sie nach, ob Sie sich seine wertvollen Vorteile voll zu eigen gemacht haben. Es gehört zu den Dingen, die man viel besser genießen kann, wenn man durch niemanden abgelenkt wird. Abgesehen davon, daß das Lesen ein Vergnügen ist, erweitert es auch Ihren geistigen Horizont, so daß Sie den Menschen, die Sie in Ihrem sozialen Leben treffen, mehr bieten können.

Auch die Meditation in ihrer echten Form ist viel lohnender, wenn man sie allein praktiziert. Sie wirkt entspannend und hilft Ihnen, Lösungen für Probleme zu finden, die Sie nicht richtig durchdenken können, wenn andere in der Nähe sind. Der Vorteil ist, daß Sie nicht nur Ihren Geist verbessern, sondern auch Ihren Wert für andere Menschen erhöhen.

Ich möchte nochmals sagen, daß Alleinsein nicht das gleiche bedeuten muß wie Einsamkeit. Lernen Sie sich selbst kennen, dann können Sie die Einsamkeit bewältigen. Wenn Sie das Alleinsein in der richtigen Perspektive sehen – als eine Gelegenheit, einige der schönsten Erfahrungen zu genießen, die das Leben zu bieten hat, dann können Sie das Wort »Einsamkeit« aus Ihrem Wortschatz streichen.

Wenn Sie es nicht verstehen, Ihre eigene Gesellschaft zu genießen, dann können Sie das von anderen auch nicht erwarten. Nutzen Sie die Zeit des Alleinseins intelligent aus, statt daß Sie es zulassen, daß sie in Ihnen eine unbegründete Angst vor der Einsamkeit erweckt, und dann werden Sie feststellen, daß Sie die Stunden, die Sie mit anderen Menschen verbringen, viel besser genießen können.

Die soziale Seite des Lebens

Je mehr Sie die Seite Ihres Lebens, die Ihnen allein gehört, schätzen, desto leichter wird es Ihnen fallen, Freundschaften zu schließen. Aber zuerst wollen wir versuchen zu definieren, was ein Freund ist.

Das Lexikon gibt, wie üblich, eine vage Definition: Ein Freund ist »jemand, der einer anderen Person durch Zuneigung verbunden ist«. Diese Aussage bestätigt meine Meinung über lexikalische Definitionen. Freundschaft ist ebensowenig wie Glück eine Entweder/oder-Situation. Man kann nicht einfach sagen, daß jemand ein »Freund« oder »kein Freund« ist, sondern es kommt auf den Grad des Gefühls an. Sie können hundert Leuten durch Zuneigung verbunden sein, aber der Grad dieser Verbundenheit variiert von Fall zu Fall. Sie haben Freunde, gute Freunde, sehr gute Freunde und vielleicht auch einen Menschen, den Sie als Ihren besten Freund betrachten.

Außerdem wird jede Freundschaft aus einem anderen Grund geschlossen, weil jede ein anderes Bedürfnis erfüllt. Den einen Freund wollen Sie öfters sehen, bei einem anderen genügt es Ihnen, wenn Sie ihn einmal im Monat treffen. Vielleicht haben Sie sogar Freundschaften, die ihren Zweck erfüllen, wenn Sie die Betreffenden nur einmal im Jahr sehen. In diesem Fall darf man allerdings wohl sagen, daß von einer innigen Verbundenheit keine Rede sein kann.

Aber gleichgültig wie stark die Zuneigung oder welcher Art der Grund für die Freundschaft ist, ein Freund ist immer eine Person, die für Sie ein Bedürfnis erfüllt. Und von seinem Standpunkt aus besteht Ihre Funktion darin, für ihn ein Bedürfnis zu erfüllen. Viele Mißverständnisse und Probleme entstehen dadurch, daß diese Tatsache nicht genügend beachtet wird. Wenn beide Seiten diese Verpflichtung erkennen und erfüllen, ist die Grundlage für eine solide Wert-für-Wert-Beziehung geschaffen – die einzige Art von Beziehung, die sowohl aufrichtig als auch dauerhaft sein kann.

Was ein Freund nicht ist

Da viele Menschen eine irrige Ansicht über den Sinn der Freundschaft haben, besteht die beste Definition vielleicht in der Erklärung dessen, was ein Freund *nicht* ist:

Ein Freund ist *nicht* jemand, der Ihnen Geld leiht, wann immer Sie es brauchen.

Ein Freund ist *nicht* jemand, der verpflichtet ist, Ihnen vierundzwanzig Stunden am Tag zur Verfügung zu stehen, um Ihre Bedürfnisse zu erfüllen.

Ein Freund ist *nicht* jemand, mit dem Sie so anmaßend umgehen können, wie Sie wollen.

Ein Freund ist *nicht* jemand, der dazu ausersehen ist, den Rest seines Lebens »Opfer« für Sie zu bringen.

Ein Freund ist *nicht* ein Roboter, der erschaffen wurde, um zu Ihrem Vorteil und ohne Rücksicht auf seine eigenen Interessen zu handeln.

»Wozu hat man denn Freunde?« Diese Frage wird seit undenklichen Zeiten als Mittel zur Einschüchterung benutzt. Falls jemand versuchen sollte, die Freundschaft mit Ihnen durch diesen Trick herabzuwürdigen, dann erklären Sie ihm als Antwort, wofür Freunde *nicht* da sind.

Wenn eine Freundschaft im Spiel ist, dann ist Geld ein besonders empfindlicher Punkt. Als ich ganz unten war, bat ich den Schwarzen Bert, mir zehntausend Dollar zu leihen, was angesichts seines ständig wachsenden Reichtums eine lächerliche Summe war. Aber er lehnte ab. Mit der für ihn charakteristischen Präzision erklärte er mir, warum es von seinem Standpunkt aus unklug wäre, mir das Geld zu leihen. Obwohl ich mich in einer Notlage befand, begriff ich, daß seine Überlegungen vernünftig waren.

Leider hatte ich bei einem gemeinsamen Freund von uns mehr Glück. Nach langem Bitten lieh er mir fünftausend Dollar, und was war die Folge? Er war mir gram, weil ich das Geld nicht zum vereinbarten Termin zurückzahlen konnte. Das war ein Verlust für mich, weil seine Freundschaft mir wirklich etwas bedeutete. Ich machte sie kaputt. Ich strapazierte unsere Beziehung, mit dem Ergebnis, daß ich nicht nur meine Schuld an ihn zurückzahlen, sondern auch an Mutter Natur meinen Zoll entrichten mußte.

Und der Schwarze Bert? Nun, er besuchte mich neulich, als er auf einer Geschäftsreise nach Nordkalifornien war. Ich bedankte mich bei ihm, weil er vor Jahren so klug gewesen war, mir die erbetenen zehntausend Dollar nicht zu leihen. Ich beglückwünschte ihn, weil er das Richtige getan hatte, statt sich von mir einschüchtern zu lassen, seinem Instinkt zu folgen. Seine Weigerung war eine wertvolle Lehre für mich gewesen, und das sollte er wissen. Ich hatte Glück gehabt; er hatte unsere Freundschaft gerettet.

Die Eckpfeiler des Fundaments jeder Freundschaft

Das Fundament einer jeden Freundschaft, die diese Bezeichnung verdient, wird von zwei Eckpfeilern getragen. Der erste ist die gegenseitige Bewunderung und Achtung. Wenn jemand Sie nicht bewundert und achtet, wie können Sie dann irgeneines seiner Bedürfnisse erfüllen, vorausgesetzt, daß er rational denkt und sein Verhalten auf langfristige Konsequenzen stützt? Und wenn Sie jemanden nicht bewundern und achten, was kann er Ihnen dann im Austausch geben?

Im Sinne eines kurzfristigen Flickwerks ist es wohl möglich, eine Beziehung zu jemandem herzustellen, den man nicht achtet, und zu versuchen, ihr das Mäntelchen der Freundschaft umzuhängen. Eine solche Beziehung kann nur vorübergehend ein Bedürfnis erfüllen (z. B. das nach Gesellschaft), und sie wird wahrscheinlich für beide Seiten in Frustration und Verärgerung enden. Ohne die Eckpfeiler der Bewunderung und Achtung kann es keine Freundschaft geben, sondern nur eine unzulängliche Beziehung.

Der andere Eckpfeiler ist die rationale Selbstsucht, welche die Basis für die wichtige Komponente der Wert-für-Wert-Beziehung liefert. Ein Mensch, dem es schwerfällt, Freunde zu finden, hat vermutlich die falsche Einstellung, daß die Welt ihm etwas schuldet. Aber kein Mensch schuldet einem anderen etwas – und bestimmt nicht Freundschaft, Liebe oder Achtung. Eine Freundschaft muß man sich verdienen. Wenn Sie mit einem Menschen auf einer aufrichtigen Wert-für-Wert-Basis verkehren, werden Sie überrascht sein, wie bereitwillig er als Gegenleistung Ihre Bedürfnisse erfüllt.

Der Kontext, in dem das Wort »Freund« heutzutage gebraucht wird, hat zweifellos dazu beigetragen, daß viele Menschen nicht begreifen, daß man sich eine Freundschaft verdienen muß. Für sie bedeutet das Wort einen Menschen, der unter allen Umständen alles für einen tut, auf den man zählen kann, wenn man jemanden braucht, der einem zu Gefallen ist. Und auch das Wort »Gefallen« hat seine Bedeutung geändert, und zwar in dem Sinne, daß jemand etwas bekommt, ohne eine gleichwertige Gegenleistung zu liefern; eine gefährliche Einstellung. Ein Freund sollte ein Mensch sein, den Sie bewundern und achten, und dem Sie durch Zuneigung verbunden sind; ein Gefallen sollte etwas sein, das Sie einem Freund erweisen, weil Ihre innere Waage für das Glücksempfinden Ihnen sagt, daß es auf die Dauer gesehen in Ihrem eigenen Interesse ist, wenn Sie es tun.

Wenn Sie also für einen Freund ein »Opfer« bringen, dann handelt es sich hoffentlich um eine bewußte, rational selbstsüchtige Aktion, um eine Geste des guten Willens gegenüber einem Menschen, dessen Freundschaft Ihnen Freude macht.

Sie müssen allerdings unbedingt begreifen, daß auch Ihr Freund eine innere Waage für das Glücksempfinden hat. Wenn Ihnen das bewußt ist, haben Sie die richtige geistige Einstellung, sich ihm gegenüber so zu verhalten, daß er sich glücklich fühlt. Auf Grund von Gewohnheit und Tradition fällt es vielen Menschen schwer, die Realität zu akzeptieren, daß die meisten sinnvollen Beziehungen auf der Basis der Selbstsucht aufgebaut sind. Aber wenn beide Seiten sich aufrichtig und realistisch verhalten, haben sie ein solides Fundament für eine erfreuliche und dauerhafte Wert-für-Wert-Beziehung.

Damit soll nicht gesagt sein, daß beide Seiten den gleichen Genuß aus einer Freundschaft ziehen. Für den einen kann sie die Quelle guter Ratschläge und geistiger Anregungen sein, während dem anderen die interessanten Unterhaltungen und die Gesellschaft das meiste geben.

Gibt es eine »wahre« Freundschaft?

Das Lexikon sagt folgendes: *wahr* (im Sinne der Freundschaft) bedeutet »loyal, treu, aufrichtig usw.«. Wenn man diese Definition akzeptiert, dann gibt es tatsächlich so etwas wie einen wahren Freund. Es gibt Leute, die sich Ihnen gegenüber loyal, treu und aufrichtig verhalten, und zwar handelt es sich bei ihnen um Menschen, die auf Grund der Erfahrungen, die sie mit Ihnen gemacht haben, bewußt oder unbewußt zu dem Schluß gekommen sind, daß das, was sie von Ihnen als Gegenleistung erhalten, ihren eigenen Aufwand an Loyalität, Treue und Aufrichtigkeit wert ist.

Aber auch hier kommt es auf die Intensität der Gefühle an. Der Grad der Treue und Loyalität richtet sich danach, wieviel Gefühl man in eine Freundschaft investiert. Erinnern Sie sich an unsere Diskussion über die Frage, ob man für einen anderen Menschen sein Leben riskieren soll? Ihre Bereitschaft, dieses Risiko einzugehen, hängt von dem Grad Ihrer Loyalität ab, deren Grundlage der Wert ist, den Sie der Beziehung beimessen, d. h. wieviel Freude sie Ihnen bereitet.

Außerdem muß man das ganze Bild berücksichtigen, wenn man Entscheidungen über »Gefallen« trifft, die man »wahren« Freunden erweist, insbesondere, wenn diese Entscheidungen kritischer Natur sind. Geld ist immer ein gutes Beispiel dafür – und immer ein Problem. Sie müßten einer Freundschaft schon einen außergewöhnlich hohen Wert beimessen, wenn Sie finanzielle Schwierigkeiten auf sich nehmen würden, um jemandem aus einer Geldverlegenheit herauszuhelfen.

Aber keine Situation gleicht der anderen aufs Haar; Sie müssen sich nach den gegebenen Faktoren richten. Sie handeln weise, wenn Sie ein paar allgemeine Richtlinien aufstellen, wie Sie in Notfällen vorgehen würden, damit Sie nicht unvorbereitet sind, wenn eine solche Situation eintritt. Sollten Sie das nicht tun, werden Sie wahrscheinlich irrationale Entscheidungen treffen, wenn Sie vor einem solchen Problem stehen, das heißt, Sie würden instinktiv statt überlegt handeln.

Ein Faktor, der immer berücksichtigt werden muß, sind die langfristigen Folgen. Wenn es um Geld geht, braucht man manchmal viel Willenskraft und rationale Überlegungen, um das Richtige zu tun. Nur allzu oft sind Sie, wenn Sie einem Freund Geld leihen, zum Schluß ein Opfer der Tatsache, daß man für seine Taten nur selten Anerkennung erntet. Die Folge ist, daß Sie sowohl einen Freund als auch Ihr Geld verlieren können. Wenn Sie von Anfang an nein sagen, gehen Sie nur ein Risiko ein, und wenn Ihr Freund vernünftig ist, behalten Sie sowohl ihn als auch Ihr Geld.

Wenn jemand versucht, Sie durch Zwang oder Einschüchterung dazu zu bringen, daß Sie ihm Geld leihen, indem er sich solcher Redewendungen wie z. B. »wahrer Freund« bedient, dann ist das ein ziemlich sicheres Zeichen dafür, daß er vermutlich kein wahrer Freund ist. Und wenn er Ihnen dann noch vorwirft, daß Sie ihn »im Stich lassen«, dann sollten Sie die Sache von der anderen Seite betrachten. Seine Schlußfolgerung, daß Sie kein wahrer Freund sind, weil Sie ihm kein Geld leihen wollen, ist aus folgendem Grund irrig: Wenn das Geld, um das er bittet, der Kitt ist, der die Freundschaft zusammenhält, dann kann von vornherein an dieser Beziehung nicht viel dran gewesen sein. Der Schwarze Bert lehnte es ab, mir das Geld zu leihen, um das ich ihn bat, aber das konnte unsere Freundschaft nicht zerstören, denn er hatte viele andere Qualitäten zu bieten, die für mich wichtig waren.

Aber zum Teufel mit dem Geld als Freundschaftsbarometer. Für mich gibt es einen viel zuverlässigeren Indikator, nämlich das Verhalten von

Freunden, wenn in ihrer Gegenwart etwas Nachteiliges oder Verleumderisches über einen selbst gesagt wird. Die Menschen, auf die Sie wert legen, sollten sich nicht durch negative Bemerkungen dieser Art beeinflussen lassen. Man kann es einen Prozeß der Selbstelimination nennen. Ein Mensch, der Sie gut genug kennt, um Sie seinen Freund zu nennen, und trotzdem auf die negativen Bemerkungen anderer hört, gibt Ihnen durch dieses Verhalten Aufschluß über seinen Charakter bzw. über seine Unfähigkeit, rational zu denken. Wenn die Aussagen Dritter für ihn wichtiger sind als seine persönlichen Erfahrungen mit Ihnen, dann erweist er Ihnen einen Gefallen, indem er sich selbst aus Ihrem Leben eliminiert. Hätte er nicht auf diese Weise seine wahren Farben gezeigt, wäre es vielleicht möglich gewesen, daß sein Mangel an Charakter oder seine Unfähigkeit, rational zu denken, sich in einem viel kritischeren Moment bemerkbar gemacht hätten, also zu einem Zeitpunkt, in dem es vielleicht verheerende Folgen für Sie gehabt hätte.

Ich ignoriere nicht nur negative Bemerkungen über meine Freunde, sondern ich überhöre grundsätzlich alles Unerfreuliche, das über *irgend jemanden* gesagt wird, und zwar aus Gründen der rationalen Selbstsucht. Es ist mir schon oft passiert, daß ich eines Tages jemanden bewundere, der früher von einem anderen Menschen schlechtgemacht worden war.

Kann man Freunde kaufen?

Kann man Freundschaft kaufen? Sie können es nicht nur, Sie müssen es sogar. Es ist der *einzige* Weg, wie man Freunde gewinnen kann. Jedermann kauft seine Freunde auf dem Freien Markt der Freundschaft. Die Höhe und die Form des Preises variieren von Fall zu Fall, aber bezahlen muß man immer. Alles, das etwas wert ist, hat seinen Preis. Die Bezahlung kann z. B. so aussehen, daß Sie wöchentlich eine bestimmte Anzahl von Stunden in Konversation investieren, oder daß man von Ihnen Anregungen erwartet, oder daß Sie irgend etwas aufgeben müssen, das Ihnen bisher Freude gemacht hat.

Jeder Mensch, der auf den Freien Markt der Freundschaft geht, hat Bedürfnisse. Wenn Sie eines oder mehrere dieser Bedürfnisse erfüllen, dann bezahlen Sie für eine Freundschaft. Probleme bereitet Ihnen die Hürde der Freundschaft erst dann, wenn Sie für eine Freundschaft nicht bezahlen wollen – wenn Sie nicht bereit sind, die Bedürfnisse eines Menschen auf einer Wert-für-Wert-Basis zu erfüllen. Sie brauchen sich deshalb nicht schuldig zu fühlen, denn jeder von uns hat im Innern den Wunsch, Dinge zu bekommen, ohne etwas dafür zu geben. Sie müssen sich nur bemühen, diesen Wunsch zu unterdrücken, denn er führt zu üblen, langfristigen Folgen. In dem Maße, wie Ihnen das gelingt, steigen Ihre Chancen, Freunde zu finden und zu behalten.

Wenn ich jemanden kennenlerne, der als Freund in Frage kommt, versuche ich, zwei Dinge herauszufinden. Das eine ist, wie hoch der Preis für seine Freundschaft sein würde; das andere ist, ob ich bereit und in der Lage bin, ihn zu zahlen. Ein Beispiel: Ein Mensch, der ein Meister der Konversation ist, verlangt vielleicht mehr von meiner Zeit, als ich im Austausch für seine Unterhaltung zu geben bereit bin. Geben Sie sich über die Höhe des langfristigen Preises keiner Täuschung hin.

Entdecken Sie Ihre Freunde selbst

Vielleicht sollten wir einen Schritt zurückgehen. Sie können nicht entscheiden, ob Sie mit jemandem Freundschaft schließen wollen, bevor Sie ihn nicht kennengelernt haben. Und Sie werden ihn nicht kennenlernen, wenn Sie nicht bereit sind, sich dieser Mühe zu unterziehen. Es ist eine Form des Syndroms, das mit der Einstellung, darauf zu warten, daß man entdeckt wird, zusammenhängt. Sie werden von Freunden ebensowenig entdeckt werden wie von Geschäftspartnern. Sie müssen selbst losgehen und sich auf die Suche machen.

Damit meine ich nicht, daß Sie durch die Straßen wandern und jeden Menschen, der Ihnen begegnet, freundlich angrinsen sollen, als ob Sie gerade aus einem Kurs für die Verbesserung der Persönlichkeit kämen. Aber es bedeutet, daß Sie herumwandern sollen. Gehen Sie hinaus und tun Sie Dinge, an denen Sie sich vorher noch nie versucht haben. Dadurch werden Sie leider automatisch in ein paar Situationen geraten, in denen Sie sich Verletzungen und Unannehmlichkeiten einhandeln. Aber inzwischen wissen Sie ja, warum das so ist: Es ist ein Teil des Preises, den Sie für ein besseres Leben zahlen müssen. Wenn Sie bei der Suche nach Freunden noch nie Enttäuschungen erlebt haben, dann haben Sie sich wahrscheinlich noch nie besonders angestrengt.

Nun gut, Sie brauchen also nicht wie ein harmloserer Irrer zu grinsen, aber es kostet Sie nichts, anderen gegenüber human, freundlich und aufgeschlossen zu sein. Konzentrieren Sie sich auf das, was sie sagen, und versuchen Sie, ihre Gefühle zu ergründen. Sobald Sie die natürliche Selbstsucht eines Menschen ansprechen, erwacht sein Interesse an Ihnen. Das gibt Ihnen die Möglichkeit, ihn besser kennenzulernen und herauszufinden, ob er Eigenschaften besitzt, die Sie bewundern und achten. Sollte das der Fall sein, so fahren Sie fort, seine Selbstsucht zu befriedigen. Nach einer Weile laden Sie ihn in Ihre Welt ein, so daß er anfangen kann, Ihre Bedürfnisse zu verstehen. Von diesem Punkt an werden Sie beide entscheiden – zumindest unbewußt –, ob jeder von Ihnen die Fähigkeit und den Wunsch hat, die Bedürfnisse des anderen zu erfüllen.

Vor allem müssen Sie stets Ihr wahres Selbst zeigen; versuchen Sie niemals, etwas zu sein, das Sie nicht sind. Wenn Sie dieses grundlegende Prinzip nicht befolgen, dann werden die Menschen, an denen Sie am meisten interessiert sind, weil ihre Wertmaßstäbe den Ihren ähneln, Sie nicht erkennen, wenn Sie schließlich aus Ihrer Deckung herauskommen. Noch schlimmer ist, daß wahrscheinlich gerade diejenigen, die sie in Ihrem Privatleben nicht haben wollen, sich durch Ihre Maskerade am meisten angezogen fühlen. Damit beginnt eine unaufrichtige Beziehung, für die Sie eines Tages auf jeden Fall büßen müssen.

Für mich ist es so wichtig, immer mein wahres Selbst zu zeigen, daß ich mein Verhalten ständig überprüfe. Wenn ich feststelle, daß ich genau so rede, mich bewege oder verhalte wie die Leute, mit denen ich zusammen bin, dann rufe ich mich zur Ordnung, nehme die Maske ab und fange noch einmal von vorne an. Achten Sie darauf, daß Sie nicht jedesmal ein neuer Mensch werden, wenn Sie neue Bekanntschaften schließen. Der einzige Weg, wie Sie in sozialer Hinsicht auf die Dauer überleben können, ist, daß Sie immer der Gleiche bleiben – immer Sie selbst –, gleichgültig wie die Begleitumstände sind. Ohne die Beibehaltung dieser aufrichtigen Einstellung haben Sie sich nicht mehr unter Kontrolle, sondern bemühen sich, so zu sein, wie andere es Ihrer Meinung nach von Ihnen erwarten, statt daß Sie Ihr eigenes Selbst sind. Versuchen Sie nicht, es jedem rechtzumachen. Es funktioniert nicht. Zeigen Sie sich, wie Sie wirklich sind, wenn Sie auf die Leute anziehend wirken wollen, die Ihr Leben am meisten bereichern können.

Garantien gibt es nicht

In jeder Situation, die für die Entstehung einer Freundschaft günstig sein könnte, gibt es zumindest einen Faktor, der außerhalb Ihrer Kontrolle ist, und es wäre unrealistisch, das nicht anzuerkennen. Es könnte sein, daß der andere Sie einfach nicht zum Freund haben will. Nun ja, wer hat denn gesagt, daß das Leben leicht sein soll? Sie müssen die Tatsache akzeptieren, daß Ihr Ego ab und zu einen tüchtigen Schlag einstecken muß. Aber natürlich gilt das auch andersherum. Nur weil jemand Ihre Freundschaft wünscht, heißt das noch lange nicht, daß Sie auch die seine wollen, oder daß Sie verpflichtet sind, seine Freundschaft anzunehmen, wenn er sie Ihnen anbietet.

Wenn Sie eine Wert-für-Wert-Beziehung wollen, müssen beide Seiten das Gefühl haben, daß Gewinn und Investition einander die Waage halten. Es ist möglich, daß der andere aus sehr persönlichen und privaten Gründen das Gefühl hat, eine Freundschaft mit Ihnen würde sich für ihn nicht lohnen. Das ist etwas, über das Sie nicht immer Kontrolle haben. Es ist daher in Ihrem besten Interesse, wenn Sie eine rationale Einstellung annehmen, auf das Schlimmste gefaßt sind und das Beste erhoffen. Wenn ein Mensch, mit dem Sie gern Freundschaft schließen würden, Ihre Gefühle nicht erwidert, dann fassen Sie das nicht als eine persönliche Beleidigung auf. Es ist nun mal so. Er kann die verschiedensten Gründe für sein Verhalten haben, aber wenn Sie wissen, wer Sie sind und wo Sie im Leben stehen, das heißt, wenn Sie Selbstachtung haben, dann können Sie es sich leisten, diese Entwicklung als einen Verlust für den anderen und nicht für sich selbst zu betrachten.

Wie man bestehende Freundschaften zerstören kann

Um eine Freundschaft zu zerstören, braucht man nur zu vergessen, daß Freunde Menschen und daß Menschen nicht vollkommen sind. Sie besitzen alle negativen Eigenschaften, die wir in dem Kapitel »Die Hürde der menschlichen Beziehungen« diskutiert haben. Sie können Ihnen Enttäuschungen bereiten; sie können Sie verletzen; sie können Sie im Stich lassen. Wenn das nicht allzu häufig oder zu brutal geschieht, muß das nicht unbedingt bedeuten, daß der Betreffende kein guter Freund ist. Es bestätigt nur das, was Sie bereits wissen: daß Menschen Fehler haben. Wenn

Ihnen die Freundschaft so viel bedeutet, daß Sie sie aufrechterhalten wollen, dann bleibt Ihnen nichts anderes übrig, als Ihrem Freund seine menschlichen Schwächen zu verzeihen.

Bedenken Sie auch, daß etwas, das Sie enttäuscht und verletzt, in seinen Augen vielleicht ganz anders aussieht. Wie jeder Mensch spielt auch er sein eigenes Definitions- und Grenzziehungsspiel. Und wenn Sie sich noch so im Recht fühlen, Ihr Freund kann ganz andere Ansichten haben und die Dinge anders definieren. Geschieht das zu oft, müssen Sie sich natürlich fragen, ob Ihre und seine Wertbegriffe für eine gute Freundschaft genügend übereinstimmen.

Wenn ich mich über das Verhalten eines Freundes ärgere, dann sage ich mir, daß andere Leute manchmal über mich aufgebracht waren, ohne daß ich ihre Gründe für gerechtfertigt hielt. Also nehme ich automatisch an, daß mein Freund mich nicht absichtlich verletzen wollte.

Sie müssen auch bedenken, daß es für das Verhalten Ihres Freundes mildernde Umstände geben könnte. Vielleicht hat er finanzielle Sorgen oder Streit mit seiner Frau, oder vielleicht haben *Sie* etwas getan, das er falsch aufgefaßt hat. Verurteilen Sie ihn nicht nach dem Augenschein. Ich persönlich bin immer bereit zu verzeihen, weil es nicht in meinem besten Interesse ist, gegen Menschen, an denen mir etwas liegt, einen Groll zu hegen. Meine Einstellung beruht also auf rationaler Selbstsucht.

Aus dem gleichen Grund gehe ich sogar noch einen Schritt weiter. Meiner Erfahrung nach besteht der beste Schutz gegen Verletzungen und Enttäuschungen durch Freunde darin, daß man von niemandem etwas erwartet. Diese Einstellung macht es einem sehr leicht, Verzeihung zu gewähren. Seit ich mich für dieses Verhalten entschieden habe, ist es mir immer leichtgefallen, Freunde zu finden und zu behalten. Ein Freund kann mich überraschen und gelegentlich sogar enttäuschen, aber er kann mich praktisch niemals »verletzen«. Alles, was Sie tun, um Ihr Leben von Bitterkeit freizuhalten, hilft Ihnen, Nummer Eins zu werden.

Das heißt natürlich nicht, daß Sie jeden Ärger, den ein Freund Ihnen bereitet, schlucken sollen. Das richtet sich danach, wieviel Wert Sie dieser Freundschaft beimessen. Solange dieser Wert hoch ist, sollten Sie Verzeihung üben; andernfalls ist es Zeit, die Freundschaft zu beenden. Aber lassen Sie sich nicht von Ihren Emotionen beeinflussen; vielleicht sieht die Sache ganz anders aus, wenn Sie in Ruhe darüber nachgedacht haben. Ein einziger Augenblick des Zorns kann eine lebenslängliche Reue zur Folge haben, besonders wenn eine Freundschaft auf dem Spiel steht.

Damit sind wir wieder beim Ego angelangt. Wir haben davon gesprochen, daß Prinzipienreiterei oft der Ausdruck einer Ego-Sucht ist. Daran kann auch eine Freundschaft zerbrechen, also sollten Sie darauf achten, daß Sie diese Belastung Ihrer Beziehungen vermeiden.

Der Gummimann

Bilden Sie sich nicht ein, daß Sie ein Gummimann sind. Sie können sich nicht in alle Richtungen gleichzeitig ausdehnen. Sollten Sie es doch versuchen, wird die Qualität Ihrer Freundschaften darunter leiden. Es ist so leicht, Zusagen zu geben, und es ist so schwer, sie zu halten. Gehen Sie mit dem Wort »ja« nicht zu freizügig um, sondern sparen Sie es sich für besondere Gelegenheiten auf. Auf die Dauer gesehen bringt es Ihnen mehr Vorteile, wenn Sie lernen, ebenso höflich und freundlich wie sofort und energisch »nein« zu sagen.

Natürlich sollen Sie nicht jede Bitte, die ein Freund an Sie richtet, abschlagen. Sie sollten nur darauf achten, daß Sie es sich nicht angewöhnen, Versprechungen zu machen, die Sie nicht halten können. Hier haben wir wieder den Gegensatz zwischen kurzfristigem Flickwerk und langfristigen Lösungen: Wenn Sie einem Freund etwas versprechen, ist er vielleicht sehr begeistert von Ihnen, aber wenn Sie Ihr Wort nicht halten, verwandelt sich dieses Gefühl möglicherweise in Abneigung. Umgekehrt fühlt Ihr Freund sich vielleicht vor den Kopf gestoßen, wenn Sie ihm eine Bitte sofort abschlagen, aber es ist gut möglich, daß er die Sache im Laufe der Zeit vergißt, oder daß Sie später sogar in seiner Achtung steigen, weil Sie stark genug waren, eine Zusage zu verweigern, die Sie nicht hätten einhalten können.

Schwieriger ist es, wenn Sie ein Versprechen gegeben haben und erst später einsehen, daß Sie es nicht halten können oder wollen (z. B. aus Gründen der Integrität). Ganz allgemein gesagt, bin ich der Ansicht, daß man versuchen sollte, seine Versprechen zu halten. Sollte es sich jedoch erweisen, daß Sie einen großen Fehler gemacht haben, sind Sie keineswegs verpflichtet, Ihr Wort um jeden Preis zu halten, nur weil Sie die Folgen falsch eingeschätzt hatten.

Ebenso wie Ihre Freunde haben auch Sie das Recht, Fehler zu begehen. Halten Sie sich an den Grundsatz, daß es besser ist, eine Krise frühzeitig auszulösen, als sie auf später zu verschieben. Der ideale Zeitpunkt wäre natürlich gleich zu Anfang, indem Sie ohne langes Hin und Her sofort nein sagen. Aber auch wenn Sie die erste Gelegenheit zum Neinsagen versäumt haben, ist nichts verloren. Sie können auch später jederzeit einfach und aufrichtig erklären, daß Sie einen Fehler gemacht haben, aber lassen Sie keinen Zweifel daran, daß Ihre Entscheidung, das gegebene Versprechen zurückzuziehen, endgültig ist. Natürlich wird es immer schwieriger, je länger Sie damit warten.

Ersparen Sie allen Beteiligten Probleme, indem Sie lernen, sich selbst zurückzupfeifen, bevor Sie voreilige Zusagen geben. Sie können unmöglich so viel für Ihre Freunde tun, wie Sie es gern möchten. Also wählen Sie die Dinge aus, die Sie am besten handhaben können, und beschränken Sie sich auf die Freunde, an denen Ihnen am meisten liegt. Versuchen Sie nicht, es jedem rechtzumachen; tun Sie das, was *Sie* unter den gegebenen Umständen für richtig halten. Vermeiden Sie es, sich zu verzetteln.

Zuviel Eifer schadet nur

Zuviel Eifer ist noch schlimmer, als übereilte Versprechungen zu machen. In dem Wunsch, Freunde zu gewinnen oder zu behalten, entwickeln viele Menschen die gefährliche Gewohnheit, daß sie versuchen, jedermanns Probleme zu lösen. Wenn Sie diesen Fehler begehen, dann endet es oft so, daß Sie sich unbeliebt gemacht haben, während die anderen, die keinerlei Hilfe angeboten haben, von Vorwürfen verschont bleiben. Das kann, um das mindeste zu sagen, eine sehr frustrierende Erfahrung sein. Denken Sie an die alte Weisheit, daß man für seine Taten nur selten Anerkennung erntet.

Auch durch die sogenannte Selbstaufopferung werden Sie nichts Positives erreichen. Dadurch, daß Sie sich ständig in »Selbstlosigkeit« üben, können Sie keine Freunde gewinnen oder behalten. Sie verbergen nur Ihr wahres Selbst, und vielleicht wäre gerade das die Person, die bei anderen Menschen Achtung und Bewunderung finden würde. Aber niemand wird Ihnen Achtung entgegenbringen, nur weil Sie selbstlos sind.

Noch ein paar Tips, wie Sie Ihre Freunde verlieren können

Eine gute Methode, wie man Freunde verscheuchen kann, besteht darin, daß man sie als Klagemauer benützt. Natürlich können Sie mit guten Freunden ab und zu Ihre Probleme besprechen, nur dürfen Sie es nicht übertreiben, denn jeder Mensch hat seine eigenen Probleme und möchte nicht zusätzlich mit denen anderer Leute belastet werden.

Zuviel Vertrauensseligkeit wirkt abschreckend. Es ist sehr angenehm, wenn Sie jemanden haben, zu dem Sie Vertrauen haben können, aber das heißt nicht, daß Sie Ihre geheimsten Gedanken offenbaren sollen. An einem Menschen, den man zu genau kennt, verliert man das Interesse.

Damit will ich nicht sagen, daß Sie mit einem guten Freund nicht gelegentlich über sehr persönliche Probleme reden sollten, aber gehen Sie dabei nicht zu weit. Es gibt Dinge, die man unbedingt für sich behalten sollte.

Als ich jung war, ließ ich mich oft dazu hinreißen, zuviel über mich selbst zu erzählen, und jedesmal habe ich es bereut. Das Leben hat die häßliche Angewohnheit, Freundschaft in Gleichgültigkeit oder sogar Feindschaft zu verwandeln, deshalb ist es immer gut, wenn man niemandem zu viele private Informationen gibt.

Selbstachtung ist ein wertvolles Gut

Respekt ist ansteckend. Wenn Sie sich selbst achten, werden Sie auch die Achtung anderer Menschen bewahren. Gefährden Sie Ihre Selbstachtung nicht dadurch, daß Sie gegen Ihre moralischen Überzeugungen handeln, nur um anderen Leuten zu Gefallen zu sein.

Die Selbstachtung ist ein wertvolles Gut. Die Voraussetzung für ihre Entstehung ist, daß Sie Ihren Grundsätzen treu bleiben. Es kostet einen hohen Preis, diesen Besitz zu bewahren. Für gewöhnlich muß er in der Form von Selbstdisziplin bezahlt werden. Dadurch können Sie sich gelegentlich unbeliebt machen, insbesondere wenn Sie sich weigern, etwas zu tun, daß Ihrer Integrität schaden würde, aber letzten Endes werden auch die Leute, die Ihnen diese Weigerung übelgenommen haben, Sie ob Ihrer Charakterstärke respektieren (wenn auch nicht unbedingt lieben).

Auch eine Freundschaft kann in die »roten Zahlen« kommen.

Am sichersten können Sie eine Freundschaft zerstören, wenn das, was Sie einem Freund schulden, bei weitem das übersteigt, was er Ihnen schuldet. Es ist so leicht, sich einem guten Freund gegenüber Freiheiten herauszunehmen, die man seinem ärgsten Feind nicht zumuten würde. Aber halten Sie es für sinnvoll, Ihre Freunde schlechter zu behandeln als Ihre Feinde? Auch Ihre Freunde haben innere Waagen für das Glücksempfinden. Sie können es sich genausowenig wie Sie selbst leisten, daß ihre Bücher ständig überfällige Außenstände aufweisen. Wenn Sie bei einem Freund zu hoch verschuldet sind, wird aus der Freundschaft für Sie eine Verpflichtung. Ihre Freundschaftsschulden können so anwachsen, daß Sie die Freiheit verlieren, die Sie brauchen, um Nummer Eins zu werden.

Ich habe hier nur ein paar Möglichkeiten aufgezählt, wie Sie eine Freundschaft zerstören können, aber ich bin sicher, daß Sie sich noch mehr Methoden ausdenken können, ohne Ihre schöpferische Kraft allzusehr zu strapazieren.

Kann man eine »schlechte Persönlichkeit« haben?

Ich habe es schon öfters erlebt, daß jemand sich bei mir beklagte, seine »schlechte Persönlichkeit« hindere ihn daran, Freunde zu finden. Ich pflege darauf zu antworten, daß ich nicht genau weiß, was eine schlechte Persönlichkeit eigentlich ist. Auch die übelsten Verbrecher der Menschheitsgeschichte hatten Freunde. Man kann die Persönlichkeit eines Menschen nicht pauschal beurteilen. Die Charaktereigenschaften sind bei jedem Menschen anders abgestuft, und das ist es, was jeden von uns einzigartig macht. Es gibt keinen Menschen mit einer »schlechten Persönlichkeit«. Es gibt nur Menschen, die sich so verhalten, daß man glaubt, sie hätten auf dem Freien Markt der Freundschaft nichts anzubieten.

Wenn Sie glauben, daß Ihre Persönlichkeit Sie daran hindert, Freundschaften zu schließen und aufrechtzuerhalten, dann ist es Ihre Sache, den Preis für eine positive Veränderung der Situation zu bezahlen. Unterziehen Sie sich der Mühe, Ihr Verhalten zu analysieren und entsprechend zu korrigieren. Eine ehrliche und rationale Untersuchung des Problems führt oft zu der Erkenntnis, daß die Schwierigkeiten ihre Wurzel darin haben, daß man seine wahre Persönlichkeit verbirgt. Wir sind so defensiv eingestellt und fürchten uns so sehr davor, verletzt zu werden, daß wir keine Mühe scheuen, um eine künstliche Persönlichkeit als Schutzschild zu erschaffen. Wenn wir jemandem etwas vorschlagen und feststellen müssen, daß er schon andere Pläne gemacht hat, dann ist das für unser empfindliches Ego ein schwerer Schlag.

Verlassen Sie Ihr Schneckenhaus und lassen Sie andere Ihr wahres Selbst sehen. Haben Sie keine Angst davor, abgelehnt zu werden. Entweder hat derjenige, der Sie ablehnt, einen stichhaltigen Grund, oder Sie sollten genug Selbstachtung haben, um seine Entscheidung als einen Verlust für ihn selbst zu betrachten. Grübeln Sie nicht lange darüber nach und suchen Sie weiter; es kostet Zeit und Mühe, die richtigen Freunde zu finden. Die Frage lautet also nicht: »Was kann ich gegen meine schlechte Persönlichkeit tun?«, sondern: »Bin ich bereit, den erforderlichen Preis zu zahlen und herauszufinden, was ich falsch mache, es zu korrigieren, Ablehnung zu ignorieren und weiter nach Menschen zu suchen, die in einer Wert-für-Wert-Beziehung das schätzen, was ich zu bieten habe?«

Wie man eine lästige Freundschaft los wird

Wenn Sie eine Menge überflüssiges Gepäck in der Form von »Freunden« angesammelt haben, die für Sie eher eine Last denn ein Vergnügen sind, sollten Sie aus den vorangegangenen Kapiteln gelernt haben, daß Sie es sich nicht leisten können, dieses Übergewicht mitzuschleppen – jedenfalls nicht, wenn Sie es schaffen wollen, Nummer Eins zu werden.

Eine lästige Freundschaft ist eine Beziehung, in der Sie ständig mehr geben als Sie bekommen, und das wird im Laufe der Zeit zu einer unerträglichen Belastung. Wenn Sie erkennen müssen, daß eine Freundschaft sich in die falsche Richtung entwickelt, dann sollten Sie Schluß machen, bevor die Sache zu weit gegangen ist. Nur weil Sie einen Fehler begangen haben, sind Sie nicht verpflichtet, die Beziehung aufrechtzuerhalten und weiter darunter zu leiden.

Versuchen Sie nicht, eine ärgerliche Situation mit Stillschweigen zu übergehen; sie wird dadurch nur schlimmer. Die Gegenseite legt Ihre Passivität als Ermutigung aus, und das Endergebnis ist ein einziger Verhau. Wenn Sie in langfristigen Begriffen denken, sollten Sie voraussehen können, wie eine Situation sich weiterentwickelt.

Besinnen Sie sich auf Ihre Selbstachtung. Geben Sie nicht jedem nach, der sich in Ihr Privatleben hineindrängen will. Sollte das durch Ihre eigene Nachlässigkeit doch einmal vorgekommen sein, so übernehmen Sie die Kontrolle, sobald Sie erkannt haben, was geschehen ist. Nur Sie allein sollten entscheiden, wen Sie in Ihrem Leben haben wollen. Überlassen Sie die Frage Ihrer Freundschaften nicht den Launen anderer Menschen.

Schieben Sie Ihre Entscheidung nicht auf. Übernehmen Sie die Initiative. Jeder, der Ärger in Ihr Leben hineinträgt – gleichgültig ob es sich um einen »Freund«, einen Verwandten oder einen ungebetenen Gast handelt —, ist ein Aggressor. Er greift Ihr Recht auf ein glückliches Leben an. Sie sind weder brutal noch herzlos noch kaltschnäuzig, wenn Sie eine Beziehung beenden, die Sie als Last empfinden. Im Gegenteil, Sie handeln klug, denn auf die Dauer gesehen ist es sowohl für Sie als auch für die Gegenseite besser so. Wenn Sie nichts tun, kann das dazu führen, daß Sie verbittert und schlecht gelaunt sind und dadurch die Menschen abschrecken, die Ihr Leben bereichern könnten.

Die Auswirkungen dieses Kapitels auf mein eigenes Leben

Welche Auswirkungen hat das, was ich in diesem Kapitel gesagt habe, auf meine Freundschaften? Ist es klug gehandelt, wenn ich meine Ansichten über das Thema Freundschaft öffentlich darlege? Ja – genau das ist es, worauf es mir ankommt. Ich will, daß meine Freunde – und alle anderen Menschen, die mir begegnen – genau verstehen, wie ich über diese wichtige Frage denke. Dadurch, daß ich aufrichtig bin und mein wahres Selbst zeige, steigere ich meine Chancen, die Leute an mich zu ziehen, mit denen ich das meiste gemein habe. Und es fördert meine Verbundenheit mit Freunden, die genau so wie ich eine Freundschaft als eine Wert-für-Wert-Beziehung betrachten.

Außerdem wird dadurch eine Art Reinigungsprozeß in Gang gesetzt, der diejenigen Leute aus meinem Leben eliminiert, die nicht begreifen können, daß man für Freundschaften bezahlen muß. Das erspart mir Verwicklungen mit Menschen, die mir nicht liegen, und enthebt mich der unangenehmen Notwendigkeit, bestehende Freundschaften zu beenden, die sich ungünstig entwickeln.

8. Kapitel
Die Hürde der Liebe

Wenn Freunde eine der großen Freuden des Lebens sind, so muß man wohl Liebespartner als die größte aller Freuden bezeichnen. Liebespartner sind, genau so wie Freunde, Menschen, mit denen man durch Zuneigung verbunden ist, aber die Beziehung enthält ein zusätzliches Element der Intimität.

Das Lexikon gibt eine Definition der Liebe, die teilweise zutrifft: »Ein Gefühl der innigen persönlichen Verbundenheit oder der tiefen Zuneigung; eine starke oder leidenschaftliche Zuneigung zu einer Person des anderen Geschlechts.« Daß es unbedingt eine Person des »anderen« Geschlechts sein muß, ist vielleicht etwas vermessen, aber um der Einfachheit willen werde ich mich an diese Aussage halten. Damit erlaube ich mir kein Urteil über Ihre sexuellen Neigungen, denn die sind einzig und allein Ihre Sache.

Ich glaube, daß das Gefühl der leidenschaftlichen Zuneigung in seiner reinsten Form eine unerklärliche physische Attraktion ist – sozusagen eine undefinierbare chemische Reaktion –, die zwar nicht mit der Sexualität gleichzusetzen ist, aber in der Sexualität ihren höchsten Ausdruck findet. Die physische Attraktion ist wichtig, denn ohne sie ist eine romantische Liebe wohl kaum möglich. Man kann an einem Menschen viele Dinge lieben, aber wenn die romantische Affinität fehlt, dann ist dieser Mensch in Wirlichkeit nichts anderes als ein guter Freund. Ich nenne dieses physikochemische Phänomen »das andere Element«. Es ist der Bestandteil, der den Unterschied zwischen einem geliebten Menschen und einem Freund ausmacht.

Das andere Element ist nur insoweit von der Schönheit abhängig, wie man anerkennt, daß Schönheit kein absoluter Wert ist; sie ist eine Sache des persönlichen Geschmacks. Was Sie sehen, wenn Sie die Frau, die Sie lieben, betrachten, kann sich wesentlich von dem unterscheiden, was andere sehen. Die tiefe Zuneigung, die Sie für jemanden empfinden, ist der Ausdruck des Gesamtbildes, das Sie haben — eine Kombination von physischen und intellektuellen Qualitäten und anderen persönlichen Eigenschaften. Es ist dieses Gesamtbild, zu dem Sie sich physisch hingezogen fühlen.

Ebenso wie Freundschaft ist auch Liebe kein Entweder-oder-Begriff. Es gibt keinen rationalen Grund, warum Sie nicht für mehr als ein Mitglied des anderen Geschlechts ein tiefes, leidenschaftliches Gefühl empfinden können; wenn Sie diese Gefühle jedoch nicht unter Kontrolle haben, kann das zu einem irrationalen Verhalten führen, das nicht in Ihrem besten Interesse ist. Die Liebe ist, wie alle Emotionen, in ihrer Intensität variabel. Man kann den einen Menschen mehr lieben als den anderen. Und auch die Art der Liebe, die man empfindet, kann verschieden sein, weil jeder Mensch sich durch andere Eigenschaften auszeichnet.

Wie viele Liebespartner braucht der Mensch?

Wenn man ein unkompliziertes Leben vorzieht, ist ein Liebespartner die ideale Zahl. Aber das hängt von den Bedürfnissen des Einzelnen ab und auch davon, ob der Liebespartner fähig und bereit ist, diese Bedürfnisse zu befriedigen.

Das bringt uns zu der feinen Trennlinie zwischen einem Geliebten und einem Liebhaber. Ein Liebhaber ist eine Person, die irgendwo in dem weiten Land zwischen einem Geliebten und einem einmaligen Sexualpartner angesiedelt ist. Er (oder sie) hat nicht ganz den Rang eines Geliebten, aber die Beziehung hat doch mehr Inhalt als nur Sex. Es gibt Menschen, die sich von einer Vielzahl von Liebhabern trösten lassen, wenn ihre Suche nach einem Geliebten (oder einer Geliebten) keinen Erfolg hat.

Meiner Ansicht nach ist es aus dem Grunde bedenklich, eine Vielzahl von Liebhabern zu haben, weil die Gefahr besteht, daß man sich sowohl physisch als auch geistig verausgabt. Man muß nicht nur mehr Zeit aufwenden, als man es sich normalerweise leisten kann, sondern man muß auch zu viele Versprechungen machen, und das führt dazu, daß man die eine oder andere nicht halten kann. Das bringt eine Menge Ärger, nicht zu erwähnen die Gefahr, daß man sich ein paar saftige Kratzwunden im Gesicht einhandelt.

Die Sehnsucht, die man nach Liebe empfindet, ist anders als die Sehnsucht nach Freundschaft. Es ist ein Gefühl, das man nicht beschreiben kann. Jeder von uns kennt es.

Wenn Sie Ihre Liebessehnsucht nicht kontrollieren können, ergeben sich zwei Gefahren. Die erste ist, daß Sie eine Liebesbeziehung nicht voll genießen können, wenn Sie das Alleinsein mit der Einsamkeit gleichsetzen. Ich brauche nicht näher darauf einzugehen, da wir bereits besprochen haben, wie wichtig es ist, daß Sie lernen, die Dinge, die Sie zu bieten haben, richtig einzuschätzen. Aber Sie müssen die Rolle, die Ihr Liebespartner spielt, in einer angemessenen Perspektive sehen.

Gleichgültig wie eng die Beziehung zwischen Ihnen und Ihrem Liebespartner ist, Sie sind und bleiben eine eigenständige Persönlichkeit. Sie und Ihr Liebespartner sind keine Einheit; Sie sind zwei selbständige Menschen, die zufällig ein tiefes Gefühl füreinander empfinden. Aber Ihre Wünsche sind nicht identisch; Ihre Gedanken verlaufen nicht parallel; Ihre Bedürfnisse sind nicht die gleichen. Ein Geliebter kann ein Teil Ihres Lebens sein, aber nicht ein Teil Ihres Selbst.

Die zweite Gefahr besteht darin, daß Sie übereilte Entscheidungen treffen. Ein berühmter Schauspieler machte einmal die gar nicht so komische Bemerkung, daß wir alle aus Angst, allein sterben zu müssen, ein unglückliches Leben führen. Man kann zwar niemals wissen, was hinter geschlossenen Türen vor sich geht, doch geht man wohl nicht fehl in der Annahme, daß viele unglückliche Ehen aus dem Grund weiterbestehen, weil beide Partner sich davor fürchten, allein zu sterben. Vielleicht gestehen sie es sich nicht ein oder sind sich dessen überhaupt bewußt, aber der Preis, den sie dafür zahlen, daß sie in ihrer letzten Stunde nicht allein sind, besteht in einem freudlosen Nebeneinanderleben.

Es ist traurig, was diese Leute sich vormachen. Sie haben sich nie die Zeit genommen, einmal rational darüber nachzudenken, sonst würden sie begreifen, daß sie im Zeitpunkt ihres Todes sowieso allein sein werden. Sie dürfen Ihre Chance, Nummer Eins zu werden, nicht unbedacht opfern und aus Angst vor der Einsamkeit eine unüberlegte Verbindung eingehen oder eine Beziehung aufrechterhalten, in der Sie unglücklich sind.

Liebe und Einsamkeit

Wenn Sie in der Liebe auf Quantität Wert legen, ist das Ihre Sache. Aber wenn Sie die Quantität als Heilmittel gegen die Einsamkeit einsetzen wollen, werden Sie kaum das gewünschte Ergebnis erreichen. Meiner Ansicht nach verursacht eine Vielzahl von Liebhabern dasselbe Gefühl, das man empfindet, wenn man der Einsamkeit entfliehen will, indem man sich unter eine Menschenmenge mischt. Einige der am einsamsten wirkenden Menschen, die ich je getroffen habe, waren sogenannte Ladykiller. Wenn Sie die Selbstdisziplin und die Geduld haben, sich auf die Suche nach einem einzigen wertvollen Menschen zu konzentrieren, haben Sie eine bessere Chance, die ersehnte Erfüllung in der Liebe zu finden, als wenn Sie versuchen, Ihre Einsamkeit mit Hilfe von mehreren Liebhabern zu besiegen.

Ein Sieg genügt

Es gibt keinen Aspekt des Lebens, in dem Geduld und Selbstdisziplin eine größere Dividende zahlen können als in der Liebe. Unglücklicherweise gibt es kein anderes Gebiet, auf dem es so schwer ist, diese beiden Eigenschaften zu praktizieren.

Die Sehnsucht nach Liebe ist eine potentielle Paniksituation. Aber Panik ist etwas, das Sie um jeden Preis vermeiden müssen, wenn Sie weiterhin die Hoffnung haben wollen, daß Sie den einen besonderen Menschen finden. Vor vielen Jahren stellte ich einmal eine komplizierte Formel auf, um auszurechnen, wie viele Frauen im Gebiet von Los Angeles (Gesamtbevölkerung acht Millionen!) meinen Ansprüchen genügen würden. Können Sie sich vorstellen, auf welche Zahl ich kam? Achtzehn! Achtzehn Frauen in einer Stadt von acht Millionen Einwohnern, die für mich in Frage kamen. Mein Gott, dachte ich mir, wo soll ich da zu suchen anfangen? Und wenn ich tatsächlich eine finde, woher soll ich wissen ob die Gelegenheit günstig ist? Vielleicht treffe ich sie auf einer Party in Begleitung von Warren Beatty, und ich habe mir gerade Mostrich auf die Krawatte gekleckert. Damit wäre die Liste schon auf Siebzehn reduziert.

Ich begann schon daran zu denken, in ein Kloster einzutreten, als ich eine verblüffende Glückssträhne hatte. Innerhalb der nächsten sechs Monate stolperte ich über vier von diesen achtzehn Frauen, und jedesmal war die Gelegenheit günstig. Das war wieder einmal eine Bestätigung der Theorie, daß in der Liebe entweder Überfluß oder ein Notstand herrscht. Der Notstand ist schrecklich, aber oh, diese fetten Zeiten, wenn man in der seltenen Lage ist, zwischen zwei oder mehr verlockenden Alternativen wählen zu können!

Offensichtlich war in der komplizierten Formel, mit der ich die Anzahl der vorhandenen geeigneten Frauen ausgerechnet hatte, etwas falsch. Heute bin ich mir nicht mehr sicher, wie die Chancen wirklich stehen, aber bestimmt sind sie nicht so überwältigend, wie die meisten Leute, die gerade eine Zeit der Einsamkeit durchmachen, es annehmen. Wenn Sie es aus der richtigen Perspektive sehen, sind die Chancen nicht annähernd so schlecht, wie Sie es glauben, vorausgesetzt, daß Sie bereit sind, den Preis zu bezahlen, indem Sie Geduld und Selbstdisziplin praktizieren. Und die richtige Perspektive ist, daß Sie nur einen Menschen zu finden brauchen – nicht achtzehn oder dreißig oder hundert. Denken Sie darüber nach: Sie brauchen in Ihrem ganzen Leben nur einen einzigen Sieg in der Liebe – falls Sie den richtigen Menschen gefunden haben.

Die Suche

Sie können nicht erwarten, den richtigen Menschen zu finden, wenn Sie nicht wissen, was Sie suchen. Die Voraussetzung dafür ist, daß Sie eine ganze Menge über sich selbst wissen. Da Sie sich in einem kritischen Abschnitt Ihres Lebens befinden, müssen Sie sich mit absoluter Ehrlichkeit darüber klarwerden, wer und was Sie sind und was Sie vom Leben erhoffen. Diese Selbstprüfung muß rein verstandesmäßig durchgeführt werden. Falls Sie sich dabei von Ihren Emotionen leiten lassen, ist das Ganze sinnlos. Also denken Sie nach und haben Sie den Mut, den Tatsachen ins Auge zu sehen. Was danach kommt, ist eine Sache der Selbstdisziplin – nämlich daß Sie Ihren rationalen Schlußfolgerungen auch dann treu bleiben, wenn Sie unter dem Einfluß Ihrer Emotionen stehen.

Rationale Überlegungen für eine rationale Suche

In der Liebe gibt es viele Faktoren, über die Sie keine Kontrolle haben, und die daran schuld sein können, daß Ihre Beziehung zu einem bestimmten Liebespartner – oder potentiellen Liebespartner – nicht floriert. Lassen Sie sich von einer solchen Entwicklung nicht unterkriegen. Sie dürfen es nicht zulassen, daß Ihr Leben durch äußere Umstände – zu denen auch die Launen eines anderen Menschen gehören – ernsthaft gestört wird.

Genausowenig wie ein bestimmter Kunde oder Geschäftspartner oder ein bestimmter Beruf für Sie lebensnotwendig ist, brauchen Sie einen bestimmten Lebensgefährten. Sie mögen einen Liebespartner brauchen, aber es muß nicht unbedingt ein bestimmter Liebespartner sein. Es ist zwar richtig, daß Sie nur einen einzigen Menschen zu finden brauchen, aber das heißt nicht, daß nur ein einziger Mensch zur Auswahl steht. Jeder erwachsene Mensch weiß, wie viele Fische es im Meer gibt. Da es keine zwei Menschen gibt, die einander völlig gleichen, haben Sie recht, wenn Sie glauben, daß Sie niemals eine Liebe finden werden, die so ist wie die letzte. Was Sie finden werden, ist eine andere Liebe, die Sie auf eine neue Art und Weise glücklich machen kann. Versuchen Sie nicht, die alte und die neue Liebe miteinander zu vergleichen, denn das wäre unsinnig. Die Wahrheit ist, daß es viele Menschen gibt, die Sie aufrichtig lieben können.

Wenn Sie hartnäckig glauben, daß es nur einen einzigen Menschen gibt, der zu Ihnen paßt, dann schaffen Sie sich unnötige Probleme. Sie fühlen sich dann versucht, diesen Menschen zu bedrängen, und je mehr Sie ihn bedrängen, desto schlechter sind Ihre Erfolgschancen. Wenn aus einer Beziehung nichts wird, ist es für Sie am besten, das Ganze zu vergessen und weiter zu suchen.

Die Dame ist schon vergeben

Wann immer Sie eine Frau treffen, die Sie so beeindruckt, daß Sie Ihre Tabakspfeife am falschen Ende anzünden, versuchen Sie, Ruhe zu bewahren. Lassen Sie sich nicht allzu sehr hinreißen, bevor Sie ein paar Informationen eingeholt haben. Die Erfahrung hat mich gelehrt, daß es in jeder Hinsicht gesünder ist, wenn man die beiden folgenden Möglichkeiten berücksichtigt:

1. Sie hat schon einen Freund (oder Verlobten oder Ehemann).
2. Er ist ein schlagkräftiger Goliath.

Die Befolgung dieser Theorie erhöht Ihre Chancen für ein längeres und gesünderes Leben ganz erheblich. Wenn Sie sie ignorieren, kann das beträchtliche Komplikationen verursachen, insbesondere, wenn Sie den Anblick Ihres eigenen Blutes nicht ertragen können.

Was ein Geliebter/eine Geliebte nicht ist

Eine Geliebte

- ist kein Dienstmädchen, von dem man erwartet, daß es ständig mit Hausarbeiten beschäftigt ist;
- ist keine Köchin, deren Aufgabe es ist, Ihnen das Essen pünktlich auf den Tisch zu stellen;
- ist kein Kindermädchen, dessen Pflicht es ist, Sie vor allen unangenehmen Dingen abzuschirmen, die Kinder anstellen können;
- ist keine Frau, deren einziger Freund Sie sind.

Ein Geliebter

- ist kein Maler, Tischler oder generelles Faktotum;
- ist keine Druckerpresse, deren einzige Funktion darin besteht, Geldscheine zu produzieren, um Ihnen einen Lebensstil zu bieten, den er sich nicht leisten kann;
- ist keine Staffage bei gesellschaftlichen Veranstaltungen, die er lieber nicht besuchen würde;
- ist kein Mann, dessen einzige Freundin Sie sind.

Eine Geliebte oder ein Geliebter kann gelegentlich eine oder alle der obigen Funktionen ausüben, aber es darf kein Dauerzustand sein. Wenn irgendeine dieser Beschäftigungen seine oder ihre einzige Aufgabe wird, dann zerstört das die Grundlage für eine echte Liebesbeziehung. Das Fundament für eine rationale Beziehung zwischen zwei Liebespartnern ist das gleiche wie für eine gute Freundschaft: Bewunderung, Achtung und rationale Selbstsucht. Sie können mit jemandem, den Sie nicht achten und bewundern, keine Wert-für-Wert-Liebesbeziehung aufbauen, denn was könnte ein solcher Mensch Ihnen im Austausch bieten?

Selbstsucht — die Wurzel alles Guten

Da die rationale Selbstsucht eine der wesentlichen Voraussetzungen dafür ist, daß Sie Nummer Eins werden (das bewußte, rationale Streben nach dem Genuß), und da die Liebe wahrscheinlich die genußvollste aller Erfahrungen ist, müssen Sie unbedingt begreifen, welche Rolle die rationale Selbstsucht in Liebesbeziehungen spielt.

Wenn Sie in einer Liebesverbindung keine Wert-für-Wert-Beziehung sehen, dann belasten Sie sich von Anfang an mit Problemen, die Sie bei Ihrer Suche nach einem besseren Leben bestimmt behindern werden. Und Sie wissen ja, daß Sie kein überflüssiges Gepäck brauchen können, wenn Sie Nummer Eins werden wollen.

Sie dürfen auch nicht vergessen, daß Ihr Liebespartner ebenfalls eine innere Waage für das Wohlbefinden hat. Er schuldet Ihnen nichts – besonders aber keine Liebe. Ich will Ihnen verraten, wieviel Liebe Sie von Ihrem Partner erwarten dürfen: genau so viel, wie Sie *verdienen.* Sie werden niemals die Freiheit haben, die guten Dinge des Lebens zu genießen, wenn Sie sich nicht bemühen, alles zu verdienen, das Sie bekommen möchten. Das gilt für Geld ebenso wie für Freundschaft, Selbstachtung und Liebe.

Auch bei einer Liebesbeziehung ziehen die Partner nicht den gleichen Genuß aus ihrer Verbindung. Es geht nicht darum, einander die gleichen Bedürfnisse zu erfüllen, sondern darum, einander das zu geben, was jeder braucht. In dem Maße wie Ihr Partner Ihre Bedürfnisse erfüllt, macht er Sie glücklich; in dem Maße wie er sie glücklich macht, lieben Sie ihn; in dem Maße, wie Sie ihn lieben, bemühen Sie sich, seine Wünsche zu erfüllen – so einfach ist das. Wenn alle von uns es lernen würden, dann würde die Zahl der Scheidungen auf den Nullpunkt sinken.

Kann man Liebe kaufen?

Sie kennen die Antwort schon: Sie müssen Sie kaufen – auf dem Freien Markt der Liebe.

Wie bezahlt man für eine Geliebte? Nun, Nerzmäntel sind schon immer sehr beliebt gewesen, aber leider können Sie damit nicht die wahre Liebe kaufen. Luxusdinge sind nette Zugaben zu den gültigen Liebeswährungen (Rücksichtnahme, Güte, Herzlichkeit), aber das ist auch alles, was sie sind – Zugaben.

Was mir am Freien Markt der Liebe am besten gefällt, ist die Tatsache, daß er so glatt funktioniert. Da es keine Regierungskontrollen gibt, steht es jedermann frei, sich das auszusuchen, was ihm gefällt, und niemand ist gezwungen, mit irgend jemand anders Geschäfte zu machen. Es gibt auch keine echte Konkurrenz, da ja jeder Mensch einzigartig ist.

Wenn Sie rational genug sind, um selbst entscheiden zu können, was Sie wollen, und sich nicht von den Meinungen anderer beeinflussen lassen, dann brauchen Sie nichts weiter zu tun, als Ihren eigenen Maßstäben treu zu bleiben. Auf diese Art und Weise werden sie weniger »Rivalen« antreffen – weniger Männer und Frauen, die nach dem Gleichen suchen wie Sie. Werte, die für Sie wichtig sind, haben für die anderen keine Bedeutung und umgekehrt. Die Folge davon ist, daß keiner mit dem anderen konkurriert.

Wie man den Fisch an die Angel bekommt

Für Liebespartner gilt das Gleiche wie für Freunde: Sie dürfen sicher sein, daß sie sich nicht bemühen werden, Sie zu entdecken. Sie müssen selbst losgehen und sich umsehen. So lang ist Ihr Leben nicht; Sie haben keine Zeit, herumzusitzen und darüber zu jammern, wie einsam Sie sind. Starten Sie Ihren Fischzug sofort.

Wo? Nun, überall. Probieren Sie neue Plätze, neue Erfahrungen und neue Menschen aus. Wenn Sie sich früher nie besonders bemüht haben, werden Sie überrascht sein, wie viele Aktivitäten auf Sie warten – Aktivitäten, die Sie bisher nicht gekannt haben, oder Dinge, die Sie noch nie ernsthaft in Betracht gezogen haben. Das Leben hat mehr zu bieten als essen, schlafen, arbeiten, einmal in der Woche zum Dinner auszugehen oder sich gelegentlich einen Film anzusehen. Das »Wo« ist kein Problem, solange Sie bereit sind, neue Erfahrungen zu sammeln.

Viel schwieriger ist das »Wie«, das weiß jeder, der schon einmal einen Fischzug unternommen hat. Man braucht die richtige Angel und den richtigen Köder, und man muß wissen, wie man die Leine auszuwerfen hat. Es ist ein Sport, der viel Geschick erfordert. In der Theorie klingt es leicht, in der Praxis kann es sehr schmerzhaft sein. Aber das gehört zu dem Preis, den Sie bezahlen müssen, wenn Sie den richtigen Menschen finden wollen.

Ich habe einen Freund, der sich auf Fischzüge spezialisiert hat. Er verfährt nach der folgenden Methode (so unglaublich sie auch klingt):

Wenn sich in seinem Privatleben nichts tut, fährt er langsam durch Einkaufsviertel und hält nach attraktiven Frauen Ausschau. Sobald er eine sieht, stellt er den Wagen schnell ab, geht zu ihr hin und versucht, eine Unterhaltung anzuknüpfen. Ich fragte ihn, was er zu diesen fremden Frauen sagt, und er erklärte, das »Geheimnis« sei, keinen besonderen Plan zu haben. Er sagt ganz einfach irgend etwas, von dem er glaubt, daß es das Eis brechen könnte, zum Beispiel: »Ich bin gerade hier entlang gefahren, als ich Sie gesehen habe. Plötzlich kam mir der Gedanke, daß ich Sie nie wieder sehen würde, wenn ich jetzt nicht aus dem Wagen springen und mich Ihnen vorstellen würde.«

Die Ergebnisse? Er gibt ohne weiteres zu, daß die Frauen ihn meistens ignorieren. Und was tut er dann? Er bleibt hartnäckig. Und wie reagieren die Frauen? Für gewöhnlich fordern sie ihn auf, zu verschwinden. Wenn dieser Punkt erreicht ist, versucht er einen letzten Trick: Er stellt sich vor die Frau hin, breitet die Arme aus wie ein Verkehrspolizist, sieht ihr ins Auge und sagt (mit einem Lächeln, das seiner Meinung nach unwiderstehlich ist): »Ich mache Ihnen einen Vorschlag. Ich lasse Sie in Ruhe, wenn Sie mir Ihren Namen und Ihre Telefonnummer geben. Ich will nichts weiter, als mit Ihnen ausgehen.«

Der Prozentsatz seiner Erfolge ist kläglich. Aber er hat sich dazu erzogen, die Mißerfolge zu ignorieren. Er nimmt nur die Fälle zur Kenntnis, in denen er Glück gehabt hat. Und ob Sie es glauben oder nicht, er hat schon ein paar sehr interessante Frauen an die Angel bekommen. Warum? Wer kann das wissen. Vielleicht hatte das Mädchen sich mit seinem Freund verzankt, vielleicht hatte sie gerade Lust, vielleicht war sein Annäherungsversuch so lächerlich, daß sie ihn originell fand. Das Gesetz des Durchschnitts ist ein seltsames Phänomen – seltsam, weil es immer funktioniert, und zwar in dem Sinne, daß es *früher oder später funktioniert.*

Obwohl mir seine Methode nicht liegt, muß ich zugeben, daß seine grundlegende Idee vernünftig ist. Er versucht es immer wieder. Das ist sein Geheimnis. Ich habe ihn einmal gefragt, wie es kommt, daß so viel Ablehnung ihn nicht entmutigt. Er erklärte, ihm sei klar, daß die Frauen nicht seine Persönlichkeit ablehnten, sondern jemanden, den sie nicht kannten. Daher fühlte er sich nicht betroffen.

Aber vergessen Sie seine verrückte Methode, vergessen Sie die ganze Geschichte bis auf diesen einen Punkt: Der Mann hat gelernt, die Angst vor der Ablehnung zu bewältigen. Eine der hauptsächlichen Schranken, die Männer und Frauen davon abhält zusammenzukommen, ist die Angst vor der Ablehnung. Und damit sind wir wieder bei unseren Egos angelangt – wenn wir sie nur loswerden könnten! Sie können eine abschlägige Antwort einfach nicht ertragen. Aber, wie mein Freund ganz richtig sagte, in den meisten Fällen wird nicht eine bestimmte Persönlichkeit abgelehnt, sondern ein Fremder.

Die Furcht vor der Ablehnung kann eine neue Erfahrung zunichte machen, bevor sie überhaupt begonnen hat. Eine ganz besondere Methode des Selbstschutzes ist die kühle Haltung, wenn man jemanden zum ersten Mal trifft. Sie bedeutet, daß man sich weigert, an einer neuen Bekanntschaft Interesse zu zeigen, und zwar aus Angst davor, daß dieses Interesse nicht erwidert wird. Unglücklicherweise ist diese Methode für den Urheber ein Nachteil. Da niemand seine Gedanken lesen kann, wird man zweifellos annehmen, daß er kein Interesse an einem hat.

Was mich betrifft, so sinkt eine Frau keineswegs in meiner Achtung, wenn sie bei unserem ersten Treffen freundlich, offen und natürlich ist. Tatsächlich bringe ich ihr deswegen sogar mehr Achtung entgegen. Dadurch, daß sie nicht defensiv oder verkrampft ist, erzählt sie mir eine ganze Menge über sich selbst: daß sie wahrscheinlich weniger neurotische Anwandlungen hat als die meisten anderen Leute; daß sie eine gesunde Selbstachtung hat und als Folge davon weniger Angst vor einer Ablehnung; daß sie keine Gefangene von Gewohnheit und Tradition ist; daß sie selbständig denkt. Somit gefällt sie mir von Anfang an. Ich bewundere Individualität. Ich respektiere Leute, die unverkrampft sind und offen ihr wahres Selbst zeigen.

Die Angst vor einer Bekanntschaft ist oft die Folge einer erlebten Ablehnung. Ein gebranntes Kind scheut das Feuer. Wenn Sie nicht fähig sind, Ihre Emotionen zu kontrollieren und rational zu denken, wird diese Angst nach jeder in die Brüche gegangenen Liebesbeziehung wachsen. Die bedauerliche Folge davon ist, daß die meisten Leute im Laufe der Zeit verhärten – sie werden defensiver, vorsichtiger, verschlossener und verkrampfter und zeigen weniger von ihrem eigenen Selbst, wenn sie Vertreter des anderen Geschlechts treffen. Schmerzen sind unangenehm. Niemand braucht sie. Wenn Sie Nummer Eins werden sollen, sollten Sie Schmerzen vermeiden, statt sie zu erdulden.

Hier stehen wir vor einem Paradox. Der Preis für den Genuß und die Elimination von Schmerzen besteht zum Teil darin, daß man das Risiko auf sich nimmt, die Schmerzen der Ablehnung zu erfahren. Wenn Ihnen diese Tatsache nicht gefällt, kann ich es Ihnen nicht übelnehmen. Aber ich muß Sie abermals fragen: Wer hat denn gesagt, daß das Leben leicht sein soll?

Liebe, die größte aller Freuden, fordert einen enormen Preis. Die damit verbundenen Risiken sind unglaublich. Wie kann die Natur von uns verlangen, daß wir all die Ablehnung und all die Schmerzen durchmachen und daß wir so viele Mühen auf uns nehmen, und uns dann nicht einmal garantieren, daß es uns gelingen wird, das was wir suchen, zu finden, zu erringen oder zu behalten? Ich kann diese Frage nicht beantworten. Ich erkenne nur die Realität an, daß die Natur diese Spielregeln vorschreibt.

Falsche Selbstdarstellung erzeugt falsche Liebe

Wenn Sie begreifen, wie wichtig es ist, auf das Schlimmste gefaßt zu sein und das Beste zu erhoffen, und die Realität des Gesetzes des Durchschnitts anerkennen, dann ist das ein großer Fortschritt in der Kunst des Fischzugs. Aber leider genügt das nicht. Die Person, die Sie suchen, muß Sie auch erkennen, wenn Sie ihren Weg kreuzen.

Ich hoffe, es ist Ihnen inzwischen zur zweiten Natur geworden, Ihr wahres Selbst zu zeigen, andernfalls sehe ich schwarz für Ihre Chancen, die richtige Person zu finden. Wenn Sie all die neuen Aktivitäten ausprobieren, die Sie bisher nicht gekannt haben, sollten Sie stets daran denken, daß Sie überall Mitglieder des anderen Geschlechts treffen, die Sie so mögen, wie Sie wirklich sind. Imitieren Sie keine Methode, die Ihnen nicht liegt, nur weil jemand anders damit Erfolg gehabt hat. Wenn Sie sich selbst falsch darstellen, vergeuden Sie nur Zeit, denn jede Beziehung, die sich daraus ergibt, ist stark gefährdet, sobald der Partner Ihr wahres Selbst entdeckt.

Andererseits können Sie manchmal durch die Zurschaustellung Ihres wahren Selbst einem anderen Menschen helfen, der noch nicht begriffen hat, wie vorteilhaft ein solches Verhalten ist. Nehmen wir einmal an, daß Sie eine Frau sind, die eine Vorliebe für ruhige Männer hat, die es genießt, intellektuell stimuliert zu werden, und Unterhaltungen zu zweit schätzt. Sie sind auf einer Party gelandet, wo es ziemlich verrückt zugeht und alle sich wie die Wilden benehmen. Unter den Gästen befindet sich ein Mann, der ein ruhiger, intellektueller Typ ist und ebenfalls Unterhaltungen zu zweit schätzt. Das einzige Problem ist, daß Sie ihn nicht finden können, weil er sich so benimmt wie die anderen, in dem irrigen Glauben, daß es zu seinem eigenen Besten ist, wenn er sich an die allgemeine Atmosphäre anpaßt.

Da *Sie* aber wissen, wie nützlich es ist, sein wahres Selbst zu zeigen, kann jeder Sie leicht erkennen. Es ist also sehr wahrscheinlich, daß der ruhige Intellektuelle, der den »Swinger« spielt, Sie finden wird. Falls das geschieht und Sie anschließend gemeinsam ins sanfte Abendrot hineinschweben, dann können Sie es der Tatsache zuschreiben, daß Sie durch Ihr Verhalten seine falsche Selbstdarstellung wettgemacht haben.

Alles über die Hindernisse auf Ihrem Weg

Der Weg, der zur Hürde der Liebe führt, ist so holprig, daß man sich nicht zu wundern braucht, wenn nur wenige Leute es schaffen, ihn erfolgreich zurückzulegen. Als Zugabe zu den Schlaglöchern hat Murphy an einigen strategischen Stellen Hindernisse plaziert und kichert bei dem Gedanken, daß Sie und ich jedesmal, wenn wir nicht aufpassen, darüber stolpern werden.

1. Was andere denken

Sollten Sie sich darum kümmern, was andere über Ihren Liebespartner sagen? Angesichts all der Probleme, die sich bei der Suche nach dem richtigen Partner ergeben, brauchen Sie die Meinung anderer Leute nicht, um die Verwirrung noch größer zu machen. Natürlich hören Sie es gern, wenn andere Ihren Partner bewundern und achten, aber wenn ihre Meinungen für Sie zur Richtlinie werden, dann sind Sie ein Opfer der Einschüchterung durch Komformität geworden.

Falls Sie in Fragen der Liebe den Rat von Freunden hören wollen, sollten Sie sich erst vergewissern, wer Ihre Freunde sind. Unglück liebt Gesellschaft. Unsichere, unerfüllte Menschen fühlen sich stets ein bißchen besser, wenn auch Sie unglücklich sind. Wenn Sie auf die Meinungen solcher Leute hören, kann es leicht passieren, daß Sie ein ganzes Leben voller Glück unbedacht wegwerfen.

Es stellt sich die Frage, ob ein Freund, der Ihnen rät, auf den Menschen zu verzichten, den Sie lieben, Ihnen jemanden liefern kann, der besser ist. Oder wenn ein Freund Sie zu einer Beziehung mit einem Menschen ermutigt, über den Sie sich nicht ganz sicher sind, wäre er dann bereit, in fünf Jahren an Ihre Stelle zu treten, falls es sich herausstellt, daß sein Rat falsch war? Bedenken Sie, daß Sie derjenige sind, der die Schmerzen einer falschen Entscheidung ertragen muß; wäre es da nicht besser, wenn Sie die Kontrolle über die Situation behalten und die Meinungen anderer mit einem Körnchen Salz entgegennehmen, wenn überhaupt?

Es ist immer gefährlich, wenn man sich von dem Gedanken leiten läßt, anderen zu Gefallen zu sein oder sie zu beeindrucken. Die Geschichte eines Jugendfreundes gibt ein gutes Beispiel dafür: Er hatte die beliebteste Studentin an einer Universität für sich gewonnen. Sie war in jeder Hinsicht vollkommen – genau das, was jeder *andere* Mann sich wünschte. Nach der Hochzeit stellte mein Freund seine »Trophäe« sozusagen auf den Kaminsims, lehnte sich in seinen Sessel zurück und wartete auf . . . nun, ich glaube , er wußte nicht genau, auf was er wartete. Was er bekam, war so ungefähr alles, das er sich nie gewünscht hatte.

Kein Mann und keine Frau ist eine Trophäe, die man gewinnt. Sie sind Menschen. Sie haben Bedürfnisse, die erfüllt werden müssen, und sind für Sie in dem Maße potentielle Werte, in dem sie Ihre Bedürfnisse erfüllen können. Wenn Sie gegen dieses Naturgesetz verstoßen, werden Sie Ihr Verbrechen teuer bezahlen müssen. Die Jagd nach einer Frau, die jeder für das begehrenswerteste Mädchen in der Umgebung hält, ist (meistens) ein unbewußtes und (immer) ein irrationales Bestreben, das Ihnen mehr Schmerzen eintragen kann, als Sie es sich in Ihren kühnsten Träumen vorstellen können.

Das Unterfangen, eine Frau hauptsächlich wegen ihrer Schönheit zu verfolgen, fällt in die gleiche Kategorie, der Verfolger läuft Gefahr, eine Trophäe zu gewinnen, deren menschliche Eigenschaften ihm nicht sympathisch sind.

Ein anderes Problem ist die Tatsache, daß Schönheit vergeht. Die Trophäe verschwindet und übrig bleibt ein Mensch. Das ist der Punkt, an dem die Situation sehr problematisch werden kann, es sei denn, Sie hatten Glück und konnten zu Ihrer eigenen Überraschung feststellen, daß die Trophäe wunderbare Eigenschaften besitzt, von denen Sie vorher nichts wußten.

2. Die Vorliebe für Schwierigkeiten

Alle Menschen haben eine Schwäche dafür, das zu wollen, was sie nicht haben können, und das, was für sie leicht erreichbar ist, nicht zu wollen. Das ist ein gefährlicher Instinkt, der oft die Form einer gigantischen Illusion annehmen und eine verheerende Wirkung auf das Leben eines Menschen haben kann. Er versucht, unsere rational selbstsüchtigen Wünsche beiseite zu schieben und sie durch unbegründete Wünsche nach »verbotenen Früchten« zu ersetzen.

Wahrscheinlich ist es nicht möglich, diesen Instinkt völlig zu besiegen, aber Sie können ihn unter Ihre Kontrolle bringen. Es erfordert viel Konzentration, rationales Denken und Ehrlichkeit gegen sich selbst, um herauszufinden, ob man einen Menschen gewinnen will, weil er sich »rar macht«, oder weil er tatsächlich Eigenschaften hat, die man bewundert und achtet. Lassen Sie es nicht zu, daß diese Schwäche Ihr Leben ruiniert. Gestatten Sie es Ihren Emotionen nicht, Sie in die Falle der Illusion zu lokken. Das ist nur etwas für Leute, die ein mangelhaftes Wahrnehmungsvermögen haben, nicht aber für jemanden, der Nummer Eins werden will.

Die Kehrseite der Medaille sieht z. B. so aus, daß Sie es sich leichtmachen und jemanden heiraten, an den Sie seit langem gewöhnt sind. Das Wort »Liebe« wird nur gebraucht, weil es sich nun mal so gehört. In einem solchen Fall sind die Partner so aneinander gewöhnt, daß es für sie das Normale ist, zusammenzubleiben. Das Motiv, das einen Menschen dazu treibt, den sogenannten leichten Weg zu wählen, ist die Tatsache, daß er nur zu gut weiß, wie hart und strapaziös das Unbekannte sein kann.

Die chronische Leere, die meist aus einer so gleichgültigen Einstellung zur Liebe resultiert, ist eine wohlverdiente Strafe. Der einzige gültige Grund, um sich mit einem Menschen zusammenzutun und mit ihm zusammenzubleiben, ist Liebe und nicht etwa der Umstand, daß der Partner zur Verfügung steht. Wenn Sie nicht die Aufregung verspüren, die ein wesentlicher Bestandteil des Gefühls der Liebe ist, dann sollten Sie sich fragen, ob Sie Ihren Partner wirklich lieben. Seien Sie sich selbst gegenüber ehrlich. Wenn der Grund für Ihre Wahl nicht darin liegt, daß Sie Ihren Partner bewundern und achten, oder daß er Ihren höchsten Ansprüchen entspricht und Ihre Bedürfnisse erfüllen kann, dann haben Sie eine falsche Entscheidung getroffen. Kein Mensch kann es sich leisten, die Liebe leichtzunehmen oder sie als eine alltägliche Sache zu betrachten.

3. Die Sucht, einen noch besseren Handel abzuschließen

Es liegt in der Natur des Menschen, sich sofort zu fragen, ob es nicht noch eine bessere Möglichkeit gegeben hätte, sobald er einen »Handel« abgeschlossen hat. Theoretisch gibt es diese Möglichkeit bestimmt, und zwar einfach aus dem Grund, weil das Reservoir an Menschen so groß ist. Die große Frage ist nur, wie lange man warten soll, bis man eine sinnvolle und dauerhafte Liebesbeziehung eingeht.

Es gibt eine noch größere Frage: Nachdem Sie Ihren mythischen »besseren Handel« gefunden haben, wie können Sie dann sicher sein, daß Sie nicht einen noch besseren hätten finden können? Die Antwort lautet, daß Sie nicht sicher sein können. Kein Mensch ist allwissend. Der chronische Sucher nach besseren Handeln ist ein Mensch, der wie ein Skorpion hoffnungslos seinen eigenen Schwanz jagt und sich selbst um das Glück betrügt, das in seiner Reichweite liegt.

Arbeiten Sie an sich selbst, um diese Neigung so weit wie möglich zu unterdrücken. Die Jagd nach dem besseren Handel ist noch irrationaler als die Vorliebe für Schwierigkeiten. Bei letzterer besteht die Illusion, daß das Gras auf der anderen Seite des Zauns grüner ist, aber sie bezieht sich wenigstens auf Menschen aus Fleisch und Blut. Die Jagd nach dem besseren Handel hat überhaupt keine Basis. Sie nehmen nur an, daß es grünere Wiesen gibt, die Ihnen besser gefallen, und wahrscheinlich werden Sie Ihr ganzes Leben lang nach dieser Annahme handeln, gleichgültig wie viele grüne Wiesen Sie finden.

4. Emotionen

Emotionen haben die Eigenschaft, die Wirklichkeit zu vernebeln und die Logik zu zerstören. Wenn das passiert, gibt es keinen Menschen mehr, der Sie beeinflussen könnte. Sie müssen sich selbst mit Ihren Emotionen auseinandersetzen, wenn Sie sie dauerhaft unter Kontrolle bringen wollen. Der springende Punkt ist, daß Ihre rationalen Denkprozesse die Oberhand über emotional motivierte Aktionen gewinnen. Wenn Sie Ihren Emotionen zu oft freie Bahn lassen, erwecken Sie den Eindruck, daß Sie starke selbstzerstörerische Neigungen haben.

Die Vorliebe für Schwierigkeiten ist ein gutes Beispiel dafür, wie Ihre Emotionen Ihre Handlungen kontrollieren können. Wenn es Sie nach verbotenen Früchten gelüstet, ohne daß Sie überlegen, ob das Objekt Ihrer Wünsche Werten entspricht, die für Sie wichtig sind, dann haben Ihre Emotionen die Kontrolle übernommen.

Ein anderer Übeltäter, der die Illusion der Liebe produzieren kann, ist die Sexualität. Auch wenn Sie schon entsprechende Erfahrungen haben, kann die Sexualität Sie immer wieder in die Falle locken. Manchmal dauert es allzu lange, bis Sie erkennen, daß es nur die Sexualität und keine Liebe ist, die Sie zu einem anderen Menschen hinzieht.

Und dann gibt es noch die blinde Verliebtheit. Sie ist eine weitverbreitete Illusion, die am häufigsten zwischen dem dreizehnten und dem dreißigsten Lebensjahr auftritt. Unglücklicherweise kann man ihre Symptome oft auch bei viel älteren Leuten finden; das kann manchmal sehr peinlich sein, denn bei einem Fünfzigjährigen wirkt blinde Verliebtheit viel lächerlicher als bei einem Fünfzehnjährigen.

In meiner Jugend hatte ich mit dem Hindernis der blinden Verliebtheit viel mehr Schwierigkeiten als mit allen anderen zusammengenommen. Die blinde Verliebtheit ist schwer zu definieren. Sie ist eine Mischung aus chemischer und physischer Attraktion, sie ist verrückt, sie macht Spaß – und sie ist ein Zeichen für Unreife. Sie kann manchmal auch sehr gefährlich sein.

In meinen jungen Jahren traf ich einmal eine äußerst verführerische Puertoricanerin, in die ich mich heftig verliebte. Nach einigen romantischen Mittagessen im Automatenrestaurant gelang es mir eines Abends, sie in ihrer Wohnung im vierten Stock eines alten Mietshauses zu besuchen. Endlich lag ich bei ihr im Bett — in einem Zimmer ohne elektrischem Licht. Und als ob das nicht schlimm genug war, gab es auch keine Feuerleiter und keinen Lift. Außerdem hatte Marias Wohnung nur einen Ausgang.

Das Unvermeidliche geschah: Um vier Uhr morgens klopfte jemand an die Tür. Das Klopfen wurde bald zu einem wütenden Hämmern, in das sich spanische Worte mischten, die ich nicht verstand. Aber ich hatte keinen Zweifel daran, daß der Mann vor der Tür uns kein Ständchen brachte. Sehr leise fragte ich Maria: »Wer ist das?« Sie erwiderte genauso leise: »Mein Mann.« Kein Problem, dachte ich mir. Ich werde einfach den Atem anhalten, bis ich tot bin, auf diese Weise erspare ich es mir mitzuerleben, was er mit meinem Körper macht.

In panischer Hast suchte ich in der Dunkelheit nach etwas zum Anziehen – irgend etwas, ihre Kleider, meine Kleider, seine Kleider – es spielte keine Rolle. Nachdem ich mich teilweise mit den verschiedensten Kleidungsstücken auf das Abenteuerlichste bedeckt hatte, schloß sie die Tür auf und ließ Ihren Mann herein. Was sollte ich tun? Ich war nicht wendig; ich hatte keine Waffe; ich hatte kein Talent zum Boxen. Während Maria zu erklären begann, daß ich ein Pfarrer aus Jersey City sei, schlich ich mich unauffällig zur Tür . . . weiter . . . immer weiter . . .

Ich jagte die Treppen in einer phantastischen Zeit hinunter und stellte einen weiteren Rekord für die Entfernung von der Avenue B zur First Avenue auf, und das, obwohl ich nur einen Schuh hatte. Zum Glück kam ein Taxi vorbei, und ich sprang hinein.

Sie werden verstehen, wenn ich sage, daß blinde Verliebtheit gefährlich sein kann.

5. Verliebt sein in die Liebe

Die Liebe – auch die wirkliche Liebe – ist bis zu einem gewissen Grad immer eine Illusion. Wir sehen überall Phantasiebilder der Liebe, weil unser Durst nach Liebe unersättlich ist. Das führt viele Leute dazu, sich in das Gefühl selbst zu verlieben.

Wenn Sie sich so oft verlieben, wie Sie in Betten hinein- und aus ihnen wieder herausklettern, dann besteht jede Chance, daß Sie in die Liebe verliebt sind. Und das bringt Ihnen keinen sonderlichen Nutzen. Die Liebe ist kein guter Liebhaber. Sie kann mit Ihnen weder lachen, noch sich mit Ihnen unterhalten oder Ihnen gar einen Drink mixen. Lebende Menschen geben viel bessere Liebhaber ab. Aber hüten Sie sich vor dem Wahn, daß Sie in alles verliebt sind, das einen Rock trägt.

6. Die Sucht, den Partner umzuerziehen

Nichts ist frustrierender, als jemanden zu lieben (oder sich einzubilden, daß Sie jemanden lieben), der nicht genau Ihren Vorstellungen entspricht. Wenn Sie nicht erkennen, wer oder wie Ihr Liebespartner in Wirklichkeit ist, kann das zu zwei irrationalen Verhaltensweisen führen. Die erste ist, daß Sie versuchen, ihn sich als etwas anderes vorzustellen, als er ist. Die zweite ist, daß Sie versuchen, ihn so zu formen, wie Sie ihn haben möchten. In beiden Fällen verstoßen Sie gegen Naturgesetze. Im ersten Fall belügen Sie sich selbst, im zweiten Fall versuchen Sie, das Unmögliche zu erreichen, in der ziemlich überheblichen Annahme, daß es Ihr Recht ist, jemanden zu »verbessern«.

Ich war einmal mit einer Frau liiert, die acht Punkte auf meiner Liste der »zehn höchsten Werte« erfüllte. In den beiden anderen Punkten war sie leider ein Versager. Da sie auf den acht anderen Gebieten so wunderbar war, versuchte ich mir einzubilden, daß die beiden »Versager« nicht existierten. Und dann machte ich alles noch schlimmer: Als meine Weigerung, die Realität anzuerkennen, nicht funktionierte, versuchte ich ihr zu helfen, die beiden »problematischen« Punkte zu »korrigieren«. Das Ergebnis können Sie sich vorstellen. Wenn Sie jemandem »helfen« wollen, sich zu ändern, dann wird aus einer passiv unglücklichen Situation plötzlich ein emotionaler Feuersturm.

Wenn ein Mensch viele Eigenschaften hat, die Sie bewundern und achten, so werden dadurch nicht diejenigen Qualitäten ausgemerzt, die Ihnen nicht gefallen. Es bedeutet auch nicht, daß Sie diese Qualitäten ändern können – oder das Recht dazu haben. Glauben Sie niemals, daß Sie die angeborenen Charakterzüge Ihres Liebespartners ändern können; das ist unmöglich. Wägen Sie die vorhandenen Plus- und Minuspunkte gegeneinander ab und lassen Sie Ihre innere Waage das Urteil sprechen.

7. Der Irrtum, daß Gegensätze sich anziehen

Es ist sicherlich viel Wahres an dem alten Sprichwort, daß Gegensätze sich anziehen. Viel wichtiger ist die Tatsache, daß sie nicht allzu lange zusammen bleiben, und wenn sie es tun, dann ist das kein sonderlich glücklicher Zustand. Es ist sowieso schwierig genug, den richtigen Partner zu finden. Der gesunde Menschenverstand muß Ihnen sagen, daß die Chancen für einen langfristigen Erfolg sich erheblich verringern, wenn zwei Menschen nicht die meisten ihrer Vorlieben miteinander teilen.

Bei einer Beziehung, die auf der Illusion beruht, daß Gegensätze sich anziehen, gibt es drei Möglichkeiten: Die erste ist, daß man sich trennt, und zwar nur allzuoft, nachdem viele wertvolle Jahre vergeudet worden sind; die zweite ist, daß man aus irrationaler Passivität zusammenbleibt und sich ein Leben lang gegenseitig an die Gurgel fährt. Die dritte ist die schlimmste von allen: ein Kompromiß.

Ein Kompromiß als Lebensstil bedeutet, daß eine Beziehung allmählich auf den Punkt herabsinkt, wo die Partner für gewöhnlich das kleinere von zwei Übeln wählen, statt sich auf erfreuliche Aktivitäten zu konzentrieren. Wir haben bereits darüber diskutiert: Ein Kompromiß ist in Wirklichkeit ein Opfer, und ein Opfer ist in Wirklichkeit eine irrational selbstsüchtige Aktion. Wenn man Nummer Eins werden will, erfordert das *rational* selbstsüchtige Aktionen.

Die Einschüchterung durch Gewohnheit und Tradition schreibt Ihnen vor, daß zwei Menschen »ihrer Ehe eine Chance geben müssen«, daß sie versuchen sollten, »die Dinge zu klären«. Was dieser traditionelle Mythos Ihnen nicht sagt, ist, wie viele Jahre Ihres Lebens Sie mit dem Versuch riskieren sollen, die Dinge mit jemandem zu »klären«, der weder Ihre Interessen noch Ihre Wertbegriffe mit Ihnen teilt.

Zum Glück gibt es eine intelligentere Lösung. Bemühen Sie sich, einen Liebespartner zu finden, dessen Hauptinteressen mit den Ihren übereinstimmen. Warum soll man eine Liebesbeziehung beginnen, die unter zwei ungünstigen Vorzeichen steht? Es ist für zwei Menschen schon schwierig genug zusammenzuleben, wenn sie gemeinsame Interessen haben.

Die einzige rationale Lösung für das Problem einer Beziehung, die auf der Theorie, daß Gegensätze sich anziehen beruht, besteht darin, daß man sie beendet. Bezahlen Sie den Preis – in der Form von seelischen Schmerzen – sofort und endgültig.

8. Der Sprung in unbekannte Gewässer

Das Leben hat mich gelehrt, daß man ein unbekanntes Gewässer prüfen soll, bevor man hineinspringt.

Liebende haben eine natürliche Neigung dazu, sich im Frühstadium einer Beziehung von ihrer besten Seite zu zeigen. Das ist etwas, das Sie nicht kontrollieren können, aber Sie können Vorsicht walten lassen. Bevor Sie irgendwelche Verpflichtungen eingehen, die aus Ihrem Leben einen kochenden See machen, sollten Sie erst Ihren großen Zeh hineinstekken. Bemühen Sie sich, mit einem potentiellen Liebespartner so viele wirklichkeitsnahe Situationen wie nur möglich zu erleben.

Ich möchte Ihnen von einer eigenen Erfahrung mit einer solchen Situation erzählen, die ich die »Geschichte des Backschinkens« nenne: Meine damalige Freundin war eine wunderschöne junge Dame, intelligent, sensibel und von freundlichem Wesen. Sie war beinahe ein vollkommenes Wesen. Aber im Laufe der Zeit entdeckte ich auf dem makellosen Bild ein schwarzes Pünktchen. Sie begann auf die unschuldigste Art und Weise Vorschläge für Änderungen meines Lebensstils zu machen, der zugegebenermaßen etwas exzentrisch ist. Ich bin in meinen Gewohnheiten nicht sehr flexibel, aber ich versuche niemals, sie anderen zu oktroyieren. Ich schlage einem anderen Menschen nie vor, seinen Lebensstil zu ändern, und erwarte auch nicht, daß er sich meinen Gewohnheiten anpaßt.

Der Tag des Backschinkens kam heran. Er begann harmlos genug. Ich hatte ein paar Freunde eingeladen und plante, Hamburger und Hot Dogs zu grillen. Die junge Dame hatte andere Ansichten. In ihrer netten, ruhigen Art sagte sie, daß das nicht die richtige Art sei, eine Party zu geben. Da mir das Ausdeutungsspiel vertraut war, begriff ich, daß sie in Wirklichkeit sagte, *sie* würde niemals auf diese Art und Weise eine Party geben.

Sie wußte sehr genau, wie man Bienen mit Honig ködert. Sie war so beharrlich, daß ich schließlich die Waffen streckte. Ich mag es gar nicht, Frauen in meiner Küche zu sehen, aber um des Friedens willen gab ich nach. Fein säuberlich machte sie sich an die Arbeit und kochte ein wunderbares Diner aus Backschinken mit allen Beilagen. Die Folgen waren:

1. Alle Gäste waren von dem Essen begeistert; es sah nicht nur lecker aus, sondern es schmeckte auch so.
2. Der Backschinken bewirkte, daß meine Gäste die Party um möglicherweise ein Prozent mehr oder um ein Prozent weniger genossen, als wenn wir Hamburger und Hot Dogs gegrillt hätten.
3. Weil ich über die Situation so unglücklich war, benahm ich mich schlecht und tat ein paar Dinge, welche die sanfte junge Dame in eine sehr erboste Köchin verwandelten.
4. Nachdem sie, wie erwartet, im Zorn von mir geschieden war, fand ich mich um Mitternacht in der Küche wieder, fluchend und ins Spülwasser schluchzend.

Die junge Dame war – und ist – ein sehr feiner Mensch. Sie versuchte nur das zu tun, was sie für richtig hielt – das heißt das, was *sie* tun wollte. Nun gut – aber angesichts meiner umfangreichen Erfahrungen mit Sprüngen in unbekannte Gewässer wußte ich, daß ich sozusagen nur die Spitze des Backschinkens gesehen hatte. Es war der Teil, den ich nicht gesehen hatte, der mich in Schrecken versetzte.

Sie sind nicht verpflichtet, einem anderen Menschen zu gestatten, Ihnen seinen Lebensstil oder seine Maßstäbe aufzuerlegen, auch wenn er die Ihren für noch so anomal hält. Das sollten Sie nur dann gestatten, wenn Ihre innere Waage Ihnen sagt, daß das, was Sie im Austausch bekommen, die Sache wert ist. Dann schließen Sie weder einen Kompromiß, noch bringen Sie ein Opfer, sondern Sie bezahlen den Preis.

Prüfen Sie immer zuerst das Wasser. Wenn Sie das nicht tun, dann sorgen Sie zumindest dafür, daß Ihr Liebespartner lange genug dableibt, um beim Geschirrspülen zu helfen.

Was soll man tun, wenn man keine Wert-für-Wert-Liebesbeziehung finden kann?

Wenn Sie große Schwierigkeiten mit dem Spiel um die Liebe haben, sollten Sie zuerst einmal in den Spiegel sehen. Sind Sie sicher, daß es nicht daran liegt, daß Sie nicht bereit waren, den Preis in der Form eigener Bemühungen, in der Form der Schmerzen, die eine Ablehnung bereitet, und in der Form eines im Wert ausreichenden Beitrags für die innere Waage des anderen zu zahlen? Machen Sie sich bei dieser Selbstprüfung nichts vor; sie ist zu wichtig für Ihr Bestreben, Nummer Eins zu werden.

Die Liebe ist kein Gefallen, der einem automatisch erwiesen wird. Wenn Sie in Ihrem Leben nicht genug davon bekommen haben, dann liegt es wahrscheinlich daran, daß Sie es nicht verdient haben. Natürlich können Sie erst dann Liebe von jemand anderem verdienen, wenn Sie sich Ihre eigene Liebe verdient haben. Die wahre Liebe ist der Ausdruck der Bewunderung für bestimmte Eigenschaften eines anderen Menschen – Eigenschaften, die oftmals die Qualitäten widerspiegeln, die man an sich selbst am meisten bewundert.

Ohne Selbstachtung kann man keine Liebesbeziehung aufbauen. Sie entwickeln Ihre Selbstachtung, indem Sie Ihre Wertmaßstäbe genau festlegen und dann die Selbstdisziplin aufbringen, ihnen immer treu zu bleiben. Wenn Sie sich weigern einem möglichen Liebespartner gegenüber, der ähnliche Wertmaßstäbe hat, Ihre Integrität zu kompromitieren, dann sollte allein dieses Verhalten Ihnen seine Bewunderung und seine Achtung eintragen.

Wenn Sie bisher keine Liebe finden konnten, müssen Sie sich beim Suchen mehr Mühe geben. Unter dem Unkraut dort draußen gibt es viele Rosen, aber Sie müssen sie selbst entdecken.

Die Geschmäcker sind verschieden

Die Definition, was eine schlechte Persönlichkeit ist, oder was ein ästhetischer Genuß ist und was nicht, ist eine Sache des persönlichen Geschmacks. Ich habe oft erlebt, daß gutaussehende Männer Frauen von »durchschnittlichem« Äußeren begleiteten, und ich habe oft bezaubernde Frauen gesehen, die in der Gesellschaft von recht nichtssagend aussehenden Männern waren. Aber das ist meine persönliche Beurteilung; Sie würden vielleicht etwas ganz anderes sehen.

Über das Problem der »schlechten« Persönlichkeit haben wir bereits diskutiert. Wenn Sie glauben, daß Ihre Persönlichkeit Ihnen beim Spiel um die Liebe Probleme bereitet, dann ist es Ihre Sache, den notwendigen Preis zu zahlen, um Ihre schwachen Stellen zu finden und zu korrigieren. Als erstes müssen Sie sich vergewissern, daß Sie nicht Ihr wahres Selbst verbergen, was der am weitesten verbreitete Fehler ist. Dann müssen Sie prüfen, ob Sie Ihre Angst vor der Ablehnung unter Kontrolle haben. Sie dürfen nie etwas vortäuschen oder sich defensiv verhalten, weil Sie Angst davor haben, daß man Sie ablehnen könnte. Seien Sie auf das Schlimmste gefaßt und erhoffen Sie das Beste. Sollte das Schlimmste eintreffen, dann besinnen Sie sich auf Ihre Selbstachtung und suchen Sie weiter.

Wie man eine Liebesbeziehung zerstören kann

Um eine Liebesbeziehung möglichst schnell und mühelos zu zerstören, brauchen Sie nur zu vergessen, daß Ihr Partner ein Mensch ist. Wiederholen wir es noch einmal: Die Menschen werden Sie verletzen, enttäuschen und im Stich lassen. Auch Ihr Partner ist ein Mensch; wenn Sie von ihm erwarten, daß er all diese Dinge niemals tut, dann erwarten Sie das Unmögliche und handeln sich Schwierigkeiten ein.

Die rational selbstsüchtige pragmatische Einstellung zu einem Fehler, den Ihr Partner begangen hat, besteht darin, daß Sie im Zweifel zu seinen Gunsten entscheiden. Vermeiden Sie Zornausbrüche; sie lösen kein einziges Problem und richten oft bleibenden Schaden an. Worte, die einmal ausgesprochen sind, kann man nicht zurückholen.

Wie üblich, schreibe ich aus persönlicher Erfahrung. Ich hatte einmal eine wunderbare Liebesbeziehung, die nur aus dem Grund zerbrach, weil ich kurzsichtig bin. Meine Geliebte hatte eine Menge fabelhafte Eigenschaften, die allerdings nicht die Fähigkeit zur Verzeihung einschlossen. Die Detonation geschah, als ich mich auf einem Parkplatz ganz harmlos mit einer anderen Frau unterhielt. Wie das Glück es wollte, kam meine Geliebte die Straße entlang und begann zu winken. Aber ich konnte sie nicht erkennen.

Die Explosion war vernichtend. Ich machte mir weniger Sorgen um das Überleben unserer Beziehung als darum, daß ich mit heiler Haut aus dem Vorfall herauskam. Sie gestand mir keinen Zweifel zu, obwohl ihre bisherigen Erfahrungen mit mir ihr keinen Grund gaben, etwas Schlechtes von mir anzunehmen.

Die Prinzipienreiterei geht Hand in Hand mit der Unfähigkeit, Verzeihung zu gewähren. Der Grund dafür ist folgender: Wenn Sie einmal die Beherrschung verloren haben, dann glauben Sie, daß es sehr schwierig wäre, einen Rückzieher zu machen. Aber das ist pure Einbildung. Es ist sogar sehr leicht, einen Rückzieher zu machen, insbesondere dann, wenn Sie jemanden lieben. Sie brauchen es nur zu tun. Ich kann mir keinen sinnloseren Weg für die Zerstörung einer Liebesbeziehung vorstellen, als den, daß man sich auf ein Prinzip versteift.

Über den Umgang mit der Liebe

Leider kommt es sehr oft vor, daß jemand das Glück hat, Liebe zu finden, und sich dann umdreht und sie tötet. In einem solchen Fall wird die Liebe nicht schal, noch schwindet sie dahin; sie wird vernichtet. Der äußere Anlaß ist Eifersucht; vollbracht wird die Tat durch eine Einmischung in das persönliche Wachstum des Partners; der tiefere Grund ist das Besitzergefühl. Sie und Ihr Liebespartner sind zwei eigenständige Menschen. Ihre Gedanken, Ihre Meinungen und Ihre Interessen können nicht vollkommen übereinstimmen. Außerdem würde das die Beziehung fade und langweilig machen.

Die Liebe ist keine einfache Angelegenheit. Es gibt viele Wege, wie man sie zerstören kann. Wenn Sie Ihren Liebespartner als einen Gebrauchsgegenstand betrachten, kann die Katastrophe eintreten, bevor Ihnen überhaupt bewußt wird, was Sie angerichtet haben. Wenn Ihr Liebespartner Werte besitzt, die für Sie wichtig sind, und seinen Beitrag leistet, um Ihre innere Waage im Gleichgewicht zu halten, dürfen Sie nicht nachlässig werden.

Ein Liebespartner ist ein Mensch, mit dem Sie sowohl gute als auch schlechte Nachrichten teilen können sollten. Aber weil er ein Mensch ist, hat er keine Vorliebe für Probleme, und Sie sollten ihn nicht täglich mit schlechten Neuigkeiten überfluten.

Betrachten Sie Ihren Liebespartner nicht als Abfalleimer. Er ist auch nicht verpflichtet Ihr Echo zu sein, das wäre sogar Ihnen gegenüber unfair. Ermutigen Sie ihn, Ihnen gegenüber aufrichtig zu sein.

Denken Sie an die innere Waage – sowohl an Ihre als auch an seine. Lassen Sie keine auf einer Seite zu tief absinken. Praktizieren Sie keine Selbstaufopferung; damit verstoßen Sie nur gegen die Naturgesetze und verlieren seine Achtung. Achten Sie darauf, daß Sie nicht zu tief in der Schuld Ihres Partners stehen, sonst verlieren Sie die Freiheit, Ihre Liebesbeziehung zu genießen. Erfüllen Sie die Bedürfnisse Ihres Partners und achten Sie darauf, daß er Ihre erfüllt. Denken Sie in Wert-für-Wert-Begriffen, dann können Sie nie einen Fehler machen.

Signale, die Ihnen sagen, das etwas nicht stimmt

Je mehr Erfahrungen ich im Laufe der Jahre gesammelt habe, desto weniger war ich geneigt, in eine Situation hineinzugeraten, in der mir das einzige passieren kann, das für mich unerträglich ist: Ich will mich nicht bedrängen lassen.

Wenn Ihre Liebesbeziehung schon wacklig ist, können Sie es nur schwer vermeiden, bedrängt zu werden. Wenn Ihr Partner eine Neigung dazu hat, andere Leute zu bedrängen, können Sie es überhaupt nicht vermeiden. Mir gefällt die Formulierung, die ein Freund von mir geprägt hat: Er glaubt, daß jeder Mensch am Hinterkopf einen kleinen Sicherheitsverschluß für das Glücksempfinden hat. Wenn dieser Verschluß sich bei jemandem öffnet, ist der Betreffende zu einem Leben voller Bedrängungen, Problemen und allgemeinem Unglück verdammt.

Wie kann man erkennen, ob jemand seinen Sicherheitsverschluß für das Glücksempfinden verloren hat? Achten Sie darauf, wie oft Ihr Partner Sie in eine Situation hineindrängt, in der Sie nicht gewinnen können. Solche Situationen sind ungesund; es ist dann sehr leicht, ein Opfer der Theorie »Ich bin verrückt/Du bist normal« zu werden. Und da Sie in einer Liebesbeziehung innerlich viel stärker beteiligt sind als in einer anderen Beziehung, sind Sie nicht nur eine bequeme Zielscheibe, sondern Ihre Fähigkeit, rational zu denken, kann durch Ihre Emotionen beeinträchtigt werden.

Auch ich habe einmal mit einer Frau zusammengelebt, deren Sicherheitsverschluß für das Glücksempfinden nicht mehr funktionierte. Wenn sie Gesellschaft um sich herum hatte, machte sie das schüchtern, wenn sie keine hatte, fühlte sie sich einsam. Armut deprimierte sie, Geld erweckte Schuldgefühle in ihr, weil sie es nicht »verdiente«. Sie haßte es, arbeiten zu müssen, aber wenn sie nichts zu tun hatte, fühlte sie sich minderwertig. Sie konnte einfach nicht glücklich sein.

Und so ging es tagein, tagaus, Woche um Woche, Monat um Monat. Sie war nie zufrieden. Hier ist ein typisches Beispiel für eine Unterhaltung zwischen uns:

ICH: Schau dir diesen Regen an. Das ist das schlimmste Unwetter, das ich seit Jahren erlebt habe.
SIE: Es regnet nicht; die Sonne scheint.
ICH: (Während der Regen noch heftiger herunterpladdert): Hmm, du hast recht; die Sonne scheint.
SIE: Ich glaube, du redest mir nach dem Mund. Du weißt sehr genau, daß es regnet.
ICH: (denke nervös alle Möglichkeiten durch, als mir klar wird, daß ich schon wieder in eine Situation hineinmanövriert werde, in der ich

nicht gewinnen kann): Du hast recht. Es regnet. Es ist jedoch möglich, daß die Sonne schließlich durchkommen wird, aber es könnte auch sein, daß es weiterregnet.

SIE: Ich weiß, was du tust. Du versuchst zu beweisen, daß du klüger bist als ich. Aber das wird dir nicht gelingen. Von mir aus kannst du dich zur Hölle scheren.

ICH: Verzeih mir, bitte.

Sie erkennen es sofort, wenn Sie das Glück haben, mit einem Partner zusammenzuleben, dessen Sicherheitsverschluß für das Glücksempfinden in Ordnung ist. Er wird sich alle Mühe geben, nach Freuden zu suchen und nicht nach Konflikten. Wenn der Sicherheitsverschluß nicht funktioniert, wird Ihr Partner ein perverses Entzücken daran finden, Sie in Situationen zu bringen, in denen Sie nicht gewinnen können.

Falls Sie in einer solchen Beziehung leben, dann machen Sie, daß Sie wegkommen. Da helfen keine Bitten, keine Argumente und keine vernünftigen Erklärungen. Die Karten sind schon ausgeteilt, bevor Sie den Mund aufmachen. Sie müssen unbedingt Situationen vermeiden, in denen Sie nicht gewinnen können, wenn Sie es schaffen wollen, Nummer Eins zu werden.

1. Das Kompromiß-Signal

Ein Kompromiß ist entweder ein rational oder ein irrational selbstsüchtiger Akt. Sie »geben nach«, wenn Ihre innere Waage Ihnen sagt, daß das, was Sie im Austausch bekommen, Ihr Verhalten rechtfertigt. Aber wenn Sie zu oft nachgeben und deswegen ein schlechtes Gefühl haben, dann sind Sie wahrscheinlich irrational selbstsüchtig. Nachgeben ist zu oft die Folge eines Betrugs – das heißt, daß Sie Ihre innere Waage mit unrichtigen Informationen beschickt haben.

Wenn eine Liebesbeziehung zu viele Kompromisse verlangt, dann sind die Gegensätze vermutlich zu groß. Das ist für keinen der Beteiligten gut. Sowohl Sie als auch Ihr Partner sollten die meiste Zeit damit verbringen, die Dinge zu tun, die Ihnen Freude bereiten. Wenn das nicht der Fall ist, welches Signal brauchen Sie dann noch, um zu erkennen, daß Sie einen Fehler gemacht haben? Die Lösung ist nicht eine Fortsetzung der Kompromisse, sondern die Suche nach einem Partner, dessen Interessen den Ihren ähneln.

Wenn Ihr Partner Spielregeln befolgt, die Sie entweder nicht gutheißen oder nicht verstehen, dann macht ihn das nicht zu einem schlechten Menschen. Es macht ihn nur für Sie ungeeignet.

Hören Sie auf das Kompromiß-Signal, wenn es versucht, Ihre Aufmerksamkeit zu erregen und dann tun Sie das Richtige, statt Ihrem Instinkt zu folgen. Geben Sie nicht den Einschüchterungen durch Gewohnheit und Tradition nach, die Sie glauben machen wollen, daß Sie aus einem unerfindlichen Grund mehr von Ihrem begrenzten Vorrat an Zeit für den Versuch abzuzweigen, eine unhaltbare Situation in Ordnung zu bringen.

2. Das Signal des gierigen Blicks

Wenn Sie anfangen, gierige Blicke um sich zu werfen, dann stimmt etwas nicht. Ich meine damit nicht den gelegentlichen Blick auf eine schöne Frau oder auf einen gutaussehenden Mann. Ich glaube, daß ein gelegentlicher kleiner Seitensprung verzeihlich ist. Es ist zwar nicht empfehlenswert, so etwas zu tun, aber bis zu einem gewissen Grad verständlich.

Was mich so fassungslos macht, ist der Mann oder die Frau, der oder die den Ehepartner regelmäßig betrügt und trotzdem behauptet, eine gute oder sogar eine sehr gute Ehe zu führen. Das werde ich niemals glauben. Vielleicht bin ich zu altmodisch, um das zu begreifen, aber wenn man einen so phantastischen Ehepartner hat, warum ist es dann noch nötig, den Blick umherschweifen zu lassen? Sex? Unsinn! Das ist nur eine billige Flucht vor der Frustration, die für gewöhnlich die Folge eines tiefliegenden Problems ist; wahrscheinlich ist es das Zeichen einer Unsicherheit, die man sich nicht einzugestehen wagt.

Ich habe bereits die Bedeutung der physischen Attraktion betont. Ich glaube, daß sie im Laufe der Jahre in dem Maße wächst, wie die gegenseitige Achtung und Bewunderung zunehmen. Wenn dieses Gefühl verschwindet, ist das ein Zeichen dafür, daß auch Achtung und Bewunderung verschwunden sind.

Wenn Sie bereit sind, Ihren Partner zu betrügen, ist das ein Zeichen dafür, daß Ihnen zu Hause etwas fehlt. Gestehen Sie es sich ein. Es ist nie gut, sich vor der Wirklichkeit abzuschirmen. Ich bin der Ansicht, daß zwei Menschen, die einander aufrichtig lieben, das Gefühl der physischen Attraktion nicht mit dem Alter verlieren. Wenn sie ihre gegenseitigen Bedürfnisse erfüllen und sich in die gleiche Richtung entwickeln, wird die physische Attraktion noch stärker werden.

Es erstaunt mich immer wieder, wie viele Leute sich in diesem Punkt selbst etwas vormachen. In stundenlangen irrationalen Debatten versuchen sie zu erklären, warum Seitensprünge nichts mit ihren Gefühlen gegenüber ihren Ehepartnern zu tun haben. Ein Bekannter von mir hatte sein Büro in der Stadt, seine Wohnung in einem Vorort. Das war sehr bequem für ihn, weil er ein festes Verhältnis in der Stadt hatte. Seiner Frau erzählte er, daß er fast jeden Abend bis in die Nachtstunden hinein arbeiten müsse. Eines Tages bat er sie, ihn abends gegen elf Uhr vom Büro abzuholen.

Das tat sie auch, und er setzte sich ans Steuer. Unterwegs tat er so, als ob er vor Müdigkeit einschliefe, und wich absichtlich von der Fahrbahn ab (er hatte schon vorher eine dafür geeignete Stelle ausgesucht). Seine Frau schrie, und er »wachte« erschrocken »auf«. Das ganze Theater zahlte sich für ihn wunderbar aus. Seine Frau bestand darauf, daß er über Nacht in der Stadt blieb, wenn er spät arbeiten mußte, und kaufte ihm sogar einen Handkoffer! Die beiden sind inzwischen geschieden. Mich wundert es immer noch, daß die Frau es all die Jahre nicht gemerkt hatte, daß er sie betrog.

Denken Sie daran: Nummer Eins können Sie nur dann werden, wenn Sie auch die schmerzhaftesten und unangenehmsten Tatsachen erkennen und den Mut haben, sich damit auseinanderzusetzen. Wenn Sie oder Ihr Partner die Blicke umherschweifen lassen, ist das ein Warnsignal, daß in Ihrer Beziehung etwas nicht stimmt. Haben Sie den Mut, die Realität anzuerkennen, analysieren Sie den Grund und ergreifen Sie die entsprechenden Maßnahmen.

Wenn Ihre Neigung, sich »umzusehen«, die Folge einer tiefsitzenden Unsicherheit ist, müssen Sie versuchen, eine rationale Lösung dieses Problems zu finden.

3. Das Signal, daß »alles in Ordnung« ist

Ein anderer Bekannter von mir gibt ganz offen zu, daß er sich nicht das geringste aus seiner Frau macht. Als ich ihn fragte, warum er sich nicht scheiden ließe, sagte er, daß er seinen kleinen Sohn nicht aufgeben wolle.

Dafür hatte ich Verständnis, aber ich wollte doch wissen, wie er ein Leben unter solchen Bedingungen ertragen konnte. Er meinte, so schlimm sei es gar nicht. »Sie kommt mir nicht in die Quere und belästigt mich kaum.« Solche Aussagen erschüttern mich immer wieder. Wenn die einzige Funktion der Ehepartner darin besteht, sich gegenseitig nicht in die Quere zu kommen, ist es kein Wunder, daß so viele Ehen geschieden werden, und daß der Ehebruch ein Lebensstil geworden ist.

4. Das Signal der vollkommenen Ehe

Zum Schluß noch eine Geschichte, die beweist, daß auch Frauen keine Engel sind. Ein sehr guter Freund von mir schien eine vollkommene Ehe zu führen. Er und seine Frau waren seit 25 Jahren miteinander verheiratet. Sie schienen viele gemeinsame Interessen zu haben, behandelten einander mit Zuneigung und machten einen glücklichen Eindruck.

Eines Tages brannte die Frau, die damals Anfang vierzig war, mit einem Neunundzwanzigjährigen durch. Als ich später mit meinem Freund darüber sprach, sagte ich, daß ich total überrascht gewesen sei; ich hätte immer geglaubt, daß sie eine vollkommene Ehe führten. Nie werde ich seine Antwort vergessen. Er starrte verloren vor sich hin und sagte: »Ich auch«.

Wie man eine Liebesbeziehung beendet, die keine mehr ist

In einer schlechten Liebesbeziehung geben Sie ständig mehr, als Sie bekommen. Beenden Sie einen solchen Zustand so schnell wie möglich. Die Tatsache, daß Sie eine bestimmte Anzahl von kostbaren Jahren in eine Beziehung investiert haben, die Ihnen mehr Kummer als Freude bereitet hat, bedeutet nicht, daß Sie noch mehr Jahre darauf vergeuden sollen. Überlassen Sie die Entscheidung über Ihr Glück (oder Unglück) nicht einer anderen Person; Sie selbst sollten die Kontrolle über Ihr Schicksal haben. Schieben Sie Ihre Entscheidung nicht auf, denn die Zeit steht nicht still.

Es gibt keinen Grund, warum eine schlechte Beziehung aufrechterhalten werden sollte. Falls Kinder vorhanden sind, sollten Sie Ihnen eine Chance geben. Gehen Sie aus dem Leben Ihres Partners heraus, so daß die Kinder ihre Eltern endlich wieder in einer unbeschwerteren Verfassung erleben können als bisher.

Schuldgefühle wären fehl am Platz. Sie und Ihr Partner sind Erwachsene und hätten sich trennen können, bevor die Sache zu weit gegangen war. Schuldgefühle wären nur berechtigt, wenn Sie versuchen würden, die Stücke einer zerbröckelnden Beziehung zusammenzuhalten.

Die einzige Realität ist die Gegenwart. Die Vergangenheit ist vorbei und existiert nicht mehr. Die Zukunft ist eine Möglichkeit oder bestenfalls eine Wahrscheinlichkeit, aber keine Realität. Nur das, was Sie jetzt mit Ihrem Partner erleben, ist Wirklichkeit.

Wenn Sie zehn Jahre lang ein treuer Ehemann waren, können Sie von Ihrer Frau erwarten, daß Sie Ihnen einen einmaligen Seitensprung verzeiht. Aber wenn das im Alter von vierzig Jahren zur Gewohnheit wird, dann wird eine rationale Frau erkennen, daß das, was Sie gestern getan haben, dem entspricht, was Sie gestern waren. Was Sie heute tun, entspricht dem, was Sie heute sind. Nichts gibt Ihnen das Recht, Ihren Partner ständig schlecht zu behandeln.

Die Menschen verändern sich im Laufe der Jahre. Wenn zwei Liebespartner sich in verschiedene Richtungen entwickeln, werden sie allmählich zu Fremden.

Bei der Untersuchung der Frage, ob Sie in einer schlechten Liebesbeziehung leben, brauchen Sie nur einen Faktor zu berücksichtigen: Sagt Ihre innere Waage Ihnen, daß das, was Sie aus der Beziehung gewinnen, das wert ist, was Sie hineinstecken? Wenn die Antwort nein lautet, dann ist es eine schlechte Liebesbeziehung, die Sie nicht aufrechterhalten sollten.

Blicken Sie nie zurück

Wenn Sie entschieden haben, daß Ihre Liebesbeziehung nicht mehr die Forderungen erfüllt, die notwendig sind, damit Sie ein glückliches Leben führen können, und wenn Sie beschlossen haben, sich zu trennen, dann möchte ich Ihnen einen guten Rat geben: Blicken Sie nicht zurück. Fast immer fühlt man sich versucht, zurückzugehen und es noch einmal zu versuchen. Das ist zwar möglich, aber es funktioniert nur sehr selten.

Sicherlich spielt dabei zumindest unbewußt die Erinnerung an die Schmerzen und an die Zeit eine Rolle, als Sie nach dem richtigen Partner suchten. Das allein genügt, um jeden zu entmutigen. Nachdem Sie seit so vielen Jahren mit dem Suche- und Ablehnungsmuster nichts mehr zu tun hatten, kann die Aussicht, all das noch einmal durchzumachen, furchterregend sein. Es gibt wohl nur eins, das schlimmer sein könnte: ein Leben in einem stumpfen, quälenden Nichts.

Sind Sie – im Alter von dreißig, vierzig oder fünfzig Jahren – bereit, den Preis für ein besseres Leben zu bezahlen?

Die große Belohnung

Ob Sie noch niemals geliebt haben oder jetzt in einer schlechten Beziehung leben und den Wunsch haben, endlich das Richtige zu finden – es wartet ganz bestimmt dort draußen auf Sie, das kann ich Ihnen garantieren. Und wenn Sie endlich die Liebe entdecken, dann versäumen Sie es nicht, sie zu nähren und zu pflegen. Lassen Sie es nicht zu, daß sich Ihnen jemand in den Weg stellt, wenn Sie den richtigen Menschen gefunden haben – weder Vater noch Mutter, Sohn oder Tochter, Ehemann oder Ehefrau.

Der Ehemann oder die Ehefrau sollte natürlich kein Faktor sein, wenn die Zeit gekommen ist. Wenn die Beziehung nicht gut war, hätte sie zu diesem Zeitpunkt getrennt sein sollen, damit Sie beide frei gewesen wären, nach dem richtigen Partner zu suchen. Solange zu warten, bis die Kinder erwachsen sind und die Ehefrau ihre besten Jahre hinter sich hat, ist die schlimmste irrational selbstsüchtige Aktion, die ein Ehemann unternehmen kann.

Seien Sie rational selbstsüchtig und haben Sie den Mut, jetzt schon anzufangen, den erforderlichen Preis zu zahlen. Und wenn Sie das Richtige gefunden haben, dann sollten Sie sich nicht davor fürchten. Das Morgen wird schnell genug da sein und seinen Anteil an unerfreulichen Dingen mitbringen. Noch wichtiger ist die Überlegung, daß es vielleicht kein Morgen geben wird. Die Realität ist nur das Heute, und wenn Sie heute glücklich sind, dann nützen Sie es aus.

Lassen Sie sich gehen, wenn Sie den richtigen Menschen gefunden haben. Widmen Sie sich voll und ganz den Freuden der Gegenwart. Lieben Sie und lassen Sie sich lieben und halten Sie nicht nach Problemen Ausschau. Sie und Ihr Partner sollten sich gegenseitig Ihre Bedürfnisse erfüllen. Erhalten Sie Ihre innere Waage im Gleichgewicht. All das bedeutet Genuß, das Endergebnis Ihrer Bemühungen, für Nummer Eins zu sorgen.

Die Auswirkungen dieses Kapitels auf mein eigenes Leben

Inwieweit könnte meine Philosophie über Liebesbeziehungen eine Auswirkung auf mein Liebesleben haben? Im gleichen Maße wie es bei meiner Philosophie über die Freundschaft der Fall war. Sie erspart mir Arbeit, indem sie diejenigen Leute, die kein Verständnis für die Schönheit einer Wert-für-Wert-Liebesbeziehung haben, ermutigt, sich selbst aus meinem Leben auszuschließen. Das ist ein großer Vorteil; ich bin dankbar für alles, was mir beim Eliminationsprozeß hilft. Es erhöht die Chancen jener Rosen dort draußen, besser gesehen zu werden.

9. Kapitel
Die Startlinie

Soll ich Ihnen etwas sagen? Jetzt, da ich fertig bin, macht es mich froh, daß das Leben nicht so ist, wie es von der Werbung dargestellt wird. Dadurch daß ich dieses Buch geschrieben habe, statt in Rio Ferien zu machen, bin ich wieder daran erinnert worden, wie aufregend und schön das wirkliche Leben sein kann.

Ich hoffe, daß Sie vor allem folgendes begriffen haben: daß die Bewältigung der Hürden, die wir diskutiert haben, Ihr Leben zu einem freudvollen Erlebnis machen kann, zu einer Reise, bei der das Vergnügen bei weitem die unangenehmen Augenblicke überwiegt. Und wenn Ihre Zeit einmal abgelaufen ist, können Sie sich dann einen schöneren Nachruf vorstellen, als daß Sie sich auf Erden wohlgefühlt und niemals in das Leben anderer Menschen eingemischt haben?

Wenn wir wirklich die gleiche Wellenlänge haben, dann wissen Sie, daß dieser Nachruf kein Zufall ist. Um all die Hürden zu bewältigen, müssen Sie hart arbeiten. Die Arbeit ist der Preis, das Glück ist der Lohn. Es erfordert Mühe, hellwach zu sein und bewußte, rationale Entscheidungen zu treffen; es erfordert Mühe, sich nicht selbst zu täuschen und Ihre innere Waage für das Glücksempfinden mit unrichtigen Informationen zu beschicken; es erfordert Mühe, sich auf die »Ist's« des Lebens zu konzentrieren und die »Sollte-sein's« zu ignorieren, die Sie ständig dazu verlokken vom Kurs abzuweichen.

Außer der Mühe erfordert es auch Mut – den Mut, den gewohnten Lebensstil zu ändern und sich für einen besseren zu entscheiden. Sie beginnen, den erforderlichen Mut aufzubringen, wenn Sie Ihre Probleme in die richtige Perspektive stellen. Diese Probleme sind nicht unüberwindlich. Denken Sie daran, daß es immer einen Ausweg gibt – eine Methode, um von der Stelle, wo Sie jetzt sind, dorthin zu gelangen, wo Sie sein möchten. Es ist nicht unmöglich, etwas zu ändern; es ist nur schwierig. Durch Kompromisse werden Sie es nicht erreichen; durch das Wegschieben von

Störungen werden Sie es nicht erreichen; durch das ständige Mitschleppen von überflüssigem Gepäck werden Sie es ebenfalls nicht erreichen.

Erreichen werden Sie es nur dadurch, daß Sie den Preis bezahlen, und zwar in der Form, daß Sie Ihr Leben von Komplikationen befreien, oder daß Sie neue Erfahrungen ausprobieren, von denen einige Ihnen Schmerzen bereiten werden; andere werden Sie jedoch zu Freuden führen, von denen Sie bisher nicht einmal geträumt haben. Bezahlen Sie den Preis, indem Sie auf die Suche nach den Menschen gehen, die Sie brauchen – und suchen Sie sorgfältig. Kaufen Sie sich so viele von der besten Sorte, wie Sie es sich leisten können; sie werden Ihr Leben um viel Glück bereichern, wenn Sie bereit sind, mit ihnen auf einer Wert-für-Wert-Basis zu verkehren.

Und die anderen? Lassen Sie sie, wo sie sind. Menschen, die Sie einschüchtern würden – durch Referenzen, Gewohnheit und Tradition, Konformität oder irgendeinen anderen Trick – haben keinen Platz in Ihrer Planung, Nummer Eins zu werden. In einigen Fällen werden Leute, die Ihnen Probleme bereiten, sich sowieso in Ihr Leben hineindrängen. Sie werden Sie jedoch nur so lange belästigen, bis Sie es gelernt haben, sie daran zu hindern.

Von heute an ergreifen Sie die Kontrolle über Nummer Eins. Und wenn Sie bereit sind, mit der Bewältigung der Hürden zu beginnen, dann lassen Sie sich von niemandem zurückhalten. Bevor Sie an die Startlinie herantreten, noch eine Warnung: Begehen Sie keinen Betrug. Unter Startlinie verstehe ich die Linie, von der aus Sie zu langfristigen Lösungen gelangen. Wenn Sie einmal angefangen haben, ist kein kurzfristiges Flickwerk mehr gestattet. Sobald Sie auf die erste Hürde zuspringen, müssen Geduld und Selbstdisziplin – das Festhalten an Ihrem Spielplan – Ihr Motto sein. Richten Sie alles auf eine langfristige Lösung aus. Bezahlen Sie den vollen Preis für Liebe, Freundschaft und materiellen Gewinn. Auf diese Weise wird Ihr Leben nicht ein ständiger Wiederholungslauf zu den Hürden sein, die zwischen Ihnen und der Freiheit stehen, welche das Ergebnis Ihrer Bemühungen, Nummer Eins zu werden, ist.

O je – fast hätte ich Murphy vergessen. Denken Sie stets daran, daß er dort draußen ist und nur darauf wartet, Ihnen eins auszuwischen. Aber im Grunde genommen ist er nur ein verspielter alter Gauner. Ich habe manchmal den Verdacht, daß es ihm heimlich Spaß macht, wenn Sie seine kleinen Streiche durchkreuzen. Ich glaube, daß er tatsächlich Ihre rationale Anwendung der Theorie, auf das Schlimmste gefaßt zu sein und das Beste zu erhoffen, bewundert. Murphy oder die Natur oder beide werden ständig dafür sorgen, daß die Bedingungen sich ändern, aber sobald Sie sich damit vertraut gemacht haben, werden Sie dieses Phänomen handhaben, als ob es ein alltägliches Ereignis ist – was es tatsächlich auch ist.

Also los, wenn Sie bereit sind, dann treten Sie jetzt an die Startlinie. Denken Sie daran, daß die Uhr nicht erst dann anfängt zu ticken, wenn Sie starten; *sie tickt bereits.* Wenn Sie die Fähigkeit haben, bewußte rationale Entscheidungen zu treffen, die zu Freude und Genuß führen, dann bleibt nur noch diese Frage übrig: Haben Sie auch den Mut?

Ich persönlich bin der Meinung, daß Sie die Freude, Nummer Eins zu werden, verdient haben. Wie kann ich eine solche Aussage machen, wenn ich Sie gar nicht kenne? Weil ich glaube, daß jeder Mensch das Recht hat, nach einem glücklichen Leben zu streben, solange er nicht gewaltsam in das Leben anderer eingreift. Fangen Sie noch heute an, für jemanden etwas Gutes zu tun, den Sie wahrscheinlich viel zu lange vernachlässigt haben: für Nummer Eins. Die Welt schuldet Ihnen vielleicht nichts, aber Sie schulden sich selbst der Welt.

Viel Glück, und passen Sie auf Ihre Zehen auf, während Sie jede Hürde überspringen. Falls Sie über eine stolpern, dann ist das nur eine Prüfung von Murphy. Bleiben Sie beharrlich, und ich glaube, er wird Sie respektieren. Stehen Sie auf und versuchen Sie es immer wieder, bis Sie die Hürde bewältigt haben.

Und wenn Sie alle Hürden bewältigt und das Zielband zerrissen haben, dann haben Sie nicht die Ziellinie erreicht, sondern die *Startlinie* für den Beginn eines Lebens, in dem rationale Träume Wirklichkeit werden.

DRESSLER

Debora Allie

Ich pfeif auf meine BESTE FREUNDIN!

Deutsch von Janka Panskus

Cecilie Dressler Verlag · Hamburg

Die Originalausgabe erschien 2005 bei Roaring Brook Press,
New Milford, Connecticut, unter dem Titel *The Meanest Girl*
Aus dem Amerikanischen von Janka Panskus

Einband von Heike Vogel
Satz: Dörlemann Satz, Lemförde
Druck und Bindung: Pustet, Regensburg
Printed in Germany 2006
ISBN-13: 978-3-7915-2620-1
ISBN-10: 3-7915-2620-0

www.cecilie-dressler.de

Inhalt

1. KAPITEL

Ein fast perfektes Leben

Mein Name ist Maria Alyssa Louisa Elena Fontana. In meiner Familie sagt man, dass Namen wie Flüche sind – sie verfolgen einen.

Ich lebe zusammen mit meiner Mom, Maria Elisa Louisa Theresa Fontana, in einem Mietshaus in Brooklyn, das früher mal eine Schuhfabrik war. Mir gefällt die Vorstellung, wie lauter Schuhe – rote Pumps, braune Halbschuhe, rosa Puschelhausschuhe – auf einem Fließband durch die neun Stockwerke des Gebäudes transportiert werden. Draußen im Hof gibt es Bänke und Vogelbäder und den größten Rasen, den man auf dieser Seite des Prospect Parks finden kann. Und ein schwarzes, schmiedeeisernes Tor, damit keiner aus dem schlechteren Nachbarviertel zu uns rüberkann.

Unser Viertel heißt Carroll Gardens, nach dem einzigen römisch-katholischen Unterzeichner der Unabhängigkeitserklärung. Darauf ist meine Oma, Nonna, ganz besonders stolz, und damit ich das ja nie vergesse, erwähnt sie es bei jeder Gelegenheit. Auch dass der Film *Moonstruck* hier gedreht wurde. Oder dass die Haltestelle Smith and Ninth Street der F-Linie die höchstgelegene Haltestelle im ganzen U-Bahn-System ist. (Man kann von dort bis zur Freiheitsstatue blicken. Und von manchen Stellen des Bahnsteigs kann man sogar das Empire State Building sehen, früher auch das World Trade Center.)

Ich gehe auf die P.S. 58, die Carroll-Schule, und mein Leben war eigentlich immer wunderschön und perfekt. Na ja, fast perfekt. Auf jeden Fall war alles ziemlich gut – bis das gemeinste aller Mädchen in die Stadt kam. Hayden Martin geht wie ich in die sechste Klasse. Sie ist aus Albany hergezogen, der Hauptstadt von New York, wo der Gouverneur lebt. Sie ist das gemeinste Mädchen der ganzen Schule. Da, wo sie herkommt, scheint man Kinder so zu erziehen.

Letzte Woche hat sie mir in Mathe einen riesigen Kaugummi in die Haare geschmiert. Das war so schlimm, dass ich zu Tante Elenas Friseursalon in Brooklyn Heights musste, wo man mir die Haare zur Hälfte abgeschnitten hat.

Ein anderes Mal hat sie mir beim Turnen ihren Ellbogen in den Bauch gerammt. Dabei tat sie so, als wolle sie mir Deckung geben, aber ich hatte ja nicht mal versucht, den Ball zu kriegen. Ich kann Basketball nämlich nicht ausstehen.

Aber am allerschlimmsten war's gestern. Ich stand gerade vor meinem Spind und redete mit Dillon, da hob Hayden meinen Rock hoch. Und ich hatte rosa Unterwäsche drunter! Dillon stieß einen lauten Pfiff aus und gab alle möglichen blöden Laute von sich. Mann, war das peinlich! In meinem ganzen Leben werde ich *nie wieder* rosa Unterwäsche anziehen!

Ja, sie ist gemein. Hayden Martin ist durch und durch gemein, daran gibt's nichts zu rütteln.

Dabei habe ich keine Ahnung, warum sie mich so hasst. Vielleicht, weil ich glattes, glänzendes schwarzes Haar habe und ihres braun und kraus ist. Oder weil sie klein und kräftig ist, während ich groß und dünn bin. Oder weil Dillon Mahoney mich mag und nicht sie. Möglicherweise liegt es auch daran, dass ich immer glatte Einser kriege und sie nur Dreier. Ich weiß echt nicht, warum sie mich nicht mag, aber eins steht fest: Sie ist total gemein zu mir.

Na, wenigstens muss ich sie nicht auch noch nach der Schule sehen. Wir wohnen zwar beide in der Court Street, aber sie wohnt näher zum Cobble Hill und ich näher zum Red Hook. Ich muss nur bei ihr vorbei, wenn ich mit Chelsea zum Ballettunterricht gehe. (Später werden wir mal zusammen beim New York City Ballet tanzen. Jawohl!)

»Alyssa! Lyss! Lyss!« Chelsea Gardner läuft auf mich zu, als ich gerade meine Bücher in den Spind räume. Sie ist meine beste Freundin, schon seit dem Kindergarten.

»Hey, Chels.« Chelsea ist eines der hübschesten Mädchen der ganzen Schule. Sie hat das blondeste, schönste Haar, das man sich nur vorstellen kann, und grüne Augen. Und sie ist nicht bloß hübsch, sie kann auch ganz viel. Turnen. Springreiten. Ballett. Sie ist die *perfekte* Ballerina! Ich bin überglücklich, dass sie meine Freundin ist!

»Morgen ist meine Party«, sagt sie. Als ob sie mich daran erinnern müsste!

»Cool.«

»Meine Mutter meinte, dass wir dieses Jahr so lange aufbleiben dürfen, wie wir wollen.«

»Echt wahr?« Genial.

Auf dem Weg zur Party denke ich an das Geschenk, das ich für Chels habe. Bestimmt gefällt ihr meines am allerbesten. Ganz bestimmt.

»Hey, Alyss!«, ruft Bri, als ich zur Tür reinkomme.

Ich sehe mich um. Alle sind sie da … Nicole, Bri, Keila, Hayden … *Hayden*? Was macht *die* denn hier?

Ich laufe in die Küche um Chelsea zur Rede zu stellen. »Was macht Hayden hier?«

»Meine Mutter wollte unbedingt, dass ich sie einlade. Mein Vater arbeitet mit ihrer Mutter zusammen, und sie hat ihm erzählt, dass Hayden nur schwer Freunde an der Schule findet.«

Ach nee, was für eine Überraschung! Vorsichtig spähe ich ins Wohnzimmer. Krauskopf sitzt in einer Ecke, ihr Geschenk auf dem Schoß, und starrt ins Leere. Keiner spricht mit ihr. Och je, die arme Hayden.

Aber klar doch!

Wir essen erst Pizza, dann kommt die übliche Sache mit dem Geburtstagskuchen (Chelseas Mutter hat doch tatsächlich einen Kuchen gebacken, der die Form hat von Chelsea auf einem Pferd), und dann ist es Zeit für die Geschenke. Chelsea macht meines als Erstes auf. Drinnen liegt eine Zeitschrift mit einer Ballerina auf der Titelseite.

»Oh, Alyss, das ist toll!« Sie schlägt die Zeitschrift auf. »Und zwei Karten für das New York City Ballet! Danke, Lyss!« Chelsea umarmt mich. Ich bin ja auch ihre beste Freundin.

»Wir können zusammen hingehen«, schlage ich vor, gar nicht eigennützig.

Als Letztes packt Chelsea Haydens Geschenk aus. »Oh … Oh mein Gott. Vielen Dank, Hayden.« Sie hält einen Sony-

CD-Walkman hoch. Ist das zu fassen? Ein Megageschenk. Und megateuer.

Hayden guckt auf ihre Füße, als wäre ihr das peinlich oder so was. Und das sollte es ihr auch sein, weil sie nämlich versucht, meine beste Freundin mit Geld zu kaufen!

Also, sie hat Chelsea vielleicht das tollste Geschenk geschenkt, aber ich bin und bleibe Chelsea Gardners beste Freundin, denke ich im Stillen und verschränke die Arme. Für immer und ewig.

2. KAPITEL

Wahrheit oder Pflicht

Wir schminken uns und machen uns schön. Das ist eine von Chelseas Lieblingsbeschäftigungen.

Bri lackiert sich die Finger- und Zehennägel weiß. Sie ist das größte Mädchen in unserer Klasse, mit schokofarbener Haut und kohlrabenschwarzen Augen – eines der schönsten Mädchen, das ich je gesehen habe.

Ich lackiere mir die Nägel rot. Nicole malt sich ihre rosa an. Sie werden alle ungleichmäßig und klumpig, ein bisschen so wie Nicole selbst. Nicole hat zwar einen hübschen Namen, aber sie ist klein und pummelig, mit schmutzig blonden Haaren und Nickelbrille. Sie ist echt nett, gehört aber nicht wirklich zur Clique. Und sie ist nicht gerade die hellste Leuchte. Wenn kluge Menschen eine hell leuchtende Glühbirne wären, Nicole käme nur auf 40 Watt. Chelsea mag sie, schon, und sie ist ja auch echt nett, aber sie mag sie vor allem, weil sie gemeinsam auf dem Land reiten gehen. Ihre Familien sind beide ganz schön wohlhabend.

Keila lackiert sich ihre Finger- und Zehennägel schwarz, ein starker Kontrast zu ihrer blassen, weißen Haut. Kei sieht immer cool aus. Sie zieht sich hip an, trägt angesagte T-Shirts und irre Jeans und hat kurzes, schwarzes Haar, das auf der einen Seite länger ist als auf der anderen, was total kreativ aussieht. Vielleicht liegt das daran, dass ihre Mutter die berühmte Künstlerin Marguerite Justice ist. Marguerite macht Collagen aus Sachen, die die meisten Leute wegschmeißen. Ich versuche immer zu verstehen, was so toll sein soll an ihrer Kunst, aber für mich sieht's nur scheußlich aus, egal, wie sehr ich mich auch bemühe.

Chelsea lackiert sich ihre Nägel orange. Typisch. Ich glaube, die Farbe Orange wurde extra für sie erfunden.

Wir schminken uns auch die Augen, Wangen und Lippen. Wir sehen gut aus. Na ja, zumindest die meisten von uns.

»Hayden, soll ich dir die Haare machen?«, fragt Chelsea. Hayden schaut erst unsicher, aber dann nickt sie.

Was!? Warum ist sie so nett zu ihr?

»Am besten machen wir sie erst über dem Spülbecken nass«, sagt Chelsea und zieht Hayden in die Küche.

Chelsea feuchtet Haydens Haare an, und plötzlich locken sie sich. Kein Gekräusel mehr. Dann tut sie Gel rein und knetet die Haare mit den Fingern durch. »Du solltest immer Gel benutzen«, sagt Chelsea. »Und wenn du einen Föhn

hast, nimm diesen Diffuser-Aufsatz. Dann kräuseln sich deine Haare nicht so.« Sie gibt Hayden einen Spiegel.
Hayden starrt nur hinein. Dann breitet sich langsam ein Lächeln auf ihrem Gesicht aus. Mit der Schminke und der neuen Friseur sieht sie gar nicht so übel aus.
Ich glaub, mir wird gleich schlecht.
Vielleicht sollte ich ihr ja jetzt Kaugummi ins Haar schmieren, so wie sie's bei mir getan hat. Mal sehen, ob Gel auch dann hilft.
Aber dann ziehen wir unsere Schlafanzüge an und tanzen im Zimmer rum, und mir geht's wieder etwas besser.
Bei der Kissenschlacht treffe ich Hayden einmal echt hart, und mir geht's gleich noch mal so gut.
Und als wir unsere Bananasplits essen, bin ich echt super drauf.
Schließlich ist es Zeit, ins Bett zu gehen. Wir breiten unsere Schlafsäcke auf dem Boden aus. Ich will meinen neben Chelseas legen, so wie immer, aber Hayden liegt schon auf der einen Seite und Nicole auf der anderen.
Ist das zu fassen? Ich schlafe immer neben Chelsea. Das wissen alle. Das ist eine Art ungeschriebenes Gesetz, so wie die Schwerkraft. Äpfel fallen nun mal von Bäumen, und ich schlafe direkt neben Chelsea. So ist das.

Das ist eindeutig auf Haydens Mist gewachsen und nicht auf Chelseas. Ganz eindeutig.

»Ich hab gehört, du hast hinter der Turnhalle mit Dillon rumgeknutscht«, sagt Bri. Sie hat sich auf einen Ellbogen gestützt und schaut zu mir hoch.

»Nein, stimmt nicht!« Was soll denn das?

»Oh …«, machen alle.

»Wir haben nicht rumgeknutscht, wir haben nur geredet«, sage ich. Ich wünschte, sie würden damit aufhören.

»Na ja, Dillon hat es Zack erzählt, der hat's Donnell erzählt, und der es dann mir«, sagt Bri.

»Ja, vielleicht in seinen Träumen!« Ich bin bestimmt knallrot, so peinlich ist mir das.

»Dillon will nur gut bei seinen Freunden dastehen«, sagt Chelsea. Alle nicken.

»Er ist ziemlich süß«, sagt Bri. »Also, ich hätte nichts dagegen, ihn zu küssen.« Wir lachen alle. Sie ist nämlich mindestens dreißig Zentimeter größer als er.

Ich springe auf sie, als wäre ich fuchsteufelswild und wütend, und zettle damit eine neue Kissenschlacht an. Kichernd kugeln wir uns alle auf dem Boden herum.

»Im Ernst«, sagt Bri. »Hat jemand von euch schon mal einen Jungen geküsst? Alyss, Wahrheit oder Pflicht!«

Allmählich nervt sie mich.
»Nein!«
»Du musst erst ›Wahrheit‹ sagen.«
Jetzt nervt sie aber echt.
»Wahrheit. Nein, ich hab noch nie einen Jungen geküsst.«
Können wir vielleicht mal das Thema wechseln?
»Okay, Alyssa, jetzt bist du dran und kannst dir jemand aussuchen«, sagt Bri.
Ah … Rache ist süß. »Bri, Wahrheit oder Pflicht?«
»Wahrheit.«
»Hast du schon mal jemanden geküsst?«
»Ja, meine Mama, jeden Abend«, sagt sie und lässt sich lachend zurückfallen.
»Das gilt nicht! Das gilt nicht!«, schreien wir alle und prügeln uns wieder mit den Kissen.
»Schon gut, schon gut. Ja, ich hab mal einen Jungen geküsst.«
Sofort lassen wir alle Kissen fallen und setzen uns im Kreis um Bri herum, als wäre sie unsere Göttin und wir würden sie anbeten. Hayden sitzt Chelsea halb auf dem Schoß. Diese Schlange.
»Echt?«, sagt jemand.
»Wen?«

»Wie war das?«

»Das müsst ihr schon selbst rausfinden!«, ruft Bri, schnappt sich ein Kissen und will wieder mit der Schlacht loslegen.

»Ach, komm schon, sag's uns, sag's uns!«, schreien wir alle.

»Na gut, kennt ihr Randy Johnson? R.J.?«

»R.J.? Oh mein Gott, oh mein Gott«, rufen wir durcheinander. Jeder kennt R.J. Er ist *der* Star der Basketballmannschaft, und er ist schon in der *Neunten*.

»Na ja, er ist gut mit Donnell befreundet«, sagt Bri. Donnell ist Bris älterer Bruder. »Ich kenne ihn schon, seit wir ganz klein sind. Ich war mal total verknallt in ihn. Und einmal, als ich in der ersten Klasse war und er in der vierten, war er bei uns zu Besuch. Wir hingen zusammen rum, und da hab ich ihn direkt auf den Mund geküsst!«

»Ah!«, rufen wir.

»Das zählt nicht!«, schreit Chelsea.

»Doch, tut es wohl!«, gibt Bri lachend zurück.

»Nein, das zählt nicht!«, brüllen wir alle. »Du warst erst sechs!«

»Ich wollte euch bloß ein bisschen an der Nase rumführen«, sagt Bri. »Ich und einen Jungen küssen? Wo denkt ihr hin? Meine Mama würde mich glatt umbringen! Was glaubt ihr wohl, warum sie immer will, dass ich in die Kirche gehe und in der Jugendgruppe mitmache? Und außerdem«, sagt Bri und grinst uns an, »muss ich mich doch auf meine Karriere konzentrieren.«

Karriere! Wir sind in der Sechsten! Karriere?

»Ich will als Model für einen Katalog arbeiten. Und irgendwann werde ich vielleicht sogar Miss Amerika, um meine Ausbildung zahlen zu können. Ich will nämlich Ärztin werden, Kinderärztin, damit ich mich um kleine Kinder kümmern kann.« Bris kleiner Bruder ist chronisch krank. Er hat Multiple Sklerose oder Muskeldystrophie oder so was. Ich kann mir nie merken, was von beidem.

»Wie öde!«, ruft Chelsea. »Also, ich würde ja lieber einen Jungen küssen!«

»Iih!«, brüllen alle. Dann hauen wir Chelsea Kissen ins Gesicht und schmeißen uns auf sie.

»Okay, Bri, jetzt bist du an der Reihe«, sagt Chelsea. Hoffentlich nimmt sie Hayden.

»Keila, Wahrheit, Pflicht oder Tat!« Na, das war ja klar, dass Bri als Steigerung noch die Tat hinzufügt. Bin ich froh, dass sie nicht mich gewählt hat!

»Tat!«, ruft Keila.

Tat! Ich kann es nicht fassen. Mit einer Tat kann sie sich in Teufels Küche bringen!

3. KAPITEL

Tat!

Bri nimmt sich Zeit, sich etwas Gutes auszudenken. Plötzlich springt sie wie von der Tarantel gestochen auf und zeigt auf Kei. »Du musst jemandem einen Liebesbrief schicken.«

»Aah!«, machen wir alle, kugeln uns lachend auf dem Boden herum und machen dabei Geräusche, als hätte uns gerade jemand einen Magenschwinger versetzt. Ugh!

»Oh«, sagt Keila und schlägt sich die Hand vor den Mund.

»Und, wer ist der Auserwählte?«, fragt Bri, die Hände in die Hüften gestützt.

»Ja, wer ist der Auserwählte!«, rufen wir alle, springen auf und wackeln wie Bri hin und her.

»Mal nachdenken«, sagt Kei.

»Keine Ausweichmanöver«, sagt Bri.

»Ähm … Anthony Pagano.«

Anthony Pagano! Mann, die greift ja nach den Sternen! Anthony ist so süß!

»Wohnst du nicht in seiner Nähe?«, fragt Chelsea.

Keila nickt.
»Oh-oh. Nicht gut«, sagt Bri und wedelt mit der Hand. »Wenn's nicht klappt, siehst du ihn die ganze Zeit, und das ist total peinlich. Dass du ihn in der Schule triffst, ist ja schon schlimm genug. Aber so könntest du ihm auch in der U-Bahn begegnen, im Supermarkt … Gar nicht auszudenken.«
Woher Bri wohl solche Sachen weiß? Das hat sie bestimmt alles von ihren älteren Schwestern.
Keila sagt: »Ich glaub, du hast Recht.«
»Natürlich hab ich Recht, Mädchen«, sagt Bri. »Vertrau mir.«
»Aber mir gefällt nun mal kein anderer!«
»Nimm doch einfach irgendeinen, der süß ist«, schlägt Chelsea vor.
»Ja«, sagt Hayden und nickt. Als ob sie was davon verstünde!
»Oder jemanden, den du gerne kennenlernen würdest«, sagt Nicole.
»Ja«, sagt Hayden wieder.
Ist das zu fassen? Sie würde echt alles tun, um dazuzugehören! Und mir meine Freundinnen wegzunehmen! Merkt das denn keiner?

»Okay, Jason Andrews gefällt mir eigentlich auch ganz gut«, sagt Keila.

Jason Andrews. Jason Andrews! *Ich* bin verknallt in Jason Andrews! Er ist so süß. Blond, große blaue Augen … nein, nicht Jason Andrews!

»Also, ich hab ja gehört, dass er gar nicht so nett sein soll«, sage ich mit Unschuldsmiene.

»Ja, stimmt, das hab ich auch gehört«, kommt Bri mir zu Hilfe. Sie weiß, dass ich Jason seit der ersten Klasse sehr gern mag. Auch wenn ich quasi mit Dillon Mahoney gehe. Also gut, ja, ich *gehe* mit ihm. Ich mag Dillon, aber ich bin mir nicht sicher, ob ich ihn *so* mag wie Jason. Ich glaube nicht, dass ich *verliebt* bin oder so. Er ist halt nur der erste Junge, der mich gefragt hat, und da hab ich ja gesagt. Das bedeutet bloß, dass er manchmal bei meinem Spind stehen bleibt und mich zu meinem Klassenzimmer bringt und so. Keine große Sache. Aber trotzdem ist es schön, sagen zu können, dass ich einen Freund habe. (Solange ich es nicht meiner Mutter sage. Sie würde ausflippen.)

»Was ist mit Josh Martinez?«, sagt Bri.

»Oooh«, machen wir alle. Der ist auch echt süß. Dunkler Teint, pechschwarze Haare und große braune Augen.

»Aber was, wenn er mich nicht mag?«, fragt Keila.

»Tja, dann hast du Pech gehabt, aber du wolltest ja unbedingt die Tat!«, sagt Bri.

Keila schlingt die Arme um den Oberkörper, als ob sie einem Exekutionskommando gegenüberstünde, dann setzt sie sich an ihren ersten Liebesbrief.

Natürlich nicht ohne die Hilfe ihrer Freundinnen. Es dauert geschlagene *zehn Minuten,* bis wir allein entschieden haben, welches Papier sie nehmen soll. Leider hat Chelsea kein Briefpapier mit Herzchen drauf. Worüber Keila ziemlich erleichtert ist. Daran, wie sie dauernd tief Luft holt, merke ich, dass es sie total nervös macht, einen Liebesbrief an einen süßen Jungen zu schreiben, den sie kaum kennt. Schließlich wählen wir Chelseas Briefpapier mit den Blümchen drauf, in Orange und Rosa, wie alles von Chelsea.

Wir machen es uns auf Chelseas Bett gemütlich, wobei Hayden es auf ihre hinterlistige Art mal wieder schafft, sich direkt neben Chelsea zu platzieren, während Keila sich an Chelseas Schreibtisch setzt und anfängt zu schreiben. Nach ungefähr einer Minute umringen wir sie und gucken ihr über die Schulter.

»Nicht spicken!«, sagt sie. »Ich zeige ihn euch sofort, wenn ich fertig bin.« Sie schreibt weiter, dann zerknüllt sie das Blatt und wirft es zu Boden.

»He! Das schöne Papier!«, sagt Chelsea.
»Na ja, vielleicht gibst du mir besser erst mal Schmierpapier«, sagt Keila. Sie klingt etwas angespannt.
Chelsea rennt Nicole praktisch über den Haufen, um Keila schnell ein paar Seiten aus ihrem Notizblock rauszureißen, bevor noch mehr von ihrem schönen Briefpapier draufgeht.
Keila fängt wieder an zu schreiben, zerknüllt das Geschriebene, schreibt erneut und zerknüllt es abermals. Bald liegen überall Papierkugeln auf dem Boden. Endlich ist sie fertig, legt den Stift weg und seufzt.
»Lies vor!«, schreien wir alle.

Lieber Josh,
du weißt wahrscheinlich nicht, wer ich bin. Mein Name ist Keila Justice, und ich sitze mit dir zusammen in der Hausaufgabengruppe (an dem hinteren Ecktisch neben Anna Jankowski). Ich bin die mit den irren schwarzen Haaren.
Ich spiele gern Basketball und schaue es mir auch gern im Fernsehen an. Meine Lieblingsmannschaft sind die Knicks (ja, ich weiß, nicht gerade überraschend), und mein Lieblingseis ist »Mud over the Hudson« aus dem Laden in der Straße, in der ich wohne. Ich liebe auch Pizza und in meiner Familie bin ich die Tischtennis-Königin.

Ich habe mich gefragt, ob du mich wohl magst. Wenn ja, dann zieh doch am Mittwoch, den 17., ein blau-gelbes Sweatshirt an.

Keila Justice

»Also, ich finde ihn gut«, sagt Chelsea.

»Ich auch«, sprudelt es aus Hayden heraus. Diese Schleimerin.

»Das mit dem T-Shirt ist eine gute Idee«, sagt Chelsea.

»Ja«, stimmt Hayden zu.

»Warte … findet ihr nicht, dass da stehen sollte: ›Alles Liebe, Keila‹?«, fragt Bri.

Darin sind sich alle einig, und so überträgt Keila den Brief auf das schöne Papier und unterschreibt mit »Alles Liebe, Keila«. Sie sieht ein bisschen kränklich aus, so als wäre ihr Hund gerade angefahren worden. Also, wenn sie einen Hund hätte.

»Okay, weiß jemand seine Adresse?«, fragt Chelsea und hält einen Umschlag hoch.

Da das keiner weiß, holt Chelsea das Telefonbuch und blättert zu den Ms. »Hier stehen eine Million Martinez! Weiß jemand, in welcher Straße er wohnt?«

»President Street«, sagt Bri.

»Und *woher* weißt du das?«, flüstere ich.

»Halt so«, flüstert sie zurück.

Hmmm …

Keila faltet den Brief sorgfältig zusammen und steckt ihn in den Umschlag. Dann schreibt sie die Adresse aus dem Telefonbuch ab.

»Du hast vergessen, deinen eigenen Namen und deine Adresse in die Ecke zu schreiben«, weist Hayden sie hin.

Wow, Hayden hat mal selbstständig gedacht!

Kei schreibt den Absender auf den Umschlag, macht ihn zu und Bri klebt eine Briefmarke drauf.

»Wir schicken ihn gleich morgen früh weg«, sagt Chelsea. »Ich lege ihn mir über Nacht unters Kopfkissen … damit er auch ganz bestimmt nicht wegkommt.«

Lachend gehen wir zurück ins Wohnzimmer, wo ich viel Spaß habe.

Bis Hayden mir den Ellbogen ins Gesicht rammt.

4. KAPITEL

Freunde und andere Verräter

Au«, brülle ich und lege mir schützend die Hand aufs Auge.

»Oh, Lyss, das tut mir leid«, sagt Hayden.

»Für dich immer noch ›Alyssa‹.«

»Das war keine Absicht, ich wollte nur aufstehen, und da …«

»Na klar, genau wie beim Turnen.«

»Jetzt hör schon damit auf, Alyssa«, sagt Chelsea.

Damit aufhören? Damit aufhören. Was? Auf welcher Seite steht sie eigentlich?

Chelsea zieht mir die Hand vom Auge weg, als wäre sie eine Krankenschwester. »Ich hole mal etwas Eis.«

Ich sehe Hayden böse an.

»Das hat sie bestimmt gemacht, weil sie Dillon mag«, zische ich Bri zu.

»Psst …«, sagt sie. »Sie kann dich hören.«

»Mir doch egal!«

Alle starren mich an. Was ist?

Chelsea kommt mit dem Eis zurück. »Meine Mutter meinte

gerade, es sei vermutlich Zeit, dass wir langsam zur Ruhe kommen.«

Wir schlüpfen in unsere Schlafsäcke.

Mein Schlafsack ist oberpeinlich. Tante Louise hat ihn mir zum Geburtstag geschenkt und er sieht so aus, als gehöre er einer Fünfjährigen. Es sind riesengroße rosa-gelbe Blumen drauf.

Haydens Schlafsack ist groß und grau und sieht sportlich aus. Das Ding wirkt so, als könne man darin auf dem Mount Everest übernachten. Na ja, vielleicht könnte ich das ja für sie arrangieren … eine nette, kalte Wanderung auf den Mount Everest, ohne Rückkehr. Schließlich versaut sie mir gerade das Leben. Sie haut mich, schmiert mir Kaugummi ins Haar, nimmt mir meine Freundinnen weg …

»Lyss, glaubst du wirklich, dass Bri mal Miss Amerika wird?«, flüstert Nicole mir ins Ohr.

»Was?«

»Glaubst du daran, dass Bri mal Miss Amerika wird?«

»Keine Ahnung«, sage ich und rücke mir den Eisbeutel auf dem Auge zurecht. Ich kann nicht fassen, dass Hayden mir den Ellbogen reingerammt hat. Das hat sie mit Absicht getan, ich weiß es genau.

»Welcher Bundesstaat wäre sie?«, fragt Nicole.

»Was?«

»Na, welcher Bundesstaat wäre sie, wenn sie bei der Miss-Amerika-Wahl mitmachen würde?«

Sie meint es echt ernst. *Au weia!*

»Tja, Nick, da sie aus New York ist, repräsentiert sie vermutlich den Staat New York.«

»Oh.«

Sie soll mich endlich in Ruhe lassen! Merkt sie denn nicht, dass ich nicht gerade gut gelaunt bin? Und dass ich hier einfach nur liegen und mich selbst bemitleiden möchte, wie jeder anständige Mensch, dem gerade vom fiesesten Mädchen der ganzen Schule ein Ellbogen ins Auge gerammt wurde?

»Was willst du werden, wenn du mal groß bist?«, fragt Nicole.

»Weiß ich doch jetzt noch nicht, Nick! Ich bin in der sechsten Klasse! Wie soll ich jetzt schon wissen, was ich später mal werden will?«

»Also, ich will Lehrerin werden«, sagt Nicole.

Na, das ist ja mal echt originell. Das ist der einzige Beruf, von dem wir tagtäglich etwas mitkriegen!

»Ich möchte später mit Kindern arbeiten, die sich mit Lernen schwertun.«

»Und ich will mit Pygmäen in Afrika arbeiten«, sage ich spöttisch.
»Wie sind die denn so?«, fragt Nicole.
»Wer?«
»Die Pygmäen in Afrika.«
»Das war nur Spaß, Nicole. Ich weiß nicht, ob es in Afrika überhaupt Pygmäen gibt. Ich weiß ja nicht mal, was Pygmäen sind. Bri hat mir letztens von Leuten aus ihrer Kirche erzählt, die als Missionare nach Afrika gehen, um den Armen zu helfen, und das ist mir gerade eben eingefallen. Ich hab nur rumgealbert.«
»Oh«, sagt Nicole, peinlich berührt.
Ich drehe mich zur Seite. Der Boden ist ziemlich hart. Ich gucke zu Hayden hinüber, die bequem in ihrem plustrig-weichen Schlafsack liegt und neben meiner besten Freundin schläft. Mir fallen lauter böse Sachen ein, zum Beispiel, dass ich ihr beim Schlafen die Haare abschneiden oder ihr Wasser in den Schlafsack gießen könnte, damit alle denken, dass sie ins Bett gemacht hat.
Aber so gemein bin ich nicht, was mich echt ärgert. Hayden würde so was tun, aber ich nicht.

Am nächsten Morgen gehen wir alle mit Keila zum Briefkasten, um den Liebesbrief abzuschicken. Keila will ihn gerade einwerfen, da stößt Chelsea ihre Hand weg.
Aha, Chelsea hat also beschlossen, eine richtig große Sache daraus zu machen. Können wir es nicht einfach zu Ende bringen?
»Was ist?«, fragt Kei genervt. Und ich kann sie gut verstehen.
»Ich finde, wir sollten irgendwas Besonderes sagen«, meint Chelsea, »irgendwas, damit wir uns immer an diesen Tag erinnern. Auf die Liebe und die Taten!«, ruft sie theatralisch mit hochgerecktem Arm.
Bri und ich gucken uns an und verdrehen die Augen.
»Kommt schon!«, sagt sie. »Auf die Liebe und die Taten!«
»Auf die Liebe und die Taten!«, rufen wir alle, damit wir endlich zurück ins Haus können, denn wir stehen im Schlafanzug auf der Straße.
Chelsea hält die Klappe vom Briefkasten auf, und Kei wirft den Brief ein.
»Wer als Letztes im Haus ist, muss Jason Andrews küssen!«, schreit Bri, als wäre das eine Strafe. Aber wir versuchen trotzdem alle, die Schnellste zu sein.
Nachdem wir uns angezogen haben, ist es Zeit fürs Früh-

stück. Mrs G hat sich wie immer selbst übertroffen. Es gibt Pfannkuchen, Blaubeer-Muffins, Rühreier mit Speck und Würstchen. Chelseas Mutter geht total darin auf, es uns schön zu machen. Sie ist seltsam, sie wirkt so, als wäre sie direkt den Fünfzigern entsprungen. Sie trägt nur Kleider, und manchmal bindet sie sich sogar eine Schürze um. Außerdem sieht sie immer so aus, als käme sie gerade vom Friseur, ihre blonden Haare fallen ihr glatt und weich über die Schultern, und sie ist zu jeder Tages- und Nachtzeit perfekt geschminkt. Sie sagt sogar so Worte wie »Dame« und »anständig«. Zu Halloween backt sie orangefarbene Küchlein, zum St.-Patricks-Day grüne und zu Ostern rosafarbene. Mrs G ist echt ganz anders als meine Mom.

Gerade essen wir das tolle Frühstück im schönen Esszimmer der Gardners, als Nicole aus heiterem Himmel anfängt zu husten und Orangensaft aus ihrer Nase läuft.

»Ih!«

»Ohh!«

»Igitt!«

Wir müssen so sehr lachen, bis wir fast auf dem Tisch liegen. Na ja, außer Nicole, die ein bisschen blass um die Nase ist. Aber dann prustet auch sie los.

Alle Achtung. Man muss schon sehr tapfer sein, um über

sich selbst lachen zu können, wenn einem gerade vor anderen etwas so Oberpeinliches passiert ist.

Noch während des Frühstücks kommen alle Mütter, um uns abzuholen. Bris Mutter, die groß und schön ist, genau wie Bri. Keis Mutter, die klein und blass ist, genau wie Kei. (Als sie geht, rufen wir alle im Chor: »Josh«.) Nicoles Vater. Eben alle – nur nicht meine Mutter und die von Hayden.

Mrs G steckt ihren Kopf ins Wohnzimmer. »Alyssa, deine Mutter verspätet sich etwas.«

Na toll. Und ich stecke hier mit Krauskopf fest. Ich stehe auf und zerre Chelsea in die Küche.

»Was soll das?«, frage ich.

»Was denn?«

»Du bist so nett zu Hayden. Ist *sie* jetzt etwa deine beste Freundin?«

»Nein, aber ich muss nett zu ihr sein. Hat meine Mom gesagt. Und so blöd ist sie auch gar nicht.«

Nicht so blöd. *Na klar.*

Ich lasse mich auf die Wohnzimmercouch fallen und verschränke die Arme vor der Brust. Hayden starrt auf ihre Füße. Dann, Heilige Jungfrau Maria sei Dank, klingelt es an der Tür. Meine Mutter ist da und es ist Zeit zu gehen.

Ich schnappe meine Siebensachen und stehe auf. Hayden blickt nicht hoch.

»Hayden, Schatz, wirst du auch noch abgeholt?«, fragt Chelseas Mutter.

»Weiß ich nicht«, sagt sie.

»Willst du sie anrufen?«

»Hab ich schon getan. Sie ist nicht zu Hause, und sie geht auch nicht ans Handy. Wahrscheinlich ist sie bei der Arbeit.«

»Am Samstag?«

Hayden nickt. »Sie arbeitet ziemlich viel. Sie ist Rechtsanwältin.«

»Was ist mit deinem Vater?«, frage ich.

Chelseas Mutter wirft mir einen strafenden Blick zu. Was soll das? Ich will doch nur helfen.

»Hm, ich weiß nicht, wie wir das jetzt machen«, sagt Chelseas Mutter. »Wir müssen in ein paar Minuten los, wir sind um eins zum Mittagessen mit Chelseas Omas verabredet.«

Und dann höre ich die Worte, die mich zeit meines Lebens verfolgen werden:

»Sie kann mit uns kommen«, sagt meine Mutter.

»Nein!«, schreie ich und schaue meine Mutter böse an. »Ich

meine, Mom, müssen wir nicht … haben wir nicht was Wichtiges zu tun?«

»Was denn?«, fragt sie und sieht mich verwirrt an.

Dann sagt Mom zu Hayden: »Hinterlass deiner Mutter eine Nachricht, dass du bei uns bist.« Und sie gibt ihr unsere Telefonnummer.

Es ist ein Albtraum! Ein absoluter Albtraum!

Hayden Martin, das gemeinste Mädchen der Schule, kommt mit zu mir.

5. KAPITEL

Ausraster auf der Court Street

Als wir zu Fuß nach Hause laufen, finde ich es plötzlich gar nicht mehr so toll, dass wir in einer renovierten Schuhfabrik wohnen, wo früher mal rote Stöckelschuhe und rosafarbene Puschelhausschuhe auf Fließbändern transportiert wurden. Ach, wenn ich doch bloß wie Chelsea in einem ganz normalen Backsteinbau wohnen würde! Was Hayden wohl denken wird? Ich habe Angst, dass mein Onkel Dominic, der jüngere Bruder meiner Mutter und das Nesthäkchen der Familie (obwohl er schon achtundzwanzig ist), wie so oft in einem ärmellosen weißen Unterhemd, mit einem Fleck drauf, am Vorderfenster hängt, und jedem, der vorbeigeht, von seinem Sodbrennen erzählt, seinem Blutdruck, dem Wetter und seiner Mutter, meiner Großmutter, Maria Louisa Theresa Mary Feraco. Nonna.

In der Kirche erzählen sie, dass Gott Himmel und Erde schuf, aber ich finde es doch sehr unwahrscheinlich, dass Nonna nicht die Finger im Spiel hatte. Nonna hat fünf Mädchen und einen Jungen zur Welt gebracht, und diese Tatsache lässt sie einen nie vergessen. Auch nicht, dass sie sie ganz alleine großgezogen hat; oder dass ein Fluch auf uns lastet. Ständig liegt sie uns damit in den Ohren. Laut Nonna sind alle in unserer Familie von diesem Fluch betroffen. Ich dachte immer, ich sei davongekommen. Aber jetzt sieht es doch so aus, als hätte auch mich der böse Blick erwischt … in Gestalt von Hayden Krauskopf Martin!

Als wir um die Ecke biegen, sehe ich natürlich genau das, was ich am meisten befürchtet habe: Onkel Dominic hängt in seinem weißen Unterhemd am Fenster und verfüttert die Pizzakruste vom Vorabend an die Tauben.

Mom brüllt ihn wie üblich an, er soll das lassen. Aber er macht wie üblich weiter. Mom ruft ihm zu, dass er schuld sei an der halben Schabenbevölkerung in Brooklyn. Und er sagt irgendetwas über ihre Haare.

Oh Gott, kann sich nicht der Erdboden auftun und mich verschlucken?

Ich stampfe ins Gebäude und drücke den Summer. Stanley, der Portier, lässt uns rein. Na ja, wenigstens haben wir einen Portier. Das müsste Hayden eigentlich beeindrucken.

Ich liebe Stanley. Er grüßt mich immer freundlich und gibt mir das Gefühl, etwas ganz Besonderes zu sein. Er sagt so

Sachen wie: »Wie geht's meinem Mädchen heute?« und »Na, Miss Alyssa, heute sehen Sie aber hübsch aus.«
Wir fahren mit dem Lift in den fünften Stock. Als Mom die Tür aufmacht, sehe ich unsere Wohnung mit neuen Augen – Haydens Augen. Wie sie unsere Wohnung wohl findet? Was wird sie den anderen in der Schule erzählen?
Unser Esszimmer, das Wohnzimmer und die Küche sind ein durchgehender großer Raum. Die Fenster in allen Zimmer sind riesig und wir haben Hartholzboden. Kein so tolles, glänzendes, edles Parkett wie Chelsea, sondern diese Dielen mit Farbflecken und dunkleren Stellen. Den »Naturlook« nennt Mom das.
Unser Esszimmer besteht aus einem Holztisch, der an der Wand zwischen dem Schlafzimmer und meinem Zimmer lehnt. Da die Küche einen anderen Boden hat, könnte man fast meinen, sie wäre ein abgetrennter Raum. Auf der anderen Seite der Küchenwand lebt ein Typ, der Französisch spricht, richtig gemein ist und seine Musik viel zu laut aufdreht.
Moms Zimmer ist von oben bis unten vollgestopft mit Büchern über Psychologie, Natur, Kunst und anderes Zeug. Es gibt ein paar darunter, die sie extra für mich aufgehoben hat und die sie gelesen hat, als sie noch jung war: Nancy Drew, die Hardy Boys und Trixie Belden, meine Lieblingsserie.

Laut Mom hat Trixie eine richtige Fangemeinde. Obwohl die Autorin schon tot ist, schreiben viele Leute, ganz normale Leute (also keine Schriftsteller) die Serie weiter und stellen die Bände ins Internet. Das finde ich total cool.
In der Ecke von Moms Arbeitsplatz (also nicht im Wohnzimmer, wo normale Menschen ihn hintun würden) steht ein kleiner Fernseher, für die wenigen Male, wenn ich mal gucken darf. Wir haben nicht mal Kabel, nur eine dieser idiotischen Antennen. Na, gute Nacht, wenn Hayden das sieht. Warum muss bei uns bloß alles so anders sein als bei anderen Leuten?
Ich gehe in mein Zimmer und knalle die Tür hinter mir zu, sodass Hayden und Mom allein im Wohnzimmer sind.
Mom stürmt hinter mir her. »Was bist du denn so unfreundlich?«
»Mom«, sage ich und zeige auf die Tür, »das ist Hayden Martin!«
»Aha, und?«
»Sie ist die, die mir den Kaugummi in die Haare geschmiert hat!«, sage ich und werfe meine Haare von einer Seite auf die andere. *Hallooo,* immerhin ist das der Grund, warum ich jetzt so kurze Haare habe!
»So, so … nun ja … es gibt gleich Mittagessen.«

»Ich hab keinen Hunger!« Ich verschränke die Arme vor der Brust und starre auf den Boden.

»Iss trotzdem was«, sagt sie und marschiert aus dem Zimmer.

Ist es ihr denn schnurz? Ist es ihr total schnurz? Ich meine, schließlich mussten mir die Haare abgeschnitten werden!

Das ist es: Ich werde einfach nichts essen. Und dann fällt es mir siedendheiß ein: *Oh nein!*

Ich laufe in die Küche. »Warum bestellen wir uns keine Pizza?«, schlage ich vor.

Aber zu spät. Mom stellt schon die Sachen aus dem Kühlschrank auf den Tisch: Hummus in Rot, Hummus mal zur Abwechslung mit vierzig Gewürzen, Sojasprossen, der grüne Aufstrich, eingelegte Champignons, der orangefarbene Aufstrich, Salat, Käse, rein pflanzlich natürlich und nicht aus Milch, der gelbe Aufstrich …

Ich lasse mich auf den Stuhl fallen und stütze meinen Kopf seufzend in die Hände. Wieso kann sie nicht so sein wie andere Mütter? Warum können wir nicht ganz normale Sachen essen, so was wie Erdnussbutter und Marmelade?

»Oh, Hummus, ich liebe Hummus«, sagt Hayden und schmiert sich etwas von dem orangefarbenen Zeug auf Pitabrot. Na, das passt ja. *Diese Schleimerin.*

»Wie lange bist du schon in Brooklyn?«, fragt Mom.
»Nicht lange. Wir sind erst vor ein paar Monaten von Albany hierher gezogen.«
»Albany? Wirklich? Kennst du dann die Panessas?«, fragt Mom ganz aufgeregt.
Hayden schüttelt den Kopf.
Als ob Albany eine Kleinstadt wäre. *Au weia*. Es ist die Hauptstadt!
Ich stopfe ein paar Sojasprossen und etwas pflanzlichen Käse in ein Pitabrot. Keine zehn Pferde bringen mich dazu, Hummus zu essen. (»Aber es besteht aus Kichererbsen!«, sagt Mom. Ach, na dann, *das* ändert natürlich alles …)
Wenigstens gibt es Salat. Ich nehme eine Handvoll Croûtons und reihe sie zum Wegschnipsen fein säuberlich vor mir auf.
»Wie ist es in Albany?«, fragt Mom.
»Ruhig. Viel ruhiger als hier. Und man muss nicht weit fahren, um in die Natur rauszukommen, was echt ziemlich schön ist.«
»Und dein Vater, wo arbeitet der?«
»Weiß ich nicht. Er hat uns vor einem Jahr verlassen. Seitdem hab ich nichts mehr von ihm gehört.« Hayden guckt auf ihren Teller und ich denke: Och, die arme Hayden. Von wegen!

Ich schnipse einen Croûton in ihre Richtung. Er prallt an der Salatschüssel ab. Keiner merkt es. Mom und Hayden sind viel zu sehr in ihre Unterhaltung vertieft.
»Das tut mir leid. Das Leben kann manchmal ganz schön hart sein. Davon können wir auch ein Lied singen«, sagt Mom und blickt sich in der Wohnung um.
»Mein Vater hatte einen Motorradunfall und ist gestorben, als ich ein Jahr alt war«, erkläre ich. Was viel schlimmer ist, als wenn jemand sich aus dem Staub macht, wenn du zwölf bist.
Plötzlich ist es totenstill. Dann sagt Hayden: »Oh, das tut mir leid, Alyssa.«
Ich fühle mich siegessicher, weil meine Tragödie schlimmer ist als ihre, bis ich meine Mutter ansehe, die fast in ihrem Stuhl versinkt, als wolle sie sich verkriechen.
»Was ist?«, sage ich.
»Nichts«, sagt Mom.
»Nein, das stimmt nicht! Also, was ist?«
»*Nichts.* Wir sprechen nachher darüber, Alyssa.«
Darüber? Darüber? Über *was*?
Mom wirkt so schuldbewusst, als hätte sie etwas Falsches getan, und ich fühle mich immer unwohler in meiner Haut.
Sie sagt nichts.

»Aber er hatte doch einen Unfall und ist dabei gestorben.«
Mom schüttelt den Kopf und macht eine ruckartige Bewegung auf mich zu.
»Nein! Fass mich nicht an!«
Mein ganzes Leben hat niemand mit mir über meinen Vater sprechen wollen. Aber jetzt kenne ich die Wahrheit.
Er ist abgehauen. Genau wie Krauskopfs Vater.
Ich renne in mein Zimmer, sperre hinter mir zu und werfe mich aufs Bett.
Ob er eine Familie hat, die er mehr liebt als uns?
Ist das zu fassen, dass Hayden ausgerechnet in diesem Moment in unserer Wohnung ist? Warum geht sie nicht nach Hause? Am liebsten würde ich laut schreiend um mich schlagen. Mein Hals schmerzt, so sehr versuche ich, die Tränen hinunterzuschlucken.
Ich schlage auf mein Kissen ein, wieder und wieder, und versuche, die Welt um mich herum zu vergessen, versuche zu vergessen, dass Hayden Martin, das gemeinste Mädchen aus der ganzen Schule, meinen Ausraster mitbekommen hat, meinen absoluten Ausraster, und nun wahrscheinlich in der ganzen Schule rumerzählen wird, dass ich nicht mal wusste, dass mein Vater uns verlassen hat.
Mich verlassen hat.

6. KAPITEL

In der BH-Abteilung

Am nächsten Morgen will Mom mit mir reden, aber ich tue so, als wäre sie Luft. Ich hasse sie. Total. Ich schnappe mir eine Packung Frühstücksflocken, gehe zurück in mein Zimmer und schlage die Tür hinter mir zu.

Nach fast drei Schüsseln Flocken beginne ich mit Band 20 der Trixie-Belden-Serie: »Das Geheimnis des alten Buches«. Aber ich kann mich nicht darauf konzentrieren. Wer interessiert sich im Moment schon für Trixie Belden? Ich schalte das Radio an und mache es mir auf meinen Sitzsack gemütlich.

Mom klopft an die Tür.

Ich tue so, als hätte ich es nicht gehört.

»Alyssa.«

Ich höre nichts …

Sie öffnet die Tür. Na, die traut sich aber was! Ich verschränke die Arme vor der Brust und drehe ihr den Rücken zu.

Sie seufzt. »Zieh dich an. Wir gehen einkaufen.«

»Keine Lust.«
»Wir gehen aber, also zieh dich an.«
»Warum kann ich nicht hierbleiben?«
»Weil ich es gesagt … Weil ich es will.«
Na klar. Sie hat mich ja sooo lieb. Sie weiß genau, dass ich Einkaufen hasse. Und außerdem weiß ich sowieso, was eigentlich los ist.
Mom geht immer dann einkaufen, wenn sie wegen irgendetwas aufgebracht ist. Als würden Hosen oder ein neues Hemd all ihre Probleme lösen. Ha! Die Seelenklempnerin braucht die Kauftherapie. Wie tief kann man noch sinken?
Um sie zu ärgern, ziehe ich meine Lieblingshose an, die schwarz-grau-karierte mit der Kordel zum Zuziehen, die sie für eine Schlafanzughose hält, aber ich finde sie toll.
Sie greift ihr Portemonnaie und den Schlüssel, wirft einen Blick auf mich und legt sofort los: »Du gehst nicht in …« Dann seufzt sie und verstummt.
Ha.
Wir gehen. Der Lift macht *Dring,* und Mom drückt auf E. E wie Erdgeschoss, E wie Erniedrigung, E wie ekliger Tag. E wie ich bin total *erbost.*
Wir überqueren die Straße, und Mom zupft eine ganze

Sammlung von Flyern von unserem Auto runter, einem rostigen, hellgelben Käfer, der dauerverdreckt ist, weil wir kaum damit fahren. Sie sprüht Windex auf die Windschutzscheibe und reibt einen Kreis auf die Fahrerseite. Als sie fast fertig ist, landet ein Spatz auf der Motorhaube. Mom verscheucht ihn, aus Angst, dass er hinscheißt. Aber er kommt zurück. Sie scheucht ihn wieder weg. Er kommt wieder zurück. Sie besprüht ihn mit Windex. Also, wenn das nicht gemein ist! Damit kann sie ihn umbringen!

Der Spatz fliegt weg. Wir steigen ein, schnallen uns an und Mom fährt – wie immer – rückwärts in den Wagen hinter uns. Das ist ihre tolle Technik, aus engen Parklücken rauszukommen. Sie fährt vor, setzt wieder zurück, dreht das Lenkrad nach links, fährt wieder ein kleines Stück vor, setzt wieder zurück, und endlich kommt sie aus der Lücke raus. Ich versinke im Sitz. Noch peinlicher geht's wohl nicht?

Wir fahren zur Tankstelle und – wie immer – vergisst Mom, auf welcher Seite des Autos sich der Tank befindet. Und – wie immer – vergisst sie, vorher zu bezahlen. Und so schüttelt und rüttelt sie am Schlauch und wundert sich, warum nichts rauskommt, bis ich sie daran erinnere: »Du musst vorher zahlen!«

Ihr geht wohl gerade ziemlich viel im Kopf herum. Normal

bleifrei oder Super. Barzahlung oder Kreditkarte. Wann sie das letzte Mal den Ölcheck gemacht hat. Wann sie mir erzählen wollte, dass mein Vater lebt.

Und dann fahren wir los, Mom, ich und John Lennon mit dem Zitronenduft, der am Spiegel hängt.

Oh juppidu.

Wir durchqueren den Battery Tunnel und fahren den FDR Drive hoch. Vermutlich geht's zu Bloomingdale's, Moms Lieblingsgeschäft, aber ich will's gar nicht wissen.

Höchstwahrscheinlich bin ich das einzige Mädchen auf der ganzen Welt, das Einkaufen nicht ausstehen kann. Na ja, außer Kei. Die kauft auch nicht gern ein, was vielleicht erklärt, warum sie manchmal so aussieht, wie sie aussieht. Ich glaube sogar, sie zieht die Jeans ihres Bruders an, weil die immer an ihr schlottert und sie dazu einen breiten Gürtel trägt. Aber bei ihr ist das egal, weil alle sie sowieso für den künstlerischen Typ halten, wie ihre Mutter.

»Ich dachte, wir kaufen dir heute mal einen BH«, sagt Mom, als wäre das eine ganz normale Einkaufstour und als handelte es sich nicht rein zufällig um meinen allerersten BH. Als wäre das ein ganz besonderes Bonbon für mich.

Ich ruckele den Gurt über meiner flachen Brust zurecht. Als würde ich einen BH brauchen. Aber klar doch.

Ich starre auf den Fluss und versuche mich innerlich zu wappnen. Mom wird den Kauf meines ersten BHs bestimmt an die ganz große Glocke hängen. Wahrscheinlich hat sie schon beim Fernsehen angerufen, damit die eine Doku darüber machen. (»Sehen Sie heute, wie Alyssa Fontana ihren ersten BH kauft.«) Aber was das Allerschlimmste ist: Sie wird immer und immer wieder »Brüste« sagen, weil sie darauf besteht, dass man für alle Körperteile die korrekte Bezeichnung benutzt. »Brust« reicht da nicht. Mann, bin ich froh, dass ich kein Junge bin!

Um mich vor der bevorstehenden Peinlichkeit und der totalen Demütigung zu schützen, lasse ich meine Gedanken in ein Paralleluniversum wandern, in dem wir keine BHs kaufen und die Frau, die den ollen Käfer fährt, nicht meine Mutter ist. Ich stelle mir vor, dass wir in einem großen roten Kabrio dahinbrausen, nicht in einem VW. Meine Mutter ist total cool und nicht, na ja, so, wie sie ist; und wir fahren übers Land, um vor hässlichen Männern zu fliehen, die sich nichts sehnlicher wünschen, als mit den zwei schönsten Frauen zu tanzen, die sie je gesehen haben. Wir sind taff, wir sind wunderschön, und meine Brust ist sehr groß.

Die Verkäuferin bei Bloomingdale's sieht aus wie ein irakischer Panzer. Sie ist riesengroß und trägt ein dunkelgrünes Kostüm mit einem kunstvoll gewickelten gelb-rot-grünen Schal. Wahrscheinlich hat sie eine Schule besucht, wo man lernt, Schals zu binden. Wer weiß, vielleicht hat sie ja sogar einen Abschluss im Schalbinden.
Außerdem hat sie einen Leberfleck in der Größe von Staten Island im Gesicht. Aus dem ein Haar hervorwächst. Igitt! *Hallooo,* schnell eine Pinzette, bitte!
Kaum hat sie uns erblickt, eilt sie auch schon auf uns zu. »Kann ich Ihnen helfen?«, fragt sie und mustert uns von oben bis unten, sodass ich mir ganz klein und unbedeutend vorkomme.
»Meine Tochter möchte heute ihren ersten BH kaufen«, sagt Mom und legt mir den Arm um die Schulter, als wäre sie stolz auf mich. Dabei habe ich keine Ahnung, warum sie so stolz auf mich ist, denn das musste ja zwangsläufig irgendwann passieren, und außerdem bin ich flach wie ein Brett. Ich winde mich aus ihrer Umarmung.
»Sie brauchen also einen Büstenhalter«, sagt die Verkäuferin mit dröhnender Stimme, und ich würde mich am liebsten in Luft auflösen.
»Welche Größe, glauben Sie, haben Sie?«, sagt sie und starrt

auf meine Brust. Ich habe die furchtbare Vorstellung, dass sie gleich ihre Hände ausstreckt und hineinkneift.

Mom sagt: »Ich glaube, dabei könnten Sie uns helfen. Ihre Brüste« – da ist es, denke ich, das Wort. Sie musste es einfach korrekt sagen – »sind eher klein geraten.«

Äh, könnte sich bitte der Erdboden auftun und mich verschlucken?

»Ah ja«, sagt die Frau und mustert mich wieder von oben bis unten. »Ich hole mal mein Maßband.«

Ihr Maßband! Ich schaue Mom wütend an. Sie wird auf gar keinen Fall meine Brust abmessen!

Die fiese Riesenverkäuferin holt aus dem Regalfach unter der Kasse ein Maßband hervor, wie man es zum Abmessen eines Fensters oder eines Rockes nimmt, aber nicht für meine Brust. Ich mache ein paar Schritte rückwärts.

Endlich fällt bei Mom der Groschen und sie sagt: »Ich glaube, das ist nicht nötig. Warum zeigen Sie uns nicht einfach, wo sie sind?«

Wir folgen der seltsamen Verkäuferin, die auf einen Ständer mit sehr kleinen BHs zugeht. Irgendwas an ihr stimmt nicht, zum Beispiel, dass sie so breite Schultern hat wie ein Footballspieler. Vielleicht ist sie ja gar keine Frau, sondern ein Mann, der als Frau verkleidet ist.

»Das sind gute BHs für den Anfang«, sagt sie mit einem Handwedeln. »Du hast wahrscheinlich Cup AAA 65.« Sie zieht einen rosafarbenen BH mit kleinen Schmetterlingen auf den Körbchen hervor. Ich schüttle den Kopf. Ich hasse Rosa. Zu mädchenhaft. Ausgeschlossen.

»Nein? Und was ist mit diesem hier?« Sie hält einen schimmernden schwarzen BH in der Hand.

Ich nicke.

Aber Mom sagt: »Zu sexy. Es ist doch echt unglaublich, dass die so was schon für junge Mädchen machen. Ich glaube, wir kommen jetzt allein zurecht. Vielen Dank für Ihre Mühe.«

»Geben Sie mir Bescheid, wenn Sie Hilfe brauchen, und vergessen Sie nicht die passende Unterhose dazu!«, dröhnt die Stimme der Verkäuferin durch den Laden. Na toll. Wie viele Menschen in Manhattan haben jetzt wohl mitbekommen, dass ich einen AAA-BH mit passender Unterhose kaufe?

Mom durchstöbert die BHs. Ich stehe mit verschränkten Armen im Gang.

»Wie findest du den?«, sagt Mom und hält einen BH hoch, der einem Mini-Tanktop ähnelt. Er ist weiß und eher wie ein Sport-BH.

»Ganz okay«, sage ich.

»Wir suchen am besten ein paar unterschiedliche raus und gucken dann, welcher der bequemste ist.«

Am Ende kaufen wir zwei sportliche Tanktop-BHs, einen ganz in Weiß, den anderen mit gelber Umrandung. Mom meint, einen roten oder blauen würde man durch mein Oberteil sehen – igitt. Ich will auf gar keinen Fall, dass irgendjemand weiß, dass ich einen BH trage. Ich darf die dazu passenden Unterhosen kaufen, auch wenn Mom die etwas »knapp« findet.

»Schön, dass Sie die passenden Unterhosen bekommen haben«, dröhnt die Stimme der Verkäuferin direkt aus der Hölle durch den Laden. Ich weiß nicht, ob ich lieber unter die Kasse kriechen oder ihr eins auf die Nase geben will. Oder beides. Am besten beides.

Endlich sind alle Sachen in der Tüte, wo keiner sie mehr sehen kann.

»Wie steht's mit einem Mittagessen?«, fragt Mom, die ganz offensichtlich noch immer nicht nach Hause will. »Das Hard Rock Cafe ist nicht weit von hier.«

Ich zucke mit den Schultern, als wäre es mir egal, aber insgeheim bin ich doch etwas aus dem Häuschen. Chelsea hat gesagt, das Hard Rock Cafe sei ziemlich cool.

7. KAPITEL

Ausraster im Hard Rock Cafe

Auf dem Weg zum Hard Rock Cafe sehe ich einen Mann mit einem kleinen Mädchen an der Hand, einen Vater mit seiner Tochter, so wie es sein sollte. Das macht mich noch wütender, als ich sowieso schon bin. Und so habe ich, genau an der Ecke zwischen der 75. Straße und Broadway meinen zweiten hysterischen Anfall.

»Wie konntest du nur?«, schreie ich und fuchtle wild mit den Armen herum.

»Was?«, sagt Mom, als hätte sie keinen Schimmer, was ich meine.

»Warum hast du mir nichts von meinem Vater erzählt?«, sage ich, während mir Tränen über die Wangen laufen.

»Ach, Schätzchen«, sagt Mom. Sie zieht mich zur Seite und will mich in den Arm nehmen.

»Lass mich«, sage ich und schiebe sie weg.

»Es ist nicht so, wie du denkst«, sagt sie mit flehendem Blick. Ihre Augen sind feucht, aber im Gegensatz zu mir fängt sie nicht an zu weinen.

»Woher willst du denn wissen, was ich denke!«, brülle ich, und diesmal strömen die Tränen nur so. Ich wische sie mir mit dem Handrücken weg. »Du weißt nie, was ich denke!«
»Du warst erst eins, als dein Vater weggegangen ist«, sagt sie. »Lange Zeit hast du ihn nicht erwähnt, und darüber war ich ziemlich erleichtert. Also habe ich nichts gesagt.«
Ich setze an zu sagen: »Du hättest …«, aber ich bin so benommen und erschöpft, dass ich nur auf den Bürgersteig starre. Ein kleiner brauner Vogel hüpft neben meinen Fuß. Ich scheuche ihn weg.

Im Hard Rock Cafe ragt das hintere Ende eines Oldtimers aus den 50ern oder 60ern vorne aus dem Gebäude raus, was irgendwie cool ist. Aber ich bin so erschöpft, dass ich kaum hingucke. An den Wänden hängen Gitarren und goldene Alben. Überall sind Fernseher, in denen laute Musikvideos laufen – zu laut für meinen Zustand.
Die Kellnerin sagt uns, dass nichts frei ist. Mom fragt, ob wir uns an die Bar setzen dürfen.
»Ist das für dich in Ordnung?«, fragt Mom. Mir doch egal.
»Warum hast du mir nicht erzählt, wie das wirklich mit meinem Vater war?«, will ich wissen.
Als sie gerade antworten will, kommt der Barkeeper. Er

trägt ein schwarzes T-Shirt, schwarze Jeans und schwarze Stiefel. Seine braunen Haare sind zu einem Pferdeschwanz gebunden und er hat wie ich einen ziemlich dunklen Teint. Unter seinem T-Shirt zeichnen sich Muskeln ab. Das baut mich wieder etwas auf.

Mom bestellt sich eine Frozen Margarita mit Salzrand.

»Für mich auch«, sage ich.

Der süße Barkeeper lacht. Mom sagt: »Da ist aber Tequila drin, Schätzchen. Warum probierst du nicht was anderes?«

Wie peinlich. Ich nehme ein Malzbier.

»Eine Margarita und ein Malzbier – kommt sofort«, sagt der sexy Barkeeper. Auf seinem Namensschildchen steht, dass er Jon heißt. Sein Teint ist so dunkel, dass er für meinen Geschmack eher Juan oder Julio heißen könnte. So wie Johnny Depp in *Don Juan DeMarco* (Moms Lieblingstherapeutenfilm), nur noch dunkler und süßer. Ich beschließe, ihn insgeheim Jon Juan Barkeepo zu nennen.

»Also, warum hast du mir nie gesagt, was wirklich los war?«, frage ich, sobald er weg ist.

»Ich hatte Angst, dass du dich zurückgewiesen fühlst und denkst, dass er dich nicht lieb gehabt hat.«

Na ja, ich schätze, er *hat* mich nicht lieb gehabt, sonst hätte er sich ja nicht vom Acker gemacht!

»Also habe ich nichts gesagt. Es tut mir leid. Ich hätte es dir sagen sollen.«

Ich starre auf die Speisekarte, als würde ich darin lesen, bin aber viel zu aufgebracht dazu. Und dann ist Jon Juan mit unseren Getränken wieder da.

»Was darf's zu essen sein?«, fragt er und dabei blitzen die perlweißesten Zähne auf, die ich je gesehen habe.

»Wir brauchen noch einen Moment«, sagt Mom. Sie fährt mir mit der Hand durchs Haar. »Ich wollte dir nicht wehtun, Schätzchen. Und ich wollte es dir ja erzählen. Als du älter wurdest, wollte ich es dir wirklich sagen. Das hatte ich fest vor. Aber je größer du wurdest, desto schwieriger wurde es auch, mit dir darüber zu sprechen. Und du warst so glücklich und ausgeglichen. Das wollte ich nicht kaputtmachen. Ich wollte nicht, dass du dich zurückgewiesen fühlst, auch wenn es nie darum ging. Es ging nicht mal so sehr darum, dass er mich zurückwies, als dass er einfach egoistisch war.«

Immer, wenn ich an meinen Vater dachte, hatte ich ein blödes Gefühl, so als wäre da etwas nicht in Ordnung. Mir kamen lauter seltsame Gedanken, die ich aber lieber schnell verdrängte, weil sie zu schmerzhaft waren.

»Irgendwie hab ich's eh schon geahnt«, sage ich, während ich die Speisekarte durchlese.

»Was?«
»Du warst immer so komisch, wenn ich nach ihm gefragt habe. Da habe ich natürlich angefangen zu rätseln.«
»Ob er doch lebt?«
Ich nicke und hebe mein Malzbier hoch. Das kalte Glas fühlt sich gut an.
Jon Juan kommt wieder. »Ich hätte gern den Hard-Rock-Caesar-Salat«, sagt Mom.
»Und ich die Ringo Combo«, sage ich.
»Kommt sofort«, sagt Jon. Als er die Speisekarten mitnimmt, berührt er meine Finger.
»Heißt wahrscheinlich wegen Ringo Starr so«, sagt Mom.
»Was?«
»Die Ringo Combo. Heißt wahrscheinlich wegen Ringo Starr so, einem der Beatles«, sagt Mom.
Ich verdrehe die Augen. Also, ich verstehe *echt* nicht, was an den Beatles so toll sein soll.
Mom zeigt auf eine Gitarre an der Wand. Aber ich kann nur an Jon Juan Barkeepo denken. Seine dunklen Augen, seine weißen Zähne. Das ist schöner, als an meinen Vater zu denken. Und auch schöner, als daran zu denken, wie hohl und leer ich mich innerlich fühle.
»Weißt du eigentlich, wie diese ganze Sache mit den Gitar-

ren an den Wänden im Hard Rock Cafe anfing? Eric Clapton war Stammkunde in dem Hard Rock Cafe in London. Weißt du, wer das ist?«

»Glaub schon. Ist das nicht der, dessen kleiner Sohn starb und der einen Song darüber geschrieben hat?«

»Ja. Also, Eric Clapton hat den Barkeeper gefragt, ob er seine Gitarre an die Wand hängen darf, um seinen Lieblingsbarhocker zu markieren.«

»Und das durfte er?«

»Ja, genau, und eine Woche später hat dann Pete Townshend eine Gitarre hergeschickt mit einem Briefchen, in dem stand, dass seine Gitarre genauso gut sei wie die von Clapton, und er wolle, dass sie auch aufgehängt werde. Und so hat alles angefangen.«

»Wer ist Pete Townshend?«

Mom seufzt. »Ach, nicht so wichtig.«

Und dann taucht plötzlich Jon Juan Barkeepo wieder auf, der süße Barkeeper.

»Großer Tag heute?«, fragt er. Er steht seitlich da, einen Ellbogen auf die Bar gestützt. Ich kann die Augen nicht von ihm und seinem strahlenden weißen Lächeln lassen.

»Wir waren einkaufen«, sagt Mom.

»Was Gutes gefunden?«

»Nichts, was wir Ihnen auf die Nase binden könnten«, sage ich.
»Aha«, sagt er, wendet sich mir zu und lehnt jetzt mit beiden Armen auf der Bar. »Und wieso nicht?« Er beugt sich dichter zu mir. Ich kann sein After Shave riechen.
»Sagen könnte ich es Ihnen schon, aber danach müsste ich Sie leider töten.« Den Satz hab ich von meinem Quasi-Freund Dillon.
»Ach was, ihr wart doch nicht etwa bei ›Victorias Geheimnis‹ einkaufen?«, fragt Jon Juan, zieht die Augenbrauen hoch, dreht sich zu Mom und guckt sie an.
»Doch, so was Ähnliches«, sagt sie und schaut ihn an. Sie fährt mit dem Finger am Salzrand ihres Glases entlang, leckt sich den Finger ab, begegnet wieder seinem Blick.
Flirtet sie etwa mit ihm? *Igittigitt!* Ich starre sie verblüfft an. Das sollte sie aber besser lassen! Sie ist doch meine Mutter. Und da darf sie nicht flirten!
Ein junges Pärchen geht bis ganz ans Ende der Bar, und Jon verlässt uns. Der Typ hat eine Kreole in jedem Ohr und ganz kurzes, blondes Haar. Das Mädchen hat lange, glänzende blonde Haare, ist sonnengebräunt und ihr Bauchnabel ist gepierct. Er hat seinen Arm um ihre sehr dünne Taille gelegt. Beide sind tätowiert und tragen schwarze Jeans und Stiefel.

Zuerst finde ich sie wunderschön. Doch dann sehe ich genauer hin. Sie sind »in«, sehen gut aus, aber irgendwie auch billig.

»Denk nicht mal daran«, sagt Mom.

»Woran?«

»Den Bauchnabelring. Wage es ja nicht.«

»Ich mag gar keine Bauchnabelpiercings.«

»Nein?«

»Nee. Und auch keine Tattoos. Kannst du dich noch an die Tätowierungen erinnern, die wir mal am Jones Beach gesehen haben?« Am Jones Beach liefen Leute rum, die von den Oberschenkeln bis hinunter zu den Fußknöcheln tätowiert waren. Ekelerregend. Mom hat mir immer gesagt, dass ich mir selbst treu bleiben soll, auch wenn das bedeutet, dass man anders ist als die anderen. Und im Moment ist es gerade anders, *nicht* tätowiert zu sein.

»Das ist gut. Das wäre also schon mal geklärt«, sagt Mom und lächelt.

»Mom, findest du Jon süß?«

»Wen?«

»Den Kellner. Findest du ihn süß?«

»Ziemlich süß.« Sie lacht.

Boah. Mom schaut sich Männer an. Krass.

»So süß wie Dad?«, frage ich.
»Anders«, sagt Mom. Sie spielt mit dem Strohhalm in ihrem Getränk.
»Und wo ist er?«, frage ich und starre auf den Grund meines Glases.
»Los Angeles. Da, wo alle unglücklichen Menschen hingehen«, sagt Mom.
»Was?«
»Nichts.« Sie macht eine Handbewegung. »Manche glauben, dass es einen glücklich macht, wenn man an einen Ort zieht, wo es das ganze Jahr über warm und sonnig ist. Aber sie nehmen sich selbst mit, also kann sich nicht wirklich was verändern. Vergiss ihn, Schätzchen.«
Vergiss ihn! Vergiss ihn! Wie kann man seinen Vater vergessen? Das ist so, als würde einem das Bein amputiert und man täte so, als würde man den Phantomschmerz nicht bemerken.
Ich bin so wütend, dass ich mich wegdrehe, weil ich nicht will, dass Mom meine Augen sieht, in mich hineinsieht.
Ich glaube, sie versteht es einfach nicht.
Ich hasse ihn.
Ich wünschte, er wäre tot.
Und dann weine ich. Mom legt den Arm um mich. Jon

bringt ohne zu fragen noch eine Margarita, ich bekomme einen Nachtisch, und wir fahren schweigend nach Brooklyn zurück.

Als wir zu Hause sind, legt Mom eines ihrer alten Elton-John-Alben auf. Wir sind die einzigen Menschen auf der ganzen Welt, die ich kenne, die keinen CD-Player haben.

Sie macht *Goodbye Yellow Brick Road* an, was ich wie alle Songs von E.J. nicht verstehe, aber mag. (Erinnert mich an den *Zauberer von* Oz.) Dann legen wir sein Greatest-Hits-Album auf und tanzen zu *Crocodile Rock*. Mom tanzt Twist und einen Tanz, der so aussieht, als würde sie schwimmen und mit der Nase untertauchen. Sie ist so albern! Mir geht es schon ein bisschen besser.

Dann hören wir Moms absoluten Lieblingssong von Elton John: *Mona Lisas and Mad Hatters*. Mona Lisas und komische Käuze. Den habe ich schon so oft gehört, dass ich den Text auswendig kann. Wir singen und grölen aus Leibeskräften mit. Der Franzose nebenan beginnt gegen die Wand zu klopfen, weil wir zu laut sind. Tja, Pech gehabt, Schwachkopf. Sonst ist *er* immer laut!

Als ich ins Bett gehe, sehe ich noch immer Jon Juan Barkeepo vor mir, wie er durch die Bar tänzelt.

8. KAPITEL

Chelsea Gardner, Weltpräsidentin

Als ich am Montag in die Schule komme, gehe ich gleich als Erstes zu Chelseas Spind. Ich will ihr erzählen, wie es mit Hayden war, von meinem Dad, dem BH-Kauf und Jon Juan. Was für ein Wochenende!

»Chels, schön, dich zu sehen. Ich muss dir *unbedingt* was erzählen«, sage ich.

Chelsea holt Bücher aus ihrem Spind. Alles in ihrem Spind ist orange und rosa. »Ach, hey, Alyss«, sagt sie, ohne sich auch nur umzudrehen.

»Also, am Wochenende sind so viele Wahnsinnssachen passiert …«

»Toll, dass du gleich hergekommen bist. Ich gründe doch diesen Club, und ich weiß, dass du dabei sein willst.«

Super. »Aber …«

»Die beliebtesten Mädchen aus der sechsten Klasse werden Clubmitglieder sein … du, ich, Bri … Und ich bin die Präsidentin«, sagt Chelsea.

Sie hört mir überhaupt nicht zu. »Chels, …«
»Heute findet bei mir zu Hause ein Treffen statt. Gleich nach der Schule. Kannst du da?« Sie schließt den Spind ab.
»Klar«, sage ich. »Klar. Ich bin da.« Entgeistert schaue ich ihr nach, als sie weggeht.
Ich wollte ihr so viel erzählen, aber es hat sie nicht interessiert, und so stehe ich dumm herum, allein, die Bücher an die Brust gedrückt, und habe das Gefühl, gleich in Tränen auszubrechen.
Und dann kommt mir ein ganz furchtbarer Gedanke: Ob sie auch Hayden zu dem Treffen eingeladen hat?

Als ich zu Chelsea komme, bügelt Mrs Gardner gerade und guckt dabei wie immer die Oprah-Winfrey-Show im Fernsehen. Ich begrüße sie, auch wenn mir nicht danach zumute ist, und gehe durch den Flur zu Chelseas Zimmer, das ganz in Rosa und Orange gehalten ist, genau wie ihr Spind. Rosa Wände, orange Tagesdecke. Rosa Kissen. Überall Stofftiere. Plakate von Pferden, Boygroups und Ballerinas.
Ich sehe mich prüfend im Zimmer um. Bri, Nicole, Keila … und nirgends Hayden, Gott sei Dank.
»Die erste Sitzung ist hiermit eröffnet!« Chelsea sitzt an ihrem Schreibtisch und schlägt mit ihrer Haarbürste auf den

Tisch, wie ein Richter mit seinem Hammer. Für wen hält sie sich?

»Weißt du, was das Ganze soll?«, flüstere ich Bri ins Ohr.

»Nö«, sagt Bri kopfschüttelnd. »Ich hab gedacht, du weißt es vielleicht.«

Nicole sieht mich verwirrt an. Ich zucke mit den Schultern.

»Ich habe euch heute alle zu einem ganz besonderen Treffen hergebeten«, verkündet Chelsea. »Ich habe das Gefühl, dass wir in diesen schwierigen Zeiten als Schwestern zusammenhalten müssen …«

Das meint sie doch nicht ernst? Bri hat jetzt schon genug.

»Chelsea, nun hör schon auf! Du guckst zu viel C-SPAN«, sagt sie. C-SPAN ist dieser Politiksender, der auf Kanal 3 läuft und auf den man kommt, wenn man sich Videos anschauen will, daher kennen wir uns aus.

»Brianna Loy Johnson …«

»Loy?«, flüstere ich Bri ins Ohr.

»Der Mädchenname meiner Mutter«, murmelt sie. »Das habe ich ihr mal erzählt. Echt erstaunlich, dass sie ihn sich gemerkt hat.«

Wie eine Politikerin, denke ich bei mir. Wie bei C-SPAN. Sie merkt sich alles, falls sie es später mal verwenden kann. Aber was soll dieser Gedanke? Chelsea ist meine beste

Freundin. Warum denke ich so gemeine Sachen über meine beste Freundin?

»Ich muss euch bitten, Ruhe zu bewahren, bis ich fertig bin«, sagt Chelsea.

Na so was!

»Da solltest du dich aber ranhalten«, sagt Bri und steht auf, die Hände in den Hüften. »Ich verpass dir sonst nämlich gleich eine Kopfnuss.«

»Wir gehen schon bald in die siebte Klasse«, fährt Chelsea unbeirrt fort. »Und dann in die High School. Darauf müssen wir vorbereitet sein. Wir sollten einen Plan in der Tasche haben.«

»Einen Plan wofür?«, fragt Nicole.

»Einen Plan, wie wir dafür sorgen, dass wir auch in der High School beliebt sind!« Chelsea schlägt mit Nachdruck wieder auf den Tisch.

Jetzt hat sie den Verstand verloren. Aber total. Ein Club, damit wir beliebt sind. Bri lacht sich halb tot.

Nicole dagegen ist todernst. »Sind wir denn jetzt beliebt?«, fragt sie, an mich gewandt. Anscheinend stellt sie sich die Frage, ob sie schon die ganze Zeit beliebt war und es nur nicht gemerkt hat.

Das alles bringt mich zum Lachen. Der Gedanke, dass Ni-

cole beliebt ist. Die Idee, einen Club zu gründen, nur um beliebt zu sein.
»Seid ihr dabei?«, fragt Chelsea. »Ich muss wissen, ob ihr mitmacht.«
Mit ihr?
»Wie soll denn dieser Club heißen?«, fragt Bri.
»Na ja, darüber müssen wir noch abstimmen«, sagt Chelsea.
»Wie wäre es mit ›Die beliebten Mädchen‹?«, schlägt Nicole vor. Wie schon gesagt, nicht gerade die hellste Leuchte (40 Watt).
Bri kichert.
»Etwas platt, Nick«, sagt Chelsea.
»Wie steht es mit ›Die Herzensschwestern‹?«, fragt Bri.
Allgemeines Kopfschütteln.
»Was ist mit ›Keilas Crew‹?«, sagt Keila lachend. »Nee, war nur Spaß.«
Kei hat nicht viel über Josh geredet seit der Übernachtungsparty, als wir ihm den Brief geschickt haben. Ich frage Kei, ob sie schon was von ihm gehört hat, und sie verneint. Aber er hat in der Hausaufgabenstunde zu ihr herübergesehen!
»Wie steht es mit ›Die heißen Chicks‹!«, ruft Bri albernd.
»›Die Dixie-Chicks‹!«, schreit Nicole.

»So heißt schon eine Band«, sagt Keila.
»Also, ich finde, es klingt schön«, sagt Nicole.
»›Die wilden Frauen‹!«, sagt Kei.
Chelsea schüttelt den Kopf. »Es muss schon eine Bedeutung haben«, sagt sie.
»Ich weiß was! Ich weiß was!«, sagt Bri.
»Was denn? Was denn?«, rufen wir alle.
»›Fünf hübsche Mädchen, die gerne geküsst würden‹! Das hat doch Bedeutung!«
»Ugh!« Wir lachen uns halbtot und halten uns die Bäuche.
»Ich hab's! Ich hab's!«, schreie ich.
»Was denn?«, brüllen alle.
»›Die Mona Lisas‹!«, sage ich. »Wie der Song *Mona Lisas and Mad Hatters*. Von Elton John …«
Niemand sagt was. Vermutlich ist meine Mom die Einzige, die Elton John hört.
Dann sagt Chelsea: »Gefällt mir.«
»Mir auch«, sagt Nicole, als könne sie es ja jetzt zugeben, nachdem Chelsea gesagt hat, dass ihr der Name gefällt.
»Die Mona Lisas«, flüstert Chelsea.
»Alle, die für ›Die Mona Lisas‹ sind, heben bitte die Hand«, sagt Chelsea.

Fünf Hände gehen hoch. Unsere erste einstimmige Wahl, und das für den Namen, den ich mir ausgedacht habe. Meine Laune wird besser.

»Alle, die dafür sind, dass wir uns immer mittwochs nach der Schule hier treffen, sagen laut und deutlich ›ja‹«, sagt Chelsea.

»Ja«, sagen wir alle.

»Gut«, sagt Chelsea. »Und jetzt kommen wir zur Club-Kleidung. Ich dachte, wir könnten …«

Bri springt auf. »Kleidung? Kleidung?! Soll das ein Witz sein?« Sie hat die Hände in die Hüften gestützt. Und wenn Bri die Hände in die Hüften stützt, sollte man besser nicht mit ihr streiten.

»Na ja, es muss ja nicht total einheitlich sein«, sagt Chelsea. »Aber wir müssen uns doch von den anderen abheben.«

»Abheben oder überheblich sein?«, sagt Bri. *Autsch!*

»Ich dachte, wir könnten freitags alle rosa Oberteile tragen«, sagt Chelsea.

Bri springt wieder auf. »Rosa! Rosa! Also, dieses Mädchen hier trägt kein Rosa!« Sie zeigt auf sich selbst und wackelt dabei mit dem Kopf hin und her.

»Na ja, es muss ja nicht Rosa sein …«

»Gelb?«, schlägt Nicole vor.

Keila steht auf und macht Bri nach. »Dieses Mädchen hier trägt kein Gelb.«
»Lila?«, sagt Bri. Kurzzeitig sind alle still.
»Limonengrün?«, wirft Nicole ein. Bri und ich gucken uns an und verdrehen die Augen. Als ob jeder von uns ein limonengrünes T-Shirt besäße. Und als ob *jedem* Limonengrün steht.
»Rot«, sagt Keila. »Die Mona Lisas sollten rote T-Shirts oder Pullis und schwarze Hosen tragen.«
Hmmm.
»Alle, die für rote T-Shirts und schwarze Hosen sind, sagen ›ja‹«, sagt Kei.
»Hey! Das muss ich sagen!«, sagt Chelsea. »Alle, die für rote T-Shirts und schwarze Hosen sind, sagen ›ja‹.«
»Ja!«, sagen wir alle. Außer Bri.
»Und was für Unterwäsche soll ich eurer Meinung nach tragen?«, fragt sie.
Chelsea sieht sie verärgert an.
»Ich hab eine Idee!«, ruft Nicole.
»Was Besseres als Club-Kleidung?«, fragt Bri.
»Wir sollten jedes Mal am Ende eines Treffens was Bestimmtes sagen.«
»Zum Beispiel?«

»Wie wäre es mit ›DWFH‹?«, sagt Nicole.
»DWFH?«
»Das war's für heute.«
Bri und ich werfen einander einen Blick zu, der so viel besagt wie: Also bitte! Aber bevor wir was sagen können, stürzt Chelsea sich darauf wie eine verhungernde Löwin auf ihre Beute.
»Finde ich gut«, sagt sie.
Da steckt Mrs Gardner den Kopf herein und verkündet, dass das Abendessen fertig ist.
»Das war's für heute, liebe Leute!«, sagt Nicole. Keiner folgt ihrem Beispiel.
Ich warte, bis alle gegangen sind, weil ich unter vier Augen mit Chelsea sprechen möchte.
»War das erste Treffen der Mona Lisas nicht toll, Lyss?«, fragt Chelsea.
»Doch, schon«, sage ich. »Ich …«
»Ich bin schon so gespannt auf unsere nächste Sitzung«, sagt Chelsea und dreht lauter Pirouetten durchs Zimmer, als wäre sie beim Ballett.
»Chels, ich muss dir erzählen, was dieses Wochenende passiert ist!«, sage ich frustriert. Aber sie beachtet mich gar nicht!

»Wir werden die beliebtesten Mädchen der ganzen Schule. Und ich bin die Präsidentin!«, sagt sie und tanzt in ihrer eigenen kleinen Welt herum. So langsam bringt sie mich echt auf die Palme. »Was meinst du, sollen wir auch Hayden dazubitten? In letzter Zeit ruft sie mich oft an. Sie will sich echt gern mit mir anfreunden. Sie tut mir irgendwie leid.«
»Kommt überhaupt nicht in Frage! Wenn du das tust …«
»Oder sind sechs Leute zu viel?«, fragt sie, noch immer durchs Zimmer tänzelnd.
»Ja, das sind zu viel. Chels, ich …«
Aber sie schwebt in ihrer eigenen Welt. Als ich gehe, frage ich mich, ob sie überhaupt merkt, dass ich nicht mehr da bin. Was ist nur mit meiner besten Freundin los? Seit wann ist sie zu so einer Egomanin geworden?
»Einen schönen Abend, Mrs Gardener.«
»Dir auch, Alyssa. Möchtest du nicht zum Abendessen bleiben?«
Mrs Gardner ist echt nett. Sie ist so, wie eine Mutter sein sollte. Altmodisch. Aus irgendeinem Grund muss ich fast heulen, als ich sie ansehe.
Aus der Küche kommt der herzhafte Duft nach Hackbraten und Kartoffeln oder irgendeiner typischen Hausmannskost.

Irgendetwas Normalem. Es riecht so lecker. Ich denke an das gesunde Essen, das zu Hause auf mich wartet.

»Ja, würde ich echt gern«, sage ich, und das entspricht auch der Wahrheit. »Aber ich muss leider nach Hause.«

»Weißt du, deine Mom hat angerufen und gesagt, dass sie sich ein bisschen verspätet, wenn du also bleiben willst …«

Mrs G legt mir den Arm um die Schultern. Sie mag mich echt gern, was weit mehr ist, als man von ihrer Tochter behaupten kann.

»Mir geht's gut«, sage ich. Aber das ist gelogen. Mir geht es ganz und gar nicht gut, aber ich kann nicht hierbleiben. Ich habe das Gefühl, dass ich gleich in Tränen ausbreche. Und hier zu sein macht es nur schlimmer. Also stürze ich aus der Eingangstür.

Ich schlendere langsam die Court Street entlang. Die Sonne scheint warm auf mein Gesicht, und eine kühle Brise weht durch die Bäume. Ich gehe an dem Eckgeschäft vorbei, wo ich normalerweise immer Süßigkeiten kaufe. Ich laufe und laufe.

Leise singe ich den Mona-Lisa-Song und kicke einen Stein vor mir her. Er verfehlt nur um Haaresbreite einen Spatz, der auf dem Bürgersteig sitzt und etwas pickt.

Kick, kick, kick.

Der Kieselstein prallt gegen das schwarze Tor der Kirche St. Mary Star of the Sea. Als ich aufblicke, sehe ich den Kirchturm, die großen Stufen, das Buntglas in den Fenstern.
Hier habe ich mich früher sicher und geborgen gefühlt. Ich öffne das Tor und gehe hinein.
Als ich die Stufen hinaufsteige, passiert etwas ganz Seltsames. Ein Lied, an das ich schon lange nicht mehr gedacht habe, kommt mir plötzlich in den Sinn. Mom hat es mir immer vor dem Zubettgehen vorgesungen, als ich noch klein war. Ich habe es das »Zudeck-Lied« genannt. Als ich die schweren Holztüren der Kirche öffne, kommt mir wieder der Text in den Sinn, über Gott, der auf den kleinen Spatz aufpasst, der aus dem Nest gefallen ist. Und der genauso auch über mich wacht.
Und meine Mutter, die sagt: *»Sogni d'oro.«* Träum was Schönes.

9. KAPITEL

Spatzen

Jemand sollte die *New York Post* anrufen: Alyssa Fontana geht tatsächlich in die Kirche, und zwar freiwillig! Ich kann es selbst nicht fassen. Ich gehe *nie* in die Kirche. Und dabei ist nicht mal Sonntag! Als Italienerin habe ich natürlich viel von Gott gehört, vor allem von Jesus. In Nonnas Haus kann man um keine Ecke biegen, ohne dabei auf Jesus oder Maria zu stoßen. Aber Mom hat es nicht so mit Gott wie Nonna und meine Tanten. Deshalb habe ich mich immer gefragt, ob Jesus überholt ist. Altes Eisen.

Meine Freundin Sarah ist Jüdin, und sie glaubt an manche Dinge, an die auch Katholiken glauben, wie zum Beispiel an Noahs Arche und an die zehn Gebote, aber an den Teil mit Jesus glaubt sie nicht. Und einige glauben, dass Jesus Prophet, aber nicht Gott war und dass Allah der wahre Gott ist. Manche (hauptsächlich Frauen) meinen auch, dass Gott eine Frau ist, und wieder andere sagen, dass es sich bei allen um denselben Gott handelt, er aber nur verschiedene Namen trägt, was mich echt verwirrt.

Und dann gibt es da noch diese freundlichen Menschen mit den perfekten Anzügen und Kleidern, dem freundlichen Lächeln und den kleinen Broschüren, die an den Wohnungstüren klingeln. Die haben's *echt* mit Gott und sie scheinen eine Menge Ahnung zu haben, aber alle lachen sie nur aus. Wenn Bri sie kommen sieht, geht sie nicht mal an die Tür.

Früher haben die Menschen Gott nur selten erwähnt, aber seit dem 11. September, seit dem Angriff auf das World Trade Center, nehmen die Leute seinen Namen dauernd in den Mund. An jeder Ecke trifft man jemanden, der sagt: »Gott segne Amerika.«

Die letzten Strahlen des Tageslichts fallen durch die Buntglasfenster herein. Staubflocken tanzen in den hellen Strahlen, die eine Kirchenbank hier, eine Kirchenbank dort berühren. Kerzen brennen und es riecht nach Weihrauch.

Ich gehe zurück zu der kleinen Schale mit dem Weihwasser (ich habe beim Eintreten vergessen, meine Finger einzutauchen) und bekreuzige mich, dann gehe ich langsam den linken Gang entlang, während ich mit der Hand am glatten Holz der Bänke entlangstreiche. Ich setze mich an den Rand einer Kirchenbank in einen Sonnenstrahl und gucke zu Jesus am Kreuz hinauf.

Manchmal wünschte ich mir, ich hätte zu Jesus' Zeiten ge-

lebt, um mit eigenen Augen zu sehen, wie er auf der Erde wandelte, mit den Menschen gelacht und Leute geheilt hat. Aber dann fällt mir ein, dass es damals ja noch keine Trixie-Belden-Bücher, kein Fernsehen, kein Ballett und keine Eiscremesandwiches gab. Und sie haben in der Wüste gelebt, mussten lange Gewänder tragen und hatten kein Deo.
Also, ich glaube, ich bin doch ganz froh, dass ich nicht zu Jesus' Zeiten gelebt habe. Ich würde nur gern wissen, dass sich niemand die ganze Jesus-Sache bloß ausgedacht hat, damit es ihm oder ihr besser geht, was bedeuten würde, dass da vielleicht doch gar keiner ist, der mich beschützt.
Ich habe Schuldgefühle, dass ich so denke, aber so ist es nun mal, und ich wette, dass viele so denken und es nur nicht zugeben. Manche tun ja fast so, als wäre Jesus gerade bei ihnen zu Besuch gewesen und hätte ihnen eben noch höchstpersönlich die Kartoffeln gereicht. Als wären sie ganz dicke mit ihm. Aber nicht ich. Ich stelle mir immer vor, dass er irgendwo über den Wolken schwebt.
Und dann gibt's da die Jungfrau Maria. Die Italiener lieben die Jungfrau Maria, die Katholiken lieben die Jungfrau Maria, aber ich fühle gar nichts, wenn ich sie anblicke.
Wahrscheinlich stimmt irgendetwas nicht mit mir. Ich muss mich nur stärker anstrengen.

Ich setze mich ungefähr fünf Reihen weiter hinten in eine Bank, nicht so nahe, dass ich direkt vor Gottes Gesicht bin, aber auch nicht so weit weg, dass er mich nicht wahrnimmt. Ich knie mich auf das gepolsterte Bänkchen.

Und jetzt? Vaterunser? Zehn Ave Maria? Das einzige Gebet, das mir einfällt, ist: »Müde bin ich, geh zur Ruh'«.

Und so sage ich: »Vater unser, der Du bist im Himmel, Geheiligt werde Dein Name.« Ich halte inne. Es klingt so merkwürdig. Wer sagt denn heute noch »geheiligt«? Und was heißt das genau? Ich fühle mich schlecht, weil ich mich so etwas überhaupt frage.

Ich will gehen, aber irgendetwas hält mich zurück.

Also warte ich.

Aber nichts passiert.

Ich warte weiter.

Nichts passiert.

Argh!

Na ja, vielleicht sollte ich einfach mit ihm reden, wie ich mit meinen Freundinnen rede. Vielleicht findet er das ja gar nicht schlimm.

»Äh, Gott? Ich bin's, Alyssa Fontana. Wahrscheinlich kennst du meine Großmutter? Maria Feraco? Sie scheint dich auf jeden Fall ziemlich gut zu kennen.«

Ich gucke zur Decke mit den schönen Holzbalken hoch. »Ich bin in letzter Zeit ziemlich durcheinander. Ich weiß nicht mal mehr, ob ich meine beste Freundin noch mag. Sie scheint sich nur noch für sich selbst zu interessieren, für niemand sonst. Und ich habe rausgefunden, dass mein Vater uns verlassen hat. Er ist gar nicht gestorben. Er ist einfach abgehauen, was viel schlimmer ist, als wenn er gestorben wäre. Wenn er tot wäre, hätte es immer noch sein können, dass er uns lieb hatte. Aber er hat sich nun mal vom Acker gemacht, also kann er uns nicht lieb gehabt haben. Und das tut echt weh«, sage ich weinend.

Und dann werde ich wütend. So richtig wütend. »Wie konntest du zulassen, dass er uns im Stich lässt? Warum hast du nichts dagegen getan?«, sage ich, an die Decke gewandt.

Aber dann überdenke ich das. Was hätte Gott schon tun können? Hätte er aus dem Himmel mit seiner Riesenhand Dad mitsamt seinen Koffern aus dem Auto rupfen und wieder zurück in unsere Wohnung setzen sollen? Aber trotzdem … irgendetwas hätte er doch tun können!

»Und ich habe auch Angst. Diese ganze Sache mit dem World Trade Center. Wo warst du, als das passiert ist? Ich fühle mich nirgends mehr sicher. Das geht doch nicht!« Meine Stimme ist brüchig. Ich fange wieder an zu weinen.

»Kannst du mich hören? Hörst du mir zu? Bist du da? Interessierst du dich dafür? Ich brauche im Moment ganz dringend jemanden …« *Ich muss wissen, dass es dich gibt.*
Und dann bemerke ich eine Kirchenzeitung neben mir auf der Bank, die jemand liegen gelassen hat. Ich schlage sie bei einer Stelle des Lukas-Evangeliums auf:

> *Verkauft man nicht fünf Spatzen für ein paar Pfennige? Und doch vergisst Gott nicht einen von ihnen. Bei euch aber sind sogar die Haare auf dem Kopf gezählt. Fürchtet euch nicht! Ihr seid mehr wert als viele Spatzen!*

Spatzen. Hm. Wie in dem »Zudeck«-Lied, dem Lied über den kleinen Spatzen, an das ich dachte, als ich in die Kirche ging. Merkwürdig.
Und wieder höre ich das Lied, die Worte füllen mich aus und geben mir Geborgenheit.

10. KAPITEL

Pepperoniwurst

Irgendetwas ragt aus dem oberen Fach meines Spinds heraus – abgenagte Eisstiele. In den Lüftungsschlitzen stecken klebrige, orangefarbene Stiele.

Schon wieder Hayden. Das Schlimmste daran ist, dass sie nichts tut, solange jemand hinguckt, und so glaubt mir keiner, wie gemein sie ist.

Ich sehe durch den Flur zu ihrem Spind hinüber. Sie redet mit Nicole. Ehe man sich's versieht, macht sie bei den Mona Lisas mit, und ich habe gar keine Freunde mehr. Und was mache ich dann?

»Hey, Lyss«, sagt Dillon, als ich die Spindtür mit einem lauten Knall zuschlage.

»Hey«, sage ich und mache mich auf den Weg zu Raum 203 zum Englischunterricht.

»Na, was geht ab?«, fragt er.

»Was?«

Plötzlich langt er hinter mich, zieht an meinem BH und rennt dann lachend weg. Dich kriege ich noch, Schwachkopf.

»Hey, Dillon! Du kannst was erleben!«, brülle ich hinter ihm her. Aber da ist er schon um die Ecke verschwunden und hört mich nicht mehr.

Ich gehe in den Englischkurs und setze mich auf meinen Platz in der richtigen alphabetischen Reihenfolge zwischen Anthony Focaccia und Elizabeth Forest-Harding.

»Was läuft, Käse?«, sagt Anthony. Anthony verwechselt meinen Nachnamen Fontana gern mit Fontina, dieser Käsesorte. Ziemlich krass für einen Kerl, der so heißt wie dieses dämliche Weißbrot.

»Was geht bei dir ab, Broti?«

So geht das täglich.

Mr Carter teilt die Hausaufgaben der letzten Woche aus. Er ist der jüngste und süßeste Lehrer an der Schule. Ach, ich wünschte fast, ich könnte in Englisch durchfallen, bloß damit ich ihn für den Rest meines Lebens täglich sehen kann. Er hat kurzes, braunes Haar und einen Dreitagebart. Er hat ein breites Lächeln, strahlend weiß, und seine Augen lachen beim Reden, so als ob er uns immer total lustig fände. Was ein echter Fortschritt zu Ms Randall ist, die uns eindeutig nicht im Geringsten lustig fand.

Die Hausaufgabe von letzter Woche bestand darin, etwas über unsere Familien zu schreiben. Wir sollten uns ein

Thema suchen, nicht nur unsere Angehörigen auflisten. Es war gar nicht so einfach.

Aber ich habe nachgedacht und nachgedacht und nachgedacht, und dann sind mir schließlich ein paar Geschichten eingefallen, die mir meine Familie mal vor Jahren erzählt hat. Die meisten Geschichten drehen sich um Essen und Liebe, fast so, als würde das eine zwangsläufig zum anderen führen (was in meiner Familie sogar der Fall sein könnte).

Nonna traf meinen Großvater Carlo Feraco während des San-Gennaro-Festes im New Yorker Stadtteil Little Italy. Nonna hatte in ihrem ganzen Leben noch nie so viele Menschen oder so viel Essen auf einmal gesehen. Die Leute tanzten auf den Straßen und sie tanzte mit, wobei ihr leuchtendes rot-gelb-grünes Kleid sich drehte und wirbelte. Nonna war damals noch schlank und rank und schön, das sagt sie zumindest, und Nonno Carlo konnte den Blick nicht von ihr abwenden. (Behauptet sie auf jeden Fall.)

Nonno nahm Nonna an der Hand, und sie rannten gemeinsam zu dem Stand, an dem Carlos Freund Essen auf dem Festival verkaufte, wo sie sich das erste von vielen weiteren Pepperoniwurstbroten teilten.

Ich schrieb über meine Mutter, die jüngste der Feraco-Frauen. Als meine Mutter jung war, arbeitete sie bei dem

Metzger von Onkel Louie. Sie half bei der Wurst- und Pepperoniwurstherstellung. Zuerst drehte sie das Fleisch durch den Fleischwolf, anschließend gab sie Pökelsalz, Würze und Zitronensäure hinzu (um es scharf zu machen). Dann füllte sie das Ganze in die Häute und räucherte es. Und das wiederholte sie immer und immer wieder, und jetzt ist sie Vegetarierin.

Und Tante Louisa, die hat Onkel Chito in der Mittagspause vom Wanamaker's Department Store bei Figaros getroffen. Sie bestellte sich Antipasti mit einer Extraportion Pepperoniwurst, Paprika und Sardellen. Chito hörte genau zu, bestellte das Gleiche, und dann ging er zu ihr, stellte sich neben sie und sagte: »Ist das nicht unglaublich, dass wir gerade exakt das Gleiche bestellt haben?« Er fragte sie, ob sie nicht mit ihm zusammen essen wolle, und sie wollte. Louisa erfuhr später, dass Chito Paprika und Pepperoniwurst tatsächlich liebt – aber Sardellen nicht ausstehen kann. Aber in seinen Augen war sie das hübscheste Ding, das er je gesehen hatte, und er hätte deshalb alles gegessen, nur um sie kennenzulernen. (Wie romantisch!)

Als Tante Elena Onkel Louie kennenlernte, hatte Onkel Louie noch nicht das große Restaurant, das er jetzt in Little Italy besitzt. Er hatte eine ganz kleine Pizzeria in Brooklyn

Heights in der Nähe von Elenas Friseursalon. Und als Onkel Louie eines Tages dort statt beim Herrenfriseur Dom auftauchte, wusste Elena, dass er sich für sie interessierte. Am nächsten Tag kam sie mit selbstgemachten Pepperoni-Brotstangen in seiner Pizzeria vorbei, und seitdem lieben sie sich. (Tante Elena sagt, das Geheimnis an guten Brotstangen ist, dass man den Teig exakt zwanzigmal durchkneten muss. Sie hat mich gebeten, es keiner Menschenseele zu sagen, aber sie nimmt die gekaufte Backmischung.)
Ich glaube, Onkel Dom hat niemals was mit Pepperoniwurst zu tun gehabt.
»Alyssa, das ist der witzigste Aufsatz, den ich je gelesen habe«, sagt Mr Carter.
Eine Eins plus. Cool. Am Rand steht »witzig«, »süß« und: »Deine Familie würde ich gerne kennenlernen!«
Er gibt Broti seinen Aufsatz zurück. Eine Drei plus. Also, ich würde sterben, wenn ich nur eine Drei hätte!
»Gut gemacht«, sagt Mr Carter leise zu Pfeifer, der hinter mir sitzt. Pfeifer ist einer der besten Schüler der Klasse. Wir nennen ihn so, weil er Asthma hat und beim Atmen manchmal so laut pfeift. Na ja, es ist schon ein bisschen gemein, aber ihn scheint es nicht zu stören. Seinen richtigen Vornamen weiß ich nicht mehr. Meistens ist er für sich allein.

Er scheint nicht viele Freunde zu haben. Was daran liegen könnte, dass er nicht gut aussieht und alte, abgetragene Klamotten trägt.

Mr Carter ist mit den restlichen Aufsätzen nicht sehr glücklich.

»Was ist los, lebt ihr alle auf dem Mond? Bis auf ein oder zwei von euch kennt ihr nicht mal die grundlegendsten Satzzeichen- oder Grammatikregeln. Wenn euer Leben vom richtigen Gebrauch eines Kommas abhängen würde, wärt ihr alle schon längst tot. Es gab bloß eine Handvoll gute Aufsätze und nur einen echt herausragenden, den ich euch als gutes Beispiel austeilen möchte.«

Alle beginnen zu tuscheln, wer wohl den besten Aufsatz geschrieben hat. Jemand bringt Elizabeth Forest-Harding ins Spiel, wahrscheinlich, weil sie einen Bindestrich im Namen hat und sie sich deshalb auch mit anderen Satzzeichen auskennen müsste. Ich höre Pfeifers Namen. Mein Name fällt kein einziges Mal, was mich ein bisschen ärgert, aber als Mr Carter den »herausragenden« Aufsatz als Beispiel für die restliche Klasse austeilt, ist es: »Pepperoniwurst: Eine Liebesgeschichte«, von meiner bescheidenen Wenigkeit.

Ich fühle, wie sich Augen in meinen Rücken bohren, und drehe mich um. Hayden starrt mich an.

Mr Carter bittet mich, meinen Aufsatz laut vorzulesen. Das allein wäre nicht so schlimm, wenn er mich nicht dauernd unterbrechen und darauf hinweisen würde, wo ich überall das Komma richtig verwendet habe. Ich befürchte schon, ich werde nie fertig. Und jedes Mal, wenn ich »Pepperoni« sage, lacht Broti hysterisch. Keine Ahnung, warum.
Mit Kommas und so was kenne ich mich aus, weil ich viel lese. Ich verschlinge alle möglichen Bücher. Ich beschäftige mich gern damit, wann man ein Komma setzt und wann nicht. Ich schaue jedes Wort nach, das ich nicht kenne, und schreibe die Worterklärung in ein Notizbuch.
Als wir an diesem Tag aus der Klasse gehen, sagt Broti: »Gut gemacht, Käse. Kann ich dazu eine Extraportion Pepperoni haben, Käse?« Er hält sich selbst für furchtbar witzig.
»Für deine Focaccia, Broti?« Das lässt ihn verstummen.
Hayden dagegen ist ein härteres Kaliber. Ich finde noch wochenlang Pepperonischeiben auf dem oberen Regalfach in meinem Spind.

11. KAPITEL

Die Abstimmung

Unsere nächste Hausaufgabe in Englisch ist es, ein Tagebuch zu führen. Wir sollen bis zum Ende des Jahres reinschreiben. Falls wir Startschwierigkeiten haben, können wir so tun, als würden wir einem Freund oder einer Freundin schreiben.

Laut Mr Carter können wir über alles schreiben, denn er wird es nicht lesen. Als er das sagt, regten sich alle irre auf! Wenn er es nicht liest, wozu dann überhaupt alles aufschreiben? Aber er meint, er will bloß, dass wir überhaupt schreiben, dass wir über das schreiben können, was uns am allerwichtigsten ist, auch ganz persönliche Dinge. Ab und zu wird er uns bitten, das Tagebuch mitzubringen, um zu sehen, dass wir wirklich schreiben, aber nicht, *was* wir schreiben. Er möchte, dass wir das Schreiben lieben lernen. Ich persönlich finde die Idee ja ziemlich cool.

Mr Carter macht ein paar Themenvorschläge, für den Fall, dass wir keine eigenen Ideen haben. Er sagt, wir können darüber schreiben, was wir werden wollen, wenn wir mal groß

sind, wen wir am meisten bewundern, über unser Lieblingsessen, unsere tollsten Ferien und warum, unser Lieblingsbuch und warum, unseren Lieblingsfilm und warum.
Chelseas Lehrer hat ihnen das Gleiche aufgegeben! Chelsea will eine Liste der Jungen anlegen, die sie mag und warum, und eine Rangliste erstellen, die sie ständig aktualisiert. Ich habe ihr gesagt, dass ich nicht glaube, dass sie auf so was rauswollen.
Eine Liste mit Jungen! Langsam glaube ich, dass Chelsea etwas oberflächlich ist.

Nach dem nächsten Treffen der Mona Lisas komme ich definitiv zu dem Schluss, dass sie oberflächlich ist. Es ist das Treffen, auf dem wir über die Vorstandsmitglieder abstimmen. Laut Chelsea brauchen wir eine Präsidentin, eine Schriftführerin und eine Schatzmeisterin.
»Wer möchte Präsidentin sein?«, ruft Bri.
»Ich werde die Präsidentin sein«, sagt Chelsea und steht auf.
»Aber ich dachte, wir stimmen ab«, sagt Keila.
»Ja, wir beginnen mit der Schriftführerin«, sagt Chelsea und setzt sich wieder hin. »Die Schriftführerin schreibt Protokoll, notiert also alles, was wir besprechen.«

Hallooo. Als wüssten wir nicht selbst, was eine Schriftführerin ist. Bri und ich gucken uns an und verdrehen die Augen.

Chelsea verteilt kleine Zettelchen, auf denen oben »TML« steht. »Schreibt auf den Zettel den Namen von derjenigen, die eurer Meinung nach Schriftführerin werden sollte, faltet ihn zusammen und legt ihn dann hier vor mich auf den Schreibtisch.«

Ich blicke auf mein kleines unbeschriebenes Zettelchen hinunter. Wer soll Schriftführerin werden? Ich sehe aus den Augenwinkeln auf Bris Zettel. Sie hält ihn dicht an den Körper, so als wäre es irgendein Riesengeheimnis. Ich schaue zu Nicole hinüber, die auf den kleinen Zettel meinen Namen schreibt.

Ich! Ich will aber gar nicht die Schriftführerin sein! Also schreibe ich Bris Namen auf und gebe den Zettel Chelsea.

Chelsea öffnet den ersten Zettel. »Alyssa«, sagt sie und macht ein Häufchen für meine Stimmen.

Sie macht den zweiten auf. »Alyssa«, sagt sie. Sie faltet jeden mit großer Sorgfalt auseinander, als wäre es die Oscar-Nominierung.

Der dritte: »Alyssa.« *Na toll.*

Dann: »Oh, hier ist eine Stimme für Bri!«

Und schließlich: »So, Alyssa, sieht ganz so aus, als bist du unsere neue Schriftführerin!«

Alle klatschen. Ich versuche, begeistert über meine neue Aufgabe dreinzuschauen.

»Gibt es irgendwas, das du uns mitteilen willst, Alyssa?«, fragt Chelsea.

Also biittte. Ich schaue sie verärgert an.

»Na schön«, sagt Chelsea und reicht uns neue Zettel. »Jetzt geht es um die Schatzmeisterin.«

»Was ist eine Schatzmeisterin?«, will Nicole wissen.

»Du weißt nicht, was eine Schatzmeisterin ist?«, sagt Bri überrascht.

»Nein«, sagt Nicole und wird rot. *Au weia.*

»Ein Schatzmeister behält den Überblick über das ganze Geld, über die Beiträge und solche Dinge«, sagt Chelsea.

Ohne zu zögern, schreibe ich »Keila« auf meinen Zettel, falte ihn zusammen und gebe ihn zurück an Chelsea. Keila ist von uns allen mit Abstand die Beste in Mathe. Wenn ich jetzt so darüber nachdenke: eigentlich komisch für eine so irre künstlerische Braut.

Die Wahl fällt einstimmig aus: Keila wird es.

»A propos Keila: Am nächsten Mittwoch ist der große Tag«,

sagt Bri. »Keila und Josh sitzen in einem Baum. Und KÜSSEN sich.«
»Du bist echt so kindisch!«, sagt Keila.
An diesem Abend schreibe ich Tagebuch. (Ich habe mein Tagebuch Gabbie genannt. »Liebes Tagesbuch« kommt mir zu blöd vor.)

Hallo Gabbie,
heute haben mich die Mona Lisas zur Schriftführerin gewählt. Wahrscheinlich, weil ich am besten schreiben kann.
Ich weiß noch immer nicht genau, was ich von dieser Mona-Lisa-Sache halten soll. Chelsea benimmt sich so seltsam. Ich wünschte, wir wären wieder in der Fünften, als alles noch nicht so verwirrend war.
Keila findet nächste Woche raus, ob Josh sie mag! Wir sind alle schon total gespannt. Ob er das gelb-blaue Shirt tragen wird?
Mr Carter ist echt süß. Wenn er lächelt, setzt mein Herz einen Schlag lang aus und mir wird flau im Magen und ich sage normalerweise etwas Blödes. Ob das Liebe ist?

12. KAPITEL

Liebesbrief

Schon wieder guckt etwas oben aus meinem Spind heraus. Wenigstens ist es diesmal kein klebriger Eisstiel oder eine Wurstscheibe. Es sieht eher wie ein Stück Papier aus. Ich öffne die Tür, nehme den Zettel und schaue nach links und rechts den Gang entlang, ob mich auch niemand beobachtet.

Jemand hat Buchstaben aus einer Zeitschrift ausgeschnitten und auf die Seite geklebt. Gruselig. Da steht:

Ich liebe dich, Alyssa
Komm morgen nach der
Schule zum Picknicktisch
Wir müssen reden

Ich sehe wieder in beide Richtungen den Gang entlang, um zu sehen, ob irgendjemand, zum Beispiel der Verfasser des Briefchens, mich beobachtet. Aber keiner guckt. Ich falte den Zettel zusammen und stecke ihn in meinen Kalender.

Die Sache ist wegen der ausgeschnittenen Buchstaben gruselig, aber auch aufregend. Das muss ich sofort Chelsea erzählen!

In Sozialkunde drücke ich ihr den Zettel in die Hand. Sie macht große Augen. Chelsea steht total auf solches Zeug.

Als sie ihn mir zurückgibt, sagt sie: »Was ziehst du an?«

Was ich anziehe? Das war nicht gerade der erste Gedanke, der mir durch den Kopf geschossen ist! Sondern: Wer hat das geschrieben? Wer ist in mich verliebt?

Ich zucke die Achseln und reiße ein Blatt Papier aus meinem Schulheft. (Ooh, das war laut!) Ich gucke über die Schulter, um zu sehen, was Ms Simon macht. Aber sie teilt noch immer die Hausaufgabe der letzten Woche aus.

»Keine Ahnung. Wer könnte es sein, was meinst du?«, schreibe ich und gebe das Zettelchen an Chelsea.

»Zieh deinen roten Pulli und die schwarze Jeans an. Ich weiß es nicht«, schreibt sie darauf und gibt mir den Zettel zurück.

»Du denkst also, ich sollte hingehen?«, schreibe ich und schiebe ihr den Zettel hin.

Sie sieht mich an, als wolle sie sagen: Also bitte!

»Kommst du mit?«, schreibe ich schnell.

»Klar«, schreibt sie.

In dieser Nacht kann ich nicht schlafen. Alles, woran ich denken kann, ist der große Unbekannte.
Ich schaue auf den Wecker. Zehn Uhr. Ich nehme mein Tagebuch zur Hand.

Liebe Gabbie,
heute hat mir jemand ein Liebesbriefchen in meinen Spind gesteckt. Ist das zu fassen? Von wem er wohl stammt? Vielleicht ist er ja von Jason Andrews, wäre das nicht toll? Er ist so süß. Oder vielleicht von … Mr Carter? Vielleicht müssen wir uns deshalb im Verborgenen treffen, weil er mein Lehrer ist, und da sind Rendezvous verboten!
Ich liebe Mr Carter. In seiner Gegenwart fühle ich mich glücklich und sicher.
Manchmal habe ich aber ein blödes Gefühl wegen des Briefchens. Warum hat derjenige Buchstaben ausgeschnitten, statt das Briefchen handschriftlich zu verfassen? Irgendwie unheimlich.
Es wäre toll, wenn ich einen Freund hätte. Einen echten Freund. Einen, mit dem ich Händchen halten kann. Einen, der mir am Valentinstag und zu Weihnachten was schenkt. Dillon macht so was nicht. Der ist so unreif.
Vielleicht könnte ich zu Mr Carters Familie dazugehören. Wir

essen alle zu Abend, und zwar ganz normale Sachen, und sehen zusammen fern. Vielleicht können ja Keila und Josh und Mr Carter und ich uns sogar zu viert treffen, Pärchen mit Pärchen? Wäre das nicht toll? Wir könnten zusammen essen gehen. Vielleicht ist es Mr Carter!!! Habe ich schon erzählt, dass er total gut riecht? Er mag mich eindeutig sehr gern, aber vielleicht ja nur deshalb, weil ich gut schreiben kann.
Ach, das hab ich ja ganz vergessen: Er wird sich ja jetzt bald die Tagebücher ansehen! Am besten streiche ich seinen Namen durch. Aber ich habe ihn an so vielen Stellen erwähnt.
Jetzt bin ich zu müde. Ich mache es morgen.
Gute Nacht, Gabs

13. KAPITEL

Der große Unbekannte

Bieeeeep, bieeeeep, bieeeeep, bieeeeep!

Eine Invasion von Aliens! Eine Invasion von Aliens!

Ich sitze senkrecht im Bett, mit klopfendem Herzen. Aber es ist nur der Alarm meines Radioweckers. Normalerweise stelle ich den Alarm auf »Radio«, sodass Musik gespielt wird, aber ich muss ihn aus Versehen auf »Klingeln« gestellt haben. Argh! Ich lasse mich zurück ins Kissen sinken.

Bin ich müde! Das ist die Strafe dafür, dass ich die ganze Nacht auf war und Tagebuch geschrieben habe.

Ich drücke auf die Schlummertaste.

Bieeeeep, bieeeeep, bieeeeep, bieeeeep!

Schlummertaste.

Bieeeeep, bieeeeep, bieeeeep, bieeeeep!

»Alyssa! Alyssa! Bist du wach, Schätzchen?«, ruft Mom.

Oh nein! Ich bin *viel zu* spät dran, und dabei ist doch heute mein großer Tag!

Ich laufe ins Bad und renne dabei fast Mom über den Haufen. Ich drehe das Wasser in der Dusche auf. *Komm, werd warm*. Um diese Tageszeit gibt es in Brooklyn nie heißes Wasser. Das ist die Strafe dafür, dass ich so spät aufgestanden bin. Aber ich muss mir unbedingt die Haare waschen. Unbedingt! Ich springe in den kalten Schwall.

Erdbeeressenz? Pfirsichtraum? Egal, ich schnapp mir einfach irgendein Shampoo, es ist kalt und es ist spät!

Ich wasche meine Haare und spüle sie schnell aus. Als das Wasser vorne an mir runterläuft, merke ich wieder mal, dass meine Brust *noch immer flach* ist.

Ich renne ins Zimmer, wobei ich fast in den Pfützen ausrutsche, die ich auf dem Holzboden hinterlasse. Ich föhne mein Haar kopfüber, damit es mehr Volumen kriegt, ein Trick, den mir Chelsea mal gezeigt hat. Es sieht ziemlich gut aus! Danach besprühe ich mich von Kopf bis Fuß mit dem Passion's-Promise-Körperpflegespray.

Ich ziehe den roten Pulli an, zu dem Chelsea mir geraten hat. Den hat Mom mir zum Valentinstag geschenkt. Mann, war mir das peinlich! Valentinstag ist schließlich kein Tag für die Mutter, sondern für den Freund. Aber jetzt freue ich mich doch über das Geschenk. Der Pulli sieht toll aus, vor allem mit meinen neuen schwarzen Jeans und Stiefeln. Ich stecke mir ein paar lange, baumelnde Ohrringe rein, gerade als Mom ruft: »Alyssa! Bist du endlich fertig?«

»Schön siehst du aus«, sagt sie, als ich aus meinem Zimmer komme.
»Danke.«
»Du hast keine Zeit zu frühstücken, deshalb hab ich dir etwas Studentenfutter in ein Tütchen abgefüllt.«
Ich danke ihr und greife nach der Tüte. Es ist die Absicht, die zählt.
Nur mit Ach und Krach schaffe ich es noch rechtzeitig zur Schule. Während der Hausaufgabenstunde schreibe ich in mein Tagebuch:

Hi Gabs,
die Zeit vergeht heute extrem langsam! Jedes Mal, wenn ich auf die Uhr schaue, ist der Zeiger kein bisschen vorgerückt! Ich kann's kaum erwarten, dass die Schule endlich aus ist.

Dann male ich Herzchen. Viele, viele Herzen. Herzen mit Blümchen drum herum. Herzen, die von Pfeilen durchbohrt sind. Währenddessen vergeht die Zeit so langsam, dass ich mich schon frage, ob vielleicht die Uhr kaputt ist. Endlich, als ich schon denke, dass der Tag nie vergeht, klingelt es.
Ich renne zu meinem Spind, wo ich mich mit Chelsea verabredet habe. Sie ist noch nicht da. Ich schaue auf die Uhr.

Eigentlich sollte ich direkt nach der Schule zum Picknicktisch kommen, und es hat bereits vor zehn Minuten geklingelt. Na, zwei Minuten warte ich noch.
Ich sehe nach links. Keine Chelsea. Ich sehe nach rechts. Auch keine Chelsea. Ich kann nicht fassen, dass sie nicht da ist!
Ein paar Jungs spielen Basketball, und ein paar Mädchen stehen am Rand rum und flirten mit ihnen. Niemand ist am Picknicktisch. Ist das zu fassen?
Ich gehe hinüber, setze mich und schaue mich um. Ich fahre mir mit der Hand durchs Haar. Ich taste nach meinen Ohrringen. Sie sitzen. Ich überprüfe meine Achseln. Das Deo wirkt noch. Ich schnupper an meinen Handgelenken. Das Passion's-Promise-Spray ist schwach, aber noch da. Ich lege etwas Lipgloss auf und fahre mit dem Finger über meine Lippen, um es gut zu verteilen. Perfekt. Aber wo bleibt der mysteriöse Unbekannte?
Endlich bemerke ich aus dem Augenwinkel heraus, dass jemand um die Ecke der Schule biegt. Mein Herz macht einen Satz.
Dann rutscht es mir in die Hose. Es ist Pfeifer.
Mir ist zum Heulen zumute. Das darf doch nicht wahr sein!

»Hi, Alyssa«, sagt er schüchtern. Er bemerkt meine Miene und wirkt verwirrt.

»Ich habe dieses Briefchen bekommen«, sagt er und zeigt mir einen Zettel, auf dem haargenau das Gleiche steht wie bei mir. Hinter mir höre ich Gelächter und Pfeifen.

Ich nicke und halte die Tränen zurück, damit sich Pfeifer nicht schlecht fühlt. Ich halte mein Briefchen hoch. »Da hat uns wohl jemand einen Streich gespielt.« Meine Stimme zittert.

»Hätte ich mir denken können«, sagt Pfeifer und guckt über die Schulter zurück.

Ich folge seinem Blick. Dillon, Zack, Bri, Nicole, Hayden und ein paar andere Mädchen, die ich nicht kenne, starren zu uns rüber. Starren mich und Pfeifer an. Und lachen. Na ja, ein paar von ihnen. Die anderen sehen verwirrt aus.

»Ich muss los.« Ich schnappe mir meinen Rucksack. »Tut mir leid, Pfeifer.« Ich gehe schnell weg.

»David«, ruft er hinter mir her. »Ich heiße David.«

»David«, sage ich beim Weggehen. Ich will seine Gefühle nicht verletzen. Aber ich muss hier weg.

Ich habe einen Frosch im Hals. Einen Block von der Schule entfernt breche ich in Tränen aus.

So viel zum großen Unbekannten.

14. KAPITEL

Ein fieser Streich

Liebe Gabs,
wie sich rausgestellt hat, war der mysteriöse Briefeschreiber Pfeifer! Na ja, sozusagen. Er hat nämlich das Briefchen gar nicht geschrieben. Ist das zu fassen? Ich dachte schon, ich würde gleich an Ort und Stelle in Tränen ausbrechen, aber ich hab's geschafft, nicht auszurasten. Ich wollte nicht, dass Pfeifer sich blöd fühlt. Es war ihm anzumerken, dass ihm das Ganze auch sehr unangenehm war. Ich wette, er hätte gern eine Freundin, so wie ich gern einen Freund hätte.
Das war gemein. So gemein. Diesmal ist sie echt zu weit gegangen. Sie hat mich vor aller Augen zum Affen gemacht. Sie hat auch Pfeifer vor allen zum Affen gemacht.
Aber ich werde sie noch kriegen! Das schwöre ich. Wäre doch Hayden Martin nie an unsre Schule gekommen. Davor war alles viel, viel besser.
Und Chelsea ist die ganze Zeit über nicht aufgetaucht. Eine echte Freundin!

Vielleicht hatte sie ja auch ihre Finger im Spiel. Vielleicht ist sie jetzt ganz dicke mit Hayden.
Na gut, jetzt gehe ich zu weit. Chelsea ist vielleicht oberflächlich, aber nicht gemein.
Am liebsten würde ich morgen nicht zum Mona-Lisa-Treffen gehen. Aber ich muss. Ich muss mit Chelsea und Nicole und Bri ein ernstes Wörtchen reden. Warum ist Chelsea nicht gekommen? Und wieso waren Bri und Nicole da, und was wussten sie?
Das werde ich rausfinden. Und irgendjemand wird dafür bezahlen.

15. KAPITEL

Perfekte Worte

Was geht, Käse?«, sagt Broti, als ich in die Englischklasse komme.

»Halt den Mund, Broti.« Ich blicke mich suchend nach Pfeifer, ich meine, David, um und nach Hayden. Pfeifer starrt in sein Schulheft und meidet meinen Blick. Hayden sieht zu mir herüber und tuschelt mit Karla Mooney. Sie lacht dabei. Lacht sie etwa über mich und Pfeifer und wie sie uns zum Affen gemacht hat?

»Hast du für den Rechtschreibtest gelernt?«, flüstert Elizabeth F-H mir zu, als ich mich setze.

Rechtschreibtest?!

Wie ich diese Tests hasse! Wenn Mr Carter mich fragen würde, wie man etwas schreibt, könnte ich es ihm sagen. Aber wenn er uns vier verschiedene Varianten gibt, aus denen wir eine auswählen sollen, sehen sie irgendwie plötzlich alle richtig aus, und ich komme komplett durcheinander.

»Ihr habt fünfzehn Minuten Zeit, um den Test auszufüllen«, sagt Mr Carter.

Alle stöhnen.
»Ach, hört mit dem Gejammer auf. Ihr hattet eine ganze Woche Zeit, euch vorzubereiten.«
»Ich hab's aber total verschwitzt«, flüstere ich Elizabeth F-H zu. Ich hatte andere Dinge im Kopf.
»Gebt mir bitte eure Tagebücher. Während ihr den Test schreibt, werde ich mal einen Blick hineinwerfen.«
Ich starre auf die Wörter auf der Seite. »Arrangieren« ist das schwierigste. Ich kann mir nie merken, ob es mit zwei R und mit NG oder GN geschrieben wird.
Ich überfliege den Rechtschreibtest und beschließe, die Wörter in Sätze einzubauen. Das gibt Pluspunkte. Wenn man mit den Wörtern ganze Sätze formuliert, sie richtig schreibt, die Sätze sinnvoll sind und einen Bezug haben, so als ginge es tatsächlich um etwas, kriegt man einen Hausaufgabenfreischein, was bedeutet, dass man eine Hausaufgabe seiner Wahl auslassen darf.
Bis jetzt hat das noch keiner geschafft. Und die heutigen Wörter sind echt schwer.
Ich schreibe:

Das Ungeheuer, dessen Namen ich nicht nennen werde, das aber krause Haare hat und das gemeinste Mädchen der Schule

ist, stellte anomales Benehmen zur Schau, als sie für mich ein heimliches Treffen mit einem angeblichen Verehrer arrangierte. Aber es war nur ein fieser Streich. Ich bin schockiert und möchte dieser Person Schimpfwörter entgegenschreien, die mir das eingebrockt hat, deren Namen ich nicht nennen will, die aber in der letzten Reihe sitzt und krause Haare hat und das gemeinste Mädchen der ganzen Schule ist, weil ich verleumdet wurde und mich total zum Affen gemacht habe. Zusätzlich sollte meine beste Freundin kommen, was aber nicht der Fall war, was ein Mysterium für mich ist.
Selbstverständlich sollte ich darüber hinwegsehen, aber in letzter Zeit scheint sie nicht mehr viel Wert auf unsere Freundschaft zu legen, und das wühlt mich ziemlich auf.

Wow, die perfekten Wörter für diese Woche! Es ist fast so, als hätte Mr Carter bei der Auswahl in meinem Tagebuch gelesen.
Mein Tagebuch! Oh nein, mein Tagebuch! Ich hab ganz vergessen, Mr Carters Namen auszustreichen!
Ich beobachte ihn aus dem Augenwinkel. Wo in dem Stapel liegt es wohl? Ob ich versuchen soll, es mir zurückzuholen?
Es sieht so aus, als würde er nur durchblättern, um zu sehen,

wie viel wir geschrieben haben und nicht *was*, genau wie er's gesagt hat. Aber wie kann er seinen Namen in meinem Tagebuch übersehen, da ich doch lauter Herzchen drum herum gemalt habe?

Ich spüre, wie ich rot werde, während ich in meinem Stuhl versinke.

Ich mustere sein Gesicht, ob es irgendein verräterisches Anzeichen gibt, als er die Tests einsammelt und uns die Tagebücher wiedergibt. Aber es gibt keines. Ich werde wohl nie erfahren, ob er weiß, dass ich in ihn verliebt bin.

Gleich heule ich los. Ich sterbe.

Und dann sehe ich es. Auf einem leeren Tisch vor mir steht: »Alyssa & Pfeifer«. Eingerahmt von einem Herzchen.

Ich kritzel etwas darüber, und als Elizabeth F-H ihre Buchrezension vorliest, zeichne ich einen Schmetterling, mit dem ich weit, weit wegfliegen kann.

16. KAPITEL

Hysterische Ziegen

Zur nächsten Mona-Lisa-Sitzung komme ich zu spät. Wegen der Pfeifer- und der Mr-Carter-Sache bin ich echt geknickt. Der arme Pfeifer, da wünscht er sich so sehr eine Freundin, und dann stellt sich heraus, dass ich es bin, und ich mag ihn nicht besonders. Na ja, auf jeden Fall nicht so. Ich Arme, hoffe auf Mr Right, und dann ist es Mr Wrong. Noch mal ich Arme – Mr Carter weiß möglicherweise, dass ich in ihn verliebt bin! Ich weiß nicht mal, ob mir das total peinlich sein soll oder nicht.

Und ich rege mich noch immer über die Sache mit meinem Vater auf, der munter und lebendig in irgendeinem südkalifornischen Vorort wohnt. Ich würde ihm gern die Augen auskratzen, weil er meine Mutter und mich im Stich gelassen hat. Ich kann es nicht fassen, dass er so egoistisch war.

Tja, ohne Augen könnte er nicht mehr surfen. Falls er surft. Das weiß ich ja nicht mal. Und es ist mir auch egal.

Bestimmt hat er eine Freundin. Aber ich habe Angst, meine Mutter danach zu fragen.

Wenn Gott existiert, warum passieren mir dann all diese schlimmen Sachen? He! Du da oben! Du sollst doch über mich wachen! Du weißt doch, der kleine Spatz?

Mrs Gardner bügelt und guckt die Oprah-Winfrey-Show im Fernsehen, als ich zu Chelsea komme. Ich sause durch den Flur in Chelseas Zimmer.
Sie sitzt an ihrem Schreibtisch und starrt in ein Notizbuch. Ob sie etwa eine Rede vorbereitet? Als ich reinkomme, sagt sie: »Gut, ich denke, da Alyssa ja jetzt hier ist, können wir anfangen. Alyssa, kannst du bitte das Protokoll der letzten Sitzung verlesen?«
Der letzten Sitzung? Ich glotze sie verständnislos an. Sollte ich was aufschreiben? Ups.
»Äh … hm … also …« Ich hole mein Tagebuch aus dem Rucksack und halte es so schräg, dass keiner reinsehen kann.
»Ja, also, wir haben die Vorstandsmitglieder gewählt. Chelsea ist die Präsidentin, ich bin die Schriftführerin und Keila ist die Schatzmeisterin.«
»Und waren alle anwesend?«, fragt Chelsea und guckt aus dem Fenster, während sie sich eine Haarsträhne um den Finger wickelt.
»Ja, es waren alle da.«

»Gut. Hat jemand irgendwelche Tagesordnungspunkte für heute?«

»Keila!«, schreien alle.

Keila errötet. »Er hat das Shirt getragen!«

»Ja!« Wir geben einander High-Five.

»Ich kann's nicht fassen!«

»Ich will auch eine Tat!«, ruft jemand.

»Verabredest du dich mit ihm?«, fragt Bri.

»Glaub schon«, sagt Kei.

Wow! Ist das zu fassen?

Als sich alle wieder beruhigt haben, melde ich mich.

»Alyssa, ich erteile dir das Wort«, sagt Chelsea. *Sie erteilt mir das Wort?* Woher hat sie dieses Zeug?

»C-SPAN«, sagt Bri kichernd.

»Ich möchte gern wissen, wer etwas – und ich meine wirklich: *irgend*etwas – über Pfeifer und das Liebesbriefchen weiß.«

»Hä?«, sagt Bri verwirrt, die noch nie das Wort »Pfeifer« und »Liebe« in einem Atemzug gehört hat.

»Jemand hat mir ein Liebesbriefchen in den Spind gesteckt, auf dem stand, dass ich ihn nach der Schule treffen soll. Und als ich hinkam, war Pfeifer da!«

Chelsea und Keila fallen fast um vor Lachen und halten sich die Bäuche.

»Das ist nicht witzig!«
»Pfeifer ist in dich verliebt?«, sagt Bri und krümmt sich vor Lachen.
»Nein, ist er nicht, ich meine, na ja, ich weiß es nicht genau. Er hat das Briefchen nicht geschrieben. Das war ein Streich, ein ganz gemeiner Streich.«
»Und warum warst du nicht da?«, schreie ich, stehe auf und zeige auf Chelsea. »Du wolltest doch mitkommen.«
Alle schauen Chelsea an, die nickt und sagt: »Okay, schreib das auf die Tagesordnung.«
Tagesordnung? »Nein! Ich will jetzt gleich darüber reden!«, rufe ich und werfe mein angebliches Protokollbuch nach ihr, wobei ich insgeheim ein Stoßgebet zum Himmel schicke, dass keiner mein Tagebuch aufschlägt und reinguckt.
»Die Sitzung ist hiermit eröffnet!«, sagt Chelsea und klopft mit der Bürste auf den Tisch. »Gott, Alyssa, du bist echt so eine hysterische Ziege!«
Das reicht! »Und du bist … du bist so eine … (Ich will »hysterische Ziege« sagen, aber das hat Chelsea ja schon getan) … Primadonna!« Das Wort habe ich von Nonna.
»Was ist eine Primadonna?«, flüstert Nicole.
»Das heißt bestimmt, dass sie glaubt, dass sich die ganze Welt nur um sie dreht«, sagt Bri.

Zurück zum Thema. »Weiß jemand, auf wessen Mist das gewachsen ist?« Ich halte das Briefchen hoch, ohne Haydens Namen zu nennen, weil sie mir ja doch nicht glauben, wenn ich ihnen sage, dass sie mir das Leben vermiest. Ich will, dass sie ihn aussprechen!

»Wahrscheinlich Dillon«, sagt Bri. »Hast du nicht gerade Schluss mit ihm gemacht?«

Was? Dillon? Absolut unmöglich. »Ich habe nie *offiziell* mit ihm Schluss gemacht.«

»Na ja, wenn er glaubt, dass du mit ihm Schluss gemacht hast, will er sich vielleicht dafür rächen«, sagt Keila.

Nicole nickt. Als hätte sie eine Ahnung.

»Du weißt doch genau, wer das war«, sage ich zu Bri. »Ich hab dich mit ihr gesehen! Ich hab dich an dem Tag mit ihr zusammen gesehen!« Tränen rollen mir über die Wangen.

»Mit wem?«, sagt Bri verwirrt.

»Hayden. Mit wem denn sonst? Die macht mir das Leben zur Hölle, seit sie hier ist.« Ich wische mir mit der Hand übers Gesicht.

Keiner sagt etwas.

Endlich sagt Keila: »Ich glaube nicht, dass es Hayden war. Ich glaube nicht, dass sie *so* gemein ist.«

»Sie hat mir Kaugummi in die Haare geschmiert!«, brülle ich.

»Das war doch keine Absicht«, sagt Chelsea.
Ist *das* zu fassen? Sie verteidigen Hayden doch tatsächlich!
»Was ist nur los mit euch? Was ist bloß los? Auf welcher Seite steht ihr eigentlich?« Alle starren mich an. Aber das ist mir egal.
»Dieser ganze Club ist doch Quatsch!«, rufe ich. »Der Rotkehlchen-Club hat wenigstens irgendetwas getan! Sie haben wenigstens Kriminalfälle gelöst!«
»Was ist denn der Rotkehlchen-Club?«, flüstert Nicole Bri ins Ohr.
»Trixie Belden und der Rotkehlchen-Club. Ein Club, der anderen Menschen geholfen und lauter coole Sachen gemacht hat, was mehr ist, als man von diesem blödsinnigen Club behaupten kann!«
Ich laufe auf und ab. »Dieser doofe Club dreht sich doch nur um Chelsea!«, sage ich und zeige auf sie.
Alle wenden sich ihr zu und starren Chelsea an, die Primadonna-Präsidentin.
»W-w-was?«, stammelt Chelsea.
»Alle, die finden, dass Chelsea eine Primadonna ist, sagen ›ja‹!«
»Bedeutet das, dass sie uns herumkommandiert und zu viel an sich selbst denkt?«, fragt Nicole.

»Ja«, sage ich.

»Ja!«, sagen alle.

Chelsea wird kalkweiß. Sie sieht aus, als würde sie gleich in Ohnmacht fallen.

»Alle, die diesen Club blödsinnig finden, sagen ›ja‹!«

»Ja!«, sagen alle.

»Alle, die der Meinung sind, dass das Treffen damit beendet ist, sagen ›ja‹!« Allmählich fühle ich mich groß und mächtig.

»Ja!«, sagen alle und stehen auf.

»Das war's für heute.« Nicole winkt Chelsea zum Abschied.

Wir gehen, und Chelsea starrt uns hinterher, ausnahmsweise mal ganz still.

Bri und ich laufen ein paar Blocks gemeinsam zu Fuß.

»Irgendwie mochte ich ja die Club-Idee«, sagt Bri.

»Ach was.«

»Doch, echt.«

»Und ich dachte, dass du zu cool für so was bist.«

»Na ja, bin ich ja auch«, lacht Bri. »Und du auch.«

Schweigend gehen wir weiter bis zu ihrer Straßenecke.

»He, Bri. Kannst du nicht rausfinden, wer mir dieses Liebesbriefchen geschickt hat?«

»Ich versuch's!« Sie verschwindet in der Dunkelheit.

Langsam gehe ich die Court Street hinauf und kicke dabei

einen Stein vor mir her, während der Wind mir das Haar nach hinten bläst. Es ist ein schöner Abend, aber alles, was ich sehen kann, ist Dunkelheit. Ich habe ein schlechtes Gewissen, dass ich so gemein zu Chelsea war. Warum sind die Menschen so verkorkst?

Deine beste Freundin sollte dir zuhören, wenn du ihr was erzählst, und sich nicht wie die Weltpräsidentin aufführen. Man sollte keine anonymen Liebesbriefchen in Spinde stecken, Hoffnungen wecken und die Gefühle anderer Leute verletzen. Mädchen sollten sich gegenseitig keine Kaugummis in die Haare schmieren. Die Jungs, die man lieben will, sollte man lieben, und die, die man nicht lieben will, sollte man nicht lieben.

Ich kicke einen kleinen Stein weg und verfehle haarscharf einen kleinen braunen Vogel auf dem Bürgersteig. Er flattert hoch.

Lehrer sollten *nicht* wissen, dass man in sie verknallt ist.

Mütter sollten keine Vegetarierinnen sein.

Väter sollten nicht abhauen.

Und während ich an der Kirche St Mary Star of the Sea vorbeigehe, denke ich: Und Gott sollte laut zu dir sprechen.

Der Vogel setzt sich, legt den Kopf schief und blickt mich an.

17. KAPITEL

Hackbraten

Als ich reinkomme, reicht Mom mir das Telefon weiter.

Kaum habe ich »Hallo?«, gesagt, bricht schon ein Wortschwall über mich herein.

»Alyssa! Wie konntest du nur? Wie konntest du nur?«, fängt sie an.

Dann sagt sie: »Wir sind doch schon so lange befreundet, Alyssa.«

Und dann: »Was ist nur los mit dir?«

Das bringt das Fass zum Überlaufen. »Was *mit mir* los ist? Was mit *mir* los ist? Soll das ein Witz sein? Was ist los mit *dir*? Wann hast du beschlossen, die Weltherrschaft an dich zu reißen?«

Sie legt auf.

»Alles in Ordnung, Alyssa? War das Chelsea?«, fragt Mom.

»Warum kannst du nicht Hackbraten machen wie alle anderen?«, schreie ich und renne in mein Zimmer. Ich werfe

mich aufs Bett und vergrabe meinen Kopf unter dem Kissen.
»Was?«, fragt sie. Sie steht neben meinem Bett und klingt verwirrt.
»Warum kannst du nicht Hackbraten mit Kartoffeln machen wie alle anderen? Und warum hast du mir vier Vornamen gegeben? Wieso können wir nicht ganz normal sein wie alle anderen?« Ich fange an zu weinen.
»Keiner ist ›normal‹, Alyssa. Wenn du größer bist, wirst du das merken.« Mom setzt sich neben mich und streicht mir durchs Haar. »Was ist los?«
Ich setze mich auf und verschränke die Arme vor der Brust. Tränen laufen mir übers Gesicht. »Ich will einfach nur Hackbraten. Warum kannst du nicht Hackbraten machen?«
Obwohl ich wie eine Vierjährige klinge, geht Mom darauf ein. »Ich habe ein Rezept für einen vegetarischen Hackbraten«, sagt sie.
»Nein! Keinen vegetarischen – einen mit Hackfleisch, wie bei allen anderen!«
»Okay, kann ich machen«, sagt Mom. »Das ist aber viel Hackfleisch für ein Mädchen.« Sie streichelt mir über den Kopf. Das fühlt sich gut an. »Und magst du mir jetzt nicht sagen, was wirklich los ist?«

»Hayden hat mir einen anonymen Liebesbrief geschickt und Chelsea benimmt sich wie eine Diktatorin und im Fernsehen werden Leute erschossen und der World-Trade-Center-Angriff und Dillon hat an meinem BH gezogen und ich bin noch immer so flach wie ein Brett und du kochst komisches Zeug und Mr Carter weiß, dass ich in ihn verliebt bin, und Daddy hat mich nicht lieb!« Jetzt heule ich richtig.
Mom umarmt mich. »Das ist aber viel«, sagt sie. »Da werde ich dir wohl eine Doppelsitzung in Rechnung stellen müssen.« Sie lächelt.
Ich versuche, ihr Lächeln zu erwidern, aber meine Nase läuft und ich habe ganz verquollene Augen. »Mom, habe ich einen Nervenzusammenbruch?«
Sie lacht. »Nein. Es prasselt nur alles auf einmal auf dich ein. Du hast in letzter Zeit mit vielen verschiedenen Dingen zu tun gehabt. Versuch, den ganzen Ballast loszulassen. Hör auf, es immer mit dir herumzuschleppen. Das ist zu viel«, sagt sie sanft.
Ich wische mir übers tränennasse Gesicht. Ich habe keine Ahnung, wie man loslässt. Ich habe noch nie gewusst, wie man das macht.
»Warum legst du dich nicht in die Badewanne, ziehst danach deinen Schlafanzug an und ich bestelle eine Pizza?«, schlägt

Mom vor. »Und du kannst jeden Belag draufhaben, den du willst. Auch Wurst.«

»Okay«, sage ich schwach.

Das Bad hilft. Ich kuschel mich in meinem Lieblingsschlafanzug auf die Couch. Mir ist warm und wohlig. Mom und ich essen Pizza (halb mit Ricotta und Spinat, halb mit Salami und Schinken belegt) und mir geht's gleich noch besser. Ich lege meinen Kopf an ihre Schulter.

»Also, was ist nun mit Chelsea los?«, fragt Mom.

»Sie kommandiert alle rum, als wäre sie völlig bekloppt.«

»›Bekloppt‹ sagt man nicht«, sagt Mom.

»Wir haben einen Club gegründet, die Mona Lisas, und sie ist die Präsidentin, benimmt sich aber wie eine Tyrannin.«

»Die Mona Lisas?«, sagt Mom. »Toller Name!«

Mona Lisas and Mad Hatters, sagen wir beide lachend. Unser Lieblingssong.

»Auf jeden Fall benimmt sich Chelsea in letzter Zeit eher wie ein komischer Kauz und nicht wie Mona Lisa. Sie tut so, als sei sie die Königin der ganzen Welt.«

»Das sieht Chelsea gar nicht ähnlich. Vielleicht ist ja irgendwas mit ihr los.«

»Ja. Sie will die Welt beherrschen! Ich mag sie nicht mal mehr richtig, und dabei ist sie meine beste Freundin!«

»Gib sie noch nicht so schnell auf«, sagt Mom. Dann wird sie still, und ich weiß schon, was kommt. »Alyssa, dein Vater liebt dich. Er ist nur ein sehr, sehr großer Egoist. Wie viele Männer. Es gibt aber auch egoistische Frauen. Das liegt an unserer Kultur. Alle wollen immer alles sofort, und es ist ihnen egal, ob sie damit jemandem wehtun. Und wenn sie's dann haben, merken sie, dass es gar nicht so toll war. Die Sehnsucht danach war toll, aber nicht, es zu bekommen. Verstehst du, was ich meine?«

»Ja, glaub schon.«

»Ein Jahr nachdem dein Vater nach Los Angeles gegangen war, sagte er, er habe einen Fehler gemacht. Er sagte, dass du ihm fehlst, und wollte zurückkommen.«

»Und du hast nein gesagt?«

»Er wollte nur zurückkommen, weil seine Freundin ihn verlassen hatte, und ich war für ihn einfach, bequem und vertraut und er wusste, was er bekommt. Er liebt dich, aber nicht mich.«

Sie schaut ins Leere, während sie mir übers Haar streichelt. »Und ich war nicht mehr dieselbe. Ich war stärker geworden. Ich hatte meine eigenen Ansichten und fing zum ersten Mal seit Jahren an zu träumen.«

Sie seufzt. »Bitte versteh mich nicht falsch: Hätte er mich

geliebt, hätte ich ihn zurückhaben wollen. Aber er hat mich nicht geliebt. Früher oder später wäre er wieder gegangen, und das wäre nicht gut für dich gewesen. Und wir kommen doch gut alleine klar, oder?«

»Ja, aber … ich bin stocksauer auf ihn!«

»Ich weiß, Schätzchen. Aber du musst ihm vergeben, sonst frisst es dich auf.«

Ich verschränke die Arme vor der Brust und schaue weg.

»Oder leidest du lieber?«

»Nein, ich bin lieber glücklich, hätte aber auch gern die gerechte Strafe für ihn.«

Mom lacht. »Junge, das kann ich gut verstehen. Aber dummerweise geht nicht beides. Du kannst entweder wütend bleiben und leiden oder ihm vergeben und glücklich werden. Das liegt ganz bei dir.«

»Okay«, sage ich, aber eigentlich hoffe ich, dass die Gefühle von selbst verschwinden.

»Gut. Geht's dir besser?«

»Ich glaube schon.« Ich lege wieder meinen Kopf an ihre Schulter. »Na ja, außer der vegetarischen Sache.«

»Hm, warum einigen wir uns nicht auf einen Kompromiss?«, sagt Mom. »Wie wäre es, wenn du dir dienstags und donnerstags aussuchen kannst, was es zum Abendessen gibt. Es muss nicht mal was Gesundes sein. McDonald's, wenn du willst. Und ich achte darauf, dass du dich in der übrigen Woche gesund ernährst«, sagt sie lächelnd.

»Gut«, sage ich. Ich bin jetzt hundemüde. Über meinen Vater zu sprechen, macht mich müde.

»Und was hat es jetzt mit Hayden auf sich, die dir ein Liebesbriefchen geschickt hat?«, fragt Mom.

18. KAPITEL

Die Wahrheit über Hayden

Dillon steht vor meinem Spind. Ich öffne die Tür und haue sie ihm in den Rücken. *Ups.*

»Alyssa, ich will wieder mit dir zusammen sein.«

»Ich wusste ja gar nicht, dass wir getrennt sind.«

»Na ja, ich habe gehört, dass du mit mir Schluss gemacht hast«, sagt er ganz leise, damit niemand es hört.

»Habe ich aber nicht, nicht offiziell oder so.«

»Gut, ich würde gern wieder was mit dir machen.«

»Ach, damit du wieder an meinem BH ziehen kannst?«

Die Schulklingel ertönt. Ich warte einen Augenblick, quäle ihn ein bisschen. »Die Sache ist die, Dillon, du bist *echt* unreif«, sage ich, dann winke ich ihm zu (bis bald!) und gehe weg.

»Du hältst dich wohl für was Besonderes, was?«, ruft er hinter mir her.

Mr Carter scheint heute besonders glücklich zu sein. »Ich freue mich, euch mitteilen zu können, dass wir die ersten Gewinner des Hausaufgabenfreischeins haben!«

Alle sehen sich um, als hätten die Gewinner ein großes G auf der Stirn geschrieben.
»Und die Hausaufgabenfreischeine gehen an …« Mr Carter deutet einen Trommelwirbel auf seinem Schreibtisch an, »Alyssa Fontana und David Hayes!« Ich werde knallrot. Ich wurde nicht nur als eine der Besten ausgewählt, sondern auch noch zusammen mit Pfeifer!
»Würde einer von euch den anderen seine Sätze vorlesen?«
»Nein!«, rufe ich, weil ich daran denke, was ich geschrieben habe.
»Nein!«, sagt Pfeifer. Ich kann mir lebhaft vorstellen, was er geschrieben hat.
»Lustig«, sagt Mr Carter. »Eure Texte waren sich nämlich erstaunlich ähnlich.«
Ach nee, sag bloß.
Ich höre ein Kichern. Ist das Hayden, die da lacht?
Alle rufen: »Pfeifer! Pfeifer! Pfeifer!«, und klatschen in die Hände. Ich bin mir nicht sicher, ob sie ihm gratulieren oder sich über ihn lustig machen.
»Gut, gut, alle mal Ruhe bitte. Ich wollte nur, dass ihr alle wisst, dass ihr es könnt«, sagt Mr Carter und gibt uns die Hausaufgabenfreischeine. »Herzlichen Glückwunsch, Alyssa und David.«

»Gut, nächste Aufgabe. Nehmt ein leeres Blatt Papier.« Mr Carter teilt Wörterbücher aus. »Heute machen wir mal etwas ganz anderes.«
»Oh-oh«, sagt Broti.
»Ich bin so stolz auf euch, dass ihr euch als Belohnung selbst die Wörter für den nächsten Rechtschreib-/Wortschatztest raussuchen dürft«, sagt Mr Carter. »Ich möchte, dass jeder von euch fünf Wörter aufschreibt, die seiner Meinung nach im Test vorkommen sollten. Ich werde das benoten, also sucht keine zu leichten Wörter heraus. Ein Wort sollte dabei viel schwieriger sein als die übrigen. Dann schaut die Wörter bitte im Wörterbuch nach. Schreibt die Worterklärung aus dem Wörterbuch neben das Wort und daneben eure eigene, mit euren eigenen Worten. Für den nächsten Test werde ich die Wörter aus euren Listen wählen.«
Wir stöhnen. Ich weiß nicht, warum, aber so ist es. Das machen wir immer, wenn wir eine neue Aufgabe gestellt kriegen: Wir stöhnen.
Ich stöhne aus Gewohnheit, auch wenn ich so etwas eigentlich liebe. Ich liebe Wörter.
Ich schnappe mir ein Wörterbuch und blättere es durch, bis ich auf interessante Wörter stoße, Wörter wie »anmachen«, »erzürnen«, »mäßigen« und »quälen«. Mein schwers-

tes Wort ist »echauffieren«. Ich schreibe die Worterklärungen ab.
Na, das hat nicht lang gedauert. Ich gebe mein Blatt ab und sehe mich um. Die halbe Klasse starrt ins Leere, die andere Hälfte blättert im Wörterbuch und sieht dabei ziemlich *echauffiert* aus.
Elizabeth F-H scheint gar nicht klarzukommen. Sie hat noch kein einziges Wort hingeschrieben. Anders als Broti. Ich schaue auf seine Liste:
1. Focaccia
»Du kannst doch nicht deinen eigenen Nachnamen für den Rechtschreibtest nehmen!«, sage ich.
»Warum denn nicht? Den kann keiner schreiben! Und zumindest ich weiß, wie man ihn richtig schreibt!«
2. Feta
»Du bist ja besessen von Essen, Broti.«
3. Fungus
»Du bist echt so eklig!«
4. Fetisch
»Ii!«
5. Fanatiker
»Ich glaube nicht, dass die schwer genug sind, Broti.«
»Für mich schon!«

Was wohl Hayden aufgeschrieben hat? »Folter«? »Streich«? »Quälgeist«?
»Wer schon fertig ist, schreibt bitte Tagebuch«, sagt Mr Carter.
Das war ja wohl auf mich gemünzt. Also schreibe ich:

Liebe Gabs,
gestern Abend hab ich mit Mom über einige Dinge gesprochen. Das hat gut getan. Sie hat vieles viel besser verstanden, als ich dachte.

Elizabeth F-H lehnt sich zu mir und flüstert mir ins Ohr: »Alyssa, mir fällt einfach nichts ein. Ich weiß nicht, was ich schreiben soll.«
»Ist doch babyleicht. Denk einfach an Leute, die du kennst«, sage ich. Ich nehme mein Wörterbuch und blättere wieder darin herum. Ich schlage ihr ein paar Wörter vor, sage ihr aber nicht, an wen ich dabei denke.
»Hier, wie steht es mit ›Primadonna‹ (Chelsea), ›unreif‹ (Dillon), ›spöttisch‹ (Bri), ›attraktiv‹ (Mr Carter) und ›satanisch‹ (Hayden)? Das ist dein schwerstes Wort. Es bedeutet, dass jemand böse und gemein ist«, erkläre ich.

Ich schreibe noch ein bisschen in meinem Tagebuch, und dann klingelt es.

»Alyssa, kann ich dich kurz sprechen?«, fragt Mr Carter.

Oh-oh.

»Ich habe mir deine Rechtschreib-Wörter angeschaut. Ist alles in Ordnung bei dir?«, fragt Mr Carter.

»Äh …«

»Du wirkst in letzter Zeit etwas *echauffiert*«, sagt er und liest meine Liste.

»Na ja, äh, Mr Carter, ist Ihnen etwas … ähm … Interessantes … in meinem Tagebuch aufgefallen?«, frage ich.

»Ich habe es nur durchgeblättert, aber nicht darin gelesen.«

»Ich weiß, aber ist Ihnen beim Blättern … äh … etwas ins Auge gesprungen?«

Er lacht, sagt aber nichts.

Ich muss es einfach wissen. »Ich hatte Angst, Sie haben vielleicht etwas gesehen, das ich in mein Tagebuch geschrieben habe.«

»War es denn was Gutes?«, fragt er und lacht wieder.

»Na ja, hängt davon ab, was man darunter versteht«, sage ich und werde rot.

»Mach dir nicht so viele Sorgen. Entspann dich.«

»Das fällt mir schwer«, sage ich.

»Das ist auch leichter gesagt als getan«, stimmt Mr Carter mir zu.
»Mr Carter?«
»Ja, Alyssa?«
»Ich finde Sie ziemlich cool.« Ich versuche ihm in die Augen zu schauen, gucke dann aber doch auf den Fußboden.
»Ich finde dich auch echt cool«, sagt er.
Als ich zu meinem Spind gehe, sehe ich, dass etwas rausschaut. Ein Zettel. Nicht schon wieder!
Ich ziehe ihn heraus. Es ist ein Blatt aus einem Schulheft, auf das jemand ein Herzchen gezeichnet hat. Darin steht: »Alyssa & Pfeifer«.
Jetzt reicht's aber! Ich hab die Nase gestrichen voll. »Alyssa & Pfeifer« auf den Tischen. »Alyssa & Pfeifer«-Briefchen.
Ich marschiere geradwegs zu Haydens Spind, aus dem sie gerade Bücher rausräumt. Ich schubse sie gegen den Spind. Jetzt wird mal klar Tisch gemacht! Ich ertrage das nicht länger.
»W-was ist?«, sagt sie.
»Ich hab die Schnauze voll von dir und deinen Streichen«, sage ich.
»Was meinst du damit?«, fragt Krauskopf und blickt mir direkt in die Augen. Junge, ist die gut.

»Der Liebesbrief, die Wurstscheiben, die Eisstiele …«
»Wovon redest du?«, sagt sie und richtet sich auf.
»Aber klar doch, Hayden«, sage ich und will sie gerade wieder schubsen, als ich jemanden »Pfeifer! Pfeifer!« rufen höre und Gelächter.
Ich drehe mich um. Es ist Dillon! Dillon und Zack O'Brien.
»Na, wie geht's deinem Liebsten?«, ruft Dillon quer über den Gang.
Mir rutscht das Herz in die Hose. Oh nein. »Hayden … äh … ich glaube, ich habe mich geirrt«, sage ich. »Ich bin gleich wieder da. Rühr dich bitte nicht vom Fleck.« Ich renne Dillon hinterher.
Es ist nicht schwer, ihn einzuholen, denn er steht lauthals lachend im Gang.
Ich schubse ihn gegen die Spinde. Immerhin bin ich größer als er.
»He, he, he!«, sagt Zack und geht mit erhobenen Händen rückwärts weg. »Bis morgen, Dil!«
»Hast du mir das Briefchen in den Spind gesteckt?«, frage ich und knülle Dillons T-Shirt zwischen meinen Fingern.
»Was für ein Briefchen?«
»Dillon!« Ich dränge ihn stärker gegen die Spinde.

»Na ja, er scheint irgendwie mehr dein Typ zu sein«, sagt er.

Ich bin geschockt. Das war also *er.* Die Mona Lisas hatten doch Recht.

Ich lasse sein Shirt los. »Und die Pepperoni und die Eisstiele und der ganze Rest?«

»Die waren Zacks Idee.«

»Aber warum? Warum hast du das getan? Du bist doch mein Freund!«

»Du hast mit mir Schluss gemacht!«

Ich zeige ihm den Vogel. *Versager.*

Ich gehe zurück zu Hayden, die mich anguckt, als sei ich übergeschnappt.

»Hayden, es tut mir so leid, dass ich dich geschubst habe. Dillon hat mir ein paar böse Streiche gespielt, aber ich dachte, das wärst du.«

Sie nickt. »Na ja, ich war ja auch nicht gerade nett zu dir, als ich hier neu war. Ich war«, sie guckt verlegen zu Boden, »neidisch auf dich. Ich dachte, du hast alles Glück der Welt.«

Lustig, ging mir genauso.

»Bis zu dem Tag, als ich mit zu dir gekommen bin und erfahren habe, dass auch dein Vater abgehauen ist.«

19. KAPITEL

Die Wahrheit über Chelsea

Ich beschließe, mich in die Badewanne zu legen, um mich etwas zu entspannen, wie Mr Carter es mir geraten hat. Ich mache eine Kerze an und lasse mich bis zum Kinn ins Wasser sinken. Mit den Zehen bewege ich das Wasser hin und her, beobachte, wie die Flamme im Luftzug flackert.

Immer und immer wieder gehen mir Haydens Worte durch den Kopf. Am liebsten würde ich etwas kaputthauen. Ob diese blöden Gefühle wohl jemals weggehen?

Und dann höre ich es. Ganz schwach, ganz hinten im Kopf. Das »Zudeck-Lied«. Das Spatzen-Lied.

Weil er die kleinen Dinge liebt, weiß ich, er liebt auch mich.

Ich steige aus der Badewanne und ziehe meine Lieblingshose an.

»Na, geht's dir besser?«, fragt Mom, als ich in mein Zimmer gehen will.

»Ja«, sage ich. »Wie war dein Tag?«

Mom guckt mich überrascht an. Vermutlich habe ich sie das

eine ganze Weile nicht gefragt. »Gut. Mein Tag lief gut, danke der Nachfrage.«

Ich drehe mich wieder in Richtung meines Zimmers. Ich will Tagebuch schreiben.

»Lyss?«, sagt Mom zögernd.

Oh-oh. Ihre Stimme verheißt nichts Gutes.

»Ich muss dir was erzählen«, sagt Mom. Sie steht in meiner Tür. »Ich habe heute mit Bris Mutter gesprochen. Sie hat mir erzählt, dass die Gardners sich vor einer Weile getrennt haben.«

»Was?« Ich setze mich langsam aufs Bett. Doch nicht die Gardners – die perfekte Familie!

Ich denke an Mrs G in ihrer Schürze. An Hackbraten im Ofen. Kartoffeln. Selbstgehäkelte Deckchen auf der Couch. Reitunterricht. Mittagessen auf dem Land. Ballettunterricht. Chelsea.

»Vielleicht war Chelsea ja deswegen in letzter Zeit so komisch?«, sagt Mom.

»Wahrscheinlich«, sage ich benommen. Ich sehe Mrs G im Geiste bügeln, während sie sich die Oprah-Winfrey-Show ansieht.

»Was ist passiert?«

»Keine Ahnung«, sagt Mom.

»Ich kann's nicht glauben.«
»Ja, man dachte immer, bei ihnen liefe alles perfekt.«
Jetzt geht es mir nicht mehr ganz so schlecht. Sogar die Seelenklempnerin dachte das also.
»Was soll ich tun, Mom? In letzer Zeit war ich nicht sehr nett zu ihr.«
»Sei ihr einfach eine Freundin, Alyssa. Warum rufst du sie nicht an und fragst, ob du bei ihr vorbeikommen kannst?«

Als ich am nächsten Tag nach der Schule zu ihr gehe, denke ich erst, ich habe mich in der Tür geirrt. Rockmusik wummert durch die Fenster, und jemand singt lauthals!
Ich klingle und falle beinahe um, als Mrs G die Tür öffnet. Ihre Haare sind ganz kurz und stehen überall ab. Ich kann nicht erkennen, ob das der Style ist oder ob sich die Haare einfach beim Schlafen so gelegt haben? Und sie trägt Jeans und ein T-Shirt!
»Hi, Alyssa!«, sagt sie lächelnd. Na, immerhin wirkt sie fröhlich!
»Hey, Mrs G«, sage ich und versuche, so zu sein wie immer, was aber nicht einfach ist, weil es bei ihnen aussieht wie Sau. Überall liegen leere Dosen und Pizzakartons herum. Zeitungsblätter bedecken den Boden. Und erst die Zeit-

schriften! Überall Zeitschriften. Ich rutsche fast auf einer aus, als ich mir einen Weg zu Chelseas Zimmer bahne.

»Chels ist in ihrem Zimmer«, sagt Mrs G. Sie lässt sich mit einer Zeitschrift auf die Couch fallen.

Wow. Ich habe noch nie gesehen, dass sie sich hinsetzt!

In Chelseas Zimmer herrscht ebenfalls Tohuwabohu.

»Ich wusste das nicht«, sage ich.

»Ich weiß«, sagt sie.

Und dann singt Mrs Gardner wieder aus Leibeskräften, irgendeinen Song über irgendjemand, der die Illusion der Liebe zertrümmerte.

»Was singt sie da?«, frage ich.

»Einen ihrer Lieblingssongs aus der High School. Sie meint, das sei ›karthatisch‹.« Chelsea verdreht die Augen. »Was heißt das?«

»Ich glaube, das heißt, dass man etwas aus seinem System herauskriegt«, sage ich, ausnahmsweise mal dankbar, dass Mom Therapeutin ist.

»Na ja, ich hoffe, sie kriegt es bald heraus. Sie singt es nämlich immer und immer wieder und wieder«, sagt Chelsea.

»Vielleicht versucht sie, zu sich selbst zu finden.«

»Na ja, ich hoffe, sie findet bald zu ihrem alten Selbst zurück, das kocht und putzt.«

»Ist bei dir alles in Ordnung?«
Sie nickt. »Sie haben sich schon eine ganze Zeit gestritten. Es kam für mich nicht überraschend.«
»Wow. Ich kann's nicht fassen!«
»Und mein Dad kam schon länger immer ziemlich spät nach Hause. Angeblich, weil er so lange arbeiten musste.«
»Aber das stimmte nicht?«
»Weiß ich nicht«, sagt sie. »Und ich will es auch gar nicht wissen, weißt du?«
Ja, das verstehe ich gut. Und dann geht mir ein Licht auf. Deshalb hat Chelsea mich also links liegen lassen, als ich ihr von meinen Problemen erzählen wollte. Sie hatte genug eigene Sorgen.
»Lassen sie sich scheiden?«
»Keine Ahnung«, sagt Chelsea und guckt weg.
»Will sich deine Mutter einen Job suchen?«
»Ich glaub schon. Ich denke, das möchte sie gern. Sie hat meinen Vater angebrüllt, dass sie immer nur kocht und saubermacht und seine Hemden bügelt, als sei sie seine Putzfrau oder so. Das hat ihr nichts ausgemacht, solange er viel zu Hause war und lieb zu ihr. Aber als er anfing, spät nach Hause zu kommen und ihr kaum noch was zu sagen hatte, fühlte sie sich allmählich nur noch wie eine Dienstbotin.

Eines Nachts hatten sie einen Riesenkrach. Davon bin ich sogar aufgewacht! Und jetzt, wo ich schon etwas älter bin, muss sie ja auch nicht mehr den ganzen Tag hier sein«, sagt Chelsea und starrt ins Leere.

»Siehst du deinen Dad?«

»Jedes zweite Wochenende. Er hat sich eine Wohnung in der Stadt gesucht. Ich kann es noch immer nicht fassen.«

Ich auch nicht.

»Meine Mom will, dass ich zu einer Beratung gehe.«

Ich weiß nicht, was ich dazu sagen soll. Ich möchte ihr gern helfen, aber ich weiß nicht, ob ich das kann.

»Lyss?« Chelseas Augen sind voller Tränen.

»Was ist?« Ich würde gern meinen Arm um sie legen, aber ich habe Angst.

»Ich fühl mich so allein«, sagt sie und dann beginnt sie heftig zu weinen.

Und da lege ich meinen Arm um sie. Und erzähle ihr von den Spatzen.

20. KAPITEL

Das gemeinste Mädchen der ganzen Schule

Die letzten Monate waren echt verrückt! Es ist so viel passiert!
Hayden Martin, das gemeinste Mädchen der ganzen Schule, kommt zu mir und erzählt meiner Mom, dass ihr Dad sie verlassen hat. Ich finde heraus, dass auch mein Vater uns verlassen hat und dass er lebt, obwohl ich die ganze Zeit dachte, er sei bei einem Motorradunfall umgekommen!
Ich kaufe meinen ersten BH, und dann gehen Mom und ich ins Hard Rock Cafe, wo sie doch tatsächlich mit dem sexy Barkeeper flirtet. Und ich dachte immer, dass sie Männer nicht mal mit dem Hintern anschaut! Schlimmer Gedanke: Dass Mom einen Freund haben könnte.
Chelsea gründet den Mona-Lisas-Club, damit sie etwas zu tun hat, da ihr Leben aus den Fugen gerät. Wir machen nichts, außer rote Pullis und schwarze Jeans zu tragen, ganz anders als Trixie Belden und der Rotkehlchen-Club, der immer coole Sachen gemacht hat, wie zum Beispiel Krimifälle lösen.

Das stresst mich alles so, dass ich sogar in die Kirche gehe. Und mich an ein Lied erinnere, das Mom mir früher immer vorgesungen hat, über Spatzen und dass Gott über mich wacht, ein Zeichen, dass ich mich entspannen kann.
Was ich natürlich nicht tue.
Vor allem, als mir jemand ein Liebesbriefchen in meinen Spind steckt. Ich hoffe, dass es von einem süßen Typen stammt, wie Jason Andrews oder Mr Carter. Ich brezle mich auf und dann stellt sich raus, dass es Pfeifer ist. Pfeifer!
Nur dass er das Briefchen gar nicht geschrieben hat. Ich habe Hayden im Verdacht, aber wie sich rausstellt, war es Dillon, der sauer auf mich ist, weil ich mit ihm Schluss gemacht hab, obwohl ich das offiziell gar nicht getan habe! Ich verprügele Hayden fast, weil ich denke, dass sie es war!
Wie sich rausstellt, war Hayden neidisch auf mich, weil sie dachte, mein Leben sei perfekt. Und ich dachte immer, dass Chelsea das perfekte Leben hat, dabei stellt sich raus, dass es um die Gardners gar nicht gut stand, und ich habe es nie mitbekommen.

Nicole steht vor meinem Spind, als ich in die Schule komme. Ich freue mich richtig, sie zu sehen.
Kaum habe ich gesagt: »Wie läuft's so, Nicole?«, als sie schon

sagt: »Ich fühl mich so schrecklich. Ich fühle mich so schrecklich, Alyssa. Ich hab gerade das mit den Gardners erfahren.«

»Oh, ich weiß. Ich fühle mich auch schlecht deswegen.«

»Wir waren beim letzten Treffen ganz schön gemein zu Chelsea«, sagt sie.

»Ich weiß«, seufze ich. Und dann wird mir schlagartig klar: *Ich war gemein. Ich!* Ich habe mich nie für einen gemeinen Menschen gehalten, immer nur andere.

Dabei war ich die Gemeinste von allen. *Das gemeinste Mädchen.*

»Na ja, wir haben's ja nicht gewusst. Und sie hat sich ja wirklich wie ein Schwachkopf aufgeführt«, sage ich zu meiner Verteidigung.

»Und was sollen wir jetzt machen?«, fragt Nicole.

»Inwiefern?«

»Wegen den Mona Lisas?«

»Keinen blassen Schimmer!«

»Aber ich will noch immer im Club sein. Es war das erste Mal, dass ich mich zu etwas dazugehörig gefühlt habe!« Nicole sieht so aus, als würde sie gleich losheulen.

»Aber der Club ist doch blöd! Wir tun nie was!«

»Na ja, ich hab mit Bri und Kei gesprochen, und sie würden auch gern Mitglieder sein.«

Die Schulklingel ertönt.
»Ich denk drüber nach, Nick«, sage ich.
»DWFH«, flüstert sie mir zu.
»DWFH«, sage ich, und diesmal kommt es mir gar nicht mehr so blöd vor.
Als ich durch den Gang zu Sozialkunde gehe, denke ich darüber nach, was Nicole über den Club gesagt hat, dass alle ihn noch immer wollen. Aber wieso? Wir tun doch nichts!
Aber tief in meinem Inneren weiß ich, warum der Club wichtig ist. Wir sind füreinander da, in guten wie in schlechten Zeiten. Und vielleicht sind wir eines Tages auch für andere Menschen da.
Sobald ich in die Klasse komme, stecke ich Chelsea ein Zettelchen zu: *Mittwochabend Mona Lisas?*
Sie sieht aus, als würde sie gleich losheulen vor Freude.
»Okay«, schreibt sie zurück.
»Bei dir?«
»Bei mir«, schreibt sie zurück. »Vielleicht bringt das meine Mom endlich mal dazu, aufzuräumen!«
Nach der Schule gehe ich an Haydens Spind vorbei. Ich will ihr gerade etwas durch den oberen Schlitz stecken, als sie meine Hand festhält.

»Was ist das?«, fragt sie.

Ertappt. »Äh … eine Einladung.«

»Zu was?«

Zu was. Gute Frage. Wie erklärt man die Mona Lisas?

»Hast du schon mal was von Trixie Belden gehört?«, frage ich, obwohl ich das bezweifle, denn bisher hat keiner, den ich kenne, von den Büchern gehört.

»Und dem Rotkehlchen-Club? Na klar!«, sagt Hayden.

»Trixie und Brigitte«, sage ich.

»Klaus und Martin«, sagt Hayden.

»Und Uli!«, sagen wir beide und sind uns einig, dass er der Süßeste ist.

Ich gebe ihr die Einladung.

»Vielleicht können wir ja wie Trixie und Brigitte sein«, sage ich, um all das wiedergutzumachen, was geschehen ist.

»Super«, sagt sie.

»Perfekt«, sage ich.

Und das ist es auch.

Na ja, fast.

Gewidmet

den Experten des Stoffs, nämlich dem Lektürekurs der sechsten Klasse von Mrs Wojeskis und Mrs VerGows an der Maple Hill Middle School, Castleton, New York, im Schuljahr 2002/2003; Samantha Grimm, die mir von Anfang an eine große Hilfe beim Schreiben war; meinem Sohn Jason, der Freude meines Lebens; Deborah Brodie, meiner Lektorin, die den Rohdiamanten in dem Entwurf erkannte und ihn zum Funkeln brachte; und Bill Reiss, meinem Agenten, der nie den Glauben verlor. Du bist der Größte. Äh, ich meine …

You rock, man!

(Unübertroffen!)

DEBORA ALLIE wuchs in einem kleinen Ort im Staat New York auf. Schon in der Schule schrieb sie am liebsten Aufsätze und während ihrer Zeit im College veröffentlichte sie Gedichte in literarischen Magazinen. Nach dem Studium arbeitete sie in vielen verschiedenen Berufen, die alle etwas mit Schreiben zu tun hatten. *Ich pfeif auf meine beste Freundin!* ist ihr erstes Buch.

Naegele
Lebensgemeinschaft
ohne Trauschein

Lebensgemeinschaft ohne Trauschein

Ratschläge und Vereinbarungen bei Beginn oder Trennung einer nichtehelichen Lebensgemeinschaft

von
Rechtsanwalt Dipl.-Kfm. Wolfgang Naegele
Hamburg

2. Auflage

WRS VERLAG WIRTSCHAFT, RECHT UND STEUERN

CIP-Titelaufnahme der Deutschen Bibliothek

Naegele, Wolfgang:
Lebensgemeinschaft ohne Trauschein: Ratschläge u.
Vereinbarungen bei Beginn oder Trennung e. nichtehel.
Lebensgemeinschaft / von Wolfgang Naegele. – 2., durchges.
Aufl. – Planegg/München: WRS, Verl. Wirtschaft, Recht u.
Steuern, 1988
(WRS-Musterverträge; Bd. 18)
ISBN 3-8092-0428-5
NE: GT

ISBN 3-8092-0428-5 Bestell-Nr. 45.14

1. Auflage 1987 (ISBN 3-8092-0342-4)
2. durchgesehene Auflage 1988

Satz und Druck: Schoder Offsetdruck, Gutenbergstraße 12, 8906 Gersthofen

Inhaltsverzeichnis

Abkürzungsverzeichnis

a.a.O.	am angegebenen Ort
Abs.	Absatz
Abschn.	Abschnitt
a.E.	am Ende
Anm.	Anmerkung
BAföG	Bundesausbildungsförderungsgesetz
BB	Betriebsberater
BeurkG	Beurkundungsgesetz
BFH	Bundesfinanzhof
BGB	Bürgerliches Gesetzbuch
BGH	Bundesgerichtshof
BVerfG	Bundesverfassungsgericht
bzw.	beziehungsweise
Einf.	Einführung
einschl.	einschließlich
ErbStG	Erbschaftsteuer- und Schenkungsteuergesetz
EStG	Einkommensteuergesetz
etc.	et cetera
f., ff.	folgende
FamRZ	Zeitschrift für das gesamte Familienrecht
gem.	gemäß
GG	Grundgesetz
i.S.	im Sinne
i.V.m.	in Verbindung mit
m.w.N.	mit weiteren Nachweisen
neLG	nichteheliche Lebensgemeinschaft
NJW	Neue Juristische Wochenschrift
NWB	Neue Wirtschaftsbriefe
Pkw	Personenkraftwagen
Rdnr.	Randnummer
Rspr.	Rechtsprechung
s.	siehe
S.	Seite(n)
S. (i.V.m. §)	Satz
s.o.	siehe oben
u.U.	unter Umständen
v.	vor
vgl.	vergleiche
z.B.	zum Beispiel
Ziff.	Ziffer
z.Zt.	zur Zeit

1 Vorbemerkung

Immer mehr Partner wählen als Form des Zusammenlebens die nichteheliche Lebensgemeinschaft. Da diese gesetzlich nicht speziell reglementiert ist und normalerweise zwischen den Partnern auch keine vertraglichen Vereinbarungen bestehen, wächst die Zahl der Gerichtsentscheidungen und wissenschaftlichen Diskussionsbeiträge, die die Probleme der nichtehelichen Lebensgemeinschaft zum Gegenstand haben. So vielfältig die Begriffe sind, mit denen diese Form der Lebensgemeinschaft belegt wird (wie z.B. „wilde Ehe", „Konkubinat", „freie Ehe", „Ehe ohne Trauschein", eheähnliche Lebensgemeinschaft", „nichteheliche Lebensgemeinschaft", „Ehe auf Probe"), so unterschiedlich sind auch die rechtlichen Beurteilungen, wenn bei einem solchen Zusammenleben oder Auseinandergehen Probleme auftreten.

Zum Wesen der nichtehelichen Lebensgemeinschaft gehören die rechtliche Unverbindlichkeit, die jederzeitige Auflösbarkeit, die Nichtabrechenbarkeit und Nichtrückforderbarkeit von Verwendungen auf das Vermögen des Partners und von Zuwendungen an den Partner.

Trennen sich die Partner, so ist die direkte oder entsprechende Anwendung eherechtlicher oder das Verlöbnis betreffender Normen ausgeschlossen. Die gesetzlichen Regelungen geben keine Anhaltspunkte für eine allumfassende „Patentlösung" für im Einzelfall auftretende Probleme und Fragen. Aufgrund dieser jeden Partner treffenden Unsicherheit kann es im Einzelfall geboten sein, daß die Partner ihr Zusammenleben und die Modalitäten der Auseinandersetzung für den Fall einer Trennung auf eine gemeinsam gewollte Basis stellen. Als äußerster Rahmen können Regelungen in Betracht kommen, die sich inhaltlich an den gesetzlichen Vorschriften für Eheleute orientieren und sich ergänzend an den Vereinbarungen ausrichten, die Eheleute regelmäßig (stillschweigend oder ausdrücklich) treffen.

Es kann jedoch nicht eindringlich genug vor zu perfektionistischen Regelungen gewarnt werden: Derartige Zielvorstellungen widersprechen zum einen dem Gedanken von Freiheit sowie Unabhängigkeit einer nichtehelichen Lebensgemeinschaft und wirken zum anderen nicht selten zerstörend auf die Basis des gewollten freien Zusammenlebens ein. Dies gilt um so mehr, wenn berücksichtigt wird, daß vorausschauende Regelungen nur selten alle später konkret auftretenden Probleme erfassen können.

Nachfolgend sollen „nur" die während des Zusammenlebens und bei Trennung jeweils entstehenden Problemkreise aufgezeigt werden. Anhand in der Praxis häufig auftretender Sachverhaltsgestaltungen soll dem Leser mittels (Basis-)Vertragsmustern eine Orientierungshilfe für den Einzelfall gegeben werden.

Die Vertiefung dieser Rechtsmaterie muß dem Studium der weiterführenden Literatur und der ständig fortschreitenden Rechtsprechung vorbehalten bleiben.

Der Verfasser

2 Vereinbarungen bei Aufnahme der Partnerschaft

2.1 Einführung

Während die Ehe als bestimmte Form des Zusammenlebens durch das Recht anerkannt ist, bestehen für die nichteheliche Lebensgemeinschaft keine allgemeinen gesetzlichen Regelungen. Die nichteheliche Lebensgemeinschaft beinhaltet allenfalls im Einzelfall eine Annäherung an die Ehe, jedoch ohne deren rechtliche Form, d.h. sie ist als solche rechtlich nicht einzuordnen.[1] Die Normen des Eherechts sind weder direkt noch analog anwendbar.

Auf die Gestaltung und Abwicklung der nichtehelichen Lebensgemeinschaft finden generell nur die allgemeinen gesetzlichen Regeln, also eine Vielzahl von Einzelregelungen Anwendung. Diese knüpfen an die einzelnen Rechtspositionen, wie Eigentümer, Besitzer, Mieter, Schuldner, Gläubiger etc., an. Diese Regeln sind aber mehr oder minder durch Vereinbarungen abänderbar, so daß Partner einer nichtehelichen Lebensgemeinschaft die gesetzlichen Wertungen ihrer Verhaltensweisen/Handlungen nicht für sich gelten lassen müssen. Es ist daher häufig ratsam, das Zusammenleben durch ausdrückliche Vereinbarungen zu gestalten, um die rechtlichen Folgen herbeizuführen, die die Partner für ihre Beziehung auch wirklich wollen.

Die Partner können sich zu einer sogenannten Gesellschaft bürgerlichen Rechts zusammenschließen; sie können untereinander Arbeitsverträge, Dienstverträge, Mietverträge, Darlehensverträge und andere Verträge abschließen. Auch können die Partner Einzelbereiche oder ihr Zusammenleben insgesamt durch Vertrag regeln. Der Gestaltungsspielraum ist weit. Ob und inwieweit jedoch die Begründung von gegenseitigen Rechten und Pflichten sinnvoll ist, ist immer eine Frage des Einzelfalles. Hierzu ist zu berücksichtigen, daß Verträge immer nur so viel Bedeutung erlangen, wie die Partner dem Vertrag durch den Inhalt beimessen. In jedem Fall sollte ein Vertrag jedoch einen Anhaltspunkt für eine Lösung eines entstehenden konkreten Problems bieten oder bei Meinungsverschiedenheiten einen Weg für eine bestimmte Verhaltensweise aufzeigen. In diesem Sinne kann ein Vertrag dazu beitragen, die Entstehung von Meinungsverschiedenheiten zu verhindern oder diese nach ihrer Entstehung beizulegen.[2]

---

1 Ausführlich hierzu de Witt/Huffmann, Rdnr. 43ff.
2 Vgl. Ihara/Warner/Dzierma, S. 40ff.

Die nachfolgenden Musterverträge unter Abschnitt 2, also bei Zusammenziehen und Aufnahme des gemeinsamen Wirtschaftens, geben Anhaltspunkte für eine Gestaltung, die dem Anliegen im Einzelfall nahekommen kann. Regelmäßig werden diese Musterverträge jedoch als Basis für eine Anpassung an die persönlichen Bedürfnisse und Zielvorstellungen aufzufassen sein. Die regelungsbedürftigen Lebenssachverhalte sind allzu unterschiedlich, als daß diese schematisiert einer allgemeingültigen vertraglichen Lösung zugeführt werden können, zumal in jedem Fall die Einholung ergänzenden Rechtsrats empfehlenswert ist.

2.1.1 Formerfordernisse

Bei einer nichtehelichen Lebensgemeinschaft bedürfen vertragliche Abreden grundsätzlich keiner Form. Jedoch ist die schriftliche Niederlegung der Absprachen nicht zuletzt aus Beweisgründen unbedingt anzuraten. Schriftliche Form bedeutet, daß bei einem Vertrag die Unterzeichnung der Parteien auf derselben Urkunde erfolgen muß (§ 126 Abs. 2 S. 1 BGB). Sofern über den Vertrag mehrere gleichlautende Urkunden aufgenommen werden, so genügt es, wenn jede Partei die für die andere Partei bestimmte Urkunde unterschreibt (§ 126 Abs. 2 S. 2 BGB). Diese Schriftform kann durch die notarielle Beurkundung ersetzt werden. Die notarielle Beurkundung hat unter anderem den Vorteil, daß eine ausreichende Beratung und Belehrung der Beteiligten durch den Notar sichergestellt ist.

Zu den Pflichten des Notars zählen, den Willen der Beteiligten zu erforschen, den Sachverhalt zu klären, die Beteiligten über die rechtliche Tragweite des Rechtsgeschäfts zu belehren, darauf zu achten, daß Irrtümer und Zweifel vermieden sowie unerfahrene und ungewandte Beteiligte nicht benachteiligt werden (vgl. § 17 BeurkG). Ist durch Gesetz notarielle Beurkundung eines bestimmten Vertrages vorgeschrieben, so muß auch eine notarielle Beurkundung des Partnerschaftsvertrages erfolgen. Dies ist z. B. dann der Fall, wenn sich ein Partner durch den Vertrag verpflichtet, das Eigentum an einem Grundstück zu übertragen oder zu erwerben (§ 313 BGB). Gleichermaßen können von Gesetzes wegen die Erklärungen nur eines Partners formbedürftig sein. So ist zur Gültigkeit eines Vertrages, durch den eine Leistung schenkweise versprochen wird, die notarielle Beurkundung des Versprechens erforderlich (§ 518 BGB). Soll der Partnerschaftsvertrag mit einem Erbvertrag verbunden werden, so kann der Erbvertrag nur zur Niederschrift eines Notars bei gleichzeitiger Anwesenheit beider Partner geschlossen werden (§ 2276 Abs. 1 BGB).

2.1.2 Wesentliche Regelungsinhalte

Der Regelungsinhalt eines Partnerschaftsvertrages wird sich regelmäßig an den persönlichen und wirtschaftlichen Verhältnissen und Zielvorstellungen der Vertragschließenden orientieren. In der Praxis haben sich als regelungsbedürftig im wesentlichen Bestimmungen über die Dauer der Partnerschaft, die Nutzung der Wohnung, über die Haushaltsführung und Aufgabenverteilung, über die Beiträge eines jeden Partners zum Unterhalt, über die Befugnisse, den anderen Partner rechtsgeschäftlich mitzuverpflichten (Vertretungsmacht), über dessen Mitberechtigung und über die Eigentumsverhältnisse an in die Lebensgemeinschaft eingebrachten und nach Begründung der Lebensgemeinschaft hinzuerworbenen Gegenständen erwiesen.

Beginn und Dauer der Lebensgemeinschaft · Der Beginn einer Lebensgemeinschaft ist durch das Zusammenziehen und die Aufnahme des gemeinsamen Wirtschaftens gekennzeichnet. Ohne Eheschließung zusammenlebende Partner sind jedoch zur Lebensgemeinschaft nicht verpflichtet. Kein Partner kann gezwungen werden, den anderen zu betreuen und zu versorgen sowie diesem treu zu sein. Vor diesem Hintergrund der Unverbindlichkeit des Zusammenlebens[3] sind jegliche Bestimmungen rechtlich bedenklich, die eine feste (Mindest-)Zeit des Zusammenlebens beinhalten oder die Lossagung von der Lebensgemeinschaft unter Vertragsstrafe stellen.

Die Mietwohnung · Wollen zwei Partner eine Lebensgemeinschaft begründen und zu diesem Zweck zusammenziehen, dann mieten sie entweder gemeinsam eine Wohnung an oder ein Partner nimmt den anderen in eine bereits angemietete Wohnung auf.

Die gemeinsame Wohnungsanmietung ist dadurch gekennzeichnet, daß beide Partner den Mietvertrag mit dem Vermieter abschließen. Hierbei ist darauf zu achten, daß beide nicht nur den Mietvertrag unterschreiben, sondern beide auch als Mieter in dem Vertrag namentlich aufgeführt sind. Ist nur ein Partner in dem Mietvertrag als Mieter genannt, obwohl beide Partner den Mietvertrag unterzeichnen, so wird regelmäßig nur eine Mithaftung des mitunterzeichnenden Partners begründet. Eine eigene Rechtsposition des mitunterzeichnenden Partners als Mieter wird jedoch in diesem Fall nicht geschaffen. Sind beide Partner Mieter, erlangt jeder eine rechtlich abgesicherte Position gegenüber dem Vermieter. Auch die

---

3 Zu Schadensersatzansprüchen u. a. s. de Witt/Huffmann, Rdnr. 328 ff.; Steinert, NJW 1986, 683 (689).

Position gegenüber dem anderen Partner ist rechtlich abgesichert. Das Hausrecht steht jedem Partner zu. Eine Kündigung kann nur von beiden gemeinsam ausgesprochen werden.

Will der Vermieter kündigen, muß er die Kündigung gegenüber beiden Partnern aussprechen. Ebenso muß sich eine Räumungsklage oder Zwangsräumung gegen beide Partner richten. Als nachteilig kann empfunden werden, daß beide Partner gleichberechtigt und gesamtschuldnerisch (auf volle Erfüllung der Pflichten gegenüber dem Vermieter) haften. Das Vermieterpfandrecht besteht an allen eingebrachten Sachen. Der Auszug eines Partners aus der Wohnung befreit diesen Partner nicht von seinen Verpflichtungen gegenüber dem Vermieter.

Beginnt das Zusammenleben nicht mit der gemeinsamen Anmietung, sondern mit der Aufnahme eines Partners in eine bereits von dem anderen Partner angemietete Wohnung, so kann versucht werden, durch Verhandlungen mit dem Vermieter einen Eintritt des Partners als Mitmieter in den Mietvertrag zu erreichen. Ist dies nicht gewollt oder bei Aufnahme der Lebensgemeinschaft nicht bedacht worden, soll vielmehr der Partner in die Wohnung nur aufgenommen werden, so stellt diese Aufnahme für den Vermieter grundsätzlich keinen zur Kündigung berechtigenden vertragswidrigen Gebrauch und keine schwerwiegende Pflichtverletzung dar.[4] Die Aufnahme in einen bestehenden Haushalt stellt regelmäßig auch keine selbständige Gebrauchsüberlassung dar. Der Mieter-Partner räumt vielmehr dem anderen Partner Mitgebrauch, und zwar regelmäßig sogenannten unselbständigen Mitgebrauch, ein. Die Nachteile für den aufgenommenen Partner sind nicht unerheblich. Er hat nur eine von dem Mieter-Partner abgeleitete Rechtsposition, besitzt aber keine eigenen Rechte gegenüber dem Vermieter und gegenüber seinem Partner.

Besonders deutlich wird diese schwache Position im Kündigungsfall. Beabsichtigt der Vermieter eine Kündigung des Mietverhältnisses, so hat er die Kündigung nur gegen den Mieter-Partner auszusprechen. Ist die Kündigung berechtigt oder kündigt gar der Mieter-Partner das Mietverhältnis, so stehen dem aufgenommenen Partner keine Mieterschutzrechte zur Seite. Zur Sicherheit des einziehenden Partners sollte daher auf eine Änderung des Mietvertrages und eine Aufnahme des einziehenden Partners in den Mietvertrag als Mitmieter hingewirkt werden. Ist eine derartige Umstellung nicht durchführbar, sollte eine Absicherung der Position des einziehenden Partners zumindest gegenüber dem Mieter-Partner vereinbart werden; eine derartige Vereinbarung hat jedoch keine Wirkungen gegenüber dem Vermieter.

---

4 Vgl. de Witt/Huffmann, Rdnr. 102 ff. m.w.N.; v. Münch, S. 37 ff.

Partnerunterhalt · Weder während des Bestehens der nichtehelichen Lebensgemeinschaft noch nach deren Beendigung sind die Partner einander gesetzlich zur Erbringung von Unterhaltsleistungen verpflichtet. Durch die Eingehung einer nichtehelichen Lebensgemeinschaft werden keine Unterhaltsansprüche begründet; es gibt keine Unterhaltspflicht des allein oder besser verdienenden Partners. Es besteht auch keine Verpflichtung, Pflege und Betreuung des einen Partners durch den anderen Partner auszugleichen (durch Unterhaltszahlungen abzugelten). Nach herrschender Meinung sind aber vertragliche Vereinbarungen möglich und wirksam, in denen sich ein Partner verpflichtet, während des Zusammenlebens für den täglichen Bedarf aufzukommen.[5] Die Vereinbarung muß jedoch ausdrücklich erfolgen, denn nur selten wird eine konkludente Absprache aus den Umständen anzunehmen sein.

Von dem Grundsatz, daß es keine gesetzlichen Unterhaltsverpflichtungen zwischen den Partnern gibt, existiert eine Ausnahme: Wenn die Partnerin zugleich Mutter eines nichtehelichen Kindes des Partners ist, hat sie Anspruch auf Unterhalt (§ 1615 1 BGB). Nach dieser Bestimmung hat der Vater der Mutter für die Dauer von sechs Wochen vor und acht Wochen nach der Geburt des Kindes Unterhalt zu gewähren, und zwar ohne Rücksicht darauf, ob die Mutter selbst einem Erwerb nachgeht, es kann oder nicht kann. Über diese Zeit hinaus ist eine Verlängerung der Unterhaltszahlungen bis zu vier Monaten vor und bis spätestens einem Jahr nach der Entbindung möglich. Wie weit die Verlängerung ganz oder zum Teil erforderlich ist, richtet sich nach den Umständen des Einzelfalles. Voraussetzung für jede Verlängerung ist nur die Ursächlichkeit der Schwangerschaft oder Entbindung dafür, daß die Mutter außerstande ist, einem Erwerb nachzugehen.

Haushaltsführung · Führung des Haushaltes bedeutet Leitung und Ausführung. Die Haushaltsführung umfaßt alle Anordnungen für das Hauswesen, die das gemeinschaftliche Leben mit sich bringt, sowie sämtliche Besorgungen, die üblicherweise durch den Haushaltsführenden erledigt werden.[6] Ob und inwieweit ein Partner oder beide Partner an der Haushaltsführung mitwirken, richtet sich nach der Absprache zwischen ihnen und den Umständen des Einzelfalles. Vertragliche Absprachen können insbesondere ratsam sein, wenn beide Partner durch ihre berufliche Tätigkeit nicht gleichermaßen belastet sind und so noch eine ungleichgewichtige Aufgabenverteilung im Rahmen der Haushaltsführung angestrebt wird. Häufig wird nur ein Partner verdienen und der andere (unter Umständen neben einer Teilzeitbeschäftigung) den Haushalt führen.

5 de Witt/Huffmann, Rdnr. 158 ff.; Steinert, NJW 1986, 683 (685 f.).
6 Palandt-Diederichsen, § 1356 Anm. 2 c) aa).

Der haushaltsführende Partner nimmt in der Regel ein hohes wirtschaftliches und soziales Risiko auf sich. Er verzichtet auf die Erzielung eines eigenen Einkommens aus (Vollzeit-)Berufstätigkeit und auf soziale Absicherung. Er erbringt Dienstleistungen, die ohne besondere Absprachen nicht abzugelten sind[7] und denen ein Gegenwert nicht beizumessen ist. Dem haushaltsführenden Partner stehen keine Unterhaltsansprüche zu, er nimmt an Vermögenserwerben nicht teil, und ebensowenig findet ein Ausgleich für Einbußen bei dem Erwerb von Altersversorgungsansprüchen statt. Eine Absicherung des überwiegend oder gänzlich den Haushalt führenden Partners liegt deshalb nahe und sollte in jedem Falle erfolgen. Die Absicherung bedarf einer vertraglichen Vereinbarung, indem beispielsweise finanzielle Zuwendungen zugesagt werden, Dienstverträge abgeschlossen und auch tatsächlich durchgeführt werden oder sonstige Leistungen versprochen werden, um damit im Einzelfall festgestellte Nachteile auszugleichen.

Mitverpflichtung, Mitberechtigung · Grundsätzlich kann sich auch im Rahmen einer nichtehelichen Lebensgemeinschaft jeder der Partner nur selbst rechtsgeschäftlich verpflichten; aus dem vom ihm selbst in eigenem Namen abgeschlossenen Rechtsgeschäft ist nur der handelnde Partner berechtigt. Will ein Partner den anderen allein verpflichten oder mitverpflichten, bedarf es dazu einer gesetzlichen oder vertraglichen Grundlage. Die Verpflichtung des nichthandelnden Partners durch den handelnden Partner kann aufgrund rechtgeschäftlicher oder konkludent erteilter Vollmacht erfolgen. Eine Verpflichtung kommt auch aufgrund der Grundsätze über die Duldungs- und Anscheinsvollmacht in Betracht. Als allgemeine Regeln für die Bestimmung des Partners, der berechtigt und verpflichtet sein soll, lassen sich folgende Fälle unterscheiden:

- Handelt ein Partner im eigenen Namen, verpflichtet er nur sich selbst; der Handelnde ist selbst berechtigt. Dies gilt auch dann, wenn der Handelnde nicht im eigenen Namen handeln wollte, er seinen Vertreterwillen jedoch nicht erkennbar gemacht hat.
- Handelt ein Partner in (offener oder verdeckter) Stellvertretung innerhalb der ihm zustehenden Vertretungsmacht, so wird der Vertretene verpflichtet und berechtigt.
- Handelt ein Partner im eigenen und (innerhalb der ihm zustehenden Vertretungsmacht) zugleich im Namen des anderen Partners, werden beide Partner als Gesamtschuldner verpflichtet und sind als Gesamtgläubiger berechtigt.

---

7 Steinert, NJW 1986, 683 (687); v. Münch, S. 131 f.

Zur Klarheit und zur Vermeidung unter Umständen nicht gewollter Ergebnisse (insbesondere bei angenommener konkludenter gegenseitiger Bevollmächtigung) ist eine ausdrückliche Regelung der gegenseitigen Vertretungsmacht empfehlenswert. Eine derartige Regelung führt zu einer klaren Abgrenzung der Handlungsbefugnisse der Partner untereinander. Es ist jedoch nicht in jedem Fall sichergestellt, daß eine Haftung des nichthandelnden Partners gegenüber Dritten ausgeschlossen ist. Wenn insbesondere die Partner durch ihr Verhalten und ihr Auftreten gegenüber Dritten einen Vertrauenstatbestand geschaffen haben, können die Grundsätze der Duldungs- und Anscheinsvollmacht zur Anwendung gelangen. Ein Ausschluß ist nur zu erreichen, wenn gegenüber den Dritten erklärt wird, welcher Partner aus dem Vertrag berechtigt und verpflichtet sein soll.

Schulden · In aller Deutlichkeit ist darauf hinzuweisen, daß bei Eingehung einer nichtehelichen Lebensgemeinschaft „automatisch" keine Mithaftung eines Partners für die Schulden des anderen Partners entsteht. Soll eine Mithaftung eingegangen werden, so bedarf dies einer ausdrücklichen Vereinbarung zwischen dem bislang nichthaftenden Partner und dem anderen Partner oder dem Gläubiger. Gegenüber dem Gläubiger ist grundsätzlich nur der handelnde Partner selbst verpflichtet. Hat dieser (rechtswirksam) für den anderen Partner gehandelt, so ist auch nur letzterer verpflichtet.

Sind Verbindlichkeiten ausdrücklich gemeinsam eingegangen, haften beide Partner gegenüber dem Gläubiger (regelmäßig) als Gesamtschuldner. Ob und inwieweit jedoch eine Mithaftung oder eine alleinige Haftung tatsächlich gewollt ist, ist von den Umständen des Einzelfalles abhängig. Selten wird ein Partner bereit sein, die in die Lebensgemeinschaft mitgebrachten Schuldenprobleme des anderen Partners alleine zu lösen. Zu warnen ist daher insbesondere bei einseitigen Schuldenproblemen vor der Einrichtung eines gemeinsamen Bankkontos und vor der Zusammenlegung von Einkünften. Ebenso will wohlüberlegt sein, ob Darlehens- und Kreditverträge gemeinsam abgeschlossen werden sollen, wenn der Darlehensbetrag nur einem Partner zugute kommt, oder ob ein Kredit für den anderen Partner aufgenommen werden soll, auch wenn dieser versichert, die Zins- und Tilgungsraten zu übernehmen; denn das Risiko gegenüber dem Gläubiger trägt der Kreditnehmer. Im übrigen sind auch nicht ohne weiteres Gründe ersichtlich, die dafür sprechen, daß ein Partner für den anderen eine Bürgschaft übernimmt oder Sicherheiten stellt. Die Risiken sind allzu vielfältig, als daß eine erschöpfende Darstellung unter Berücksichtigung sämtlicher Interessenlagen möglich wäre. Lassen sich die Risiken nicht vermeiden, und ist die Hilfestellung gegenüber dem Partner unbedingt erforderlich, dann gilt es, die Risiken durch vertragliche Vereinbarungen zu begrenzen und die Frage des internen Ausgleichs zu regeln.

Ohne weiteres ist nicht von einer internen Ausgleichspflicht auszugehen, denn grundsätzlich werden persönliche und wirtschaftliche Leistungen, die während des Bestehens der nichtehelichen Lebensgemeinschaft erbracht werden, nicht gegeneinander aufgerechnet.

Vermögensrechtliche Zuordnung · Die Aufnahme einer nichtehelichen Lebensgemeinschaft ändert nichts an der eigentumsrechtlichen Zuordnung von Vermögensgegenständen. Jeder der Partner bleibt Eigentümer der von ihm in die Lebensgemeinschaft eingebrachten Sachen. Forderungen stehen dem Partner zu, der sie vor oder während des Zusammenlebens erwirbt.

Eine Änderung in der eigentumsrechtlichen Zuordnung tritt nur ein, wenn bei Einbringung von Gegenständen in die Lebensgemeinschaft oder zu einem späteren Zeitpunkt einer der Partner dem anderen das Eigentum überträgt oder Miteigentum einräumt. Werden nach Aufnahme der nichtehelichen Lebensgemeinschaft Gegenstände erworben, ist für die Eigentumsverhältnisse an diesen Gegenständen maßgebend, wer gehandelt hat und in wessen Namen gehandelt wurde; nur selten ist maßgebend, mit wessen finanziellen Mitteln die Gegenstände angeschafft wurden.[8] Im Zweifel soll der Partner Eigentümer werden, in dessen Namen gehandelt und mit dessen Geld die Gegenstände angeschafft wurden.

Handelt ein Partner im eigenen und im Namen des anderen Partners oder handeln beide gemeinsam, so werden beide Miteigentümer. Die Annahme des Erwerbs von Miteigentum zur gesamten Hand oder zum Bruchteil ist häufig zweckmäßig bei Anschaffungen für die Verwirklichung der nichtehelichen Lebensgemeinschaft, insbesondere bei Haushaltsgegenständen. Vermeintlich unklare Eigentumsverhältnisse und subjektiv geprägte Erinnerungen an tatsächliche Vorgänge sind häufig Anlaß für Meinungsverschiedenheiten über die Zuordnung von Gegenständen, die während des Bestehens der nichtehelichen Lebensgemeinschaft angeschafft wurden. Die Schwierigkeiten, eine Lösung zu finden, liegen weniger im rechtlichen Bereich, als vielmehr im Bereich der tatsächlichen Ermittlungen. Nicht selten weicht ein durch die Anwendung von Rechtsnormen gefundenes Ergebnis von dem Gerechtigkeitsempfinden zumindest eines Partners erheblich ab. Nur beispielhaft sei erwähnt, daß ein Partner kaum Verständnis dafür aufzubringen vermag, daß er durch seinen finanziellen Beitrag den Erwerb eines Gegenstandes ermöglicht hat, der andere Partner jedoch Eigentümer dieses Gegenstandes geworden ist, ohne ihm einen Ausgleich zu schulden.

---

8 Vgl. Steinert, NJW 1986, 683 (685); s. auch de Witt/Huffmann, Rdnr. 154.

Klare Verhältnisse und die erforderliche Sicherheit lassen sich nur herstellen, wenn die Vermögenswerte getrennt bleiben und bei Neuanschaffungen eine klare Trennung der Eigentumsverhältnisse herbeigeführt wird. In diesem Sinne sollten die Einräumung von Miteigentum, die wechselseitige Übereignung von Gegenständen sowie der gemeinsame Erwerb von Vermögenswerten vermieden werden. Die Vermögenswerte sollten nebst Angaben zum Anschaffungstag und dem jeweiligen Eigentümer in Listen bei Beginn der nichtehelichen Lebensgemeinschaft aufgeführt und die Listen sodann fortgeführt werden. Sollte eine klare Trennung der Vermögensverhältnisse nicht in jedem Einzelfall durchführbar sein, sollten jeweils vertragliche Absprachen getroffen und schriftlich niedergelegt werden.

Geschenke · Im Rahmen des Bestehens einer nichteheliche Lebensgemeinschaft ist es nicht ungewöhnlich, daß sich die Partner gegenseitig Gelegenheitsgeschenke machen. Derartige unentgeltliche Zuwendungen sind rechtlich unbedenklich. Probleme können jedoch entstehen, wenn sich die Partner größere Vermögenswerte übertragen. Derartige Zuwendungen können u.U. eine Beurteilung als sittenwidrig zulassen. Wenn jedoch keine besonderen Umstände vorliegen, sind nach herrschender Meinung Zuwendungen innerhalb einer auf Dauer angelegten und von inneren Bindungen getragenen nichtehelichen Lebensgemeinschaft nicht sittenwidrig. Achtenswerte Motive für Zuwendungen sind beispielsweise: Verbesserung der Versorgungslage, gemeinsame Lebensführung, Zuneigung, Belohnung für aufopfernde Pflege, Absicherung für das Alter des schwächeren Partners, Förderung der Unabhängigkeit des Partners.

Zur Vermeidung von späteren Unstimmigkeiten, insbesondere über die Frage, ob eine Eigentumsübertragung stattgefunden hat, sollten Absprachen über Geschenke und erfolgte Schenkungen in einer fortzuschreibenden Liste einvernehmlich – gegebenenfalls unter Angabe des Zwecks – niedergelegt werden. Erfolgt die unentgeltliche Zuwendung nicht sogleich, wird sie vielmehr für die Zukunft versprochen, so ist darauf zu achten, daß zur Gültigkeit eines Vertrages, durch den eine Schenkung versprochen wird, die notarielle Beurkundung des Versprechens erforderlich ist (§ 518 BGB). Diese gesetzliche Form des Schenkungsversprechens wird allzuhäufig nicht beachtet und führt dazu, daß der Versprechungsempfänger (der Partner) gegebenenfalls leer ausgeht. Die Enttäuschung ist um so größer und irreparabel, wenn der Versprechende vor Erfüllung seines Versprechens verstirbt. Wenig hilfreich ist der Hinweis, daß der Mangel der Form, die Nichteinhaltung der notariellen Beurkundung des Versprechens, durch die Bewirkung der versprochenen Leistung geheilt wird.

Gänzlich unerfreulich wird die Situation für den Beschenkten – trotz unentgeltlicher Vermögensmehrung durch den Schenkenden –, wenn der Staat sein finanzielles Interesse an der Schenkung anmeldet. Schenkungen unter Lebenden unterliegen ebenso wie der Erwerb von Todes wegen oder Zweckzuwendungen der **Erbschaftsteuer (Schenkungsteuer).** Als Schenkung unter Lebenden gilt u.a. jede freigiebige Zuwendung unter Lebenden, soweit der Bedachte durch sie auf Kosten des Zuwendenden bereichert wird (§ 7 Abs. 1 Ziff. 1 ErbStG). Die Steuerpflicht entsteht bei Schenkungen unter Lebenden mit dem Zeitpunkt der Ausführung der Zuwendung. Da die Partner einer nichtehelichen Lebensgemeinschaft nicht verwandt sind, unterliegen sie bei gegenseitigen Schenkungen (oder testamentarischen Zuwendungen) der Besteuerung nach der Steuerklasse IV. In dieser Steuerklasse wird die Erbschaftsteuer beispielsweise nach folgenden Vomhundertsätzen erhoben:

Wert des steuerpflichtigen Erwerbs einschl. Deutsche Mark	**Vomhundertsatz**
50.000,--	20
75.000,--	22
100.000,--	24
125.000,--	26
150.000,--	28
200.000,--	30
250.000,--	32
300.000,--	34
400.000,--	36
500.000,--	38
600.000,--	40
700.000,--	42
800.000,--	44
900.000,--	46
1.000.000,--	48

Zu beachten ist, daß mehrere innerhalb von zehn Jahren von derselben Person anfallende Vermögensvorteile bei der Ermittlung der Schenkungsteuer zusammenzuzählen sind (§ 14 ErbStG).

Steuerfrei dagegen bleiben der Hausrat (§ 13 ErbStG), einschließlich Wäsche und Kleidungsstücke sowie Kunstgegenstände und Sammlungen, beim Erwerb durch Personen der Steuerklasse IV, soweit der Wert insgesamt DM 10.000,-- nicht übersteigt (§ 13 Abs. 1 Ziff. 1 a ErbStG); ebenso andere bewegliche körperliche Gegenstände, soweit der Wert insgesamt DM 2.000,-- nicht übersteigt (§ 13 Abs. 1 Ziff. 1 b ErbStG). Von größerer Bedeutung für den bedachten Partner einer nichtehelichen

Lebensgemeinschaft dürfte jedoch die Steuerbefreiung nach einer anderen Bestimmung des ErbStG sein (§ 13 Abs. 1 Ziff. 12 ErbStG). Hiernach bleiben Zuwendungen unter Lebenden zum Zwecke des angemessenen Unterhalts oder zur Ausbildung des Bedachten steuerfrei. Gleichermaßen steuerfrei bleiben die üblichen Gelegenheitsgeschenke (§ 13 Abs. 2 Ziff. 14 ErbStG) sowie ein steuerpflichtiger Erwerb bis zu DM 2.000,--, der Personen anfällt, die dem Erblasser unentgeltlich oder gegen unzureichendes Entgelt Pflege oder Unterhalt gewährt haben. Voraussetzung hierfür aber ist, daß das Zugewendete als angemessenes Entgelt anzusehen ist (§ 13 Abs. 1 Ziff. 9 ErbStG).

Gemeinsame Kinder · Ein gemeinsames Kind von Partnern einer nichtehelichen Lebensgemeinschaft ist zunächst nur mit der Mutter verwandt. Das Kind wird als nichteheliches Kind geboren: Zum leiblichen Vater entsteht eine Verwandtschaftsbeziehung erst durch die Ehe mit der Kindesmutter, durch Feststellung der Vaterschaft oder Anerkenntnis der Vaterschaft.[9]

Solange ein nichteheliches Kind minderjährig ist, steht es unter der elterlichen Sorge der Mutter (§ 1705 BGB), die aber im Regelfall durch einen Pfleger (im allgemeinen das Jugendamt) eingeschränkt ist. Der Vater hat kein elterliches Sorgerecht, und zwar auch dann nicht, wenn er die Vaterschaft anerkannt hat. Er erhält die elterliche Sorge lediglich, wenn er die Kindesmutter heiratet, wenn das Kind auf seinen Antrag oder auf Antrag des Kindes für ehelich erklärt wird oder wenn der Vater sein Kind adoptiert. Die Vormundschaft kann dem Vater nur in Sonderfällen übertragen werden (da die Gefahr vermutet wird, daß der Vater durch die Aufnahme des Kindes in sein Haus sich in Wirklichkeit seiner Unterhaltspflicht entziehen will).

Stirbt die Mutter, geht die elterliche Sorge nicht kraft Gesetzes auf den anderen Elternteil über, sondern das Kind erhält einen Vormund. Die Vormundschaft hat das Vormundschaftsgericht anzuordnen. Wichtig ist hier, daß der Vater zu hören ist, bevor das Vormundschaftsgericht eine die Personen- oder Vermögenssorge betreffende Entscheidung trifft, wenn dies dem Wohl des Kindes dienen kann. Als Vormund ist berufen, wer von der sorgeberechtigten Mutter des Kindes als Vormund benannt ist. Hierbei muß der Mutter z.Zt. ihres Todes die Sorge für die Person und das Vermögen des Kindes zustehen. Der als Vormund Berufene hat ein Recht auf Bestellung zum Vormund und darf nur unter von dem Vormundschaftsgericht in jedem Fall zu prüfenden gesetzlichen Voraussetzungen übergangen werden. Die Benennung eines Vormundes kann durch Testament

9 S. im einzelnen v. Münch, S. 82 ff.; de Witt/Huffmann, Rdnr. 212 ff.

oder in einem Erbvertrag erfolgen. Dies ist eine Möglichkeit, die von Partnern, die auf Dauer in nichtehelicher Lebensgemeinschaft zusammenleben, bedacht werden sollte, um zum Wohle eines gemeinsamen Kindes auch für einen plötzlichen Unglücksfall Vorsorge zu treffen.

Der Festlegung des Gesetzes, daß das Sorgerecht allein der Mutter zusteht, entspricht es, daß die Mutter den Umgang des Kindes mit dem Vater bestimmt (§ 1711 Abs. 1 S. 1 BGB). Die Mutter regelt das Ob, die Art und die Häufigkeit und den Ort des Zusammenkommens zwischen Kind und Vater. Sie kann den Umgang auch völlig ausschließen. Wenn jedoch ein persönlicher Umgang mit dem Vater dem Wohle des Kindes dient, kann das Vormundschaftsgericht entscheiden, daß dem Vater die Befugnis zum persönlichen Umgang zusteht.

Der Unterhaltsanspruch eines Kindes einer nichtehelichen Lebensgemeinschaft gegen seine Eltern beruht auf Gesetz. Die leibliche Mutter und der leibliche Vater des Kindes sind zur Zahlung des Unterhaltes verpflichtet, wobei beide anteilig nach ihren Erwerbs- und Vermögensverhältnissen haften. Das Gesetz bestimmt sodann, daß die Mutter ihre Verpflichtung, zum Unterhalt eines minderjährigen, unverheirateten Kindes beizutragen, in der Regel durch die Pflege und Erziehung des Kindes erfüllt (§ 1606 Abs. 3 S. 2 BGB). Die Bar-Unterhaltsverpflichtung trifft den Vater; der Vater eines nichtehelichen Kindes ist mindestens zur Zahlung des Regelunterhalts verpflichtet (§ 1615 f. BGB).

Bei einer fortdauernden nichtehelichen Lebensgemeinschaft kommt jedoch diese Trennung in Unterhaltsgewährung durch „Pflege und Erziehung" sowie „Barzahlung" in der Regel nicht zum Tragen. Die Barzahlungsverpflichtung trifft den Vater solange nicht, als das Kind in den väterlichen Haushalt aufgenommen ist (§ 1615 f. Abs. 1 S. 1 a. E. BGB). Dies ist in sämtlichen Fällen familienähnlichen Zusammenlebens der Fall, so daß der Vater seiner Unterhaltspflicht auch durch Gewährung von Naturalien und durch Pflege des Kindes genügen kann.

Vereinbarungen über Art und Höhe des Kindesunterhalts können einerseits zwischen Vater und Mutter als Vertrag zugunsten Dritter (des Kindes) geschlossen werden, wobei von einer derartigen Vereinbarung die gesetzlichen Unterhaltsansprüche des Kindes unberührt bleiben. Insbesondere ist eine Reduzierung der Unterhaltsansprüche des Kindes unter das gesetzliche Maß durch Absprache zwischen den Eltern ohne Rechtswirkung. Von derartigen Vereinbarungen zwischen den Eltern sind solche zwischen Vater und Kind zu unterscheiden. Das Kind kann mit dem Vater eine Vereinbarung über den Unterhalt für die Zukunft oder über eine anstelle des Unterhalts zu gewährende Abfindung treffen (§ 1615 e Abs. 1 S. 1 BGB). Dies bedarf, wenn das Kind nicht voll geschäftsfähig ist, der Genehmigung des Vormundschaftsgerichts (§ 1615 e Abs. 2 BGB), wobei hervorzuheben ist, daß ein unentgeltlicher Verzicht auf Unterhalt für die Zukunft von Gesetzes wegen nichtig ist (§ 1615 e Abs. 1 S. 2 BGB).

Einkommensteuer · Für Partner, die in nichtehelicher Lebensgemeinschaft zusammenleben, gibt es keine Steuervorteile, wie sie Ehepaare in Anspruch nehmen können. Die Partner einer nichtehelichen Lebensgemeinschaft werden nach ihrem Familienstand als Ledige zur Steuer veranlagt. Das Steuersplitting ist Ehegatten vorbehalten; die Nachteile der Progression müssen von den zusammenlebenden Partnern hingenommen werden. Auch können Unterhaltszahlungen an den Partner steuerlich grundsätzlich keine Berücksichtigung (§§ 33, 33 a Abs. 1 EStG) finden. Beim Bestehen einer eheähnlichen Lebensgemeinschaft mit gemeinsamer Haushaltsführung ist, ähnlich wie bei Unterhaltsleistungen unter Ehegatten, regelmäßig davon auszugehen, daß dem finanziellen Beitrag des einen Partners im Rahmen der Lebens- und Wirtschaftsgemeinschaft ein entsprechender Beitrag des nichtberufstätigen Partners im Bereich der Haushaltsführung gegenübersteht. Jedoch können Aufwendungen eines Partners für den Unterhalt der Kinder des anderen Partners (im Rahmen des § 33 a EStG) berücksichtigt werden, und zwar selbst dann, wenn es sich nicht um gemeinsame Kinder handelt.[10]

Erbrecht des Partners · Ein Partner einer nichtehelichen Lebensgemeinschaft kann nicht gesetzlicher Erbe des anderen Partners sein. Das gesetzliche Erbrecht steht nur Verwandten (§§ 1924 ff. BGB) und dem Ehegatten (§§ 1931 ff. BGB) zu. Das Fehlen eines gesetzlichen Erbrechts des Partners einer nichtehelichen Lebensgemeinschaft hat jedoch nicht zur Folge, daß die Partner einander grundsätzlich keine Vermögenswerte vererben können. Bis zu der durch die Sittenwidrigkeit gezogenen Grenze können sich die Partner testamentarisch zu Erben einsetzen (§§ 2087 ff. BGB) bzw. sich Vermächtnisse zukommen lassen (§§ 2147 ff. BGB).

Sind gemeinschaftliche Verfügungen gewollt, dann ist darauf hinzuweisen, daß ein gemeinschaftliches Testament von Partnern einer nichtehelichen Lebensgemeinschaft nicht errichtet werden kann, denn dies ist Ehegatten vorbehalten (§ 2265 BGB). Insoweit sind die Partner gehalten, einen Erbvertrag (§§ 2274 ff. BGB) abzuschließen, durch den sich auch das gesetzliche Erbrecht inhaltlich kopieren läßt. Schließlich besteht für die Partner die Möglichkeit, durch Verträge zugunsten Dritter (des Partners) Zuwendungen auf den Todesfall vorzunehmen.

---

10 BFH, NJW 1981, 600; s. ausführlich Boochs, NJW 1983, Fach 3, 5599 (5600 ff.) sowie de Witt/Huffmann, Rdnr. 258 ff.

Erbrecht des Kindes · Im Verhältnis zur Mutter hat ein nichteheliches Kind beim Tod der Mutter oder mütterlicher Verwandter im Rahmen der gesetzlichen Erbfolge die gleiche Stellung wie ein eheliches Kind. Diesem Erbrecht gleicht das Erbrecht zwischen nichtehelichem Kind und Vater vollständig, sofern der Vater unverheiratet ist und keine ehelichen Kinder hat. Ist der Vater hingegen verheiratet und sind eheliche Abkömmlinge vorhanden, so wird das nichteheliche Kind bei einer Erbschaft nach dem Vater nicht direkt an dem Nachlaß beteiligt. Einem nichtehelichen Kinde steht beim Tode des Kindervaters neben den ehelichen Abkömmlingen des Vaters und neben seinem überlebenden Ehegatten anstelle des gesetzlichen Erbteils „nur" ein Erbersatzanspruch gegen den Erben in Höhe des Wertes des Erbteils zu (§ 1934 a BGB).

Das nichteheliche Kind hat gegen die Erben nur einen Geldanspruch in Höhe des Wertes seines Erbteils. Voraussetzung dieses Erbanspruchs ist, daß die Vaterschaft zum Zeitpunkt des Erbfalls formell feststeht (durch Anerkennung oder durch rechtskräftige gerichtliche Entscheidung) oder daß die Feststellung nocht postmortal (unbefristet) herbeigeführt wird.

Die gesetzlich nur für das Erbrecht vorgesehenen Einschränkungen[11] hat das Bundesverfassungsgericht kassiert. Die Bestimmung des § 1934 c BGB ist mit Art. 6 V GG unvereinbar und nichtig.[12]

In diesem Zusammenhang ist noch auf eine weitere Besonderheit hinzuweisen, und zwar auf die Möglichkeit des vorzeitigen Erbausgleichs des nichtehelichen Kindes (§ 1934 d BGB). Danach ist ein nichteheliches Kind (sofern die Vaterschaft durch Anerkennung oder rechtskräftige Feststellung formell feststeht) zwischen dem 21. und 27. Lebensjahr berechtigt, einen Anspruch auf vorzeitigen Erbausgleich in Geld geltend zu machen. Ist über den Erbausgleich eine wirksame Vereinbarung getroffen oder ist er durch rechtskräftiges Urteil zuerkannt, so ist beim Tode des Vaters das Kind nicht gesetzlicher Erbe und nicht pflichtteilsberechtigt (vgl. § 1934 e BGB).

Vor dem Hintergrund der Absicherung des Erbrechts des nichtehelichen Kindes ist es daher in jedem Fall anzuraten, möglichst frühzeitig die Vaterschaft festzustellen.

11 s. 1. Auflage, S. 24.
12 BVerfG, NJW 1987, 1007 f.

2.2 Vertrag zwischen Auszubildenden

2.2.1 Sachverhalt

Der junge Mann ist 20 und seine zukünftige Partnerin 19 Jahre alt. Beide befinden sich in der Ausbildung und wohnen bislang im Elternhause. Das Paar hat gemeinsam eine Wohnung angemietet und will zum nächsten Monatsersten zusammenziehen. Jeder bezieht eine geringe Ausbildungsvergütung, die zusammen mit den ergänzenden Zuwendungen der jeweiligen Eltern die Gründung eines eigenen Hausstandes ermöglichen soll. Heiratsabsichten hegen beide (noch) nicht. Ebensowenig ist an gemeinsame Kinder oder gar an größere Anschaffungen – mit Ausnahme der Ausstattung des Haushalts mit dem Notwendigsten – gedacht.

2.2.2 Vertragsmuster

Partnerschaftsvertrag

zwischen 1. ______________________________
(Name und Anschrift)

und 2. ______________________________
(Name und Anschrift)

Wir, ____________ (Name) und ____________ (Name), wollen zusammenleben sowie einen gemeinsamen Haushalt führen und schließen zu diesem Zweck den folgenden

Vertrag

Vorbemerkung:
Wir haben uns entschlossen, eine Lebensgemeinschaft einzugehen, die nicht den gesetzlichen Regeln über Verlöbnis, Ehe und Ehescheidung unterliegt.

§ 1 Beginn und Dauer

Unsere Partnerschaft wird am ____________ (Datum) beginnen. Sie ist auf Dauer angelegt und kann von einem jeden von uns einfach dadurch beendet werden, daß er nicht mehr mit dem anderen zusammenlebt.[1*]

---

* Anmerkungen siehe Seite 28 f.

§ 2 Wohnung

Wir haben gemeinsam eine Wohnung angemietet und sind uns bewußt, daß ein jeder von uns aus dem Mietverhältnis voll berechtigt und verpflichtet ist.[2]

Wir sind einander verpflichtet, jeweils die Hälfte der Miete und der Mietnebenkosten zu zahlen.[3] *Sofern einer von uns die Zahlungen an den Vermieter voll leistet, hat der andere ihm die Hälfte des Zahlbetrages unverzüglich zu erstatten. Hat einer von uns oder haben wir beide den Wunsch, die Lebensgemeinschaft zu beenden, so soll folgendes gelten:*[4]

Möchte einer von uns aus der Wohnung ausziehen, sind wir verpflichtet, mit dem Vermieter eine Einigung über die Entlassung des betreffenden Partners aus dem Mietverhältnis herbeizuführen. Legen wir beide Wert auf die Wohnung, soll derjenige in der Wohnung verbleiben, der auf die Wohnung nach seiner finanziellen Situation, der Entfernung zu seiner Arbeitsstätte und nach seinen sonstigen persönlichen und wirtschaftlichen Bedürfnissen angewiesen ist. Auch in diesem Fall sind wir verpflichtet, gemeinsam eine Abstimmung mit dem Vermieter über die Fortsetzung des Mietverhältnisses mit dem in der Wohnung verbleibenden Partner allein herbeizuführen. Läßt sich eine Einigung mit dem Vermieter nicht spätestens binnen eines Monats nach Äußerung des Trennungswunsches herbeiführen oder wollen wir beide nicht mehr in der Wohnung verbleiben, so sind wir verpflichtet, gemeinsam auf eine Auflösung des Mietverhältnisses zum nächstmöglichen Termin hinzuwirken.[5] *Bis zum Zeitpunkt der Entlassung eines von uns aus dem Mietverhältnis bzw. bis zum Zeitpunkt der gemeinsamen Rückgabe der Wohnung an den Vermieter sind wir verpflichtet, die bis dahin entstehenden Kosten, einschließlich der Kosten einer etwaigen Wohnungsauflösung, jeder zur Hälfte zu tragen.*

§ 3 Haushaltsführung, Haushaltskosten

Die Haushaltsführung obliegt uns beiden gemeinsam.[6]

Die monatlich entstehenden Haushaltskosten trägt ein jeder von uns zur Hälfte.[7] *Über die Kosten werden wir Buch führen und die Abrechnung zum Ende eines jeden Monats vornehmen. Derjenige von uns, der aus seinem Einkommen weniger zu den Haushaltskosten beigetragen hat, hat dem jeweils anderen von uns die Hälfte des Differenzbetrages zu erstatten.*

§ 4 Lebensunterhalt

Unbeschadet der Regelung des § 3 dieses Vertrages sind wir beide gleichberechtigt und unabhängig voneinander sowie wirtschaftlich in der Lage, ein jeder selbst für den eigenen Lebensunterhalt zu sorgen. Demgemäß ist keiner von uns verpflichtet, für den Lebensunterhalt des anderen Partners aufzukommen.[8]

Die Einkünfte eines jeden von uns stehen dem von uns zu, der die Einkünfte erzielt. Ausgleichsansprüche entstehen nur im Rahmen des § 3 Abs. 2 dieses Vertrages.

Wir sind uns einig, daß jeder von uns für die Abwicklung des Zahlungsverkehrs sein eigenes Konto beibehält. Die Errichtung eines gemeinschaftlichen Bankkontos ist ebenso ausgeschlossen wie die wechselseitige Erteilung einer Bankvollmacht.

§ 5 Vertretung

Unsere Partnerschaft wirkt sich nur im Innenverhältnis zwischen uns aus. Im Verhältnis zu Dritten hat ein jeder von uns nur in seinem Namen und für sich allein aufzutreten. Ohne besondere Vollmacht im Einzelfall ist keiner von uns zur Vertretung des anderen berechtigt.[9]

§ 6 Eigentumsverhältnisse

Jegliche (Vermögens-) Gegenstände, die vor Aufnahme unserer Lebensgemeinschaft verdient oder erworben wurden, gehören ausschließlich demjenigen von uns, der sie erworben hat. Über die von einem jeden von uns in unsere Lebensgemeinschaft eingebrachten Gegenstände haben wir die diesem Vertrag als Anlage beigefügte Liste gemeinsam erstellt. Wir sind uns einig, daß die Einbringung der dort genannten Gegenstände in unseren Haushalt ausschließlich zur Nutzung erfolgt und eine Änderung der Eigentumsverhältnisse nicht eintritt.[10]

Sämtliche Vermögensgegenstände und sonstige Gegenstände, die während unseres Zusammenlebens aus unseren Einkünften angeschafft werden, sollen uns beiden zu gleichen Teilen gehören und im Falle einer Trennung hälftig zwischen uns geteilt werden[11]*, und zwar unabhängig davon, wer von uns die angeschafften Gegenstände bezahlt hat. Zu Alleineigentum sollen Gegenstände nur erworben werden, wenn wir dies bei dem Erwerb im Einzelfall ausdrücklich vereinbaren und der betreffende Gegenstand in einem besonderen Verzeichnis, welches diesem Vertrag zukünftig als Anlage ebenfalls beizufügen ist, aufgeführt ist.*

Unentgeltlich erworbene Gegenstände gehören ausschließlich demjenigen, der die Schenkung erhalten oder die Erbschaft gemacht hat. Eine Teilung dieser Gegenstände, die wir ebenfalls gemeinsam gesondert aufzuzeichnen haben, ist im Trennungsfalle ausgeschlossen.

§ 7 Darlehensverbindlichkeiten

Wir verpflichten uns, Darlehensverbindlichkeiten – gleich wem gegenüber und aus welchem Anlaß – grundsätzlich nicht einzugehen. Sollte ausnahmsweise die Aufnahme eines Darlehens unumgänglich sein, so ver-

pflichten wir uns, die Entscheidung nur gemeinsam zu treffen. Für ein aufgrund gemeinsam getroffener Entscheidung aufgenommenes Darlehen wollen wir sodann je zur Hälfte haften,[12] und zwar auch über den Zeitpunkt einer etwaigen Trennung hinaus, es sei denn, ein aus Darlehensmitteln erworbener Gegenstand steht einem von uns nach der Trennung ausschließlich zu. In diesem Fall hat der betreffende Partner die Verbindlichkeit zur Alleinschuld zu übernehmen.[13] Die von dem anderen Partner während des Bestehens unserer Lebensgemeinschaft auf diesen Gegenstand erbrachten anteiligen Zins- und Tilgungsleistungen sind nicht zu erstatten.

§ 8 Geschenke

Anläßlich einer etwaigen Auflösung unserer Lebensgemeinschaft steht keinem von uns gegenüber dem anderen Partner ein Recht auf Rückforderung schenkweiser oder sonstiger Zuwendungen zu; diese haben wir in Kenntnis der jederzeitigen (auch einseitigen) Aufhebbarkeit unserer Lebensgemeinschaft gemacht.[14]

§ 9 Schlußbestimmungen

Nebenabreden zu diesem Vertrag sind nicht getroffen. Änderungen und Ergänzungen dieses Vertrages bedürfen der Schriftform.[15]

Sollte eine der vorstehenden Bestimmungen unwirksam sein oder werden, sollen die übrigen Bestimmungen dieses Vertrages gleichwohl wirksam bleiben.[16]

______________________	______________________
(Ort, Datum)	(Unterschriften)

2.2.3 Anmerkungen

1) Die nichteheliche Lebensgemeinschaft wird durch den Entschluß beider Partner bzw. eines Partners, nicht mehr zusammenleben zu wollen, aufgelöst. Die Auflösung ist jederzeit möglich, ohne daß einer der Partner dies verhindern könnte. Die Vereinbarung einer festen Dauer oder die Vereinbarung langer Kündigungsfristen ist daher (mangels Durchsetzbarkeit der Einhaltung) zu vermeiden.

2) Haben beide Partner als Mieter den Mietvertrag abgeschlossen, sind die Partner hinsichtlich ihrer Pflichten aus dem Mietverhältnis sogenannte Gesamtschuldner und hinsichtlich ihrer Rechte sogenannte Gesamtgläubiger. Zur Vereinbarung, wenn ein Partner in eine bereits angemietete Wohnung aufgenommen wird, s. Abschn. 2.3.2 (S. 31) sowie Abschn. 2.3.3, Anm. 5 (S. 34).

3) Derartige Vereinbarungen entfalten Wirkungen nur im Innenverhältnis, also zwischen den Partnern untereinander, nicht jedoch gegenüber dem Vermieter.

4) Siehe oben Anm. 3 sowie Abschn. 2.1.2 „Mietwohnung" (S. 13 f.).

5) Vor dem Hintergrund der jederzeitigen Auflösbarkeit einer nichtehelichen Lebensgemeinschaft kann es Probleme mit sich bringen, falls eine feste Mietzeit vereinbart wird und die Lebensgemeinschaft vor Ablauf der festen Mietzeit aufgelöst werden soll, jedoch keiner der Partner für sich allein wirtschaftlich in der Lage ist, das Mietverhältnis fortzusetzen.

6) Mitunter kann es ratsam sein, die Aufgabenverteilung konkret festzulegen, zumal ein unterschiedliches Rollenverständnis nicht selten Anlaß für Meinungsverschiedenheiten ist. Zur Haushaltsführung zählen u.a. die Beschaffung von Lebensmitteln, Heizung, Beleuchtung, Hausrat, Medikamenten, Reinigungsmitteln. Zu Vereinbarungsvorschlägen siehe Ihara/Warner/Dzierma, S. 51 ff.

7) Eine Beteiligungsquote sollte von vornherein festgelegt werden, um Meinungsverschiedenheiten über die Höhe der Ausgleichspflicht zu vermeiden. Die Quote kann sich an den Einkommensverhältnissen oder sonstigen Umständen orientieren.

8) Siehe Abschn. 2.1.2 „Partnerunterhalt" (S. 15).

9) Vertretungsbefugnisse sollten nicht begründet werden. Einzelheiten siehe Abschn. 2.1.2 „Mitverpflichtung" (S. 16 f.).

10) Nach der gewählten Formulierung ist die Begründung von Miteigentum ausgeschlossen.

11) Die Vermögensauseinandersetzung bei Trennung ist sicherlich leichter durchführbar, wenn die Bildung gemeinschaftlichen Eigentums vermieden wird und Alleineigentum jeweils feststeht. Aufgrund der Zufälligkeiten beim Eigentumserwerb und insbesondere dann, wenn beide Partner Einkünfte erzielen und die Höhe der Einkünfte kaum eine Vermögensbildung erwarten läßt, vielmehr nur Anschaffungen für den Haushalt in Frage kommen, ist vielfach ein gemeinsamer Eigentumserwerb sachgerecht. Zu den Teilungsmodalitäten siehe u.a. von Münch, S. 121 ff.

12) Nach der gewählten Formulierung wollen die Partner nur jeweils zur Hälfte haften. Diese Haftungsbegrenzung erzeugt jedoch Wirkungen nur im Innenverhältnis zwischen den Partnern selbst. Im Außenverhältnis gegenüber Dritten haften hingegen beide Partner voll als Gesamtschuldner. Eine Haftungsbegrenzung im Außenverhältnis ließe sich daher nur durch ausdrückliche Vereinbarung mit dem Dritten, hier einem möglichen Darlehensgläubiger, herbeiführen. Zu einer Haftungsbegrenzung wird ein Gläubiger jedoch selten bereit sein, so daß je nach Interessenlage für die Partner nur die Möglichkeit verbleibt, daß einer der beiden das Darlehen allein aufnimmt und der andere sich im Innenverhältnis verpflichtet, dem Schuldner-Partner die Hälfte des Schuldendienstes zu erstatten.

13) Sofern beide Partner einen Kredit gemeinsam aufgenommen haben, entsteht bei Trennung und Zuordnung des Kredits zu einem Partner regelmäßig das Problem, die Entlassung des anderen Partners aus der Haftung zu erreichen. Nur selten wird ein Gläubiger sich bereit erklären, die „Haftungsmasse" zu verringern, so daß für den weichenden Partner in der Regel nur die Möglichkeit verbleibt, zu versuchen, sich von seinem Partner eine (unsichere) Freistellungserklärung und/oder Sicherheiten geben zu lassen.

14) Siehe ergänzend die anschaulichen Beispiele bei von Münch, S. 137 ff., jedoch ist zu beachten, daß nach der zwingenden Vorschrift des § 533 BGB auf das Widerrufsrecht erst verzichtet werden kann, wenn der Undank dem Widerrufsberechtigten bekanntgeworden ist.

15) Die Vereinbarung des Schriftformerfordernisses für Vertragsänderungen oder Vertragsergänzungen ist regelmäßig aus Beweisgründen anzuraten.

16) Eine derartige Klausel ist sinnvoll, wenn vermieden werden soll, daß die Nichtigkeit einer einzelnen Vertragsbestimmung zur Nichtigkeit der gesamten Vereinbarung führt (vgl. § 139 BGB). Hingegen ist auch zu bedenken, daß die Nichtigkeit einer einzelnen Bestimmung das Vertragsgefüge derart stören kann, daß die verbleibenden und sodann wirksamen Bestimmungen in ihrer Gesamtheit nicht mehr ausgewogen sind.

2.3 Vertrag zwischen Studenten

2.3.1 Sachverhalt

Die Partner sind beide 24 Jahre alt. Er studiert Medizin, sie Chemie. Während er von seinen Eltern finanziell unterstützt wird und ergänzend Einkünfte aus einer gelegentlichen Beschäftigung in einem Krankenhaus erzielt, bezieht sie Leistungen nach dem BAföG.[1*] Er ist Mieter einer 2½-Zimmer-Wohnung. In diese Wohnung ist sie vor kurzem mit eingezogen. Beide Partner wollen sich nicht eherechtlich binden und wollen über ihre finanziellen Mittel soweit als möglich unabhängig verfügen.

2.3.2 Vertragsmuster

Partnerschaftsvertrag

zwischen 1. ______________________________
(Name und Anschrift)

und 2. ______________________________
(Name und Anschrift)

Wir, __________ (Name) und __________ (Name), wollen zusammenleben sowie einen gemeinsamen Haushalt führen und schließen zu diesem Zweck folgenden

Vertrag

Vorbemerkung[2]:
Wir haben am __________ (Datum) eine nichteheliche Lebensgemeinschaft begründet, die nicht den gesetzlichen Regeln über Verlöbnis, Ehe und Ehescheidung unterliegt.

§ 1 Beginn und Dauer

Unsere Partnerschaft hat am __________ (Datum) begonnen und ist auf Dauer angelegt. Sie kann von einem von uns einfach dadurch beendet werden, daß er sich entschließt, nicht mehr mit dem anderen zusammenzuleben.[3]

§ 2 Wohnung

Die Partnerin ist zu dem Partner in die von diesem angemietete Wohnung eingezogen; wir sind uns einig, daß alleiniger Mieter weiterhin der Partner sein soll.[4]

---

* Anmerkungen siehe Seite 34.

Die Partnerin verpflichtet sich gegenüber dem Partner, an diesen monatlich im voraus die Hälfte der Miete und Mietnebenkosten zu zahlen.

Die Aufnahme dritter Personen in die Wohnung darf nur mit unser beider Zustimmung erfolgen.

Zwischen uns besteht Einigkeit, daß in dem Fall, daß unsere Partnerschaft beendet werden sollte, die Partnerin aus der Wohnung auszuziehen hat.[5] *Sofern die Partnerin ausziehen möchte, ist sie verpflichtet, den Partner rechtzeitig zu unterrichten. Sofern der Partner wünscht, daß die Partnerin auszieht, ist der Partner verpflichtet, die Räumung schriftlich zu verlangen; der Partnerin ist eine Räumungsfrist von mindestens einem Monat einzuräumen.*

Die Verpflichtung der Partnerin, sich an den Kosten der Wohnung zu beteiligen, erlischt mit Ablauf des Monats, in dem der Auszug erfolgt.

§ 3 Haushaltsführung

Die Haushaltsführung obliegt uns beiden gemeinsam.[6] *Zur Hausarbeit sind wir beide gleichermaßen verpflichtet.*

§ 4 Lebensunterhalt

Die Haushaltskosten (Lebensmittel, Haushaltsbedarf, Instandsetzungen etc.) sowie die Kosten gemeinsamer Vergnügungen, Reisen und sonstiger Freizeitgestaltung tragen wir jeder zur Hälfte.

Geldliche und sachliche Beiträge, die wir zur gemeinschaftlichen Haushaltsführung und zur Deckung der Kosten unseres Lebensunterhalts erbringen, sind auch bei Ungleichgewichtigkeit nicht zu erstatten.[7]

§ 5 Vertretung

Im Rahmen der Haushaltsführung ist jeder von uns berechtigt, Geschäfte zur angemessenen Deckung unseres Lebensbedarfs – mit Ausnahme des Erwerbs von Hausratsgegenständen – mit Wirkung auch für und gegen den jeweils anderen von uns zu besorgen.[8] *Ausgeschlossen ist jedoch die Verpflichtungsbefugnis für Teilzahlungsgeschäfte und Geschäfte, die in jedem Einzelfall eine Zahlungsverpflichtung von mehr als DM ______ zur Folge haben.*

Mit Ausnahme der Fälle der Verpflichtungsbefugnis aus Abs. 1 ist jeder von uns nur befugt, im Verhältnis zu Dritten lediglich in seinem Namen und für sich allein aufzutreten und zu handeln; zur Vertretung des jeweils anderen Partners ist einer von uns ohne besondere ausdrückliche Vollmacht nicht berechtigt.[9]

§ 6 Hausrat, Wertgegenstände

Über die Zuordnung von eingebrachten und angeschafften Wertgegenständen und Gegenständen unseres gemeinsamen Haushalts entscheiden allein die Eigentumsverhältnisse.

Wir werden bestrebt sein, Gütertrennung einzuhalten, und verpflichten uns, uns bei dem Erwerb von Gegenständen darüber zu verständigen, wer von uns zu Alleineigentum erwerben soll.[10] *Der Erwerb gemeinschaftlichen Eigentums, und zwar in jedem Fall zu ein Halb Miteigentum, soll nicht ausgeschlossen sein, jedoch bedarf dieser Erwerb einer ausdrücklichen vorherigen Absprache.*

Die eingebrachten und hinzuerworbenen Gegenstände sind nebst Angabe der Eigentumsverhältnisse von uns gemeinsam in einem fortzuführenden Vermögensverzeichnis aufzuzeichnen.

Im Falle einer Trennung erhält jeder von uns die in seinem Eigentum stehenden Gegenstände. Im Miteigentum stehende Gegenstände erhält derjenige zu Alleineigentum, der den betreffenden Gegenstand benötigt, und zwar gegen Ausgleich eines Betrages in Höhe von ein Viertel des Verkehrswertes.

§ 7 Geschenke

Wir sind uns einig, daß anläßlich einer etwaigen Auflösung unserer Lebensgemeinschaft eine Rückforderung von Geschenken oder sonstigen Zuwendungen nicht stattfindet. Wir sind uns bewußt, daß etwaige Schenkungen in Kenntnis der jederzeitigen, auch willkürlichen Aufhebbarkeit unserer Lebensgemeinschaft gemacht werden.[11]

§ 8 Schlußbestimmungen

Soweit in diesem Vertrag keine besondere Regelung getroffen ist, stehen uns im Falle einer etwaigen Trennung aus irgendeinem Grunde gegenseitige Ansprüche auf Geldzahlung, Wertersatz oder Herausgabe von Wertgegenständen nicht zu.

Sollten Umstände eintreten, die die Grundlagen dieser Vereinbarung ändern, sind wir verpflichtet, die Vereinbarung den veränderten Umständen anzupassen.

Nebenabreden zu diesem Vertrag sind nicht getroffen. Änderungen und Ergänzungen dieses Vertrages bedürfen der Schriftform.[12]

Sollte eine der vorstehenden Bestimmungen unwirksam sein oder werden, sollen die übrigen Bestimmungen dieses Vertrages gleichwohl wirksam bleiben.[13]

______________________	______________________
(Ort, Datum)	*(Unterschriften)*

2.3.3 Anmerkungen

1) Im Zusammenhang mit dem Bezug von Leistungen nach dem BAföG ist hervorzuheben, daß der von einem Partner der nichtehelichen Lebensgemeinschaft tatsächlich geleistete Unterhalt nicht bedarfsmindernd angerechnet wird; vgl. de Witt/Huffmann, Rdnr. 284 ff.

2) Zur Eingangsformel des Vertrages siehe auch Abschn. 2.2.2 (S. 25).

3) Siehe Abschn. 2.2.3, Anm. 1 (S. 28).

4) Zu den Nachteilen siehe Abschn. 2.1.2 „Mietwohnung" (S. 13 f.).

5) Diese Klausel trägt dem „Vorrecht" des Mieter-Partners Rechnung. Soweit Fristen (Ankündigungsfristen, Räumungsfristen) vorgeschlagen werden, ist die Vereinbarung von Fristen regelmäßig ratsam, damit sich der Mieter-Partner auf die höhere Belastung einstellen kann und der Nicht-Mieter-Partner hinreichend Zeit hat, sich eine neue Unterkunft zu suchen.

6) Siehe Abschn. 2.2.3, Anm. 6 (S. 29).

7) Diese Klausel dient – entsprechend dem Grundsatz, daß persönliche und wirtschaftliche Leistungen nicht gegeneinander aufgerechnet werden – der Klarstellung, daß unterschiedlich hohe Beiträge nicht auszugleichen sind; vgl. demgegenüber Abschn. 2.2.2, § 3 (S. 26).

8) Eine derartige Absprache dient der Vereinfachung und der Verwirklichung strikter Gütertrennung. Zu Vereinbarungsvorschlägen bei gemeinsamen Anschaffungen s. Ihara/Warner/Dzierma, S. 47 ff.

9) Einzelheiten s. Abschn. 2.1.2 „Mitverpflichtung" (S. 16 f.).

10) Nach der vorgeschlagenen Formulierung sollen möglichst klare Eigentumsverhältnisse geschaffen werden, erleichtert wird die Vermögensauseinandersetzung.

11) Siehe Abschn. 2.2.3, Anm. 14 (S. 30).

12) Hierzu auch Abschn. 2.2.3, Anm. 15 (S. 30).

13) Vgl. auch Abschn. 2.2.3, Anm. 16 (S. 30).

2.4 Vertrag zwischen Student(in) und Berufstätiger(m)

2.4.1 Sachverhalt

Die Partner, er 35 und sie 22 Jahre alt, sind kürzlich zusammengezogen. Die Partnerin lebte zuvor bei ihren Eltern und ist jetzt in die von ihm angemietete Mietwohnung mit eingezogen. Während der Partner seiner Vollzeit-Berufstätigkeit in einem Anstellungsverhältnis nachgeht, studiert sie Volkswirtschaftslehre. Für die restliche Studienzeit will er seine Partnerin unterhalten, das Studium finanzieren, während sie sich neben dem Studium dem Haushalt widmen will.

2.4.2 Vertragsmuster

Partnerschaftsvertrag

zwischen 1. ______________________________
(Name und Anschrift)

und 2. ______________________________
(Name und Anschrift)

Wir, __________ (Name) und __________ (Name), wollen zusammenleben sowie einen gemeinsamen Haushalt führen und schließen zu diesem Zweck folgenden

Vertrag

Vorbemerkung[1*]*:*
Wir haben am __________ (Datum) eine nichteheliche Lebensgemeinschaft begründet, die nicht den gesetzlichen Regeln über Verlöbnis, Ehe und Ehescheidung unterliegt.

§ 1 Beginn und Dauer

Unsere Partnerschaft hat am __________ (Datum) begonnen; sie ist nach unserem Willen auf Dauer angelegt. Wir sind uns bewußt, daß unsere Partnerschaft von einem jeden von uns einfach dadurch beendet werden kann, daß er sich entschließt bzw. wir uns entschließen, nicht mehr zusammenzuleben.[2]

* Anmerkungen siehe Seite 38.

§ 2 Wohnung

Die Partnerin ist in die von ihrem Partner angemietete Wohnung eingezogen. Nach unserem übereinstimmenden Willen soll das Mietverhältnis nicht geändert werden; der Partner soll weiterhin alleiniger Mieter sein.[3] *Die Partnerin ist sich bewußt, daß sie aus dem Mietvertrag weder berechtigt noch verpflichtet ist.*

An den Kosten des Mietverhältnisses, wie sie in dem Mietvertrag benannt sind, hat sich die Partnerin nicht zu beteiligen.

Wir sind uns einig, daß die Aufnahme Dritter in die Wohnung unser beider Zustimmung bedarf.

Für den Fall, daß unsere Lebensgemeinschaft beendet werden sollte, besteht Einigkeit, daß die Partnerin verpflichtet ist, aus der Wohnung auszuziehen. Sofern der Partner einen Auszug der Partnerin aus der Wohnung wünscht, ist das Auszugsverlangen unter Einräumung einer Räumungsfrist von mindestens zwei Monaten schriftlich geltend zu machen.

Sofern unsere Lebensgemeinschaft über den Zeitpunkt des Abschlusses des Studiums der Partnerin hinaus andauert, sind wir verpflichtet, mit dem Vermieter eine Einigung dahingehend zu versuchen, daß ein neuer Mietvertrag abgeschlossen wird und wir beide in dem Mietvertrag ausdrücklich als Mieter aufgeführt werden. Für den Fall, daß unsere Lebensgemeinschaft beendet werden sollte und wir in diesem Zeitpunkt beide aufgrund eines neu abgeschlossenen Mietvertrages Mieter der Wohnung sein sollten, soll die Wohnung demjenigen von uns verbleiben, der die geringeren Einkünfte erzielt.

§ 3 Lebensunterhalt

Die Miete, die Mietnebenkosten und die weiteren Kosten unserer Lebenshaltung trägt der Partner. Jedoch übernimmt der Partner keine Verpflichtung, nach Beendigung der Lebensgemeinschaft auch weiterhin die Kosten des sodann alleinigen Lebensunterhalts der Partnerin vollständig oder anteilig zu tragen.[4]

§ 4 Ausbildung

Während des Bestehens unserer Lebensgemeinschaft ist der Partner verpflichtet, für den Lebensunterhalt der Partnerin aufzukommen.

Eine Rückforderung des Beitrages zu den Lebenshaltungskosten und den Kosten der Ausbildung der Partnerin ist für den Fall unserer etwaigen Trennung ausgeschlossen.[5]

§ 5 Haushaltsführung

Wir haben gemeinsam festgestellt, daß der Partner keine Zeit hat, sich um den Haushalt zu kümmern. Demgemäß wird die Partnerin den Haushalt führen und sich um alle häuslichen Angelegenheiten kümmern.[6] *Zu diesem Zwecke stellt der Partner seiner Partnerin für die Dauer der Lebensgemeinschaft monatlich im voraus ausreichende Geldbeträge zur Verfügung.*

Eine Vergütung der Leistungen der Partnerin im Rahmen der Haushaltsführung ist ausgeschlossen.

§ 6 Vertretung

Ein jeder von uns ist nur berechtigt, im Verhältnis zu Dritten lediglich in seinem eigenen Namen und für sich allein aufzutreten und zu handeln. Zur Vertretung des jeweils anderen Partners ist keiner von uns ohne besondere ausdrückliche Bevollmächtigung berechtigt.[7]

§ 7 Wertgegenstände, Anschaffungen

Sämtliche bei Beginn unserer Lebensgemeinschaft vorhandenen und während der Dauer unserer Lebensgemeinschaft zukünftig angeschafften Vermögenswerte, einschließlich der Wohnungseinrichtungsgegenstände und Gegenstände des Hausrats, stehen im Eigentum des Partners.[8]

Anschaffungen, die die Partnerin aus eigenen Mitteln tätigt, stehen in ihrem Eigentum. Hierbei sind wir uns einig, daß wir diese Gegenstände gemeinsam in einer diesem Vertrag als Anlage beizufügenden und fortzuschreibenden Liste aufzuzeichnen haben.

§ 8 Geschenke

Anläßlich einer etwaigen Beendigung unserer Lebensgemeinschaft findet eine Rückgewähr von Geschenken oder sonstigen Zuwendungen nicht statt.[9] *Wir sind uns bewußt, daß etwaige Schenkungen in Kenntnis der jederzeitigen Aufhebbarkeit unserer Lebensgemeinschaft gemacht werden.*

§ 9 Schlußbestimmungen

Soweit in diesem Vertrag keine besondere Regelung getroffen ist, stehen uns im Falle unserer Trennung aus irgendeinem Grunde wechselseitige Ansprüche auf Geldzahlung, Wertersatz oder Herausgabe von Wertgegenständen nicht zu.

Sollten während des Bestehens unserer Lebensgemeinschaft Umstände eintreten, die die Grundlagen dieser Vereinbarung ändern, sind wir verpflichtet, die Vereinbarung den geänderten Umständen anzupassen.

Nebenabreden zu diesem Vertrag sind nicht getroffen. Änderungen und Ergänzungen dieses Vertrages bedürfen der Schriftform.[10]

Sollte eine der vorstehenden Bestimmungen dieser Vereinbarung unwirksam sein oder werden, sollen die übrigen Bestimmungen gleichwohl wirksam bleiben.[11]

(Ort, Datum)	(Unterschriften)

2.4.3 Anmerkungen

1) Zur Eingangsformel der Vereinbarung s. auch Abschn. 2.2.2 (S. 25).
2) Siehe Abschn. 2.2.3, Anm. 1 (S. 28).
3) Zu den Nachteilen s. Abschn. 2.1.2 „Mietwohnung" (S. 13f.).
4) Angesichts dessen, daß nicht in jedem Fall ausgeschlossen werden kann, daß die Vereinbarungen nur für die Zeit des Bestehens der Lebensgemeinschaft gelten sollen, vielmehr ausnahmsweise auch Wirkungen für die Zukunft nach Beendigung der Lebensgemeinschaft entfaltet werden können, ist eine Klarstellung des Inhalts ratsam, daß die Zahlungsverpflichtungen bei Beendigung der Lebensgemeinschaft enden.
5) Grundsätzlich erfolgt eine Erstattung derartiger Aufwendungen (die über das Maß des gemeinsamen Haushaltens hinausgehen) bei Trennung nur, wenn die Erstattung ausdrücklich vereinbart wird. Da nichtgeregelte Umstände und Ansprüche regelmäßig Anlaß für Meinungsverschiedenheiten und gegebenenfalls eine (sodann) erfolglose gerichtliche Auseinandersetzung sein können, ist es ratsam, die Streitentstehung durch ausdrückliche Absprachen vorsorgend zu vermeiden.
6) Siehe Abschn. 2.2.3, Anm. 6 (S. 29) sowie Abschn. 2.1.2 „Haushaltsführung" (S. 15f.).
7) Vgl. Abschn. 2.1.2 „Mitverpflichtung" (S. 16f.).
8) Die Formulierung trägt dem Umstand Rechnung, daß der Partner allein die Einkünfte erzielt. In diesem Fall soll nach dem Willen der Partner die Herkunft der Mittel über die Eigentumszuordnung entscheiden.
9) Siehe Abschn. 2.2.3, Anm. 14 (S. 30).
10) Vgl. Abschn. 2.2.3, Anm. 15 (S. 30).
11) Auch Abschn. 2.2.3, Anm. 16 (S. 30).

2.5 Vertrag zwischen Selbständigem(r) und Hausfrau(mann)

2.5.1 Sachverhalt

Die Partner leben seit kurzem zusammen, und zwar in einem gemeinsam erworbenen Einfamilienhaus. Der Partner ist selbständig berufstätig als Steuerberater. Sein Sohn (14 Jahre) lebt bei ihm; dem Vater ist bei Scheidung der Ehe der Eltern das Sorgerecht übertragen worden. Die Partnerin, die durch Erbschaft Inhaberin eines Wertpapierdepots geworden ist, war als Bürogehilfin vollzeitberufstätig. Sie erwartet ein Kind von ihrem Partner. Bei Eingehung der Partnerschaft hat sie ihren Beruf aufgegeben. Seitdem widmet die Partnerin sich der Betreuung des Sohnes und dem Haus. In geringem Umfange erledigt sie Arbeiten für ihren Partner im Rahmen dessen selbständiger Tätigkeit.

2.5.2 Vertragsmuster

Partnerschaftsvertrag

zwischen 1. ______________________________
(Name und Anschrift)

und 2. ______________________________
(Name und Anschrift)

Wir, ____________ (Name) und ____________ (Name), wollen zusammenleben sowie einen gemeinsamen Haushalt führen und schließen zu diesem Zweck folgenden

Vertrag

Vorbemerkung[1*]*:*
Wir haben am ____________ (Datum) eine nichteheliche Lebensgemeinschaft begründet, die nicht den gesetzlichen Regeln über Verlöbnis, Ehe und Ehescheidung unterliegt.

§ 1 Beginn und Dauer

Unsere Lebensgemeinschaft hat am ____________ (Datum) begonnen und ist auf Dauer angelegt. Sie kann von einem von uns ohne weiteres dadurch beendet werden, daß er sich entschließt, nicht mehr mit dem anderen zusammenzuleben.[2]

* Anmerkungen siehe Seite 46f.

§ 2 Wohnung

Wir haben gemeinsam in Gesellschaft bürgerlichen Rechts[3] ein Einfamilienhaus erworben, in dem wir zusammenleben und einen gemeinsamen Haushalt führen. Für die Rechtsverhältnisse ist der diesem Vertrag als Bestandteil beigefügte und von uns gesondert unterzeichnete Gesellschaftsvertrag maßgebend.

§ 3 Haushaltsführung

Der Partner wird sich um die Haushaltsführung und die Erledigung der häuslichen Angelegenheiten nicht kümmern können. Für die Haushaltsführung und Erfüllung der häuslichen Pflichten ist die Partnerin allein zuständig und verantwortlich.[4]

§ 4 Mitarbeit

Die Partnerin wird den Partner bei der Erledigung von Arbeiten im Rahmen seiner Berufstätigkeit unterstützen und mit Rücksicht auf die der Partnerin obliegenden Haushaltsführung in geringem Umfange mitarbeiten. Wir sind uns einig, daß die Mitarbeit nicht unentgeltlich sein soll.[5] Hinsichtlich des Aufgabengebietes, der Arbeitszeit, der Vergütung und der sonstigen üblicherweise für Angestellte des Partners regelungsbedürftigen Inhalte des Anstellungsverhältnisses gelten die Bestimmungen des gesondert abgeschlossenen Anstellungsvertrages.

§ 5 Lebensunterhalt während der Partnerschaft

Zum Lebensunterhalt trägt der Partner durch seine Erwerbstätigkeit, die Partnerin durch ihre Haushaltstätigkeit, die Betreuung des Sohnes des Partners und zukünftig durch die Betreuung des gemeinsamen Kindes bei. Jedoch ist die Partnerin berechtigt und nach Maßgabe des § 4 dieser Vereinbarung verpflichtet, in zumutbarem Umfang in dem Büro des Partners mitzuarbeiten.

Im Rahmen seiner Beiträge zum Lebensunterhalt ist der Partner verpflichtet, auch die Beiträge aufzubringen, die die Partnerin zur Erfüllung der ihr nach dem beigefügten Gesellschaftsvertrag obliegenden Verpflichtungen benötigt. Ein Anspruch auf Ersatz dieser Beiträge im Falle einer etwaigen Beendigung unserer Lebensgemeinschaft ist ausgeschlossen.

§ 6 Vaterschaft

Die Partnerin erwartet ein Kind. Zwischen uns bestehen keine Zweifel, daß der Partner der Vater des Kindes ist. Dies vorausgeschickt, verpflichtet sich der Partner, seine Vaterschaft an unserem gemeinsamen Kind innerhalb von vierzehn Tagen nach der Geburt anzuerkennen.

§ 7 Vertretung

Im Rahmen der Haushaltsführung ist die Partnerin berechtigt, Geschäfte zur angemessenen Deckung des Lebensbedarfs mit Wirkung auch für und gegen den Partner – mit Ausnahme des Erwerbs von Hausratsgegenständen und Vermögensgegenständen – zu besorgen.[6]

Im übrigen ist jeder von uns im Verhältnis zu Dritten nur befugt, in seinem eigenen Namen und für sich allein aufzutreten und zu handeln. Zur Vertretung des jeweils anderen ist einer von uns ohne besondere Vollmacht nicht berechtigt.[7]

§ 8 Hausrat

Die in den gemeinsamen Haushalt eingebrachten Gegenstände bleiben im Eigentum desjenigen von uns, der die Gegenstände eingebracht hat. Die Einbringung geschieht nur zur Nutzung. Eine Nutzungsentschädigung kann bei Auseinandersetzung unserer Lebensgemeinschaft nicht verlangt werden.

Für die nach Beginn unserer Lebensgemeinschaft erworbenen Hausratsgegenstände, einschließlich Ersatzbeschaffungen, soll gelten, daß diese zu gemeinsamen Eigentum, und zwar zu ein Halb Miteigentum, erworben werden.[8] *Im Falle der Beendigung unserer Lebensgemeinschaft sind diese Gegenstände möglichst so zu verteilen, daß einem jeden von uns die Begründung/Fortführung eines eigenen Hausstandes möglich ist.*

§ 9 Vermögensgegenstände

Vermögensgegenstände erwirbt derjenige von uns, der das Geschäft abschließt, es sei denn, im Einzelfall wird schriftlich eine andere Regelung ausdrücklich getroffen.[9] *Zu Alleineigentum erworbene Vermögensgegenstände sind von uns in einer fortzuschreibenden Liste als Eigentum des betreffenden Partners zu verzeichnen.*

§ 10 Geschenke

Wir sind uns einig, daß anläßlich einer etwaigen Auflösung unserer Lebensgemeinschaft eine Rückforderung von Geschenken oder sonstigen Zuwendungen nicht stattfindet.[10] *Wir sind uns bewußt, daß etwaige Schenkungen in Kenntnis der jederzeitigen Auflösbarkeit unserer Lebensgemeinschaft gemacht werden.*

§ 11 Unterhalt nach Trennung

Für den Fall, daß unsere Lebensgemeinschaft beendet werden sollte, verpflichtet sich der Partner der Partnerin gegenüber, an diese für die Dauer von vierundzwanzig Monaten Unterhalt zu zahlen.[11] *In dem Fall, daß wir bei*

Trennung ein gemeinsames Kind/gemeinsame Kinder haben, verlängert sich der Zahlungszeitraum um acht Jahre, längstens jedoch bis zum Zeitpunkt der Vollendung des 18. Lebensjahres unseres jüngsten gemeinsamen Kindes. Der Unterhalt, der zu Beginn eines jeden Monats, erstmals für den Monat, der dem Monat unserer Trennung folgt, zur Zahlung fällig ist, beträgt monatlich DM ______.

§ 12 Altersversorgung

Nachdem die Partnerin ihre Berufstätigkeit aufgegeben hat, um sich nahezu vollständig der Betreuung des Sohnes und zukünftig der Betreuung unseres Kindes und der Haushaltsführung zu widmen, vereinbaren wir, daß für die Partnerin eine eigene Altersversorgung ergänzend sicherzustellen ist. Zu diesem Zwecke ist für die Partnerin bei der ____________ Lebensversicherung AG eine Kapitallebensversicherung über eine Versicherungssumme von DM ____________ abzuschließen, welche möglichst mit Vollendung des 60. Lebensjahres der Partnerin fällig sein soll.[12] Der Partner verpflichtet sich, aus seinem Einkommen die Versicherungsbeiträge zur Verfügung zu stellen. Die Zahlungspflichten des Partners enden in dem Monat, der dem Monat einer etwaigen Beendigung unserer Lebensgemeinschaft folgt.

§ 13 Schlußbestimmungen

Soweit in diesem Vertrag und in dem beigefügten Gesellschaftsvertrag keine besondere Regelung getroffen ist, stehen uns im Falle einer Beendigung unserer Lebensgemeinschaft aus irgendeinem Grunde wechselseitige Ansprüche auf Geldzahlung, Wertersatz oder Herausgabe von Wertgegenständen nicht zu.

Sollten Umstände eintreten, die die Grundlagen dieser Vereinbarung ändern, sind wir verpflichtet, die Vereinbarung den geänderten Umständen anzupassen.

Nebenabreden zu diesem Vertrag sind nicht getroffen. Änderungen und Ergänzungen dieses Vertrages bedürfen der Schriftform.[13]

Sollte eine der vorstehenden Bestimmungen dieser Vereinbarung unwirksam sein oder werden, sollen die übrigen Vertragsbestimmungen gleichwohl wirksam bleiben.[14]

______________________	______________________
(Ort, Datum)	(Unterschriften)

Anlage zum Partnerschaftsvertrag:

Gesellschaftsvertrag

§ 1 Name, Sitz

Wir errichten hiermit eine Gesellschaft bürgerlichen Rechts, die die Bezeichnung „__________" führt.

Sitz der Gesellschaft ist __________.

§ 2 Zweck der Gesellschaft

Zweck der Gesellschaft ist der Erwerb, die Verwaltung und die wirtschaftliche Ausnutzung und Verwertung des Grundbesitzes „__________", verzeichnet im Grundbuch des Amtsgerichts ______ von ______ Band ______ Blatt ______.

§ 3 Beteiligungsverhältnisse, Benutzungsregelung

An der Gesellschaft sind beteiligt:

Frau __________ mit 50 %
Herr __________ mit 50 %

Zur Benutzung des Grundbesitzes sind wir entsprechend unserer Beteiligung befugt.

§ 4 Dauer der Gesellschaft

Die Gesellschaft hat am __________ (Datum) begonnen. Sie ist für die Zeit, während der wir Eigentümer des Grundbesitzes „__________" sind, eingegangen.

Die Kündigung der Gesellschaft ist nur aus wichtigem Grund, auch ohne Einhaltung einer Frist, zulässig.

Die Kündigung bedarf der Schriftform. Sie ist an den jeweils anderen von uns zu richten.

Der Kündigende scheidet mit Ablauf der Kündigungsfrist aus der Gesellschaft aus, es sei denn, die Gesellschaft tritt zu diesem Zeitpunkt aus zwingenden gesetzlichen Gründen in die Liquidation. Gleiches gilt in dem Fall, daß ein Privatgläubiger eines von uns die Gesellschaft kündigt.

§ 5 Geschäftsführung und Vertretung

Zur Geschäftsführung und Vertretung sind wir gemeinschaftlich befugt. Geschäfte, durch die die Gesellschaft mit nicht mehr als DM __________ im Einzelfall verpflichtet wird, kann ein jeder von uns allein vornehmen.

Die Alleingeschäftsführungs- und Alleinvertretungsbefugnis gemäß Abs. 1 bezieht sich nur auf das Gesellschaftsvermögen. Der Geschäftsführende ist verpflichtet, bei jedem Rechtsgeschäft, das er in Ausübung seiner Alleingeschäftsführungs- und Alleinvertretungsbefugnis tätigt, auf die Beschränkung seiner Vertretungsmacht hinzuweisen und dabei Rechtsgeschäfte nur unter Beschränkung der Haftung auf das Gesellschaftsvermögen abzuschließen.

§ 6 Informations- und Kontrollrechte

Wir werden uns gegenseitig laufend über die Angelegenheiten der Gesellschaft unterrichten. Jeder von uns hat das Recht, jederzeit in die Bücher und die Unterlagen der Gesellschaft Einsicht zu nehmen.

§ 7 Gesellschafterbeschlüsse

Wir entscheiden in allen Angelegenheiten der Gesellschaft durch Beschlüsse. Soweit in diesem Gesellschaftsvertrag nichts Abweichendes bestimmt ist, bedarf jede Beschlußfassung unser beider Zustimmung. Bei Stimmengleichheit gilt ein Antrag als abgelehnt.

§ 8 Einlagen, Kostenverteilung

Wir erbringen Bareinlagen von jeweils der Hälfte der für den Erwerb des Grundbesitzes aufzuwendenden Kosten (Kaufpreis, Erwerbsnebenkosten, Grunderwerbsteuer). Soweit keine abweichende Bestimmung getroffen ist, erbringen wir ferner Bareinlagen von je der Hälfte der für die Erhaltung des Grundbesitzes zu tätigenden Aufwendungen.

Aufwendungen zur Herrichtung und Erhaltung von Flächen (Wohnfläche, Nutzflächen, Gartenflächen), die einem von uns zur alleinigen Nutzung zugewiesen sind, sind Aufwendungen des Betreffenden von uns und von diesem allein zu tragen. Entsprechendes gilt für Zins- und Tilgungsleistungen aus Krediten, die einer von uns für Zwecke der Finanzierung seiner Bareinlagen aufgenommen hat.

Alle durch den Betrieb der Gesellschaft, insbesondere die Herrichtung, Erhaltung und Verbesserung des Grundbesitzes veranlaßten Ausgaben, sind Betriebsausgaben der Gesellschaft und im Innenverhältnis von uns entsprechend unserer Beteiligungsquote zu zahlen.

§ 9 Geschäftsjahr, Aufzeichnungspflichten

Geschäftsjahr ist das Kalenderjahr.

Für das Geschäftsjahr haben wir alle Einnahmen und Ausgaben laufend aufzuzeichnen und alle Belege gesondert aufzubewahren.

§ 10 Gewinn- und Verlustverteilung

Die Gewinn- und Verlustverteilung erfolgt jährlich.

Die Verteilung erfolgt im Verhältnis der Beteiligung von uns an der Gesellschaft.

§ 11 Haftung der Gesellschafter

Für Schulden der Gesellschaft haften wir im Innenverhältnis entsprechend unserer Beteiligungsquote.

Wir sind verpflichtet, bei dem Abschluß von Kreditverträgen die Haftung des einzelnen möglichst unter Berücksichtigung der Beteiligungsquote zu beschränken. Dagegen übernimmt die Gesellschaft die dingliche Haftung für die von einem Gesellschafter oder beiden von uns aufgenommenen Kredite zum Erwerb des Grundbesitzes sowie der von ihr selbst eingegangenen Darlehensverbindlichkeiten.

§ 12 Ausscheiden eines Gesellschafters

Wird über das Vermögen eines von uns ein Konkurs- oder Vergleichsverfahren eröffnet oder in die Beteiligung an der Gesellschaft die Zwangsvollstreckung betrieben oder die Beteiligung an der Gesellschaft gepfändet, so scheidet der Betreffende von uns aus der Gesellschaft aus. Die Gesellschaft wird dann von dem Verbleibenden fortgesetzt. Das gleiche gilt bei Kündigung der Gesellschaft durch einen von uns sowie bei Ausschließung eines von uns.

§ 13 Ausschließung

Die Ausschließung eines von uns ist nur bei vorsätzlicher, grober Pflichtverletzung zulässig. Die Ausschließung erfolgt mit einer Frist von sechs Monaten zum Schluß des Geschäftsjahres.

§ 14 Erbfolge

Im Falle des Todes eines von uns, wird die Gesellschaft mit seinen Erben oder Vermächtnisnehmern fortgesetzt. Mehrere Erben haben einen gemeinsamen Bevollmächtigten zu bestimmen, der sie in der Gesellschaft vertritt. Der Bevollmächtigte kann das Stimmrecht nur einheitlich ausüben.

§ 15 Auseinandersetzung

Scheidet einer von uns aus der Gesellschaft aus, ist der Verbleibende verpflichtet, dem Ausscheidenden die Gegenstände, die er der Gesellschaft zur Benutzung überlassen hat, zurückzugeben, den Ausscheidenden von den gemeinschaftlichen Schulden zu befreien und dem Ausscheidenden dasjenige zu zahlen, was er bei der Auseinandersetzung erhalten würde, wenn die Gesellschaft zur Zeit seines Ausscheidens aufgelöst worden wäre.

Das Auseinandersetzungsguthaben wird ausgezahlt, wenn die Beteiligung des Ausscheidenden durch Darlehensübernahme oder Neuaufnahme eines Darlehens durch die Gesellschaft finanziert werden kann. Bis zu diesem Zeitpunkt ist das Auseinandersetzungsguthaben als Darlehen in der Gesellschaft zu belassen. Dieses Darlehen ist entsprechend den Konditionen zu verzinsen und zu tilgen, die auch für die von dem Ausscheidenden oder der Gesellschaft eingegangenen Kreditverbindlichkeiten für Investitionsfinanzierung gelten, wobei aber nur der jeweilige Überschuß, der dem Anteil des Ausscheidenden entspricht, zur Verzinsung und Tilgung herangezogen werden kann. Eine vorzeitige Tilgung durch die Gesellschaft ist jederzeit zulässig.

Der Ausscheidende kann Sicherheitsleistung für Schulden der Gesellschaft nicht verlangen und Befreiung erst und insoweit verlangen, als er von Gläubigern in Anspruch genommen wird.

§ 16 Auflösung

Beschließen wir die Auflösung der Gesellschaft, so erfolgt die Liquidation durch uns nach den gesetzlichen Bestimmungen, es sei denn, daß wir die Liquidation anderen Personen übertragen oder eine andere Art der Abwicklung beschließen.

§ 17 Schlußbestimmungen

Änderungen oder Ergänzungen dieses Vertrages bedürfen der Schriftform. Nebenabreden sind nicht getroffen.

Sollten einzelne Bestimmungen dieses Gesellschaftsvertrages unwirksam sein oder werden, so wird die Gültigkeit der übrigen Bestimmungen dieses Vertrages nicht berührt.

______________________	______________________
(Ort, Datum)	(Unterschriften)

2.5.3 Anmerkungen

1) Zur Eingangsformel des Vertrages siehe auch Abschn. 2.2.2 (S. 25).
2) Siehe Abschn. 2.2.3, Anm. 1 (S. 28).
3) Bei dem Erwerb von Immobilien-Eigentum ist regelmäßig die Rechtsform der Gesellschaft bürgerlichen Rechts empfehlenswert. Diese Gesellschaft hat gegenüber dem Gemeinschaftsrecht u.a. den Vorteil der gesamthänderischen

Bindung, d.h. ein Gesellschafter kann über seinen Anteil an dem Gesellschaftsvermögen und an den einzelnen dazugehörenden Gegenständen nicht verfügen; er ist nicht berechtigt, Teilung zu verlangen. Die gesetzlichen Regeln für die Gesellschaft bürgerlichen Rechts (§§ 705 ff. BGB) sind weitestgehend abänderbar, so daß den persönlichen Zielvorstellungen und Bedürfnissen durch Gestaltung Rechnung getragen werden kann. Bei der Gestaltung des Gesellschaftsvertrages ist insbesondere die Festlegung der Beteiligungsquote zu beachten; diese sollte sich an den Beiträgen eines jeden Gesellschafters zum Erwerb orientieren. Vgl. im übrigen auch die Vereinbarungsvorschläge (die jedoch auf den Erwerb von jeweils ein Halb Miteigentum abgestellt sind) bei Ihara/Warner/Dzierma, S. 92 ff.

4) Vgl. Abschn. 2.2.3, Anm. 6 (S. 29) sowie Abschn. 2.1.2 „Haushaltsführung" (S. 15 f.).

5) Angesichts dessen, daß persönliche und wirtschaftliche Leistungen (Haushaltsführung, Pflege und Betreuung etc.) ohne besondere ausdrückliche Vereinbarung nicht zu vergüten sind und auch die übliche Mitarbeit eines Partners in dem Betrieb des anderen Partners regelmäßig nicht auszugleichen ist, ist in jedem Fall bei besonderer Mitarbeit, die sich als Berufstätigkeit qualifizieren läßt, eine ausdrückliche Vereinbarung ratsam. Zur Problematik vgl. auch Steinert, NJW 1986, 683 (687 f.).

6) Vgl. Abschn. 2.3.3, Anm. 8 (S. 34).

7) Siehe Abschn. 2.1.2 „Mitverpflichtung" (S. 16 f.).

8) Auch Abschn. 2.1.2 „Vermögensrechtliche Zuordnung" (S. 18 f.).

9) Mittels dieser Bestimmung wird der Gütertrennungsgrundsatz für den Erwerb von Vermögensgegenständen festgeschrieben.

10) Siehe Abschn. 2.2.3, Anm. 14 (S. 30).

11) Die Vereinbarung von Unterhaltszahlungen für „die Zeit danach" gleicht Härten aus, die dadurch entstehen, daß einer der Partner bei/nach Eingehung der Lebensgemeinschaft seinen ausgeübten Beruf aufgegeben hat und der betreffende Partner nach Trennung ohne Beruf und ohne gesetzliche Unterhaltsansprüche dasteht (s. auch Abschn. 2.1.2 „Haushaltsführung", [S. 15 f.]). Entgegen der hier gewählten neutralen Formulierung kann es im Einzelfall interessengerecht sein, Verschuldensgesichtspunkte zur Begründung bzw. zum Ausschluß vereinbarter Unterhaltsansprüche und zur Bemessung der Höhe der Unterhaltszahlungen einzuführen.

12) Die Einleitung ergänzender Altersvorsorgemaßnahmen ist regelmäßig empfehlenswert, wenn einer der Partner im Interesse der Lebensgemeinschaft seine vorher ausgeübte Berufstätigkeit einschränkt, gänzlich aufgibt oder eine in Aussicht genommene Berufstätigkeit nicht aufnimmt (s. auch Abschn. 2.1.2 „Haushaltsführung" [S. 15 f.]). Der Ausgleich von Einbußen in der Altersversorgung dürfte in der Regel dem Gerechtigkeitsempfinden entsprechen.

13) Vgl. Abschn. 2.2.3, Anm. 15 (S. 30).

14) Vgl. Abschn. 2.2.3, Anm. 16 (S. 30).

2.6 Vertrag zwischen Rentnern/Pensionären

2.6.1 Sachverhalt

Die Partner, er 65 und sie 63 Jahre alt, sind beide verwitwet. Ihre Bekanntschaft währt seit mehreren Jahren. Beide sind recht reisefreudig und haben sich auf einer Studienreise nach Griechenland kennengelernt. Seitdem gestalten die Partner ihre Reisepläne gemeinsam. Sie haben nunmehr beschlossen zusammenzuziehen, sehen jedoch nicht ein, aus welchem Grunde sie heiraten sollten. Die finanziellen Verhältnisse eines jeden Partners gestatten nach Bestreiten der Lebensunterhaltskosten die Bildung von Rücklagen für die Freizeitgestaltung.

2.6.2 Vertragsmuster

Partnerschaftsvertrag

zwischen 1. ______________________________
(Name und Anschrift)

und 2. ______________________________
(Name und Anschrift)

Wir, ____________ (Name) und ____________ (Name), wollen zusammenleben sowie einen gemeinsamen Haushalt führen und schließen zu diesem Zweck folgenden

Vertrag

Vorbemerkung[1]:*
Wir haben uns entschlossen, eine Lebensgemeinschaft einzugehen, die nicht den gesetzlichen Regeln über Verlöbnis, Ehe und Ehescheidung unterliegt.

§ 1 Beginn und Dauer

Unsere Partnerschaft wird am ____________ (Datum) beginnen. Sie ist auf Dauer angelegt und kann von einem jeden von uns einfach dadurch beendet werden, daß er nicht mehr mit dem anderen Partner zusammenlebt.[2]

§ 2 Wohnung

Die Partnerin ist Eigentümerin einer Eigentumswohnung, in die ihr Partner einziehen wird. Wir sind uns einig, daß durch die Aufnahme in die Wohnung

---

* Anmerkungen siehe Seite 50 f.

Rechte des Partners an der Wohnung, insbesondere Nutzungsrechte, nicht begründet werden. Ferner sind wir uns einig, daß im Falle einer etwaigen Beendigung unserer Lebensgemeinschaft der Partner aus der Wohnung ausziehen muß. Die Räumungsfrist beträgt zwei Monate, gerechnet ab dem Ablauf des Monats, in dem einer von uns den Wunsch nach Beendigung der Lebensgemeinschaft schriftlich und endgültig äußert.

Die Kosten der Wohnung (Wohngeld/Verwalterhonorar) sowie die sonstigen Betriebskosten (Strom etc.) tragen wir jeder zur Hälfte. Die Beteiligung des Partners beginnt in dem Monat der Aufnahme unserer Lebensgemeinschaft und endet mit Ablauf der Räumungsfrist.

§ 3 Haushaltsführung

Zur Haushaltsführung und Hausarbeit sind wir beide verpflichtet,[3] *jedoch soll die Hausarbeit möglichst von Hilfskräften erledigt werden.*

§ 4 Lebensunterhalt

Die Kosten unser beider Lebensunterhalt, einschließlich der Kosten für Reisen, betrachten wir als gemeinsame Kosten. Zu den Kosten des Lebensunterhalts tragen wir beide im Verhältnis unserer beiderseitigen Einkünfte (Renten/Pensionszahlungen) bei.[4] *Über die Kosten des Lebensunterhalts werden wir Buch führen und eine Abrechnung zum Ende eines jeden Quartals vornehmen. Unterschiedlich hohe Beiträge zu den Kosten unseres Lebensunterhalts sollen nur dann ausgeglichen werden, sofern der Differenzbetrag erheblich ist (mindestens zwanzig Prozent der Kosten). Ein etwaiger Ausgleichsanspruch ist innerhalb einer Ausschlußfrist von einem Monat nach Ablauf des Abrechnungs-Quartals schriftlich zu erheben.*[5]

§ 5 Vertretung

Wir sind berechtigt und bevollmächtigen einander entsprechend, Geschäfte mit Wirkung für und gegen den anderen Partner zu besorgen.[6] *Die Verpflichtungsbefugnis ist ausdrücklich beschränkt auf den Wert eines jeden Einzelgeschäfts von höchstens DM ______.*

§ 6 Eigentumsverhältnisse

Hinsichtlich unserer Vermögensverhältnisse vereinbaren wir die strikte Einhaltung der Gütertrennung.[7] *Das Eigentum an Vermögensgegenständen erwirbt zukünftig nur derjenige von uns, der das Geschäft abschließt.*

Sofern einer von uns ein Geschäft auch in Vertretung des jeweils anderen von uns abschließt (vgl. § 5 dieser Vereinbarung), erfolgt der Erwerb von Gegenständen in jedem Fall zu ein Halb Miteigentum. Der Erwerb von Miteigentum an Vermögensgegenständen oder Gegenständen des Lebens-

bedarfs ist von uns zum Zeitpunkt des Erwerbs schriftlich niederzulegen. Stirbt einer von uns, soll der Eigentumsanteil des Verstorbenen im Wege einer Schenkung von Todes wegen auf den Überlebenden übergehen. Trennen wir uns, soll einen im Miteigentum stehenden Gegenstand derjenige von uns zu Alleineigentum erhalten, der auf den betreffenden Gegenstand angewiesen ist; als Ausgleichszahlung ist ein Betrag von ein Viertel des Verkehrswertes vereinbart. Können wir uns über die Begründung von Alleineigentum nicht einigen, soll der betreffende Gegenstand verkauft und der Erlös hälftig geteilt werden.

§ 7 Geschenke

Im Falle einer Beendigung unserer Lebensgemeinschaft steht keinem von uns ein Recht auf Rückforderung von Geschenken oder sonstigen Zuwendungen zu. Geschenke und sonstige Zuwendungen haben wir in Kenntnis der jederzeitigen Aufhebbarkeit unserer Lebensgemeinschaft gemacht.[8]

§ 8 Verbindlichkeiten

Wir verpflichten uns, Verbindlichkeiten – gleich wem gegenüber und aus welchem Anlaß – grundsätzlich nicht einzugehen.[9]

§ 9 Schlußbestimmungen

Soweit in diesem Vertrag keine besondere Regelung getroffen ist, stehen uns im Falle einer Trennung aus irgendeinem Grunde wechselseitige Ansprüche auf Geldzahlung, Wertersatz oder Herausgabe von Gegenständen nicht zu.

Nebenabreden zu diesem Vertrag sind nicht getroffen.

Änderungen und Ergänzungen dieses Vertrages bedürfen der Schriftform.[10]

Sollte eine der vorstehenden Vertragsbestimmungen unwirksam sein oder werden, sollen die übrigen Bestimmungen gleichwohl wirksam bleiben.[11]

____________________ ____________________

(Ort, Datum) (Unterschriften)

2.6.3 Anmerkungen

1) Zur Eingangsformel der Vereinbarung s. auch Abschn. 2.2.2 (S. 25).

2) Vgl. Abschn. 2.2.3, Anm. 1 (S. 28).

3) Auch Abschn. 2.2.3, Anm. 6 (S. 29).

4) Siehe Abschn. 2.2.3, Anm. 7 (S. 29).

5) Die Vereinbarung einer Ausschlußfrist dient regelmäßig der Rechtssicherheit und verhindert die Geltendmachung u. U. erheblicher Ausgleichsansprüche für die Vergangenheit bei Beendigung der Lebensgemeinschaft.

6) Siehe Abschn. 2.1.2 „Mitverpflichtung" (S. 16f.).

7) Die Verwirklichung des Gütertrennungsprinzips und die Schaffung klarer Eigentumsverhältnisse ist empfehlenswert, sofern ein Erbfall nicht auszuschließen ist und Erben vorhanden sind. In diesem Fall dient strikte Gütertrennung der Vermeidung etwaiger streitiger Auseinandersetzungen des überlebenden Partners mit Erben des verstorbenen Partners.

8) Vgl. Abschn. 2.2.3, Anm. 14 (S. 30).

9) Vgl. auch den Formulierungsvorschlag in Abschn. 2.2.2, § 7 (S. 27) für den Fall, daß nach der persönlichen Situation der Partner die Eingehung von Verbindlichkeiten nicht auszuschließen ist.

10) Auch Abschn. 2.2.3, Anm. 15 (S. 30).

11) Hierzu auch Abschn. 2.2.3, Anm. 16 (S. 30).

3 Trennungsvereinbarungen

3.1 Einführung

Die nichteheliche Lebensgemeinschaft wird durch Trennung der Partner (oder durch Tod eines Partners) beendet, wobei dazu kein rechtlicher Akt erforderlich ist. Es entstehen jedoch Abwicklungsprobleme, die nicht einheitlichen Regeln folgen. Für die nichteheliche Lebensgemeinschaft ist die direkte oder entsprechende Anwendung eherechtlicher Normen oder Normen des Verlöbnisrechts ausgeschlossen, denn sie ist keine Rechtsgemeinschaft. Im Vordergrund stehen die persönlichen Beziehungen. Erbrachte persönliche und wirtschaftliche Leistungen während des Zusammenlebens werden nicht gegeneinander aufgerechnet und abgerechnet. Gesetzliche Regeln, die eine Gesamtabwicklung ermöglichen könnten, existieren nicht. Die Rechtslage ist vielmehr bereits für Juristen unübersichtlich.[1] Für die Partner, die eine Konfliktlösung anstreben, ist die Situation erst recht undurchschaubar. Vor diesem Hintergrund sind Auflösungsvereinbarungen, die generelle Abwicklungsmodalitäten festlegen oder detaillierte Einzelregelungen enthalten können, häufig sinnvoll und empfehlenswert.

3.1.1. Formerfordernisse

Trennungsvereinbarungen bedürfen keiner besonderen Form, es sei denn, die Vereinbarung enthält Bestimmungen, die nach allgemeinen gesetzlichen Regeln formbedürftig sind. Ratsam ist auch hier zumindest die Schriftform, um später Beweisschwierigkeiten zu vermeiden.

Außerdem ist die notarielle Beurkundung anzuraten. Dies gilt insbesondere dann, wenn durch die Vereinbarung Zahlungspflichten eingegangen und akzeptiert werden. Bei Erfüllung der Voraussetzungen kann die Urkunde Vollstreckungstitel sein, aus dem die Zwangsvollstreckung betrieben werden kann. Unabhängig hiervon wird häufiger bei Trennungsvereinbarungen die notarielle Beurkundung als gesetzliche Formvorschrift für Vereinbarungen oder Erklärungen zu berücksichtigen sein, als es bei Vereinbarungen bei Aufnahme einer Lebensgemeinschaft der Fall ist. Gilt es, das Eigentum an Grundstücken auseinanderzusetzen, so

1 Siehe insbesondere die Darstellung der BGH-Rechtsprechung und der Lösungsvorschläge in der Literatur bei Schlüter/Belling, FamRZ 1986, 405 ff.

bedarf ein Vertrag, durch den sich der eine Partner verpflichtet, das Eigentum an einem Grundstück zu übertragen oder zu erwerben, der notariellen Beurkundung (§ 313 BGB). Falls zukünftige Vermögenszuwendungen vereinbart werden und sich dies als eine Schenkung darstellt, ist ebenfalls zu beachten, daß zur Gültigkeit eines Vertrages, durch den eine Leistung schenkweise versprochen wird, die notarielle Beurkundung des Versprechens erforderlich ist (§ 518 BGB). Nicht selten scheitern an dem Mangel der Form die Durchsetzung privatschriftlich vereinbarter Ansprüche.

3.1.2 Wesentliche Regelungsinhalte

Sofern keine – hier befürwortete – umfassende Trennungsvereinbarung vorliegt, sind die zwischen den Partnern getroffenen Einzelabreden, die erteilten Zusagen und die mit Dritten geschlossenen einzelnen Rechtsgeschäfte zu lösen und abzuwickeln. Grundsätzlich finden auf diese Abwicklung die allgemeinen gesetzlichen Regeln Anwendung, es sei denn, es bestehen zwischen den Partnern Abwicklungsvereinbarungen oder es stehen einzelne ursprünglich getroffene Abreden unter der auflösenden Bedingung der Beendigung der Lebensgemeinschaft.

Der Klärung und Auseinandersetzung bedürfen im wesentlichen folgende Komplexe: Wohnungs(zu)teilung, Hausratsteilung, Vermögensauseinandersetzung, Ausgleich von Aufwendungen, Rückforderung von Schenkungen, Regulierung von Verbindlichkeiten, Vergütung von Mitarbeit, Partnerunterhalt, Regelung von Kindesunterhalt und persönlichem Umgang mit den Kindern.

Wohnungszuteilung · Wer im Falle der Trennung die angemietete Wohnung behalten darf, richtet sich nach dem abgeschlossenen Mietvertrag und der ergänzend mit dem Vermieter zu treffenden Vereinbarung. Im Falle einer gemeinsamen Anmietung der Wohnung befreit der bloße Auszug eines Partners diesen nicht von seinen Verpflichtungen gegenüber dem Vermieter. Eine Beendigung der vertraglichen Verpflichtungen ist nur durch gemeinsame Kündigung des Mietverhältnisses oder durch Aufhebungsvereinbarung zu erreichen. Erst mit der Auflösung des Mietverhältnisses wird der ausgezogene Partner aus seinen Verpflichtungen entlassen. Bis dahin haften die Partner als Gesamtschuldner, d. h. beide müssen gemeinsam das Mietverhältnis abwickeln.

Probleme entstehen regelmäßig dann, wenn ein Partner die Kündigungserklärung nicht abgibt oder ein Partner auszieht, jedoch rückständige Miete, seinen Anteil an dem Mietzins und an den Renovierungskosten nicht bezahlt. Gleichermaßen problematisch ist die Trennung, wenn ein

Partner den anderen in die bereits angemietete Mietwohnung aufgenommen hatte. Die Position des aufgenommenen Partners ist abgeleitet von der Rechtsposition des Mieter-Partners. Gegenüber dem Vermieter hat der Nichtmieter-Partner aber keine eigene Rechtsposition erworben, insbesondere kein Recht zum Besitz erlangt; ihm stehen keine Mieterschutzrechte zur Seite. Falls der Mieter-Partner aus der Wohnung auszieht und das Mietverhältnis kündigt, muß auch der Nichtmieter-Partner ausziehen, es sei denn, dieser kann durch Verhandlungen mit dem Vermieter den Abschluß eines neuen Mietvertrages auf seinen Namen erreichen. Falls der Mieter-Partner von dem Nichtmieter-Partner Räumung verlangt, kann sich dieser nur solange gegenüber diesem Verlangen wehren, bis ein Räumungstitel vorliegt; dann muß der Nichtmieter-Partner ausziehen.

Hausratsteilung, Vermögensauseinandersetzung · Eine Vermögensauseinandersetzung im Sinne eines Zugewinnausgleichs findet von Gesetzes wegen hier nicht statt. Nur bei vertraglichen Vereinbarungen kann der wirtschaftlich schwächere Partner erwarten, daß ein Ausgleich von Vermögenserwerben stattfindet. Ohne eine derartige Vereinbarung richtet sich die Teilung von Hausrat und Vermögen nach den Eigentumsverhältnissen, wobei sich der Hinweis nicht vermeiden läßt, daß eine gerichtliche Entscheidung im Streitfall kaum prognostizierbar ist.

Gilt es, die vorhandenen – eingebrachten und während des Zusammenlebens hinzuerworbenen – Gegenstände zu verteilen, müssen zuerst die Eigentumsverhältnisse geklärt werden. Die Verteilung orientiert sich grundsätzlich daran, welcher Partner Eigentum an den jeweiligen Gegenständen erworben hat, wobei den Besitzverhältnissen eine nicht zu unterschätzende Bedeutung zukommt.[2] Es wird (widerlegbar) zugunsten des Besitzers einer beweglichen Sache vermutet (§ 1006 Abs. 1 S. 1 BGB), daß er Eigentümer der Sache sei. Alleinbesitz und damit Alleineigentum ist in der Regel bei persönlichen Gegenständen anzunehmen. Alleineigentum liegt ferner regelmäßig bei Gegenständen vor, die nur von einem, nicht von beiden Partnern gemeinsam genutzt werden.

Lassen sich die Eigentumsverhältnisse nicht klären, dann ist eine gemeinsame Rechtszuständigkeit anzunehmen. In bezug auf einzelne Gegenstände wird sodann vermutet, daß die Partner Miteigentümer sind. Die Auseinandersetzung des Miteigentums erfolgt sodann nicht durch Herausgabe des Gegenstandes an einen der Miteigentümer, sondern es beginnt die Auflösung im Wege der Teilung durch Verkauf.

---

2 Vgl. auch Steinert, NJW 1986, 683 (685); v. Münch, S. 121 ff.; de Witt/Huffmann, Rdnr. 334 ff.

Schwierig kann sich auch die Verteilung von Sparguthaben und sonstigen Kontobeständen gestalten. Entscheidend ist, auf wessen Namen das Konto lautet. Probleme in der Auseinandersetzung entstehen jedoch regelmäßig dann, wenn nur ein Bankkonto existiert und über dieses Konto sämtliche Ein- (insbesondere Einkünfte aus Berufstätigkeit) und Auszahlungen abgewickelt wurden. Gleichermaßen problematisch gestaltet sich die Auseinandersetzung dann, wenn das einzig vorhandene Konto auf den Namen beider Partner lautet. Im Zweifel werden die Kontobewegungen nicht auseinandergerechnet, sondern es erfolgt eine Teilung nach Gemeinschaftsrecht.

Wenig erfreulich kann das Ergebnis der Auseinandersetzung auch für den Partner sein, der den Erwerb eines Gegenstandes finanziert hat, wenn aber der andere Partner Alleineigentümer dieses Gegenstandes (z. B. eines Pkw) geworden ist. Grundsätzlich berührt die Finanzierung nicht die Eigentumsverhältnisse; der Gegenstand ist dem Eigentümer-Partner zuzuordnen. Hiervon strikt zu trennen ist die Frage, ob der finanzierende Partner einen Anspruch auf Ausgleich hat. Ein solcher wird in der Regel bei sogenanntem Zweckvermögen (Hausgrundstück, Gewerbebetrieb etc.) nach Gesellschaftsrecht zuerkannt. Eine auf bestimmte Vermögensgegenstände bezogene Innengesellschaft (mit der Folge von Ausgleichsansprüchen) wird anerkannt, wenn die Partner die Absicht verfolgt haben, mit dem Erwerb eines Vermögensgegenstandes einen zumindest wirtschaftlich gemeinschaftlichen Wert zu schaffen, der von ihnen für die Dauer der nichtehelichen Lebensgemeinschaft nicht nur gemeinsam benutzt werden, sondern ihnen nach ihren Vorstellungen auch gemeinsam gehören sollte.[3]

Ausgleich von Aufwendungen · Zu Meinungsverschiedenheiten und der Errechnung von Ausgleichsforderungen geben häufig die Hingabe von Geld, von Grundstücken, Maschinen, die Aufnahme von Darlehen, die Übernahme von Verbindlichkeiten für den Betrieb des anderen Partners oder die Tätigung von Aufwendungen für das Haus des Lebenspartners Anlaß. Sofern jedoch über den Bereich des gemeinsamen Wohnens und Wirtschaftens sowie über die bloße Wohn-, Haushalts- und Geschlechtsgemeinschaft hinaus kein besonderes gemeinsames Ziel verfolgt wird, kommen Ausgleichsansprüche regelmäßig nicht in Betracht. In einer Lebensgemeinschaft ist davon auszugehen, daß persönliche und wirtschaftliche Leistungen der Partner nicht miteinander abgerechnet, sondern ersatzlos von demjenigen Partner erbracht werden sollen, der dazu in der Lage ist.[4]

---

3 Siehe Schlüter/Belling, FamRZ 1986, 405 (406 f.); Palandt-Diederichsen, Einf. v. § 1353 Anm. 8 b) bb); v. Münch, S. 125 ff.; de Witt/Huffmann, Rdnr. 340 ff.

4 Steinert, NJW 1986, 683 (687 f.).

Rückforderung von Geschenken · Schenkung ist eine Zuwendung, durch die jemand aus seinem Vermögen einen anderen bereichert. Beide müssen sich darüber einig sein, daß die Zuwendung unentgeltlich erfolgt. Finanzielle Beiträge zur Haushaltsführung und im Rahmen des gemeinsamen Lebensbedarfs sind regelmäßig nicht als Schenkung zu qualifizieren. Derartige Leistungen werden aufgrund des Zusammenlebens erbracht.

Bei darüber hinausgehenden Zuwendungen können jedoch Schenkungen vorliegen.[4] Eine Schenkung kann widerrufen werden, wenn sich der Beschenkte durch eine schwere Verfehlung gegen den Schenkenden oder dessen nahen Angehörigen groben Undanks schuldig macht (§ 530 Abs. 1 BGB). Grober Undank liegt jedoch nicht bereits dann vor, wenn ein Partner die Lebensgemeinschaft verläßt, denn die nichteheliche Lebensgemeinschaft ist als jederzeit auflösbar eingegangen. Die einseitige Aufkündigung der Lebensgemeinschaft reicht nicht für die Annahme groben Undanks aus, so daß selten ein Widerruf der Schenkung von Erfolg sein wird.

Gleichermaßen selten werden die Voraussetzungen für eine Rückforderung von Geschenken wegen Notbedarfs (§ 528 BGB) vorliegen. Darüber hinaus unterliegen Schenkungen, durch die einer sittlichen Pflicht oder einer Anstandspflicht entsprochen wird (in diesem Zusammenhang sind zu nennen: gebräuchliche Gelegenheitsgeschenke, insbesondere Geburtstags-, Weihnachtsgeschenke), nicht der Rückforderung und dem Widerruf.

Schuldenregulierung · Regelmäßig bestehen keine Ausgleichsansprüche, wenn ein Partner während des Zusammenlebens die Schulden des anderen Partners begleicht, die dieser im Interesse des Zusammenlebens eingegangen ist. Ausgleichsansprüche kommen auch dann nicht in Betracht, wenn ein Partner einen Kredit aufgenommen und während der Lebensgemeinschaft getilgt hat, um Schulden des anderen Partners zu begleichen, die nicht im Interesse des Zusammenlebens eingegangen waren. Ferner sind Ausgleichsansprüche auch nicht gegeben, wenn ein Partner im Interesse des Zusammenlebens einen Kredit aufgenommen und während der Lebensgemeinschaft getilgt hat. Im Innenverhältnis können Ausgleichsansprüche hingegen in Betracht kommen, wenn Zins- und Tilgungsleistungen über den Zeitpunkt der Trennung hinaus zu erbringen sind und entweder ein Partner nach der Trennung die gesamte Rate für einen gemeinsam aufgenommenen Kredit zahlt oder wenn die nicht gemeinsame Kreditaufnahme im Interesse des anderen Partners erfolgt ist. Hierzu rechnet auch der Fall, daß der Erwerb eines Gegenstandes (z. B.

---

4 Steinert, NJW 1986, 683 (687 f.).

eines Pkw) finanziert wurde und die Verpflichtungen aus der Finanzierung über den Trennungszeitpunkt hinaus wirken: In diesem Fall hat der Eigentümer des Pkw – auch wenn er nicht Kreditnehmer ist – für die künftige Verzinsung und Tilgung selbst in vollem Umfange aufzukommen.[5]

Vergütung von Mitarbeit · Häufig bestehen Meinungsverschiedenheiten darüber, ob während des Bestehens der Lebensgemeinschaft geleistete Dienste zu vergüten sind. Ist ein Dienstvertrag ausdrücklich abgeschlossen und auch vollzogen worden, so besteht ohne weiteres eine Verpflichtung zur Vergütung der aufgrund des Vertrages erbrachten Dienstleistungen. Dies gilt nicht nur, wenn ein Dienstvertrag nach Aufnahme der Lebensgemeinschaft abgeschlossen wurde. Sofern ein solcher bereits vor Beginn der Lebensgemeinschaft ausdrücklich bestanden hat und nach Aufnahme der Lebensgemeinschaft fortgeführt wurde, jedoch die Vergütung nicht gezahlt wurde, ist anzunehmen, daß die Vergütung – gegebenenfalls vermindert um die Kosten für Wohnen und Essen – bis zur Auflösung der nichtehelichen Lebensgemeinschaft gestundet wurde. In diesem Fall besteht dann ein Anspruch auf Zahlung der gestundeten Vergütung.

Probleme entstehen jedoch regelmäßig, falls ein Dienstvertrag nicht ausdrücklich zum Abschluß gelangt ist. Sofern ein Partner „nur" den Haushalt geführt hat, wird in der Regel nicht anzunehmen sein, daß konkludent zwischen den Partnern ein Dienstvertrag zum Abschluß gelangt ist.[6] Eine andere Beurteilung kann allerdings bei der Mitarbeit eines Partners in dem Geschäftsbetrieb des anderen Partners geboten sein. Eine derartige Mitarbeit wird entgeltlich sein; die Dienstleistungen werden in der erkennbaren Erwartung einer späteren Vergütung erbracht worden sein. Falls die Vergütung nicht gezahlt, sondern gestundet wurde, kann der gestundete Vergütungsanspruch auch geltend gemacht werden. Ist die Höhe der Vergütung nicht bestimmt, so wird die übliche Vergütung als vereinbart anzusehen sein (vgl. § 612 Abs. 2 BGB).

Partnerunterhalt · Eine gesetzliche Verpflichtung der Partner, einander nach Beendigung der nichtehelichen Lebensgemeinschaft Unterhalt zu gewähren, besteht nicht. Die Partner müssen selbst für den eigenen Unterhalt sorgen. Eine Ausnahme von diesem Grundsatz stellt der Unterhalt der Mutter aus Anlaß der Geburt dar (gem. § 1615 l BGB).[7] Dieser Anspruch ist unabhängig von der Auflösung der nichtehelichen Lebensgemeinschaft.

Die Partner einer nichtehelichen Lebensgemeinschaft können aber jederzeit Unterhaltsverträge abschließen, die ausdrücklich vorsehen, daß ein

5 Kritisch Schlüter/Belling, FamRZ 1986, 405 (407 f. m. Hinweisen auf die Rspr.).
6 Vgl. Steinert, NJW 1986, 683 (687); v. Münch, S. 131 f.
7 Siehe Abschn. 2.1.2 „Partnerunterhalt", S. 15.

Partner dem anderen gegenüber für die Zeit nach der Beendigung der Lebensgemeinschaft unterhaltspflichtig ist. Derartige Verträge sind wirksam und unter dem Aspekt der Zukunftssicherung für den schwächeren Partner regelmäßig auch sinnvoll. Es ist jedoch zu beachten, daß vertragliche Unterhaltsverpflichtungen für die Dauer der Lebensgemeinschaft oder Leistungen von Unterhalt ohne vertragliche Grundlage während des Zusammenlebens nur selten für die Annahme einer Verpflichtung auch für die Zukunft ausreichen.[8] Die Unterhaltspflichten für die Zeit nach der Trennung sollten daher in jedem Fall ausdrücklich niedergelegt werden, wobei für eine solche Entscheidung intensiv bedacht werden muß, daß regelmäßig ein Partner im Interesse des Zusammenlebens auf Ausbildung, Beruf, Karriere und sonstiges Fortkommen verzichtet hat. Es liegt nahe, entstandene Härten auszugleichen und die (wirtschaftliche) Eigenständigkeit des schwächeren Partners wiederherzustellen bzw. zu fördern. Wird die Vereinbarung von Unterhaltspflichten erwogen, ist eine Festlegung nach dem Grund (Zeit der Erziehung gemeinsamer Kinder, Ausbildung, Wiedereingliederung in den Beruf etc.), nach Dauer und nach Höhe anzuraten. Anhaltspunkte für die Vereinbarung können die Bestimmungen zum nachehelichen Unterhalt (§§ 1569 ff. BGB) und die hierzu ergangene Rechtsprechung bieten.

Kindesunterhalt und Umgangsrecht · Der Anspruch eines gemeinsamen Kindes auf Unterhalt ist unabhängig vom Bestand und Auflösung der nichtehelichen Lebensgemeinschaft. Es ist den Partnern unbenommen, zugunsten des Kindes einen Unterhaltsanspruch zu vereinbaren, wobei der gesetzliche Unterhalt das Mindestmaß zu sein hat. Der Mindestunterhalt unterliegt nur insoweit der Disposition, als ein höherer als der gesetzlich geschuldete Unterhalt vereinbart werden kann.

In bezug auf den Umgang des Vaters mit dem Kind hat die Beendigung der nichtehelichen Lebensgemeinschaft in tatsächlicher Hinsicht Änderungen zur Folge, insbesondere sind die Kontaktmöglichkeiten zu dem Kind reduziert. Im Rahmen des ihr allein zustehenden Sorgerechts hat die Mutter das Recht, den Umgang des Kindes mit dem Vater zu bestimmen. Hierbei hat sich die Mutter strikt an dem Kindeswohl zu orientieren, wobei die Verweigerung des Umgangs mit dem Vater nach Beendigung der Lebensgemeinschaft dem Kindeswohl zuwiderlaufen kann. Im Interesse des Kindes sollten die Eltern daher darauf bedacht sein, den Kontakt zwischen Vater und Kind weitestgehend aufrechtzuerhalten und zu fördern. Wenngleich Vereinbarungen in dieser Hinsicht schwerlich durchsetzbar sind, ist es gleichwohl empfehlenswert, an den Erfordernissen des Einzelfalls orientierte, klare Umgangsregeln zu schaffen.

8 Siehe jedoch BGH, NJW 1986, 374 (374).

3.2 Vertrag zwischen Partnern ohne Kinder

3.2.1 Sachverhalt

Die Partner haben während einer Zeit von mehr als 15 Jahren in einer Mietwohnung zusammengelebt, deren alleiniger Mieter der Partner ist. Der Partner ist Inhaber eines Handwerksbetriebes, der von beiden Partnern gemeinsam während der Zeit der Lebensgemeinschaft aufgebaut worden ist. Die Partnerin arbeitete von Beginn an gegen ein geringes Entgelt mit und erledigte Büroarbeiten (Buchhaltung, Korrespondenz). Während der Zeit des Zusammenlebens haben die Partner auf seinen Namen eine Ferienwohnung erworben. Der Kaufpreis wurde bezahlt zu 20 Prozent aus Ersparnissen des Partners, zu 20 Prozent aus einer der Partnerin angefallenen Erbschaft und zu 60 Prozent durch Aufnahme von Fremdkapital (Bankkredit).

3.2.2 Vertragsmuster

Trennungsvereinbarung

zwischen 1. ______________________________
(Name und Anschrift)

und 2. ______________________________
(Name und Anschrift)

Wir, ___________ (Name) und ___________ (Name), haben seit dem ___________ (Datum) in nichtehelicher Lebensgemeinschaft zusammengelebt und wollen uns nunmehr trennen. Zu diesem Zweck schließen wir den folgenden

Vertrag

§ 1 Wohnung

Wir sind uns einig, daß die Mietwohnung, in der wir bisher zusammengelebt haben, ab dem Auszug der Partnerin dem Partner zur uneingeschränkten alleinigen Nutzung unter Ausschluß jeglicher Ansprüche der Partnerin hierauf zustehen soll. Ab dem Zeitpunkt des Auszuges der Partnerin trägt der Partner die Kosten der Wohnung (Miete, Mietnebenkosten etc.) allein. Die Partnerin wird am ___________ (Datum) eine eigene Wohnung beziehen.

§ 2 Vermögensauseinandersetzung

Die in ___________ gelegene Ferienwohnung, eine Eigentumswohnung, ist von uns gemeinsam angeschafft worden und sollte uns – unbeschadet der grundbuchmäßigen Lage – gemeinsam gehören. Eigentümer der Wohnung ist der Partner; wir sind uns einig, daß die Partnerin eine Abfindung erhalten soll.

Den Wert der Wohnung haben wir aufgrund eines gemeinsam erteilten Auftrages sachverständig ermitteln lassen. Es besteht Einigkeit, daß die Partnerin von dem Partner die Hälfte des ermittelten Verkehrswertes der unbelasteten Wohnung als Abfindung erhält. Die Abfindung beträgt DM ___________ und ist bei Unterzeichnung dieser Vereinbarung zur Zahlung fällig. Jedoch ist dem Partner nachgelassen, die gegenüber der Partnerin eingegangene Schuld in vierundzwanzig gleichen Monatsraten zu bezahlen. Die Zahlungen haben zu erfolgen auf folgendes Konto ___________ (Bankverbindung). Sofern die Raten pünktlich, jeweils bis zum dritten Werktag eines jeden Kalendermonats, gezahlt werden, ist die jeweilige Restschuld nicht zu verzinsen. Im Falle des Verzuges ist die Restschuld mit vier Prozent p. a. über dem jeweiligen Diskontsatz der Deutschen Bundesbank verzinslich.

Wegen der vorstehenden Zahlungsverpflichtung unterwirft sich der Partner der sofortigen Zwangsvollstreckung aus dieser Urkunde in sein gesamtes Vermögen. Der Partnerin soll jederzeit eine vollstreckbare Ausfertigung dieser Urkunde ohne Nachweis der Fälligkeit der Forderung erteilt werden.[1*]

Während des Bestehens unserer Lebensgemeinschaft haben wir zu den zu einem jeden von uns eingebrachten Gegenständen weitere Gegenstände hinzuerworben. Über die Zuordnung und die Eigentumsverhältnisse an den hinzuerworbenen Gegenständen wollen wir uns nunmehr auseinandersetzen.[2] *Zu diesem Zwecke haben wir das diesem Vertrag als Bestandteil beigefügte Verzeichnis erstellt. Wir sind uns einig, daß sämtliche unter „A" aufgeführten Gegenstände der Partnerin zu Alleineigentum zustehen, während sämtliche unter „B" aufgeführten Gegenstände dem Partner zu Alleineigentum zugewiesen sind. Damit haben wir uns über die Rechtsverhältnisse an den hinzuerworbenen Gegenständen auseinandergesetzt. Wir verzichten wechselseitig auf jegliche etwaigen weitergehenden Ansprüche, sei es auf Herausgabe oder auf Wertausgleich, und nehmen den Verzicht gegenseitig an.*

§ 4 Bankkonten

Unser gemeinsames Konto bei der ___________-Bank haben wir gekündigt. Wir sind uns einig, daß das Guthaben uns beiden je zur Hälfte zusteht.[3] *Der ___________-Bank werden wir unverzüglich gemeinsam entsprechende Auszahlungsanweisungen erteilen.*

---

* Anmerkungen siehe Seite 62 f.

§ 5 Geschenke

Geschenke, die wir einander gewährt haben, sind nicht zurückzuerstatten.[4] *Auf ein etwaiges Widerrufsrecht verzichten wir wechselseitig und nehmen den Verzicht des jeweils anderen gegenseitig an.*

§ 6 Verbindlichkeiten

Während der Zeit unseres Zusammenlebens hat der Partner den Pkw „__________" zu Alleineigentum erworben. Gemäß der beigefügten Aufstellung ist der Pkw dem Partner auch für die Zeit nach Beendigung unserer Lebensgemeinschaft zugewiesen. Der Erwerb des Pkw ist finanziert worden. Gegenüber dem Kreditgeber, der __________-Bank, hat die Partnerin die Mithaftung übernommen. Aus der Abwicklung des Kreditvertrages steht derzeit noch eine Restschuld in Höhe von DM __________ zuzüglich Zinsen zur Begleichung offen. Der Partner erklärt nunmehr, die Partnerin mit Wirkung ab dem Tage der Unterzeichnung dieses Vertrages von jeglicher Inanspruchnahme durch den Kreditgeber im Innenverhältnis freizuhalten.[5] *Sollte der Kreditgeber die Partnerin auf Zahlung in Anspruch nehmen, hat der Partner ihr den verauslagten Betrag zuzüglich Zinsen in Höhe von vier Prozent p. a. über dem jeweiligen Diskontsatz der Deutschen Bundesbank auf erstes Anfordern zu erstatten.*

§ 7 Anstellungsverhältnis

Wir sind uns einig, daß das zwischen uns gemäß Vertrag vom __________ (Datum) begründete Anstellungsverhältnis durch Ausspruch der Kündigung seitens des Partners fristgemäß zum __________ (Datum) beendet worden ist.[6] *Die Partner bestätigen wechselseitig, daß aus der Beendigung des Anstellungsverhältnisses gegenseitige Ansprüche nicht mehr bestehen.*

§ 8 Gemeinsame Aufbauleistungen

Den Handwerksbetrieb, dessen Inhaber der Partner ist, haben wir während des Bestehens unserer nichtehelichen Lebensgemeinschaft im wesentlichen durch unseren Arbeitseinsatz gemeinsam aufgebaut. Wir sind uns einig, daß die von der Partnerin im Rahmen des Geschäftsbetriebes erbrachten Leistungen durch die ihr nach dem Anstellungsvertrag gezahlte Vergütung nur unzureichend honoriert worden sind.[7] *Die von der Partnerin erbrachte Aufbauleistung soll nunmehr abgefunden werden. Zu diesem Zwecke verpflichtet sich der Partner gegenüber der Partnerin, ihr eine Kapitalabfindung in Höhe von DM __________ zu zahlen. Die Abfindung ist bei Unterzeichnung dieser Vereinbarung zur Zahlung fällig. Die Partnerin bestätigt durch ihre Unterschrift, von ihrem Partner über den vereinbarten Abfin-*

dungsbetrag einen Verrechnungsscheck (Nr. ________ der ________-Bank) erhalten zu haben. Der Abfindungsanspruch der Partnerin ist mit unwiderruflicher Gutschrift des Scheckbetrages erfüllt.

§ 9 Unterhalt

Der Partner verpflichtet sich hierdurch, der Partnerin zur Ermöglichung des Wiedereinstiegs in ihren Beruf auf die Dauer von fünf Jahren, beginnend am ___________ (Datum), eine monatlich im voraus, bis zum dritten Werktag fällige Unterhaltsrente in Höhe von DM ___________ zu zahlen.[8] *Die Unterhaltsrente ist auf die Dauer ihrer Laufzeit unveränderlich.*

§ 10 Schlußbestimmungen

Übereinstimmend stellen wir hiermit fest, daß uns aus irgendeinem Rechtsgrunde wechselseitige Ansprüche auf Geldzahlung, Wertersatz oder Herausgabe von Wertgegenständen nicht zustehen, soweit in diesem Vertrag keine besondere Regelung getroffen ist.

Nebenabreden zu diesem Vertrag sind nicht getroffen. Änderungen und Ergänzungen dieses Vertrages bedürfen der Schriftform.[9]

Sollte eine der vorstehenden Vertragsbestimmungen unwirksam sein oder werden, sollen die übrigen Vertragsbestimmungen gleichwohl wirksam bleiben.[10]

______________________	______________________
(Ort, Datum)	(Unterschriften)

3.2.3 Anmerkungen

1) Bei Aufnahme der Unterwerfung unter die sofortige Zwangsvollstreckung ist die notarielle Beurkundung zwingend geboten.
2) Siehe Abschn. 3.1.2 „Hausratsteilung, Vermögensauseinandersetzung" (S. 54 f.).
3) Dieser Auseinandersetzungsklausel liegt zugrunde, daß die Partner zur Bestreitung der Kosten des Lebensunterhalts ein gemeinsames Konto eingerichtet hatten. Auf dieses Konto hatte der Partner monatlich regelmäßig Beträge zur Deckung der laufenden privaten Kosten des gemeinsamen Lebens überwiesen, wobei zwischen den Partnern Einigkeit bestand, daß der Überschuß der Einnahmen über die Ausgaben beiden zustehen sollte.
4) Siehe Abschn. 3.1.2 „Rückforderung von Geschenken" (S. 56).
5) Vgl. Abschn. 3.1.2 „Schuldenregulierung" (S. 56 f.) sowie Abschn. 2.1.2 „Schulden" (S. 17 f.).

6) Zwischen den Partnern konkludent oder ausdrücklich abgeschlossene Verträge enden nicht ohne weiteres durch Beendigung der nichtehelichen Lebensgemeinschaft. Vielmehr ist in jedem Fall darauf zu achten, daß bestehende Vertragsverhältnisse – regelmäßig durch Ausspruch einer Kündigung oder durch Aufhebungsvereinbarung – unter Beachtung gesetzlicher oder vereinbarter Fristen beendet werden.

7) Vgl. ergänzend die kritische Darstellung der BGH-Rechtsprechung bei Schlüter/Belling, FamRZ 1986, 405 ff.

8) Siehe Abschn. 3.1.2 „Partnerunterhalt" (S. 57 f.).

9) Hierzu auch Abschn. 2.2.3, Anm. 15 (S. 30).

10) Vgl. Abschn. 2.2.3, Anm. 16 (S. 30).

3.3 Vertrag zwischen Partnern mit gemeinsamen Kindern

3.3.1 Sachverhalt

Die Partner lebten für 10 Jahre in der von beiden gemeinsam angemieteten Wohnung in nichtehelicher Lebensgemeinschaft zusammen. Aus der Beziehung der Partner sind zwei minderjährige Kinder im Alter von 6 und 8 Jahren hervorgegangen. Der Partner hat die Vaterschaft für beide Kinder anerkannt. Der Partner leitet die Filiale eines Unternehmens des Lebensmitteleinzelhandels. Die Partnerin war als Krankenschwester vollzeitberufstätig. Ihre Berufstätigkeit hat die Partnerin mit Geburt des ersten Kindes aufgegeben; seitdem widmet sie sich ausschließlich der Betreuung der Kinder und führt den Haushalt. Vermögen haben die Partner während ihrer Lebensgemeinschaft nicht gebildet. Mit Beendigung der Lebensgemeinschaft ist der Partner aus der Mietwohnung kürzlich ausgezogen.

3.3.2 Vertragsmuster[1]*

Trennungsvereinbarung

zwischen 1. ______________________________
(Name und Anschrift)

und 2. ______________________________
(Name und Anschrift)

Wir, __________ (Name) und __________ (Name), haben seit dem __________ (Datum) in nichtehelicher Lebensgemeinschaft zusammengelebt und wollen uns nunmehr trennen. Zu diesem Zweck schließen wir den folgenden

Vertrag

§ 1 Wohnung

Wir sind uns einig, daß die von uns gemeinsam angemietete Wohnung der Partnerin und den Kindern zur alleinigen Nutzung zustehen soll. Gegenüber der Partnerin verzichtet der Partner ausdrücklich auf jegliche ihm nach dem Mietvertrag als Mitmieter zustehenden Rechte; die Partnerin nimmt den Verzicht an.[2]

Gegenüber der Partnerin verpflichtet sich der Partner, jegliche Handlungen,

* Anmerkungen siehe Seite 67.

insbesondere die Aufnahme von Verhandlungen mit dem Vermieter, zu unterlassen, um sein Ausscheiden aus dem Mietverhältnis als Mitmieter während der Dauer seiner Verpflichtung zur Zahlung von Partnerunterhalt gemäß § 8 dieser Vereinbarung zu erreichen.

§ 2 Hausratsteilung

Es besteht Einvernehmen, daß wir uns mit Auszug des Partners aus der Mietwohnung hinsichtlich sämtlicher in der nunmehr von der Partnerin allein genutzten Wohnung befindlichen Gegenstände auseinandergesetzt haben.[3] *Jeder soll die Gegenstände, die er nunmehr im Besitz hat, zu Eigentum behalten. Wechselseitige Ansprüche, und zwar weder auf Herausgabe einzelner Gegenstände noch auf Wertersatz, bestehen nicht mehr und werden vorsorglich ausgeschlossen.*

§ 3 Geschenke

Wir sind uns einig, daß Geschenke nicht zurückzuerstatten sind.[4] *Auf ein etwaiges Widerrufsrecht verzichten wir ausdrücklich wechselseitig und nehmen den Verzicht gegenseitig an.*

§ 4 Forderungen und Verbindlichkeiten

Aufgrund gemeinsamer Ermittlungen haben wir festgestellt, daß Verbindlichkeiten, für die wir gemeinsam haften, nicht bestehen. Im Hinblick auf das von dem Partner bei der ____________-Bank unterhaltene Girokonto, welches einen Schuldsaldo in Höhe von DM ____________ derzeit aufweist, besteht zwischen uns Einigkeit, daß dieser Schuldsaldo von dem Partner allein unter Ausschluß eines Ausgleichsanspruchs gegenüber der Partnerin zurückzuführen ist.[5]

Unsere Ermittlungen haben ferner ergeben, daß wir gemeinsam Inhaber einer Forderung gegenüber unserem Vermieter auf Rückzahlung der bei Abschluß des Mietvertrages geleisteten Kaution sind. Weitere Forderungen bestehen nicht. Wir sind uns einig, daß die etwaig bei Beendigung des Mietverhältnisses zur Rückzahlung gelangende Kaution nebst Zinsen allein der Partnerin zustehen soll. Soweit der Partner Mitinhaber der Forderung gegenüber dem Vermieter ist, tritt der Partner seine Forderung unwiderruflich und unbedingt an die Partnerin ab, die die Abtretung hierdurch annimmt. Die Partnerin ist berechtigt, diese Forderungsabtretung dem Vermieter anzuzeigen.

§ 5 Kindesunterhalt

Der Partner ist verpflichtet, zugunsten der gemeinsamen Kinder zu Händen der Partnerin den gesetzlichen Unterhalt zu zahlen, und zwar für unser Kind

____________ in Höhe von DM ____________ und für unser Kind ____________ in Höhe von DM ____________. Die Unterhaltsbeiträge sind monatlich im voraus, spätestens am dritten Werktag eines jeden Kalendermonats, zu entrichten. Maßgebend für die Höhe der jeweils zu zahlenden Unterhaltsbeiträge sind die Bedarfssätze der „Düsseldorfer Tabelle"[6], wobei der Ermittlung der Bedarfssätze das durchschnittliche Jahres-Nettoeinkommen des Partners zugrundezulegen ist. Eine Anpassung der Unterhaltsrenten hat jährlich, und zwar mit Wirkung ab dem Monat Januar eines jeden Kalenderjahres, an etwaig geänderte Bedarfssätze der „Düsseldorfer Tabelle" zu erfolgen.

Die gesetzlichen Unterhaltsansprüche der Kinder gegen den Vater bleiben von diesem Vertrag zugunsten der Kinder unberührt. Die Partnerin als Inhaberin der elterlichen Sorge verpflichtet sich jedoch, gesetzliche Unterhaltsansprüche nicht geltend zu machen, solange der Partner die vertraglichen Unterhaltspflichten erfüllt.

§ 6 Umgangsregelung

Zwischen uns besteht Einigkeit, daß der Vater berechtigt ist, die Kinder an jedem zweiten Wochenende im Monat bei sich zu haben.[7] Ferner sollen die Kinder den jeweils zweiten Feiertag der gesetzlichen Feiertage (Ostern, Weihnachten) zusammen mit dem Vater verbringen können. Auch sind wir uns einig, daß der Vater berechtigt sein soll,einmal im Jahr in den Schulferien, und zwar möglichst in den Sommerschulferien, einen bis zu dreiwöchigen Urlaub mit beiden Kindern gemeinsam zu verbringen.

§ 7 Partnerunterhalt

Wir sind uns einig, daß der Partnerin gegenüber dem Partner ein Unterhaltsanspruch wegen Kindesbetreuung zustehen soll. Die Bestimmung des § 1570 BGB erklären wir ausdrücklich für entsprechend anwendbar.[8] Insoweit verpflichtet sich der Partner, an die Partnerin eine monatlich im voraus, bis spätestens zum dritten Werktag eines jeden Kalendermonats zu entrichtende Geldrente in Höhe von $^{3}/_{7}$ des nach Abzug des Kindesunterhalts verbleibenden durchschnittlichen monatlichen Nettoeinkommens zu zahlen. Eine Anpassung der Unterhaltsrente an etwaig geänderte wirtschaftliche Verhältnisse der Partner ist jeweils nach Ablauf von zwei Jahren, gerechnet ab dem Monat der erstmaligen Zahlung der Unterhaltsrente, das ist der Monat ____________, vorzunehmen. Die Verpflichtung des Partners zur Zahlung von Unterhalt an die Partnerin erlischt mit Heirat/Aufnahme einer nichtehelichen Lebensgemeinschaft der Partnerin, spätestens jedoch mit dem Monat der Vollendung des achtzehnten Lebensjahres unseres jüngsten Kindes.

Nimmt die Partnerin während der Dauer der Unterhaltszahlungsverpflichtung des Partners eine berufliche Tätigkeit auf, so ist die Unterhaltsrente im vereinbarten Anpassungszeitpunkt nach der sogenannten Differenzmethode ($^3/_7$-Quote der Einkommensdifferenz) neu zu berechnen.

§ 8 Schlußbestimmungen

Wir sind uns einig, daß uns, soweit in diesem Vertrag keine besondere Regelung getroffen ist, anläßlich unserer Trennung aus irgendeinem Rechtsgrund wechselseitige Ansprüche auf Geldzahlung, Wertersatz oder Herausgabe von Gegenständen nicht zustehen.

Nebenabreden zu diesem Vertrag sind nicht getroffen. Änderungen und Ergänzungen dieses Vertrages bedürfen der Schriftform.[9]

Sollte eine der vorstehenden Bestimmungen dieses Vertrages unwirksam sein oder werden, sollen die übrigen Vertragsbestimmungen gleichwohl wirksam bleiben.[10]

(Ort, Datum)	(Unterschriften)

3.3.3 Anmerkungen

1) Zur Eingangsformel der Vereinbarung siehe auch Abschn. 3.2.2 (S. 59).
2) Siehe zunächst Abschn. 3.1.2 „Wohnungszuteilung" (S. 53 f.).
3) Vgl. Abschn. 3.1.2 „Hausratsteilung, Vermögensauseinandersetzung" (S. 54 f.).
4) Hierzu auch Abschn. 3.1.2 „Rückforderung von Geschenken" (S. 56).
5) Siehe Abschn. 3.1.2 „Schuldenregulierung" (S. 56 f.).
6) Die Unterhaltstabellen der Instanzgerichte sind z. B. abgedruckt in NJW 1984, 2330 ff. und NJW 1985, 305 ff.
7) Vgl. Abschn. 3.1.2 „Kindesunterhalt und Umgangsrecht" (S. 58).
8) Auch Abschn. 3.1.2 „Partnerunterhalt" (S. 57 f.).
9) Vgl. Abschn. 2.2.3, Anm. 15 (S. 30).
10) Siehe Abschn. 2.2.3, Anm. 16 (S. 30).

4 Literaturverzeichnis (Auswahl)

Boochs, Wolfgang: Die steuerliche Behandlung der nichtehelichen Lebensgemeinschaft, NWB 1983, Fach 3, 5599 ff.

de Witt, Siegfried/Huffmann, Johann-Friedrich: Nichteheliche Lebensgemeinschaft, C. H. Beck'sche Verlagsbuchhandlung, 2. Auflage 1986

Der Bundesminister der Justiz: Gemeinsam Leben ohne Trauschein, 1986

Ihara, Toni/Warner, Ralph/Dzierma, Hans Martin: Ehe ohne Trauschein, Rowohlt Taschenbuch Verlag, 19.-22. Tausend 1986

Palandt (-Bearbeiter): Bürgerliches Gesetzbuch Kommentar, C. H. Beck'sche Verlagsbuchhandlung, 46. Auflage 1987

Roemer, Heiner: Gesellschaftsrechtliche Ausgleichsansprüche nach Beendigung des nichtehelichen Zusammenlebens, BB 1986, 1520 ff.

Schlüter, Wilfried/Belling, Detlev W.: Die nichteheliche Lebensgemeinschaft und ihre vermögensrechtliche Abwicklung, FamRZ 1986, 405 ff.

Steinert, Karl-Friedrich: Vermögensrechtliche Fragen während des Zusammenlebens und nach Trennung Nichtverheirateter, NJW 1986, 683 ff.

Trinkner, Reinhold: Der Unterhalt für den nichtehelichen Lebensgefährten im Römischen Recht und seine Beziehungen zur modernen Rechtsprechung, BB 1986, 1520 ff.

von Münch, Eva Marie: Zusammenleben ohne Trauschein, Beck-Rechtsberater im dtv, 2. Auflage 1983

5 Stichwortverzeichnis

(Die Zahlen bezeichnen die Seiten)